U0025136

天下文化

BELIEVE IN READING

上｜ 1989年接受台視新聞部經理李文中訪問，節目主題是「偉大的建設」。
下｜ 1989年10月，於經建會主委任內曾與當時的新加坡總理李光耀會面。
李光耀對海峽兩岸期盼和平共榮的誠摯信念，對於我稍後擔任外交部長工作時處理兩岸問題有很大的啟發。

上左｜1989年7月8日，實地察訪屏東縣枋山南迴鐵路工程，並深入隧道。深刻感受到「台灣的奇蹟」是這些胼手胝足的無名英雄所創造的。

上右｜1989年11月，在夏威夷大島的寇納市（Kona, Hawaii）出席一年一度的「中美經濟合作促進會」和「美中經濟合作促進會」的共同年會，爭取加入GATT。

下｜1989年1月18日，美國名政治漫畫家勞瑞（Ranan Lurie）來訪為我作了一幅漫畫並簽名贈送給我。

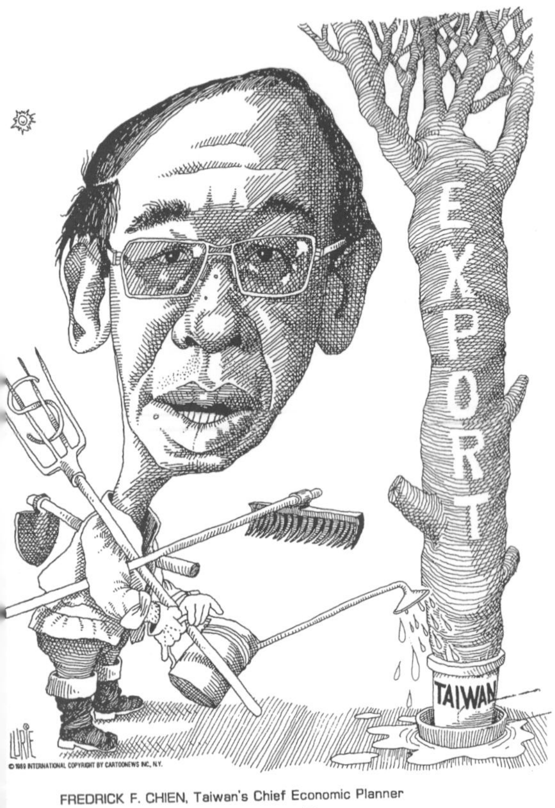


FREDRICK F. CHIEN, Taiwan's Chief Economic Planner

To FRED,
FROM YOUR FRIEND
RANAN LURIE

上｜ 1990年10月18日，法國前總理巴赫（Raymond Barre）訪華。
下｜ 1990年11月9日，約旦王儲哈山親王（Prince Hassan bin Talal）及王妃訪華。

上｜1991年1月23日，拜會南非總統狄克勒（Frederik de Klerk），並面陳前總統李登輝邀他來華訪問的函件。
下左｜1991年5月，會晤美國前總統福特（Gerald Ford）伉儷。
下右｜1991年11月21日，哈佛大學演講。

上｜ 1991年12月，印尼能源礦務部長季南嘉（Ginandjar Kartasasmita）來訪。
下｜ 1992年6月5日，與瓜地馬拉外長曼奈代斯（Gonzalo Menendez Park）（右一）及總統賽拉諾（Jorge Serrano Elias）（左一）晤面。

上｜ 1992年6月21日，與英國前首相卡拉翰勛爵（Lord James Callaghan）合影。

下｜ 1992年8月20日，韓國國家民主聯盟總裁金鍾泌前來拜會。

上｜1992年9月1日，英國前首相柴契爾夫人（Margaret Thatcher）來訪。
下｜1993年1月13日，於約翰尼斯堡ANC總部拜會當時的主席曼德拉（Nelson Mandela）。

上｜ 1993年1月4日，法國前總統季斯卡（Valéry Giscard d'Estaing）伉儷來訪。
下｜ 1993年2月7日，與當時的約旦阿不都拉親王（Prince Abdullah bin al Hussein，現為約旦國王）晤面。

上｜ 1993年6月11日，菲律賓總統艾奎諾（Corazon Aquino）來訪，企盼我國能多雇用菲國外勞。

下｜ 1993年9月12日，新加坡總理吳作棟曾提議由新加坡和兩岸合資成立船務公司，在新加坡註冊，專營兩岸間的運輸，後並未成局。

上｜ 1993年10月10日，與眾多友邦嘉賓一起參加國慶典禮。
下左｜ 1994年1月8日，美國聯邦參議員麥康諾（Mitch McConnell）與夫人趙小蘭來訪。
下右｜ 1994年1月18日，泰國國會議長馬祿（Marut Bunnag）訪華。

上｜1994年3月21日，前蘇共總書記戈巴契夫（Mikhail S. Gorbachev）伉儷來華訪問，我們在外交部透過傳譯談了一個半小時。

下｜1994年4月22日，與AIT處長李潔明（James R. Lilley）晤面。

上｜ 1994年5月，與李登輝總統伉儷一起出訪史瓦濟蘭，與國王恩史瓦帝三世（Mswati III）合影。

下｜ 1994年6月23日，出訪教廷，教宗若望保祿二世（Pope John Paul II）召見我，對我國政府全力支持他宣布一九九四年為「國際家庭年」表達感謝。

1994年7月12日，出席中美洲七國外長會議。

上左｜ 1994年9月27日，出訪幾內亞比索。
上右｜ 1994年10月28日，出訪巴拉圭，拜會賴彌萊（Luis Maria Ramirez Boettner）外長，他是經驗豐富的外交界前輩，長期推動雙方邦誼，我們於贈勳前合影。
下｜ 1994年10月28日，赴巴拉圭總統府晉見瓦斯莫西（Juan Carlos Wasmosy）總統。

1994年11月，出訪格瑞那達時留影。

上｜ 1994年11月7日，與美國前國務卿貝克（James A. Baker, III）伉儷合影。
中｜ 1995年7月21日，出訪巴拿馬，與巴拿馬外長路易斯（Gabriel Lewis Galindo）伉儷（右四、右三），總統巴雅達雷斯（Ernesto Perez Balladares）伉儷（右五、右六）及蘇秉照大使伉儷（左三、左二）合影。路易斯外長為人正直誠信，不但在他生前一直維持中巴邦交，還預先安排盡責的駐華大使，化解多次邦交危機。不幸他在一九九六年十二月十九日於美國丹佛市病逝，享年六十八歲。
下｜ 1995年11月20日，會晤巴哈馬外長鮑茨克（Janet Bostwick）。

上｜1995年10月31日，與玲玲一同訪問加勒比海聖文森等國，由Union Island前往聖文森途中。
下｜1995年7月23日，出訪巴拿馬時，路易斯外長的長子賽謬爾（Samuel Lewis Navarro，他於二〇〇四年當選巴國第一副總統兼外交部長）特別駕船帶我去海釣。這也是我生平唯一的一次海釣。

1996年，主持國民大會會議。

上｜ 1996年1月26日，與哥斯大黎加總統羅德里格斯（Miguel Rodriguez Echeverria）晤談。

下｜ 1996年7月1日，為考試院院長、副院長提名行使同意權，並等待開票中。右起分別為謝隆盛副議長、蘇南成代表。

上｜1996年11月1日，在胡佛研究所以「中華民國面對二十一世紀」為題做四十分鐘的演講，並由前國務卿舒茲（George Schultz）擔任主持人。
中｜1996年11月4日，在國大議長任內接見美國前財政部長班森（Lloyd Bentsen）。
下｜1996年11月13日，與比利時前總理艾斯肯（Mark Eyskens）共進午宴。

上｜ 1996年12月10日，率國大同仁拜訪當時的台北市長陳水扁。

下｜ 1997年1月，在台北國際會議中心舉辦第三十二屆「亞太國會議員聯合會」，會中我被推舉為亞太議聯會長。

上｜ 1997年1月，於台北的國民大會議長辦公室。

上｜ 1997年1月19日，為前日本駐美大使松永信雄賀壽。
下｜ 1997年1月，巴拉圭共和國參議院議長甘波士（Rodrigo Campos Servera）前來拜會。

上｜ 1997年5月，李登輝總統至國民大會，向全體委員做國情報告。
下｜ 1997年5月20日，國民大會全體女性代表獻花，表達對錢復的肯定。（中央社提供｜鄭傑文攝）

上｜ 1998年1月24日，參加宏都拉斯總統佛洛雷斯（Carlos Roberto Flores Facussé，左三）的就職大典，擔任慶賀特使。左二為西班牙王儲菲力比（Felipe de Borbon）。
下｜ 1998年11月9日，在國大議長任內出訪教廷，在戴瑞明大使陪同下，與教廷外交部長陶然總主教（Archbishop Jean-Louis Tauran）晤面。

上｜ 1998年11月10日，在駐教廷戴瑞明大使官邸與狄剛總主教晤談。
下｜ 1998年11月13日，受邀赴倫敦出席國際戰略研究的演講會，我以「亞洲新貌：特別著重在台灣的中華民國」為題，分析亞洲金融危機的起因、後果及應記取的教訓，並扼要敘述我國民主化的過程以及繼續推動民主化與自由化的決心。

上｜ 1998年11月16日，在倫敦拜訪英國前首相柴契爾夫人，左為駐英代表鄭文華。

下｜ 1999年5月20日，美國南卡大學教授暨前美國駐韓大使吳克（Richard Walker）及邁爾斯（Bob Myers）來訪。

1999年2月1日，接任監察院長，從前院長王作榮（右）和資政俞國華手中接過印信。

上｜ 1999年5月17日，美國國務院次卿暨駐聯合國大使波頓（John Bolton）來訪。
下｜ 2000年2月18日，約旦哈山親王來訪。

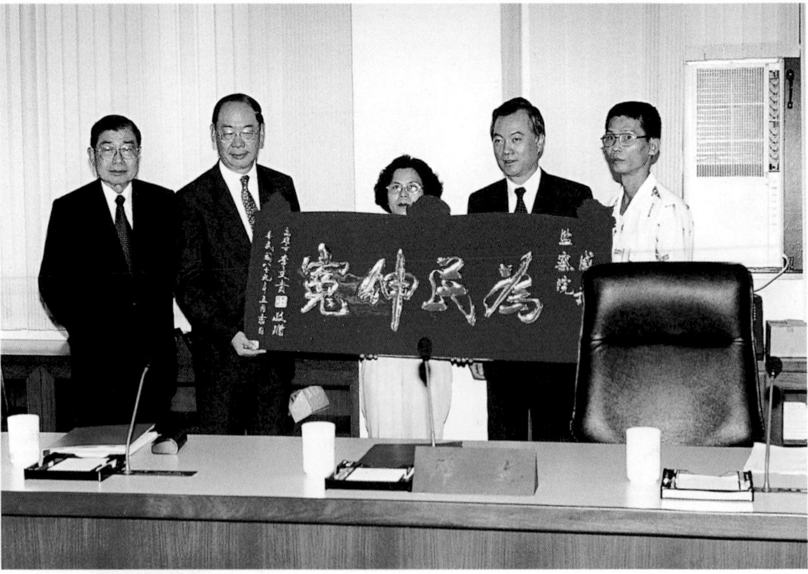


上｜ 2000年4月18日，與總統當選人陳水扁合影。
下｜ 2000年5月23日，李文貴君被提報流氓一案，經陳情後獲得平反，致贈監察院匾額。

上｜2000年6月，與美國副總統錢尼（Richard B. Cheney）伉儷合影於世界論壇研討會會場外。
下右｜2001年8月21日，巴拉圭外長莫雷諾（Jose Antonio Moreno Ruffinelli）來訪。
下左｜2000年7月11日，國際監察組織理事長艾伍德爵士（Sir Brian Atwood）來訪。

上｜2001年11月7日，在擔任監察院長期間，代表政府致贈「雙塔基金」一百萬美元給九一一事件受難家屬，由當時的紐約市長朱利安尼（Rudolph Giuliani）代表接受。（中央社提供｜曾志遠 攝）

下｜2001年10月30日，韓國大國家黨副總裁朴槿惠來監察院拜會。

上｜ 2002年6月7日，原任布吉納法索外長、時任WTO世貿組織副祕書長魏陶哥（Ablasse Ouedraogo）來訪。

下｜ 2002年6月，參加美國前總統福特伉儷（左一、左二）主持的世界論壇，與約旦哈山親王（右三）合影。

上｜ 2004年6月22日，巴拿馬第一副總統當選人兼外長賽謬爾夫婦（左一左二）及其母妮塔（Dõna Nita，左三）在巴拿馬市敘舊。

下｜ 2004年9月23日，立陶宛憲法法院院長庫里斯（Dr. Egidijus Kūris）拜會監察院。

上｜2004年1月，於監察院一隅。
下｜2005年1月21日，監察院民國九十三年度工作檢討會議，全體人員合影。

2005年3月10日，陳水扁在總統府頒授「中正勳章」予我。服務政府四十多年，退休時能獲頒紀念蔣公的中正勳章，至感榮幸。（中央社提供｜蘇聖斌 攝）

2005年3月4日，在台北出席《錢復回憶錄》卷一、卷二的新書發表會，並與天下文化創辦人高希均教授分享新書內容。

上｜1999年，我的孫子裕揚由香港回來台灣，與我三位學生沈呂巡（左一）、馬英九（右二）和李大維（右一）合影。

下｜2003年9月22日，結婚40週年家宴，與玲玲在晶華蘭庭合影留念。

上｜2013年9月22日，是我和玲玲的金婚紀念。
下｜2007年8月，小孫女裕恩滿月，全家人的紀念卡片。

上｜ 2015年12月25日，適逢聖誕節，拍了全家福。
下｜ 2016年10月，和玲玲遊漓江。

# 錢復回憶錄

## 政經變革的關鍵現場

典藏版卷三：1988 ～ 2005

錢復

著

僅以本書獻給我摯愛的妻子錢田玲玲女士
我們結褵五十八年，她善待尊長、相夫教子
是我工作上不可忽却的良好夥伴

出版者的話

# 見證台灣政經風雲年代：1988—2005

## ——《錢復回憶錄》第三冊問世

高希均

### (一)留下紀錄接受檢驗

百年來我們中國人的歷史，一直徘徊在絕望與希望之中，摧毀與振興之中，失敗與成功之中；此刻的台灣則搖擺在衰退與進步之間。

沒有歷史，哪有家國？只有失敗的歷史，何來家國？

歷史是民族綿延的一本大帳。讀史的積極動機，不是在算舊帳；而是在擷取教訓，避免悲劇的重演。

歷史更是一本希望之帳，記錄我們跨世紀在台灣的奮鬥與成就，鼓舞下一代，以民族自尊與信心，在二十一世紀開拓一個兩岸共創和平繁榮的時代。

在翻騰的歷史長河中，蓋棺也已無法論定，誰也難以掌握最後的真理。我們所希望的是，每一位人物寫下他們的經歷、觀察，甚至後見之明。他們的貢獻，是為歷史留下紀錄；他們的挑戰，是為未來接受檢驗。

## （二）風雲年代中的重要首長

盼望已久的錢復先生第三本回憶錄終於出版了。

十五年前（二〇〇五）天下文化出版了兩冊《錢復回憶錄》（卷一、卷二），記錄這位被譽為「外交才子」的專業貢獻；尤以一九七九年台美斷交前後，以及一九八〇年代面臨的外交挑戰，作為時任行政院長孫運璿的「最後一張王牌」，當時全國都寄望錢復能在台美斷交、中美八一七、上海公報之後，為台灣扭轉劣勢，而錢復果然不負眾望，表現出色，為中華民國開拓新局。

《錢復回憶錄》前兩冊止於一九八八年初。第三冊《錢復回憶錄典藏版・卷三：1988－2005政經變革的關鍵現場》接續一九八八年蔣經國總統辭世之後的發展，記錄了台灣在內政和外交上經歷的驚濤駭浪。這段期間錢復陸續擔任四個重要的職位：經建會主委（一九八八年七月到一九九〇年六月）、外交部長（一九九〇年六月到一九九六年六月）、國民大會議長（一九九六年七月到一九九九年一月）、監察院長（一九九九年二月到二〇〇五年二月）。

蔣經國總統於任內最後兩年，加速推動民主進程，激起台灣社會的政經活力。一九八八年錢復甫從外交轉入經建領域，自稱是經建「門外漢」，但觀察兩年任期內的作為：改善投資環境，獎勵民間投資公共建設，公營事業民營化，以及全民健保的初期規劃。在後威權時代的政治轉型過程，他以累積的外交歷練及豐沛的人脈，展現了國際視野的思維與高度，參與解決社會面臨的問題。一九八九年接待新加坡總理李光耀訪台，記錄了李光耀對台灣民主與兩岸關係發展的對話概要，直言台灣錯失掉很多順勢而起的機會。現在讀來，既有先見之明，更多深刻警惕。

一九九〇年，時任行政院長郝柏村邀請錢復重回外交領域，出任外交部長。此時的「外交才子」已有駐美大使的豐富歷練。他於一九九〇年代曾提出一個重要看法：「大陸政策決定台灣未來走向，攸關台灣興亡，位階應高於外交政策。」此一看法受到普遍認同，兩岸關係是外交政策的上位。如果領導階層真能做到，那麼兩岸情勢怎會近年來演變得如此令人憂心？

一九九六年六月，錢復結束外交部長六年任期，李總統安排他進入國民大會，當選國大議長，主持修憲，親身見證民主議事如何影響未來國政運作，對於凍省、總統直選採相對多數制等憲政議題，有深入的剖析。

二〇〇四年的總統大選投票前夕，發生陳總統遭槍擊案，錢復時任監察院長，受陳水扁力邀出任特調會主席，參與了這段歷史疑案的調查。

在每一個重要職位，錢復以廣受稱道的博聞強記，記之述之，帶我們重回歷史現場。

二〇〇五年二月公職退休，卸下監察院長，淡出政壇，接任國泰慈善基金會董事長，投入公益與國民外交。並於二〇一九年接任蔣經國基金會董事長，推動國際漢學與中華文化的研究，以此緬懷經國先生對華人社會的貢獻。

本書始於二〇〇五年整理資料與撰稿，最後定稿於二〇一九年十月，寫作十四年餘，完稿約三十三萬餘字，涵蓋三任總統，歷經台灣三次民主轉型：解嚴（蔣經國時代）、直接民選總統（李登輝時代）、首次政黨輪替（陳水扁時代），是錢復從政以來最成熟的深入觀察與代表作。

二〇二〇年開春，台灣面臨更多國內外的重大挑戰，如台美中三邊關係的微妙轉變，地域政治因川普政策出現不確定性，以及中國大陸在國際舞台上角色的擴張，處處增加了我們的危機感。

《錢復回憶錄典藏版．卷三：1988—2005政經變革的關鍵現場》穿越了台灣民主轉型及社會發展的關鍵時代。此一時刻出版，對國人提供了重要的回顧與省思，不可不讀。

（作者為遠見．天下文化事業群創辦人）

# 總序

去年五月天下文化出版《錢復回憶錄》卷三，引起讀者相當正面的反應，有人想買卷一、卷二卻都絕版了，只能改買電子版，天下文化有鑑於此，就在今年重印卷一、卷二，和卷三合為「典藏版」。

我對讀者的反應只能說：感恩。我當初寫書的初衷是對幾位愛護我的長輩對我期許的一種回報，也想為中華民國近、現代史留下一點微小的紀錄。我寫這三本書，除了根據我多年的日記，主要依賴我遵照胡適先生教導的要勤於蒐集資料：我經手的文件，這些文件我在上世紀末開始整理，裝成框函，在我寫完三本書後，我一算裝了一百五十多箱，今年四月初我將正式把這些文件送請中央研究院近代史研究所檔案館庋藏。因為我在寫書過程中對於資料取捨頗費苦心。書的篇幅不能太厚，因此很多重要的事件未能寫入回憶錄，我祈盼未來能有學者檢閱這些文件，也許再可以出幾本有用的書。

我要再度感謝天下文化高希均創辦人、王力行發行人，兩位不為利潤只是想方便讀者。此外天下文化編輯團隊為「典藏版」所作的努力，不是言詞的感謝可以表達的。

二〇二一年三月於台北

# 自序

二〇〇五年三月四日，天下文化為《錢復回憶錄・卷一：外交風雲動》和《錢復回憶錄・卷二：華府路崎嶇》舉辦新書發表會，當時高希均創辦人要我盡快將第三冊寫好、出版。我想自己已由公職退休，生活將會很輕鬆，未假思考就欣然同意。

對於撰寫第三冊時會用到的參考資料，當時我都已整理得差不多，放在我新辦公室的八個卷櫃中，大概有近一百函。

不料，退休後朋友們怕我太閒，所以常來辦公室陪我聊天，我也不斷應邀去演講、參加研討會或出國。記得二〇一二年廈門國際法研究院舉辦第十屆暑期講習班，為期三週，邀我做開幕式的主題演講，我瞭解該班講授者多為國際法院、國際海洋法院、國際刑事法院的法官和全球著名大學國際法資深教授，因此花了許多時間選擇講題、蒐集資料、認真閱讀，先寫好大綱，再逐項撰寫，大約演講前的十個月完全致力於這一工作上。由這個例子可知，退休後其實並不清閒。

因為能用於寫作本書的時間實在有限，而我寫文章又十分「龜毛」，時常為一個人名、日子有疑問，就停筆詳細檢查，所以一直寫到二〇一七年底，才寫完本書的第三篇，也就是國民大會議長任內的經歷。

二〇一八年上半年，我不斷出國開會、演講，生活十分忙碌，到了七月底，在台北市一項演講中，突然感覺天旋地轉，我知道不妙，結束後立即去醫院急診，經數小時詳細檢查並無任何病兆。但是沒過幾天，我半夜由床上跌下，自己毫無感覺，所幸內人發現，趕緊再送往醫院，住了約十天，在第九天我昏睡不醒，腦壓劇升，經電腦斷層掃瞄（CT Scan）發現右顱內出血頗多。連夜切開頭蓋骨，取出溢血，再過十七天才將頭蓋骨縫回，兩次都是全身麻醉。所幸我復原迅速，到了當年年底，就可走路、上下樓梯等。

我隨即恢復撰寫本書，並尋找相關的照片。高創辦人於二〇一九年頒「君子科學家獎」予二家兄，我終於敢面對他，報告書稿已完成，照片也清理好，請編輯同仁來取。

一如前兩冊，我寫本書是依據歷年工作所累積的文件、函件、筆記以及日記，內容多來自我親自參加，或親自對話的紀錄，由於我的書寫相當艱澀，有時雖然我也設法加入一些輕鬆的故事，但是不多。各位讀者如果夜間有睡眠問題，不妨拿起來看看，相當具有催眠作用。

我國無論在外交或內政上，一路走來，內外風雨飄搖相當不容易，在我四十多年的公務生涯中，時刻警惕自己需以國家和人民的利益優先。願書中所記錄下來的點滴，可供有興趣研究我們國家上世紀九〇年代及本世紀初政治、經濟發展的人士，添加幾片拼圖，也為關心我國未來發展的有識之士提供一點參考。

二〇二〇年四月於台北

# 目錄

# 第四篇　監察院

1989年7月8日，實地察訪屏東縣枋山南迴鐵路工程，並深入隧道。深刻感受到「台灣的奇蹟」是這些胼手胝足的無名英雄所創造的。

# 第一篇

# 經建經驗

· 經建會主委

1988年7月22日～1990年6月1日

# 第一章

# 經建新兵

擔任公務員並沒有選擇職務的自由。長官有命，我只有全力以赴。但是我也下定決心對於財團、民代，原則上敬而遠之；對於政策取向一定堅持以國家和全民利益為主。

我國的經濟發展，自一九五〇年代初期到一九八〇年代中期，三十多年間為全球公認成績斐然，甚至有人稱為「台灣奇蹟」。這段期間我國的經濟成長率很高，平均每年的國民生產毛額（GNP）上升百分之八點八。在此同時，物價上漲率相當平緩，只有在一九七三、七四和八〇年國際石油危機時，發生了雙位數的物價上漲率。

## 八〇年代的政經背景和社會風氣

我國的經濟發展也是在所得分配逐漸平均，以及沒有外債的情況下達成。經濟發展的果實為全民所共享。這是我國經濟發展和全球許多發展中國家的經濟發展最大的不同。

我國能有這樣的經建成績。並非偶然，這是政府和民眾共同努力攜手同心的結果。早期的土地改革使農業生產大幅度提高，農民生活改善。教育的普及、特別是一九六九年政府決定將六年國民義務教育延長到九年，使全民的知識水準提升，提高了勞工生產力及婦女勞動參與率，具體貢獻了經濟成長。

此外，在這段期間，國民儲蓄率逐年上升，對於形成國內資本助益很大，自一九七一年開始國際貿易不斷有順差，使外匯存底繼續增加。更重要的是，這三十多年國內的勞資關係非常和諧，我在擔任新聞局長赴國外演講時，常提到我國的製造服務業以中小企業為主，企業主與受雇員工間的關係有如家庭成員的關係，員工為了趕訂單自願加班，而企業主遇到員工遭到家庭變故，常會主動關切並提供金錢奧援。

用具體的數字來表達我國的經建成就，一九五二年我國平均年國民所得不到一百美元，到一九八七年已達五千美元；國民儲蓄率占國民所得的比率分別是百分之五點二和百分之三十九點三；貿易總額分別是三億多美元和八八〇億美元。

但是到了一九八〇年代中期，整個情形發生了相當大的變化，這與國內快速的政治民主化和社會多元化有很大的關係。由於經濟發展迅速，民間財富增加，貿易上不斷擴大的順差，造成嚴重的超額儲蓄問題，再加上美國政府不斷要求新台幣升值[1]，使「熱錢」不斷進入國內市場。這許多因素形成了國內的「金錢遊戲」，太多的資金注入股票及房地產市場，形成投機的狂熱。很多原來在工廠辛勤工作的人們發現，一個月的薪金不如在有冷氣的證券公司大廳坐二小時操作股票的所得，因此終日勤勞工作的人，感受到嚴重的挫折感。社會價值觀徹底改變，金錢決定一切，有錢人表現出「財大氣粗」的氣勢，走向極端奢侈的享受。國內的宴席動輒十餘萬元一桌，而國外保育團體對國人大量食用山珍海味，致使若干保育類動物幾乎瀕臨絕種，也大肆批評。價值標準的變化形成了笑貧不笑娼。以往我們被長輩一再教導不可碰觸的禁忌，由於社會的開放，成為青少年沉迷的事物；而媒體也因為新聞自由的取得，對於新的發展大幅報導，形成一種新的風氣。

社會多元化也造成了環保、勞工、農民意識的興起，政治方面的開放帶來這三方面不斷有示威、抗爭、遊行等事件。這些變遷直接衝擊到投資者的意願和公共建設的困難。投資者由於環境影響評估及環保人士動輒圍廠抗爭，勞資關係轉為緊張，因而對國內望之卻步，或轉往國外，或間接轉往中國大陸投資。至於公共建設，也由於土地取得困難、勞工短缺，進度也大幅落後。

政治民主化以後，政府對於民間抗爭活動往往投鼠忌器，不敢運用公權力。同時民意代表的地位日益上升，利益團體藉著民意代表向行政部門施壓無往不利。在公共建設方面，圍標綁標的情形極為流行，而得標後經費需求一再增加，更是普遍。更嚴重的是，政府官員誤以為民主就是要討好民眾，做民眾喜歡的事，不做民眾討厭的事。因此地方建設、社會福利和教育預算不斷大幅增加。政府收入不足，則絕對不敢談增稅或提高公用事業費率；相反的，對於減免稅賦的建議，常予接受。形成政府預算必須依賴舉債來平衡。政府的負債逐年增加，形成了這一代人享受民主化的福祉，由後代子孫來償付。

這是我回國到經建會服務的背景：在此之前，經建計畫的擬訂和執行是很自然而順利的事；到了此時，沒有任何工作不會遇到阻撓或挑戰。

## 長官有命，只能全力以赴

當媒體開始揣測我要擔任經建會工作的時候，一位在金融界退休的前輩，在一九八八年七月十四日給我一封信，信中指出：「近日傳聞先生可能接掌經建會一說，我有諍言奉陳，並非先生尚無財經閱歷，實乃國內財經牽涉各方面利益甚巨。而目前及未來年月似不可能有強人政治出現。因之，經建會一職任何人似均難做好。而國內今後之政局漸漸步向日本之模式，財團及民代為主幹，行政主管應付甚難，而經建會關係財經決策，干擾尤多，不宜介入。」

這位長者信中所述真是金玉良言，可惜擔任公務員並沒有選擇職務的自由。長官有命，我只

1　請參閱《錢復回憶錄典藏版・卷二：華府路崎嶇》第十七章，台北：天下文化出版社，二〇二一年。

有全力以赴。但是我也下定決心，對於財團、民代，原則上敬而遠之；對於政策取向，一定堅持以國家和全民利益為主。我也要設法在返國服務後，盡快使自己充分進入實務狀況。

在這方面，經建會的同仁的確是一群優秀且極有實務經驗的教師。在我上班的第一天，葉萬安、崔祖侃二位副主委和會內主管同仁，就向我提出當前經建的各項問題非常困難，也難以解決，是相當悲觀的陳述。我也立即拜見經建前輩嚴家淦、李國鼎、孫運璿、蔣碩傑、王作榮等各位先進，他們不吝教誨，幾乎對我傾囊傳授。經建會有一個諮詢委員會，每月集會一次，委員都是國內傑出的學者，可是每次討論問題，學者們爭論的時間多於提供建言。這的確符合一句名言：「沒有二位經濟學家能有一致的意見。」

例如當時所遭遇的土地、股市狂飆，地下投資公司巨幅吸金，有的主張應立即予以遏止，有的主張政府不宜過問。

又如勞力嚴重短缺問題，有的主張應從速引進外勞以解決，有的則主張勞力密集的產業應予淘汰或使其移往中國大陸或東南亞。

對於本地資金向大陸或鄰近地區投資問題。有的認為對經濟發展有利，可以促成產業升級；有的認為這一趨勢必然將導致台灣地區的產業空洞化。

像這種兩極化的意見，的確使我有難以適從的感覺，所幸經建會的同仁不斷告訴我，經建發展必須把握自由化、制度化和國際化的原則。這三項原則絕對是正確的方向，其中尤其以自由化最為重要。自由化最重要的前提是要有高度競爭的市場，透過市場用競爭力來處理經濟問題。

## 對一條母牛擠奶，就必須餵草料

當時政府仍致力於出口擴張，對於外銷產業有種種獎勵措施，而國內仍有不少公營事業還能獨占或壟斷市場，如菸酒、中油、台電……這種獎勵或保護的做法，不符合自由化原則，而且已經傷害到我們自己。例如鼓勵出口的結果，新台幣的匯率始終低估，而若干產業則是以犧牲環境來實現出口，完全沒有負擔社會成本。過度重視出口的結果造成貿易順差，一方面引起出口對象國的不滿，更嚴重的是順差形成超額儲蓄，這些資金沒有用在改善民眾生活的基礎建設上。我在返國後多次公開演講中，常以不斷對一條母牛擠奶，卻不餵牠草料，其結果必然促成母牛早日結束生命。

但是「順差」、「賺錢」的觀念，在貧窮已久的我國幾乎是不容挑戰的「真理」。我的演講也常受到媒體的諷刺，說我是敗家子。事實上，出口擴張政策在早年是正確的，但是等到我們的國民平均所得已不再是開發中國家的水準時，我們應該思考的是如何使國民生活的品質能更好，而不是讓國家的生產力以低廉的價格讓給其他國家人民享用。

事實上，經過將近三十年「出口擴張」的保護政策，如高關稅、進口管制、對「策略性」工業的補貼等，對於政府和業者來說都已成為習慣，上了癮，很難戒掉。有些生產事業被政府視為「幼稚工業」，刻意的予以扶助，在國內所做的只是拼裝，自製率不及百分之五十。每次學者專家建議開放進口或取消保護，政府主管部門就抬出「民族幼稚工業」必須呵護的神主牌。但是三十年來，幼稚園生早該修完博士學位，不該永遠長不大。

我記得很清楚《獎勵投資條例》（簡稱《獎投條例》）是一九六〇年所制定，效期三十年。在我回國工作後發現很多學者在媒體撰文都認為該條例應該結束。但是十二月七日在執政黨中常會後，財經大老李國鼎先生拉住我談了很久，不斷的提示：《獎投條例》必須要延長。其結果是《獎投條例》雖然屆時功成身退，可是一九九〇年立法院又通過了替代的《促進產業升級條例》（簡稱《促產條例》）。

《獎投條例》和《促產條例》主要是給予投資者各種優惠鼓勵及免稅待遇，這種做法和經濟自由主義的精神不符，但是我們的政府在這個時段正好是改革開放的起步，對於民意代表的主張，認為必須充分配合。

## 參考「前川報告」，擴大內需

我返國最初的一個多月是隻身在台，住在旅館，李登輝總統瞭解這個情形，有空時往往召我去官邸餐敘，討論問題。我也藉這些機會將我觀察到國內經濟發展所遭遇到的瓶頸向他報告，他好幾次提到日本的「前川報告」（The Maekawa Report），指示我應自「內需」（擴大國內需求）著手。最初我並不清楚「前川報告」，以後瞭解是日本中曾根康弘總理於一九八五年十月，基於日本貿易順差不斷擴大，但是日本政府對於外人投資以及外國商品輸入，仍加以限制，因此國際間對日本有意做保護主義的貿易限制，所以邀請剛退休的日本銀行總裁前川春雄組成顧問委員會，深入探討如何對日本總體經濟架構予以調整。經過半年的研究，發表了「前川報告」。

這項報告對日本政府提出六項具體改革建議，最重要的是第一項擴大國內需求，包括都市更新、改善居住品質、刺激民間消費、地方政府投資基礎建設。第二項是改善工業架構俾與國際接軌。第三項是鼓勵外國產品進口，降低進口障礙。第四項是開放金融及資本市場，並使日圓匯率穩定。第五項是發展國際合作，對國際經濟提供貢獻。第六項是財政及貨幣政策的管理，包括盡量減少發行公債，稅制改革和採取彈性貨幣政策。

這六項建議的確是很切合實際的，事實上，對我國當時的經濟狀況也有相當程度的適用性。我對「前川報告」有了瞭解以後，對於李總統期盼經建會該發揮的功能也有了初步的認識。

幾天後，我在八月二十三日會中舉行主管會談時有一篇講話，我提到回國十天，聽到各位前輩的教誨，看到媒體的許多專文，都指出目前我國經濟所面臨的主要問題，是總體資源分配不能平衡，其中包括國內市場與國外市場的失衡、公共部門與民間部門的失衡、經濟部門與社會部門的失衡、成長目標與生活品質目標的失衡、生產部門與消費部門的失衡、以及短期考慮與長期考慮的失衡。我建議會中同仁應該先建立國家長期發展的觀念，重新對總體資源的分配做適當的調整。

具體的說，經建會過去的工作都是個別發展目標，但在各部門之間沒有整合；而若干發展計畫都是著眼於短期效果，由長期觀點思考付出的代價太大：例如若干開發計畫本身確有效益，但是沒有妥善做好環境影響評估，日後造成嚴重的土石流問題。我特別指出，我在一個月前交接典禮時曾提到本會的工作要有「前瞻性」，就是希望不只追求目前的喝采，而是要為千秋萬世負責。整個政府中，經建會應該為長期規劃用心的機構，而不應該扮演救火隊的角色。

## 四大要素：土地、交通、水和能源

我接任經建會工作時，全會編制人員是三百位，預算約三億元台幣，是政府部門中人員經費都少的機構，但是同仁的水準很高。九月一日新任的蕭萬長副主委到任後，各單位逐一向我們提出業務簡報。由這些簡報中使我明瞭經建會業務的多元化，我決定請蕭副主委負責個別經建計畫的先期規劃、住宅都市計畫和貿易談判，葉萬安副主委負責長、中、短期的經建計畫和經濟研究，崔祖侃副主委負責人力規劃和財務。

接著，我先後去各地看重大公共工程的推動，雖然沒有走遍三一九個鄉鎮市，但是各縣市的情況都稍有認識。我發現當時的台灣，大都市的居住環境比郊區為佳，這是因為快速工業化之後，農村人口紛紛到都市謀生，可是只能在房價低廉的郊區居住。一水之隔，道路交通、學校醫療、空氣品質、居住空間都有很大差別，這和歐美國家都市居民大多是低收入者，而郊區住宅豪華寬裕，完全不同。

我也發現，由於民眾收入提高，自用小客車數迅速增加，大都市周邊的中山高速公路（當時二高尚未完工）路段，幾乎成為超大停車場。都市內停車問題也十分嚴重。

另外，國內在一九八一年開始大量增加內陸水產養殖業，很多地區都發生了嚴重的地層下陷。我曾在雲林縣口湖鄉、台西鄉，屏東縣林邊鄉、東港鄉等地親眼見到，三層樓的住宅有將近一層半長期淹在水中，這還不是颱風豪雨的日子。

因此我在稍後的主管會談中向同仁指出，本會在做經濟計畫和重大建設規劃時，必須特別注意四項要素，就是土地、交通、水和能源。

## （一）土地

台灣地少人眾，如何有效利用極為有限的土地，同時顧及環境保護，對於約三分之二的山地不能利用。所以各地區應有區域開發計畫，配合整體的國土開發計畫，使地能盡其利。

## （二）交通

當時我國的國民年平均所得已達六千美元，但是絕大多數國民的生活品質很差。無論都市或郊區的住宅都非常狹隘，而交通又十分擁擠。要改善這種情形，一方面需要都市更新，更重要的是發展新市鎮，以快速捷便的交通與主要都市連接，使在都市工作的人們能在新市鎮有更寬廣的生活與活動空間，而通勤時間不會太久。台灣已有「中山高」而「二高」也在興建。高速公路的土地需求極大，不是台灣有限的土地能供應，而早年興建「中山高」時，許多地主很樂意的提供土地，以供建路之用；但是到二高時，徵收土地已極為困難。所以再修建高速公路已不可能，必須由高速鐵路或捷運系統，來提供新市鎮居住者到大都市工作通勤之用。不過，這種方式也不能無限上綱。此時有淡海新市鎮開發計畫，會內負責交通的資深同仁傅家齊參事就曾估計過，淡水線捷運系統在最高峰運量時，每小時最多也只能載運九萬名旅客。

## （三）水

至於「水」的問題，台灣是有高降雨量的地區，但是河川短促湍急，不下雨時河床縮的很小，一下大雨則立刻整條河道充滿洪水，滾滾流向大海，很難留在陸地。因此為了充分供應台灣地區所需要的民生、工業和灌溉用水，興建水庫是必須要做的。然而興建水庫要徵用許多民地，更有甚者，為了使水庫能做好水土和環境保持，其周邊土地也不能利用。自從政府解嚴以後，民意高漲，每個地區要興建水庫都受到當地居民劇烈的反抗。我在經建會服務時，南化水庫和鯉魚潭水庫還能興建；但是美濃水庫和瑪家水庫就遭受抵制。

七、八年後，我在為參選國民大會議長時，走訪瑪家鄉馮寶成鄉長和美濃鎮陳鎮長夫人饒淑貞代表時，都向他們勸說應該興建水庫。他們都很詫異我為什麼會有這種立場。我向他們解釋興建水庫、留住雨水是我們永續發展所必須的。經建會當時有一位水利專家王忠道顧問經常向我提出寶貴的建議，使我獲益良多。

## （四）能源

能源是現代人生活和工作所必需，然而台灣地區並無自然資源可供發電或燃油所需。我們所用的能源都要進口，無論是煤、油、核能，都可能引起負面因素。究竟能源要如何產生，每位民眾都有意見。比較沒有爭議的太陽能、風力、地熱在目前還不能提供大量的能源。就煤、油、核燃料三種做評估，核能應該是汙染較小的。可是自從車諾比（Chernobyl）和三哩島核能電廠意外事件發生後，全球反核人士都強烈抗拒使用核燃料。事實上，核能電廠的防護機制是相當周全的，這二個事件都是由於操作者犯了一連串錯誤所造成，如果從業人員具有敬業精神，就不至於發生嚴重疏失。國家要建設和發展，不能沒有能源，燃煤會發生嚴重的臭氧層破壞，如果使用脫硫裝置就可以改善汙染，但是價格極為昂貴。使用核能發電，除了管理不善可能造成巨禍，核能燃料棒以及其他廢料的處理都有很大的困難。國家在能源政策上必須有一個通盤的考量，不能只做個別案件的因應處理。

## 從宏觀角度推動好計畫

作為一個經建新兵，我可能無法對若干細部問題提供專業意見，但是由宏觀的角度去看未來國家的經濟建設可能更為重要。經建會是一個可以做事的機關，好的計畫能推動，能使民眾的生活有明顯的改善，這是我到經建會以後立刻喜歡上這項工作的主要原因。

前面提到，我由美國回到台北時，看到「中山高」某些路段塞車嚴重，幾乎成為一個大停車場，而台灣土地稀少，不可能再建高速公路。我便想到在美國求學時，由紐約市赴紐澤西州偏北地區是由一條喬治華盛頓橋連接。這座橋有二層，來去各用一層。這種做法是否可以引進我國，我立即的反應是，我們有地震和颱風，如在高速公路上加一層可能會有危險。

我到會工作後，不久就有在舊金山林同棪建築師事務所的楊裕球工程師來看我。他是一位長者，過去曾在國內國營事業工作頗久，有強烈的愛國心和責任感。我將自己的想法向他陳述，他立即表示在工程上應可克服我的顧慮，但是他要蒐集資料，仔細的研究後再做答覆。

一九八九年春節間，他由美返國到經建會來看我，表示如果像喬治華盛頓大橋一樣，完全使用上下層方式，負荷可能太高；但是它可以使用很少的土地達成相同的目的。我就向交通部郭南宏部長說明楊氏的研究。以後交通部高工局就積極推動汐止到五股的高架。汐五高架道路建好後，我每次行走其上，看到原來「中山高」這段的大塞車不再那麼嚴重，內心的滿足都會油然而生。

# 第二章 經建計畫

在八〇至九〇年代之際，是台灣調整發展步調的關鍵期，
唯有克服各種挑戰與困難，提早布局，
才能奠定台灣在二十世紀結束前，進入已開發國家的基礎。

經建會很重要的工作，就是為國家研擬長期、中期和年度的經濟建設計畫。這項工作是由綜合計畫處負責。會內葉萬安副主委是這項工作的權威，而實際業務是由學者型的張溫波處長推動。

## 信賴學有專精的同仁與專家

國家長期經建計畫通常涵蓋十年以上，其目的在指出長期發展的方向、政策方針和目標。在我回國以前，經建會已擬訂了一九八六至二〇〇〇年的長期展望。中期經建計畫涵蓋四到六年，是依長期發展方向，提出更具體的階段性目標和政策措施。我國自一九五三年起，就提出一系列

的中期經建計畫，我到職時是第九期的中期計畫，涵蓋一九八六至八九年。至於年度計畫是自一九七一年開始，每年編擬、釐訂切實可行的年度工作計畫。

在經建會的各項工作中，這一項我的確是一竅不通的門外漢。因為編擬經建計畫先要建立總體經濟預測模型，這是由許多數理經濟的程式所組成。建立模型的目的是在對許多錯綜複雜的經濟因素，加以系統化、簡單化來分析推斷各項經濟變數的相互關係和變化趨勢。在釐訂長期經建計畫時，模型要著重供給面的因素，如人口、勞動力、資本形成、技術更新等。而釐訂近程經建計畫時，模型要著重需求面的因素，如消費、投資、出口等。這些模型的建立，必須由學有專精的專業同仁來做，他們做好後，常要我去看，每次給我很多講解；但是我看了、聽了以後仍然是一知半解。這是我在經建會服務期間深感「隔行如隔山」的時候。所幸萬安兄和溫波兄都是這方面的資深專家，我對他們充分尊重和信賴。

在模型建立後，綜合計畫處同仁要依照所要編擬的經建計畫，根據各種假設的前提，推測計畫期間的經濟發展趨勢，並經邏輯推演，分析以獲得客觀的研判結果。

有了研判結果後，經建會要辦理各種座談會、研討會，廣邀產、官、學各方面的有關人士，聽取他們對於研判結果的意見，進行評估和調整，並對研判賦予政策意義，最後撰寫成該項經建計畫的初步構想。

初步構想撰寫完成後，就要提交經建會委員會做深入討論，經過修正，再進行編擬總體發展和部門發展計畫。編擬時仍然要隨時和各部會密切聯繫，也請各部會提供重要投資計畫和政策配合措施。在撰寫計畫時要使經建計畫具有前瞻性、整體性、平衡性、連貫性，並要使總體計畫與部門計畫具有一致性。

我在擔任經建會工作時，曾參加草擬一九八九和一九九〇年的年度經建計畫，以及「中華民國第十期台灣經濟建設中期計畫」（涵蓋一九九〇至一九九三年）。同時也遵奉行政院的指示，對於每年中央及省市政府與公營事業所提的建設計畫，所需資金龐大者，為了使國家資源發揮最大效能，所以建立了「經建投資計畫先期作業審議制度」。這項制度的主要目的是使計畫與預算能密切配合。

這項先期作業審議制度，原則上是針對總投資額在新台幣五億元以上的新興計畫，或是已核定而有重大變更的延續性計畫。經建會的審議主要是評估計畫的效益、技術及財務的可行性，維護及營運管理的可行性。同時經建會也要對每年行政院交議的建設計畫，依其重要性做優先順序的排列，視國家財力負擔的能力，來決定究竟要進行哪些計畫。

所有的計畫先由經建會的管制考核處和部門計畫處做初步審核，再由蕭萬長副主委召集相關機關代表及財政、主計單位做覆審，最後是由每週三下午舉行的經建會委員會議逐案審核。

## 九〇年代初期是邁向已開發國家的關鍵時刻

一九八九年，經建會根據行政院所交議的各項計畫，通過了其中百分之八十，共一五四案，需經費二千二百八十四億新台幣。一九九〇年通過了其中百分之八十二，共一九一案，需經費二千五百三十三億新台幣。

計畫中以交通運輸通訊類計畫最多，約占三分之一，環保計畫約百分之十八。而整個由經建會進行先期作業審議的經建計畫所列的經費，大約是各級政府及公營事業預算中固定資本形成金額的半數，顯示政府多數重要投資計畫的核定，都是經過審慎的評估。

經建會在制定一九八九年經建計畫時，國內經濟情勢已較數年前稍有改變：輸入快速成長，貿易順差減少，國內需求大幅增加，總體經濟失衡的調整措施已逐漸得到彰顯。可是多年來一直存在的經濟與社會失調的現象，如經濟發展與環境保護的調和，勞資關係的改善，金錢遊戲風氣的消除和勞動參與意願的提升，仍然需要設法化解。

所以經建會在經建計畫目標方面仍以穩健為主，將經建成長率訂為百分之七，而消費者物價上漲率以百分之三為上限。在產業結構方面，服務業和工業將持續增加，而農業則要設法革新經營方式，調整作物生產的結構，並規劃設置農產專業區。

在工業方面，要研擬如何促使工業升級並改善投資環境，加強工業汙染防治以維護環境品質。在服務業方面，則要開放民間設立銀行，研究電信業務開放民營的可行性。

擬訂一九八九年經建計畫時，我們所遭遇到最大的問題，就是推動公共建設面臨很大的困難。這主要是由於土地取得十分不易。土地價格由公告地價調整為公告現值，再調整到公告現值加四成。地主還是不願脫手。更有甚者，若干重大公共建設，如水庫或焚化爐，政府剛一宣布準備興建，當地居民就聚集抗爭，反對興建，也無從談到土地的收購。

其次是勞工的短缺，幾乎所有的公共建設都面臨勞工不足的問題。由於股市狂飆，很多勞動者寧願到「號子」內做短線，而無意從事生產或建設的工作。同時，勞工意識高漲，對勞動條件的要求日益提高，勞工抗議、示威事件經常發生，最後很多公共建設必須引進外勞。

再則，公共工程招標也發生很大的困難。當時還沒有《政府採購法》，所有公共工程必須用最低標，同時審計部基於事前審計的需要，也要參與開標工作。有時由於投標者不及底價而流標；也有競標者惡性競爭以超低價得標，以致無法完成工程而必須一再追加預算，結果造成工期延宕，同時費用卻遠超過底價。

我們在擬定一九八九年經建計畫時，也針對以上的困難，研擬有效對策，以克服國家重大建設所面臨的瓶頸。其中包括徵收土地的價格合理化、適當引進外勞，以及採用「合理標」制度等。

一九八九年經建計畫中，也特別強調環境保護的加強，包括建立全國環保資訊系統連線網路，擴大環保基本工程建設，加強環境品質監測與管制，建立環境影響評估制度，以及合理公平的汙染者付費制度。

剛做好一九八九年經建計畫後，經建會又忙著做第十期台灣經濟建設中期計畫（一九九〇至一九九三年），這是九〇年代的開端，國家需要調整發展步調，克服各種挑戰與困難，奠定二十世紀結束前成為已開發國家基礎的關鍵時刻。

我們所面對的挑戰和困難，包括公共建設的支出不足影響國民生活品質，超額儲蓄引發國內投機風氣，巨額貿易順差導致貨幣供給額的增加率偏高，以及經濟和社會的變遷使勞力供需失衡。

## 為提升產業結構，延請李特爾公司做諮詢

基於此種現實問題，我們的中期經建計畫擬訂每年平均經濟成長率，四年均為百分之七，預計到計畫結束時，每人國民生產毛額將達一萬一千美元。

計畫中並訂定四大發展重點，分別是改善投資環境，推展交通建設，加強環境保護，增進福利。然而經建會最注意的是：如何使我國的產業結構提升，在進入二十一世紀時，讓我們的產品在國際市場上仍能占有優勢的競爭力。

經建會為研究我國未來在國際市場有哪些產業可以領先其他國家，在我到任後不久就聘請美國著名的產業顧問公司李特爾公司（Arthur D. Little）替我國做專案諮詢。我在那年十一月十日和該公司總裁理克爾（Harland Riker）有長時間的談話。

我將當時經濟發展的瓶頸，如勞力嚴重短缺、環保意識高漲、社會游資充裕、勞力密集、產業外移等現象，詳細的向他說明。我也特別提到我國經濟發展，最好的條件是人民教育普及，而且辛勞勤勉。希望該公司能根據我國的特點，替我們尋覓下一世紀可在國際市場上為我們爭取訂單的「明星產業」。

此後大約每三個月，該公司的負責人都會來和我討論進度，並研商各項細節課題。他們認為我國人力資源的訓練仍有不足，而國內研發工作各行其是，應予整合。他們也不諱言我國過度注重中小企業，但是提升產業必須有較大的經營資本額。

李特爾公司於一九八九年底完成「公元二千年我國新興工業發展之規劃研究」，其中第一部分就出口導向型、支援型、內需導向型三方面，選出十項明星工業及其中具有發展潛力的三十六項產品，作為未來發展重點。第二部分則就前述十項明星工業中，再篩選出五大明星工業及二十二項產品，作為我國未來十年優先發展的重點項目，並分別研訂其發展策略。

這五大明星工業是資訊工業、消費性電子工業、電信工業、自動化工業和新材料工業。為了使業界充分瞭解，經建會製作了錄影帶和英文報告的中文本。我也在公共電視的「國是論壇」節目中詳細的介紹。

## 努力促銷「明星工業」，企業不能當溫室花朵

不過業界的初步反應很冷淡。我瞭解這是由於此時我國的經濟成長仍然相當穩定，很多業者不願冒險走向一個全然陌生的開發計畫，所以我決定做一個比較大膽的促銷活動。

一九九〇年五月十六日中午，全國工商協進會在國賓飯店的樓外樓舉行擴大會報，邀請我去演講。事實上，三天前即將卸任的李煥院長已告訴我將轉任外交部工作。如果我比較鄉愿或官僚的話，我一定會請同仁寫篇講稿，到場宣讀一番，可是責任感驅使我在這個場合要使「明星工業」能夠在我國發揚光大。

那天我完全沒有稿子，開始時對近年的經社變遷做一說明，表示企業界將在經營上不免遭遇一些困難。我接著說，不過，國內的問題，業界也要負相當的責任，因為台灣經濟的起飛茁壯，

應歸功於老一代的企業家，他們沒有太高的學歷，也沒有太多的資金，他們赤手空拳，憑著意志、毅力和智慧，替國家創造了「經濟奇蹟」，實在值得我們敬佩。

這時，我的話鋒一轉，說道：「可惜現在經營者多是第二代，受過最良好的教育，資金也很充沛，但是他們如在溫室內培養的花朵，沒有勇氣接受新產業的挑戰。如果大家繼續因循下去，『經濟奇蹟』可能在我們這一代泡沫化。」

這段話明顯使全場聽眾受到極大的衝擊。我的演講剛結束，企業家一個接一個舉手發言，指責我的觀點欠當，他們絕對不是溫室中的花朵。我看到群情激昂，就笑了起來，我說：「各位的反應正是我所企盼的，經建會的『明星工業』規劃好了這麼久，卻沒有人有反應，我不得不使用比較有刺激性的語調來表達我的憂慮。大家既然有反應，願意接受挑戰，經建會一定會充分配合大家的需求，提供迎接新挑戰所需要的各種協助。」

這些年來，每當談到我國生產的某項產品在全球市場占有前十名的地位時，內心不斷的會產生無比的喜悅。我國的企業家們絕對不是溫室內的花朵，他們一如第一代的企業家具有智慧和毅力。我想，我也應該為那天的演講內容表示歉意。

# 第三章 房地產、股市與投資公司

八〇年代末，國內財經面臨眾多轉型期的難題，像是無殼蝸牛運動、股市狂飆和地下違法吸金等，對經建會來說，除了治標，更希望能找到治本之道。

我在一九八八年八月十三日晚上，由華府返回台北開始新的工作。十四日週日中午，我在下榻的亞都飯店約代理會務三週的王昭明副主委午餐，並談經建會的工作。他很快的告訴我，當時國內財經方面最大的三個問題就是：房地產與股市狂飆，以及地下投資公司的大量吸資。在政府走向自由開放的道路後，這三個問題都很難處理，可是若不妥為處理，勢將造成十分嚴重的後果。

## 大量民間閒置資金形成潛在危機

造成這些問題的主要原因，是自一九八一年以來，國民儲蓄率節節上升，一九八七年已達百分之三十八點五；而投資率卻由一九八一年的百分之三十，降至一九八六年的百分之十五點六，一九八七年的百分之十九點三，遠低於儲蓄，形成大幅度的超額儲蓄。超額儲蓄也就是巨額出超的另一面，顯示國內有大量資金閒置未能有效運用；因而形成民間游資充斥，在缺乏適當的投資管道予以疏解時，轉往房地產、股市，造成價格遽漲，同時也構成物價上漲的壓力，是經濟上潛在的危機。

我回國時，超額儲蓄額已累積到二兆五千億元，中央銀行雖然吸收了一部分，但是大部分流竄於市面，一九八七年底的貨幣供給年增率高達百分之三十八。同時金融機構授信大幅擴張，一九八八年各類放款增幅超過百分之百。

台灣地少人多，經濟繁榮後人口和所得不斷增加，而土地固定不變，因而土地價格自然會不斷上漲，進而影響房地產價格的升高。但是我國的景氣有週期性循環現象，房地產業又具投機性，因而其升降大致與景氣循環週期相近，大約每五至七年就出現一次週期性的大漲。

我去經建會工作時，正值貨幣供給增加率偏高，游資充斥，造成房地產投機性需求劇增，價格暴漲。其結果使擁有大量土地房屋者，財富快速增加，至於無土地房屋者則相形見絀，形成富者愈富，貧者愈貧，擴大了社會上的貧富差距。全國最高百分之二十的平均收入者在一九八一年時只是最低百分之二十的平均收入者的四點一七倍；到了一九八八年，已擴大為四點八五倍。過去，我國有絕大多數的人自認為是中產階級，在國家中形成安定力量。由於房地產價格的暴漲，使中產階級大量減少。

很多中低收入戶或受薪階級，卻認為窮其畢生之力，也無法擁有自用住宅，因而產生怨天尤人的感覺，怪罪於社會的不公平。社會上原有的祥和氣氛轉而滋生暴戾之氣，重大犯罪事件層出不窮。

在我回國服務時，這種狀況已到達很嚴重的地步，國內民意代表、學者和媒體都在強烈表示，政府不能坐視狀況的持續發展，必須立即予以抑制。有人建議緊縮信用，降低貨幣供給增加率，使利率上升以提高房地產投機成本；有人主張對土地融資或建築業融資予以限制；有人主張課空地稅、空屋稅及大批短期交易的暴利稅；有人主張要對大財團進行道德勸說，不要搶購土地。

他們引述日本大藏省的做法，要求金融機構嚴格審核不動產融資，對大都市加強課徵土地稅，對土地持有期間不滿兩年而轉移者課以重稅。他們也提到韓國政府為抑制房地產狂飆，宣布限制國際熱錢流入、嚴格限制免課資本利得稅資格，以及成立執行抑制房地產投機措施的專責機構。可是，當時我國正要邁向經濟自由化和制度化的正道，用這些立竿見影的做法，和自由化與國際化完全背道而馳。

## 施政不應「急就章」

回國後不到一個月，我應《天下》雜誌邀請，於九月十一日在台北市社教館以「開創我國經濟新貌——一個經建新人的省思」為題發表演講。聽眾非常多，連走道上都坐滿了人。那天在雙向溝通時，民眾的問題很多涉及房地產狂飆，要我拿出對策，更有人直接提出要求，要我「打壓房價」。

我的答覆是治標不如治本。政府採取打壓房價的做法，會使無自有住屋的民眾很爽，但是並不能解決供需的問題，政府治本的方案應從供給面著手，能夠增加可使用的土地，能夠提供合理價位的房子，才是問題真正的解決。

我的意見不能得到各方的支持，特別是當時民意高漲，很多沒有自用住宅的民眾組成了「無住屋團結組織」，自稱「無殼蝸牛」。這些盟友一面對我認同，因為我是政府首長中少數沒有自用住宅者，但另一方面對我要從治本方面著手解決房地產問題，認為緩不濟急。這是國家走入民主化後必然會遭遇的現象，民眾沒有耐心等待問題解決，要求政府立即反應。然而所謂「立即反應」的決策，大都是「急就章」，沒有對「立即反應」可能引起的利弊得失做詳細的分析，甚至明知後果有嚴重的負作用，總是以為到時候自己已高升到另一職務，負作用就由後任、或者後任的後任來承擔吧。我在最近這二十年看到不少「政治明星」懂得民眾心理，不斷立即反應，而贏得民眾的喜愛，仕途十分順遂。但是他們所留下的爛攤子，卻由他人代為收拾。

我認為政府首長不應該迎合民眾要立即「爽」的心態，而需要考量政策長期的影響。更重要的是，政治人物應該緊記孟子說的：「民可、使由之，不可、使知之」的道理，對於民眾不合理的期望，要對他們「說清楚、講明白」。

## 「無殼蝸牛」風波

就房地產問題而言，如果政府依照多數民眾所喜歡的「打壓房價」的做法，那就是政策上開倒車，重回當年管制經濟、計畫經濟時代的做法。而且房價已暴漲，要如何使價格回到一般人所能負擔的水準，也不一定是「打壓」可以做到的。如果打壓的結果，一般人仍買不起房子，到時候政府又將是被攻擊的對象。

要使大家都能負擔購屋的費用，只能在供給面上解決，也就是政府能以低廉的土地興建房屋，使售價能讓大家負擔得起。這當然不是一蹴可成，民眾必須要有耐心，三、五年後必然可以實現。

經建會在住宅都市處蔡勳雄處長領導之下努力研究，並且取得內政部許水德部長的充分配合，提出了「興建中低收入住宅方案」。這項方案主要是將都市邊緣的農地，依照《平均地權條例》第五十三條的規定辦理「區段徵收」。這也就是將原先價格低廉的農地，由於都市計畫的變更，成為價值高昂的住宅或商業用地。政府將土地重行規劃，原地主將領回百分之四十的抵價地；百分之三十五的土地將用做公共建設，包括道路、橋梁、學校、市場、醫院等。其他百分之二十五將由政府興建中低收入住宅。預計變更農地約二千三百至五千公頃，以興建十七至二十二萬戶住宅，每戶面積不超過四十坪，價格約在新台幣一百五十萬至二百八十萬元之間。政府為開發公共建設約需款二百三十至五百億元，可向中央國宅基金或中央銀行融資，俟土地出售後歸還。這項方案為期四年。

我在十一月十八日約了相關首長餐敘，向他們報告並徵詢意見，各位首長都提了很寶貴的建議。經建會歸納了大家的意見，在十二月八日簽報行政院，行政院在同月二十日的院會核定了這個方案。依照方案的規定，要由內政部會同相關部會以及省市政府，組成專案委員會來推動本方案。另外，相關地方政府也要成立工作小組，建立購置住宅者的名冊，並且負責勘察辦理方案所需用的土地，予以徵收。

事實上，國內住宅的數量已經供過於求，台電依照國內總住宅量四百多萬戶，判定沒有用電的有七十萬戶，約為百分之十七點五。空戶中尚包括三萬戶國民住宅。一般的空戶形成原因主要是價格高，民眾無法負擔，屋主也無意降低售價。國宅空戶形成的原因，主要是地點偏僻以及建造時的品質問題。因此，中低收入住宅必須和國宅有所區隔。

我們的用心顯然無法贏得民眾的肯定。一九八九年八月十九日是週末，無住屋團結組職的負責人打電話到家中，要我一週後去忠孝東路四段統領商圈的馬路上夜宿。我因為次日將赴美訪問，不在國內，所以予以婉謝。但是第二天早上他們有十餘位成員來家送「請帖」；有趣的是來採訪的媒體人較成員人數更多。

我由美國回台北後不久，媒體又就「打壓房價」問題要我發言，我仍是用一貫的立場答覆。這次引起無住屋團結組織的不滿，認為政府必須要干預，他們在九月四日發布「依自由市場的邏輯請錢復下台並搬家」的新聞稿，附了十幅諷刺性的漫畫，表達對我的不滿。

禍不單行，九月二十五日的《中國時報》呂理德君報導，說我在接見德國金德曼教授（Gottfried-Karl Kindermann）時，提到無殼蝸牛運動時表示「他們只是一個製造問題的團體」。呂君另外還寫了一個小專欄，指出我激怒了無殼蝸牛，抗爭已是蓄勢待發。這的確是莫須有的欲加之罪。金教授是我的老友，每次由慕尼黑到台北來，總會和我談中德關係、中美關係和大陸情勢，這次也不例外。我看到這篇無中生有的報導和專欄後，就電傳給金教授。金教授立即在次日以中、英文函件致《中國時報》，指出該報所述全非事實，要求更正。

這次烏龍事件幸而並未使無住屋團結組織對我更為不滿。組織負責人在九月二十九日給我寫信，要我對房屋問題能更積極的關心、奔走。接著，又在十月四日晚間來電，對以前的批評指責表示歉意，希望能和經建會更密切的合作。

## 住宅政策不能只圖一時利益

一九八九年六月，李煥院長到行政院後，對於住屋問題特別重視，經建會也奉命在九月間提出「改善當前住宅問題重要措施」。此外，行政院祕書處也擬訂了「當前住宅問題因應措施方案」。兩個案中都列入提供購買住宅融資和增加興建住宅，前一文件中包含了穩定住宅價格的措施，例如由中央銀行緊縮信用和對房地產的投機買賣，依法嚴予稽查；後一方案則包含土地政策上，明定都市計畫的變更必須以區段徵收方式，並配合政府開發新社區或新市鎮，再將低度利用的土地及眷舍收回改建。該方案亦明定配合捷運系統規劃都會周邊衛星市鎮的開發，以提升生活環境品質，對於興建大批國宅勞工不足時，可專案引進外籍勞工。

這兩項文件補充了上一年的「興建中低收入住宅方案」，可是在討論並通過這兩文件的過程中，我曾建議今後國宅興建及中低收入住宅興建應「售屋不售地」則未被採納。我也曾建議公務人員及軍人的眷舍改建應先有一筆中央基金，也就是先以基金提供現住人員搬遷及租金費用以及改建費用，建成後再出售歸還基金，因為眷舍改建最大的困難是現住戶不願搬遷。這項建議可惜也未獲採納。

住宅問題在當時雖是一項熱門而嚴重的問題，但是我國的住宅自有率在各國中是名列前茅的。國人擁有住宅的比例已達百分之七九點九。然而這其中，台北市的自有住宅率只有百分之六七點二，高雄市為百分之七一點四，而台灣省則為百分之八三點三。因此無住屋的朋友大多匯集於北部都會區，人數集中，動員便利，聲音也最大。

## 防範崩盤，但不能干預

接下來要談股票市場的問題。我由美國返回台北到經建會工作時，一位資深財經首長對我說，股市問題應該去請教中華經濟研究院蔣碩傑董事長。所以我在八月十五日正式上班的第一天下午，就去長興街拜見蔣博士，他對我的教導是：政府不能干預股市，但是要防範股市崩盤；他也很善意的提示我，對股市的事愈少發言愈好。

台北股市在一九八八年初，平均指數還在四千點左右，到了同年九月就猛飆到八千四百點。

值得在此一提的是，一九八七年十月國際股市大崩盤，在此之後的一年間，各國股市都受到影響，因此台北股市指數在該年十二月只有二千四百點。但是第二年卻在各國間一支獨秀，攀升不已。其主要原因是由於我國對外貿易大幅出超，形成超額儲蓄問題，國內游資充斥。同時我國的新台幣與美元的匯率持續小幅上升，各方認為有利可圖，熱錢不斷湧入台灣。

大量的資金進入台北股市，而股市規模甚小，上市公司只有一百六十六家，可是由於證券經紀商開放，很快就成立了一百一十家證券公司，其中不少還是由重量級民意代表主持，操縱市場，炒作短線。還有一點，來自一位華府的經濟學華人教授於我返國不久時給我的信：「我認為，如果不是那些證券商、地下錢莊、金融記者藉機胡鬧，也許股市也不會亂到這個樣子。……有那麼多金融記者在賭股票或兼做金融黃牛，他們每天不是在興風作浪，就是在推波助瀾。」

股市狂飆不僅養成國人急功近利的惡習，造成所得分配惡化，更降低工作意願，導致勞力不足，危害金融安定。當時國內總人口約二千萬，而股票開戶數竟高達二百六十萬戶。經濟的原理，過度高估的價格，不能維持長久，很快就要下降。

## 恢復證交稅引爭議

不料，這個殘酷的現實，卻由於財政部於一九八八年九月二十四日宣布對上市公司股票交易所得恢復課徵所得稅而提前到達。一九六三年我國《所得稅法》修正公布，認定證券交易的增益是所得的一種，依該法規定應計入財產交易所得，課徵個人所得稅。但是經過了四分之一世紀，政府主管部門考量課徵的困難，或停徵或做極小規模的課徵，而主要是徵收證券交易稅，其稅率於一九七八年底規定為千分之三。

九月二十四日是星期六，次日是中秋節，星期一又補假，星期三是孔子誕辰，星期二也調節放假，所以股市有四天半休市。財政部於那天股市收盤後，舉行記者會宣布：自一九八九年元旦開始恢復課徵證券交易所得稅。這項決策充分保密，經建會未事先或事後被告知。我直覺認定這是依法行政的措施，而且國內股市反常狂飆，實在是因為短線投機者太多，投機炒作而不予課稅，這當然是不合理的。

然而二十五、二十六兩天的媒體一致對財政部的決策大加撻伐，所謂的「投資者」醞釀走上街頭，自力救濟。郭婉容部長在二十七日舉行電視記者會，將恢復課稅的原因直接向全國民眾說明，她有充分的準備，態度和藹，從容不迫的像授課一樣，但是在場的媒體不斷干擾。二個半小時的記者會，我認為是相當成功的。

股市於九月二十九日開盤，各檔股一律無量下跌，交易量由每日的五百億以上，遽降為二億八千萬元。收盤後就有二百多位投資者到財政部示威遊行。九月三十日立法院總質詢，各位發言委員幾乎一致對準證所稅大肆批評。只有資深的財政委員會陳桂清委員表示，當前股市瘋狂，課徵所得稅確有必要。他發言時鄉音極重，多數在場記者並不一定能懂。

股市在三天內跌了四百七十五點，十月一日有立法委員發動聯署擬依《憲法》五十七條規定要求行政院變更措施。這是我國憲政史上罕見的做法。

證交稅徵收案雖然事先在行政院高層並未商討，但是財政部決定後，相關首長都一致支持。經濟部長陳履安表示，股價節節上漲，早已脫離公司經營狀況和本益比，這是非常危險的事。他說大家都希望政府能做點事，現在財政部做了該做的事，社會大眾應予支持。

中央銀行總裁張繼正則對股市連日無量下跌的現象表示失望，認為這種現象怎麼配談自由化、國際化。

我在記者紛紛詢問時，表示本案在宣布前並不知情，但是財政部依法必須在繼續停徵和恢復課徵二者之間做一抉擇，郭部長考量基於稅賦公平、股市現狀，以及課徵的技術沒有困難的前提下，決定明年初課徵，我完全贊同。針對記者詢問這項決策，是否表示政府將對當前金錢遊戲導致通貨膨脹，採取一連串的抑制措施？我說政府基本的立場是制度化、自由化，一切依法行事，不可能做打壓的措施。

此後數日，執政黨的政策會（多為立法委員）出面協調，將原已課徵的證券交易稅率千分之三調整為千分之一點五，對於證所稅則提高其起徵額。然而投資大眾似乎仍不滿意。十月十八日是立法院總質詢，那天中午大批民眾包圍立法院，各首長離開時都被指責辱罵。我的車子停在院外必須步行出來上車，民眾見到我都鼓掌，高喊要我「救命」。

第二天，立法院經濟委員會要我做施政報告，許多委員都表示股市無量下跌可能造成經濟崩盤，要我特別注意。我說，股市連續十七天的大幅下挫，的確會對經濟造成衝擊，因為部分中小企業會受影響，導致資金周轉困難；同時股市衰疲會延遲資本市場的擴展，減低國民消費意願，原訂在九月底以後上市的公司，也因而延後上市日期。

## 上有政策，下有對策

同一天晚上，李登輝總統召我去官邸詢問，我將立委的關切做了報告，他表示股市目前的現象必須予以改善，他那天早上在執政黨中常會已做信心喊話，下一步要促請大戶進場護盤，如果仍無效，則要考慮採取分離課稅，也就是不併入綜合所得稅內課稅。過了兩天股市逐漸反彈。

一九八九年起，證所稅開始課徵，但實施後並沒有能達到政策目的，自一月初到五月底，股市指數由五千一百多點漲到九千八百多點，漲幅高達百分之九十二。至於股票周轉率，在一九八八年九月二十四日以前是百分之二十七，但是以一九八八年十月到一九八九年四月，半年期平均則為百分之三十二，顯然無法達到期望投資者長期持有的政策目標。

更嚴重的是，股市大戶為了逃避證所稅的負擔，大量借用人頭戶，如老兵或無行為能力者，因此開戶人數急遽增加，使稅捐稽徵單位無法追查課徵。此外營利事業所得稅最高稅率為個人所得稅最高稅率的一半，所以許多大戶設立投資公司，專事買賣股票，稅賦可以減少一半，真可以說「上有政策，下有對策」。

國內的股價在嗣後半年多的時間一再上升，到一九九〇年一月底指數到達一二〇五四點。股價的上升通常是上市公司獲利豐富又具發展潛力，同時一般經濟情勢甚佳，然而在這段時間我們並沒有看到這些現象；也就是說股市狂飆，完全脫離理性的範圍，是人為炒作的結果。因此股市已不再是投資的地方，而成了投機者逐利的地方；投機者賺大錢，形成社會上所得分配差距愈形擴大。

一九八九年八月下旬，財政部主持所得稅法修正公聽會，由於證所稅徵收困難，擬修改所得稅法將證券所得分離課稅，也就是說，在股票交易時向買方就交易額扣徵百分之二。這項主張一般反應尚佳，因為可以將大戶借用人頭戶逃稅的漏洞予以堵塞。不過支持分離課稅者，認為百分之二的稅率偏高，應依照日本的例子採用百分之一；而不贊成分離課稅者，認為這一做法是就源課屬，實在是交易稅，不是所得稅；證所稅既然稱所得稅，自應計入綜合所得稅內。

## 選舉考量與股市回歸正常

那年的十月十九日，在行政院會結束後，李煥院長約了郭婉容、陳履安二位部長和我商談股市問題。這次會中同意免徵證所稅，而是討論證券交易稅，原為每次交易課徵千分之一點五提升為千分之十五。李院長認為年底的中央民意代表和縣市長選舉很重要，建議應降為千分之十。但是我們三人都認為不應如此大降，如果要降也以千分之十二為宜。

過了四十天，十一月二十八日李院長又約我們談，提到股市已一連十一天下挫，擔心對十二月二日的選舉有不良影響。李院長表示證交稅應改為千分之五。我說，如此劇烈下降完全是為選舉考量，恐非得宜，在稅率上應予提升，當時決定由王昭明祕書長與業界先行溝通。

次日李院長再召集會議，王祕書長報告與台灣證券交易所趙孝風總經理長談，他原建議稅率為千分之九，最後確定為千分之六，事實上，二十八日會議已被媒體獲悉，均報導行政院的腹案是千分之六，各位財經首長辦公室都收到很多電話，抗議政府沒有公信力。

十一月三十日，行政院院會處理所得稅法及證券交易稅條例修正案。李院長特別親筆寫了一份說明，原文是：「關於財政部所提證券交易稅條例修正案，最重要的是將證券交易所得免課所得稅，而將證券交易稅率予以提高，本案前天上午簽報本人後，曾兩度約請有關首長再三評估，鑒於技術密集和資本密集的產業有賴資本市場的支持，資本市場的正常發展，應予重視，而投資人亦應有合理的納稅負擔，所以共同認為證券交易稅的稅率由現行之千分之一．五提升為千分之六為適宜。」政府的措施並未立即振興股市，執政黨在兩天後的選舉受到重挫，有七個縣市長都由反對黨或無黨籍人士贏得。

一九九〇年第一季開始，台北股市於二月十二日創下加權指數衝上一二六八二點的最高峰後，持續滑落，到了五月二十五日已跌到六一四六點，下挫了百分之五十以上。重挫的原因一方面是與國內政壇高層不斷有欠穩定有關；也有一種心理性或恐慌性的因素。當然更重要的是，熱錢的加速外流，促使股市遽跌。股市在連年狂飆後，在我於經建會結束時終於回跌，回歸到正常面，自然是件好事，不過暴跌過甚，而受傷害最大的，都是最後投入股市的一些無辜者，實在是很令人沮喪的事。

## 地下吸金問題

再要談的是地下投資公司的問題。投資公司是以投資為專業的組織，募集資金，向其他公司做投資之用。當時政府法令許可的有信託投資公司、創業投資公司、開發公司、證券投資信託公司等類型。

此地所談的地下投資公司則不是依法成立，而是私自向廣泛社會大眾吸收資金，並以薪金和介紹獎金作為報酬。主要吸收資金的對象是退休或退役的軍公教人員，或現職軍公教人員及家庭主婦。很多人都是被投資公司所提供的高報酬所吸引，將一生積蓄去做投資，並代公司向親友廣作招攬。我到經建會工作時，聽說參加這種地下投資公司的民眾已高達二百萬人之多，每人的投資由數十萬到數千萬不等，所涉的資金實在駭人聽聞。

地下投資公司取得這些資金後，就從事高利潤的合併收購或整體開發，也做風險甚大的國際期貨或外匯炒作，一切都是希望能有極大的獲益，當然它們也在國內股市從事短線交易。

發生地下投資公司問題，主要的原因是我國經濟發展迅速，社會繁榮，游資充斥。民眾受了地下投資公司經營者承諾高利潤的蠱惑，很無辜的將一生積蓄投入。

我在回台北後不久，於八月二十三日下午晉見前行政院長孫運璿先生，他雖然行動不便，講話也不很流暢，仍和我談很長時間，一再提示我要注意地下投資公司的問題並妥善處理，不要使無辜的投資者血本無歸。那天晚上我就做了一個噩夢：有地下投資公司突然倒閉，許多一生積蓄付諸流水的人紛紛自殺。醒來一身冷汗，自己告訴自己，一定不能讓此一悲劇發生。

只是地下投資公司雖然猖獗，政府卻沒有適當的法律去取締或處置。這是因為我國經濟發展過於迅速，以往的法律無法適應新的環境和需要，而政府的立法進度又極為緩慢。

## 增修《銀行法》作為法源

經建會內設有一個「健全經社法規小組」，由石齊平參事擔任執行祕書，有許多優秀的學者擔任研究工作。我將這個問題提出，請小組予以研究。政府嗣於一九八九年七月修改《銀行法》，增訂第二十九條之一：「以借款、收受投資、使加入為股東或其他名義，向多數人或不特定之人收受款項或吸收資金，而約定或給付與本金額不相當之紅利、利息、股息或其他報酬者，以收受存款論。」對於違反者則可依第二十九條二項的規定：「違反者……由主管機關或目的事業主管機關會同司法警察機關取締，並移送法辦，如屬法人組織，其負責人對有關債務，應負連帶清償責任。」如此一來，處理地下投資公司才正式有了法源。

同年七月十二日，我在執政黨中常會上就經濟建設工作提出報告，特別指出在《銀行法》修正通過後，政府將嚴厲取締地下投資公司，但是我們應該特別重視善後的問題。在個體方面，不少中央民意代表盼望能讓這些公司轉換成金融公司或銀行的經營形態，使其能繼續經營；但是站在務實的立場，這些公司的帳目極為複雜混亂，吸金方式與管道詭譎多端，不可能加以清算，縱使清算，也只有倒閉一途，因此，政府必須要加強監視，防止其脫產；倘投資人有意要求對公司接管或清算，政府應予協助。而政府也要慎防此等公司鼓動投資人走上街頭自力救濟；更要防範公司脫產使投資人無法取得報償。

在總體方面，因此等公司規模龐大，倘若倒閉必將影響整個金融市場，使合法金融機構發生信用危機，政府必須予以融通；在此時同時，必須密切注意外匯市場，慎防此等投資公司經營者將資金移往國外。

這項報告獲得不少中央常務委員的重視，上任僅一個半月的李煥院長，在次日行政院會後約相關財經首長會商。會中我特別指出，對經營地下投資公司的負責人所握有的資金及財產，政府必須切實予以掌握，擔任此項任務最適當者，應為調查局經濟犯罪防治中心，財政部倘能與該中心密切配合，一定會有理想的成效。財政部郭部長也指出，地下投資公司是不法組織，必須禁止其「制度化」，對於外界一定要強調：過去政府因缺乏法源，所以未能取締；現在《銀行法》修正案完成立法，政府必將全力取締此等違法地下吸金公司。李院長則指示此事之處理，宜有一緩衝期，切勿引起社會風暴。

## 民主政治的附帶代價

這項指示顯示院方的立場與財、經部門不盡相同，以後院方曾數次會商，因為此等投資公司有若干負責人亦為中央民意代表，對行政院施加相當的壓力，所以王昭明祕書長在七月十六日曾對媒體表示要使此等公司「合法化」。一週後我隨李總統赴花東訪問，途中曾談到地下投資公司問題，他也指示要「緩緩解決」。

就在此時，我收到一位高雄市民文一明先生用毛筆寫的十三頁長的信函，說在媒體上看到我的中常會報告，非常認同。他在信中直接指出，當前毒害社會最烈的就是地下投資公司，已有「意扶」、「迎來」兩公司惡性倒閉，還有「永逢」已在半倒中。文先生有二位同事將過去積蓄投入「富格林」及「意扶」，不滿一月就被倒掉，而受害者閉門不出，不與外界接觸，因為他們自始就知道風險，仍抱著僥倖心理而投入。文先生更指出：先設立的投資公司炒房地產、炒股票，有可能資產超過負債，政府應加強監控，以防止其脫產遁逃，而對主事者仍應課之以法。

他的主張我完全同意，也一再向行政院反映。但是我回國那幾年，年年有選舉，地下投資公司常用「脫黨」、「焚燒黨證」、「投票給在野黨」作威脅，使主政者投鼠忌器，遲遲未能下決心依法取締。只是《銀行法》的修正完成，使他們不敢公然吸金並公開宣布或三個月、或無限期停止出金。在我離開經建會時，地下投資公司問題並未完全解決，這是我國實施民主政治的一項附帶代價。

# 第四章 改善投資環境

新世紀的工業發展必須兼顧環境保護的需求，因此「產業升級」勢在必行。當我在經建會工作的二十二個月中，不斷在各種場合，鼓吹「明星工業」的建立，唯有調整產業結構，才能使經濟脫胎換骨，這對我國是非常重要的一項工作。

我到經建會工作之初，發現國內是「台灣錢淹腳目」，游資充斥，但是公共投資計畫，執行進度嚴重落後，而民間投資意願不振，企業欠缺融資管道。一九八八年九月十一日，我在返國後首次公開演講「開創我國經濟新貌——一個經建新人的省思」時，曾明白指出：「今年以來，我們民間固定投資的成長比上年顯著減緩，勞動力參與率也連續下降了八個月。前者說明投機行為日益普遍，正常的投資已相對停滯了；後者說明好逸惡勞、不勞而獲的心態萌生……以致部分企業已有引進外籍勞工的情事發生。」

一九八八年累積的超額儲蓄已高達二兆六千億元新台幣，是當年國民生產毛額的百分之七二點五，一九八〇年民間投資占國民生產毛額的百分之十五點六九，到一九八八年降至百分十一點九九。

## 面對「產業空洞化」

在過去，我國由於政府與民間共同的努力，一直擁有優良的投資環境，也是我國持續經濟成長的主要憑藉之一。但是一九八〇年代以來，我國快速的政治民主化、經濟自由化、社會多元化，新的經濟社會法規制度來不及建立，發生了過渡時期的衝突與摩擦，使投資環境受到不利的影響。這其中勞工短缺、工資上漲、環保意識的抬頭、土地取得困難、地價高漲都是基本原因。但是更嚴重的是非經濟面的社會和政治因素，如黑社會力量日增、金錢遊戲氾濫、價值觀念的破壞及政治方面的惡性對立，更促使國內企業家不願在國內投資，而將資金投往大陸或東南亞。

我去國會報告，民意代表所提的質詢及媒體時常問我的問題，就是國內投資意願持續低落，業者和資金紛紛外移，這些是否會造成台灣產業的空洞化？學者專家也常寫文章對政府缺乏有效作為加以批評。

在學理上，「產業空洞化」通常是指一個國家的經濟由於服務業發展迅速，成為以服務業為生產中心的經濟體制；而製造業則逐漸失去國際競爭力，產品生產的重要性也逐漸喪失。一九八八年，我國工業在國內生產結構所占的百分比為百分之四五點七，較工業先進國家的比重仍然為高。因此，我們所要考量的是在很多企業家積極向海外投資的同時，能否提醒業者，讓他們在國內投資高科技或資本與技術密集的生產事業。

我國在此時發生了台灣塑膠公司希望在宜蘭縣投資第六輕油裂解廠，以及中國石油公司要在高雄興建第五輕油裂解廠，遭遇到當地民眾強大的反對活動，政府又無法運用公權力使建廠工作展開，引起了很多批評。

我認為任何一項重大投資案若能做好可行性評估及環境影響評估，證明對周邊環境不致發生損害，如遭遇若干別有用心的人士脅眾抗爭，政府應該運用公權力予以解決。我也曾先後向兩位行政院長做如此的建議，但是他們都認為抗爭有民意代表介入，茲事體大，政府不應干預。

## 治安問題影響投資

由於這項挫折，使我認定未來國家工業發展必須配合環境保護的需求，以低汙染或零汙染為目標，所以就有本書第二章所敘述的「明星工業」的選定。我的基本看法是使勞力密集和低附加價值的產業，可以移往國外更具競爭力的地點生產；國內則設法引進資本密集、技術密集的產業，真正做到國內的「產業升級」。這項產業結構的調整可以使我國的經濟脫胎換骨，根本不必顧慮所謂的「產業空洞化」。所以當我在經建會工作的二十二個月中，就不斷的利用媒體訪問或公開演講，鼓吹「明星工業」的建立對我國是非常重要的一項工作。

推動「明星工業」是一件「知易行難」的事，特別是當時國內政治局面相當緊張（在第九章將有說明），此外，治安情形也相當敗壞。後者主要是主政者考量國家剛剛走上民主自由的道路，不願運用公權力。另外一方面是早些年政府推行「一清專案」，大力掃黑，將許多黑社會的負責人逮捕送往外島管訓。然而，全世界的大城市都有黑社會存在，他們有自己的制度、法規，負責人或老大領導很多弟兄，負責他們的生計，也對他們有所約束。事實上，各國大城市的警政當局都和黑社會的老大有相當密切的聯繫，警方限制他們不得做嚴重違法的事，遇有重大刑案發生，他們也會向警方提供線索，有助於破案。

我國實施掃黑的結果，各幫派的負責人被抓走，剩下的弟兄們頓失所恃，盜竊、擄人勒索案件層出不窮，一方面這些弟兄們在做案上沒有了約束，另一方面，警方對於重大案件也無法破案。這種情形持續下去，就形成了治安上嚴重的問題，對於鼓勵投資極為不利。一九八九年十月二日下午，永豐餘紙業公司的何壽川君曾和我長談投資問題，其中最重要的警句就是：企業家投資意願低落最主要的原因，就是治安不佳。

解決治安問題，基本上端視主政者的決心和執行公權力的意志，可惜在這段期間，基於民主和自由的考量，無法痛下決心。這問題到一九九〇年郝柏村先生組閣時才認真面對，那時我已離開經建會了。

## 鼓勵公營金融機構民營化

一九八九年七月二十一日起一連三天，我曾陪同李登輝總統赴花蓮縣和台東縣訪問。兩處地方首長簡報都表示，由於當地就業機會甚少，人口外流情形及失業問題都很嚴重，一般民眾所得遠遜於全國平均所得。當問到是否考慮發展工業時，地方首長都表示不能提，一提就會立刻受到嚴厲的批評和打擊。理由是發展工業會破壞自然生態並產生汙染的環境。他們的唯一建議是加速交通建設，增加觀光客源。

這次訪問使我瞭解改善投資環境的重要工作，在心理方面的努力可能和實質努力有相等的需要。當時國內由於貿易持續出超，游資充斥，土地房屋及股票市場提供游資以立即的暴利，這些資金自然不願轉入需要辛勤經營的產業投資。再加上國內的金融機構仍然是傳統「晴天借傘、雨天收傘」錦上添花的做法，完全沒有對投資計畫做精確分析，協助創業投資的認識，因此對於很多需要大量投資的技術密集產業，不很願意放款。

針對這個現實，經建會建議使公營金融機構盡快民營化，以符合現代化經營的需求，也就是對有希望、有潛力的投資計畫，縱使沒有充分的抵押品，也能給予放款。經建會的建議並不容易付諸實施，因為當時最重要的「三商銀」都是在省府掌控之下，要想民營化，必須經過省議會和立法院兩道關卡。

## 完成「獎勵民間投資公共建設條例草案」

除了上述影響投資意願的各項因素外，當時還有一項非常現實的問題，就是貿易出超，貨幣供給不斷增加所引起的物價上漲。一九八九年初，躉售物價和消費者物價持續上升，引起各界的關心，更造成對投資不利的影響。經建會在三月二十二日提出了「當前物價問題因應措施方案」，由財稅、金融、貿易、投資各角度，疏導影響物價上升的基本因素。其中包括緊縮信用、機動調降關稅稅率、縮減貿易順差、調節物資供應以及擴大公共投資等措施。這項方案經行政院核定，立即由各主管機關切實執行，並由經建會負責管考。到了五、六月，物價指數就逐漸止漲回降。

為了使企業界能樂意在國內投資，經建會在一九八九年十月向行政院提出「獎勵民間投資公共建設推動方案」，這是由於民眾生活形態改進，對公共建設需求增加。而政府推動重要公共建設計畫，受到土地、勞工以及民眾抗爭層出不窮，各項計畫都嚴重落後。因此考慮將鐵公路、車站、港口或捷運系統等交通設施，大型遊憩區、森林遊樂區或觀光旅館等遊憩設施，停車場或環保汙染、垃圾處理等公共設施，以及會議中心、科學館、音樂廳、動植物園等文教設施等，委由民間興建並給予賦稅獎勵及融資協助，甚至開放部分公有的公共設施保留地。

這些構想都和當時的法令規章不盡相符，因此經建會建議行政院必須訂定特別法以資因應。以後行政院命令本會負責研擬，在一九九〇年二月底完成「獎勵民間投資公共建設條例草案」。這項特別法具體規定受獎勵的公共建設，是限於「健全經濟社會發展，提高人民生活品質」的各項建設。對於民間投資者所給予的獎勵，包括都市計畫用地的用地變更、政府協助取得土地、營建法規的放寬、租稅減免、土地增值稅的減徵以及融資協助等。很可惜的，立法院用了十年時間才完成立法，在二〇〇〇年一月十四日制定了《促進民間參與公共建設法》。時空環境有了很大的變化，原先期待的政策效益也無法實現。

# 第五章 推動公營事業民營化

公營事業民營化的推動工作，可謂千頭萬緒，諸如法源、員工反彈、股價問題和有心人士炒作等，都是阻力。但無論如何，我們還是要一一化解，設法讓民營績效高於公營才行。

在上世紀八〇年代初，公營事業民營化是全球各國普遍發展的趨勢。大家都認為公營事業是國家統治主義和社會主義下的產物，使經濟發展產生停滯，經由民營化可帶來自由競爭，提高經營效率，降低成本並改善服務。

## 公營事業民營化是世界趨勢

英國首相柴契爾夫人（Margaret Thatcher）首先推動民營化的工作，經由出售國營事業，包括將公有的住宅售予租戶，使英國的國庫增加大量的收入。英國通訊公司（British Telecom）的民營化，使受雇員得有優先承購股票的權利，因而全公司百分之九十六的員工都成為公司的股東，促使他們工作更為努力，民營化後公司的獲利增加了四分之一。

日本方面，日本電信電話公社原來是國營獨占事業，自一九八八年開始出售股權。根據國會所訂的特別法，出售股權的收入，應列入特別預算，專供清償國宅債使用。日本國有鐵道公社本來負債累累，自從日本政府將國鐵分割為七個區塊，出售股權以後，由七家民營公司經營，迅即轉虧為盈。

公營事業民營化除了使經營更有效率，為政府籌措經費以及增進員工福利等效益外，也是各新興國家在民主化的過程中，使政府能變得「小而美」的一項策略。我在到經建會工作不久，就和同仁討論，基於當時的自由化和國際化的基本政策走向，我國也必須順應國際趨勢，將龐大的公營事業逐漸予以民營化。事實上，我國立法院早在一九五三年初已通過《公營事業移轉民營條例》，但是三十多年來並未推動，而條例的內容，例如沒有規定員工分紅認股，實在已經不合時宜，必須重新加以檢討修訂。

經建會先在一九八九年三月向行政院提出的「當前物價問題因應措施方案」（請見本書第四章），強調要盡速推動公營事業民營化，最主要的用意，就是要增加民間投資機會並吸收國內過剩的游資。除此之外，當然也可以提高企業經營效率，使政府取得充分財源以支應公共建設投資的需求。所以民營化政策具有多方面的功能，可以扭轉當時對經濟發展許多不利的因素，使國家能有健全的發展。

## 擔任「公營事業民營化推動專案小組」召集人

為了充分吸收各國民營化的經驗，經建會也邀請了英國巴克萊銀行（Barclays Bank）在台北舉辦民營化研討會。在英國柴契爾政府將六大國營事業民營化時，這家銀行都擔任顧問工作。經由這次研討會，使中央政府與省政府機關涉及公營事業的官員，對民營化的重要性能有相當的共識。

接下來，我邀請了經建會諮詢委員討論民營化問題。學者專家們提了許多寶貴的意見，他們認為，應盡先將製造業及服務業的公營事業予以民營化，其次是公用事業，獨占事業最後。他們也提出：員工的不滿、既得利益團體的阻撓、出售股價的訂定等，都是可能遭遇的問題，因此，政府必須拿出魄力大刀闊斧的去做，至於面對可能來自立法院的干預，則應借重輿論的力量來影響。

稍後行政院指示成立「公營事業民營化推動專案小組」由我擔任召集人，成員為轄有公營事業的機關首長，包括財政、經濟、交通三位部長、台灣省政府主席、政務委員、院祕書長及主計長。這個專案小組自一九八九年七月二十五日起，兩個月內共開了七次會。各位委員在工作非常忙碌的情形下，多親自出席。會議中通過了「公營事業民營化推動方案」和修訂「公營事業移轉民營條例草案」。

推動方案確定中鋼、台機、中工、中船、三商銀等十九家公營事業，作為第一階段民營化的推動對象，對員工權益予以充分保障，並給予員工優先認股的權益。條例的修訂則主要將該條例改為特別法，可優先適用，並增列從業人員權益損失的補償與優先認股等條文。

這兩項文件經行政院於同年十月十二日核定，條例修訂草案送請立法院審議。立法院一直到一九九一年六月十九日通過，經建會在一九九〇年三月十五日已先對該條例的施行細則完成草擬工作。至於「員工權益補償辦法」則由不同的事業主管機關分別草擬。員工優先認股辦法是由經濟部草擬。至於個別公營事業的民營化執行方案，則由事業主管機關會同事業單位及員工代表或工會代表會商訂定。

經建會也自一九九〇年初開始，分批邀請第一批民營化的公營事業負責人、學者專家、行政院勞工委員會、全國總工會、銀行公會等徵詢意見，也和這些公營事業的員工或工會代表溝通意見，盡量設法消除員工們對民營化的疑慮。

## 魚與熊掌如何兼得？

整體來說，經建會和相關機關雖然盡可能保障員工們在民營化以後的各項權益，但是由於民主化和社會多元化的原因，仍然不能使員工們完全滿意。簡單說，他們希望能夠仍有在公營事業時「鐵飯碗」的保障，又希望能享受民營化以後所有新增的權益，也就是魚與熊掌要兼得，這在各國實施民營化的過程中是少見的。

此外，關於員工認股辦法，經濟部所擬的重點，是以員工該年薪資總額每月平均數的二十四倍為原則，並按以往五年考成等第予以加成，每有一次甲等可增加一個月，即是二十五倍，但是員工方面認為，認股金額應為三十六倍或四十八倍。

在經濟部所擬的認股辦法中也規定，對員工所購的股票，能長期持有的，給予獎勵。凡持有滿一年者，可以股票面值再認購持股權百分之十，至於滿三年者，則可再認購百分之十五。然而員工方面仍以為不足。

從員工的立場，凡是經營良好的事業，如中鋼、三商銀等，大都較能支持民營化；至於經營欠佳的事業，如中化、台汽則持反對意見。他們所以反對，主要是在公營時期工作權的保障很大，一旦移轉民營後，由於過去業績表現不佳，擔心被資遣，因而有抗爭的舉動。在各國推動民營化時也都有類似的情況發生。

## 完成民營化藍圖，但推動時機尚未成熟

民營化的推動還有其他問題，其一是股價，在一九九〇年，經建會將各項準備工作大致做好，等待立法院完成修法工作時，台北股市由過熱急遽變為冷卻，因此政府認為大量出售公營事業的股票，會使股市雪上加霜，最好等待股市回春。

其二是政府出售公股，自然會形成一般企業資金吸收困難的問題。當時國內正有「產業空洞化」的憂慮，希望民間企業能在國內投資新產業，過於快速的公股釋出會發生資金排擠作用。

其三，在過去各國推動民營化時，最理想的做法是鼓勵小股東投資，以分散所有權，照顧中

低收入者，改善所得分配的擴大；當然也希望避免少數人的操縱。但是當時國內股市大戶早已形成，他們對於公營事業釋股早就虎視眈眈，他們的興趣並不在承接民營化後原事業的經營，而純粹著眼於該事業所掌有大幅的土地，希望加以炒作。如果這樣的民營化，那無異是「殺雞取卵」，對於國家經濟發展和事業員工的權益都極為不利，必須予以阻止。

基於以上的各項考量，在我服務經建會期間，雖然完成了民營化的藍圖，但是並沒有立刻推動。以後的十多年期間，政府由於債務負擔沉重，不時想積極推動民營化，也做了些釋股行動，但是成效並不顯著。民意機關、輿論和學術界的反應也不一致。特別是本世紀開始後，新加坡政府的淡馬錫控股公司（Temasek Holdings）經營非常有績效，使不少國家對民營化政策重加考慮。不過，我認為淡馬錫控股公司的成功，可能只是在新加坡的客觀環境才能實現。整體說來，在全球崇尚資本主義的今日，民營的績效應該是高於公營，特別是在當前的我國。

# 第六章 全民健保的規劃

全民健保所需資金龐大，牽涉者眾，必須妥善規劃，才不會對國家與社會造成長遠並且嚴重的損害。我期許自己必須以戒慎恐懼、臨淵履薄的心情做好這項規劃工作。

在我初到經建會工作，立刻收到行政院一九八八年七月的命令，要本會就推動全民健保問題成立規劃小組，並指定我為召集人（以後蕭萬長副主委到任後由他主持），會中由住宅都市計畫處的蔡勳雄處長負責幕僚業務。規劃小組也聘請了台大公衛系的楊志良、江東亮二位教授和逢甲大學保險系的吳凱勳教授擔任顧問，積極進行規劃工作。

## 聘請哈佛公衛教授擔任總顧問

我們首先確定全民健保是社會保險而不是社會救助，用分擔風險的方式，使不幸罹患疾病的國民能獲充分醫療照顧。這是一項全民自助和互助的事業，對於社會上貧困的同胞，則用社會救助方式，代其繳付健保費用。

但是，全民健保在很多先進國家如北歐、英國、加拿大、日本、南韓實施後，最後都走上破產一途，所以我們規劃時必須慎重考量財務問題，特別是保險事業中的精算。

當時我國已有公保、勞保、農保和退除役官兵的醫療照顧，已有全國總人口百分之四十能得到相似於健保的福利，只是這些社會保險都有或大或小的財務困難。經建會開始規劃全民健保時，政府又陸續將公、勞、農保擴及投保人的眷屬，如此則受照顧者已接近全國人口百分之八十，所以我們要考量的是如何整合這些不同的社會保險，以及如何能使百分之二十左右沒有保險的同胞能納入保險體系。

聽起來這應該是一個很簡單的工作，事實上卻不是如此，除了保險財務的健全是一項十分難以克服的課題，我國醫療資源的分配也極不均勻，大都市內醫療設備充斥，但在偏遠地區、高山、離島想求診，則可能要走上十幾里路。因此全國醫療網必須先行建立，如增設基層醫療單位，建立遠距診視和緊急醫療網等，使病患若有小病可在住家附近的衛生所或診所求診，遇有嚴重疾病則透過轉診制度的建立，送往地區醫院、區域醫院乃至醫學中心。

由於很多先進國家在實施全民健保時遭到嚴重挫折，我認為不能閉門造車。在一九八九年初，聘請哈佛大學公共衛生研究院蕭慶倫教授擔任規劃小組的總顧問。美國雖未辦全民健保，蕭教授卻曾參與許多國家健保的規劃和拯救工作，可說是最有實務經驗的一位資深學者。

他在初次和我見面時，就很鄭重的對我說，全民健保所需資金龐大，必須妥善規劃，籌有足夠的長期融資，否則這一代的人享受福祉，讓下一代人付款是不對的；他也說，這項政策一旦付諸實施，就必須持續，除非破產才不得已停頓，否則將對國家與社會造成長遠並且嚴重的損害。這些話是蕭教授數十年經驗的結晶，多年來我始終奉為圭臬。我期許自己必須以戒慎恐懼、臨淵履薄的心情做好這項規劃工作。

## 事前規劃不可少

我們的計畫是用二年的時間做規劃，預計在公元二〇〇〇年時開始實施，在規劃期間要舉辦全民健保國際研討會，探討中外的健保制度，建立全民健保的基本政策和架構，擬訂全民健保的執行策略，到一九九〇年六月底提出全民健保計畫初稿。

然而，政治現實是規劃人員所不能掌握的，那些年我國每年都有不同的選舉，政治人物認為舉辦全民健保在爭取票源上非常具有吸引力，因此不斷要求盡量提早實施，不要等到二〇〇〇年。一九八九年初，行政院俞國華院長並未事先告知經建會，直接公開宣布全民健保將提前五年，在一九九五年開辦。這項宣布使規劃小組不知要如何因應，蕭教授憤而要辭去總顧問的職務，我用了很多的勸說才使他打消原意。

那年的四月三日，我在執政黨中央總理紀念週做報告，題目是「規劃全民健康保險——建立民生主義社會安全制度」。在報告中，我提到先進國家實施健保後，醫療費用不斷增加，以歐洲經濟合作發展組織二十四個會員國為例，在一九六〇年醫療費用占國內生產毛額的百分之四點一，到了一九八六年就升到百分之七點三。同一時段日本由百分之三升到百分之六點七。先進國家中英國醫療費用支出較低，因而造成設備不足、品質低劣。當時英國等待開刀的病人高達十六萬人，須等一年半才能開完。而由於洗腎設備不足，每年有一千名高齡洗腎患者死亡。

報告中也指出，我們推動健保是採取漸進式，也就是依現有的各類健康保險逐步擴增保險對象。在做法上則要公平，因為當時勞、公、農保的保費和給付內容都不一致，必須加以整合。更重要的是健保財務要能達到收支平衡，對於保費和部分負擔的比率都要妥慎計算；醫療給付的範圍以及如何避免浪費都要認真規劃。

我深刻體認，全民健保若要成功，一定要全體國民都能清楚明瞭這個制度，而能全力支持制度的順利運作。如果民眾認為繳交健保費用一定要有相對的回收，才能滿足，則全民健保必然會失敗。

在我於經建會服務期間，只要有社團或機關學校邀我演講，我都會接受，而講全民健保的場次很多，我也充分利用公共電視的「國事論壇」節目多次去談健保。我所強調的是全民繳交健保費用，其中幸運的民眾身體健康從不使用健保提供的醫療，這些朋友值得大家尊敬，而他們也要瞭解：健康就是幸福，自己所繳的健保費用是協助健康不好的朋友們，讓他們能得到良好的醫療照顧。如果沒有許多健康幸福的朋友所繳的保費，那麼有病的朋友就沒有辦法得到好的診治。所以這些健康幸福的朋友，就是在做積功德的事，用這種說法一般民眾多能接受。

在這些場合我也常講二個小故事，一方面使氣氛轉輕鬆，一方面使聽眾明瞭：付保費不需要撈回成本。第一個故事是三位退休的公務員，每天都在台北市公園路的公保門診中心會面，有一天老張沒有來掛號看診，他的二位老友在門診中心說：今天老張是真正的生病了。

第二個故事是一位退役的老兵，一個人獨居，有一天他不幸往生，有幾位朋友到他的住所看是否有什麼遺物？他們將所有的抽屜和櫥櫃打開，發現滿是一包一包向榮總領了、卻從沒吃過的藥品。

這個故事說明了健保如果沒有充分的宣導，可能引發醫藥上不必要的浪費。所以我也請求教育部在國立編譯館編撰中、小學公民或社會的教科書時，將全民健保列入教材，我相信要避免醫療資源的浪費，青少年對父母的勸告可能比政府更有效。

## 推動前的宣導至關重要

一九八九年十二月十八日至二十日，經建會在在台北市舉辦三天的「全民健康保險國際研討會」，有來自已實施全民健保的十二個國家四十多位學者、專家和國內一百多位學者、專家、官員共同參與。我們希望透過這個研討會瞭解幾個重要問題的答案：第一、對於老人、殘障人士、低收入者，如何籌措他們的健保基金；第二、如何有效的使醫療費用能控制在合理範圍內，如何制定有效的整體及個體醫療經濟管理政策；第三、如何使醫療資源分布各地，如何增加醫療資源以配合民眾需求（我國自一九六〇年平均每人每年醫療健保費用上升百分之十三）；如何設計較佳的醫療給付方式。

當然，對於這些複雜而且極端困難的問題，不是三天的會議可以逐一解決的。但是會議確定全民健保是社會保險而非社會福利，換言之，必須透過「精算」使全民健保的經費由投保人負擔，但是對於貧困民眾的保費，可由政府依社會救助方式予以代付。為使全民保醫療資源不致受到濫用或浪費，必須制定「部分分擔」制度。

此外，為了使全國各地參加全民健保的民眾都能享有醫療照顧，除了將醫療機構分級並建立轉診制度外，更需要建立全國醫療網。至於醫療費用的支付，需要有單一支付制度以及總額預算制度，使整個費用能在可能負擔範圍之內。

至於全民健保若要順利推動，必須使全民對於此一制度有明確的瞭解，所以推動前的宣導工作非常重要。

## 健保規劃小組調查報告的建言

一九九〇年三月經建會的全民健保規劃小組公布了三項調查報告。

**第一、民眾參與全民健保的意願極高**。達到百分之九十九以上；願意負擔全額保險費用的民眾超過百分之五十。但是政府先是將規劃時間由三年縮短到二年，而全面實施的時程由二〇〇〇年提前到一九九五年，則知道的人不多；換言之，政府以為愈早開辦，民眾愈喜歡，事實證明並非如此。

第二、**民眾對辦理全民健保除了支付保險費外，還需要做部分負擔**。調查報告顯示支持者達百分之五十五。對於門診部分，百分之八十九點五的民眾贊成支付百分之二十的部分負擔，至於住院部分，百分之八十六點一贊成有百分之五的部分負擔。這項調查明白指出，民眾瞭解必須有部分負擔才能抑制醫療費用的快速上漲。

第三、**健康保險應有獨立的會計制度**。關於社會保險的財務危機與低保險費率政策。因為當時的勞保、公保和農保都有相同的危機以及低費率的政策，使這三項保險都有難以為繼的困難。因此，調查報告指出：健康保險應有獨立的會計制度，以確實釐清各類保險給付之間的財務關係。健保也需根據精算結果釐定與收取保險費。更重要的是：全民健保絕對不能忽略醫療費用的節制，因為開源與節流對保險財務的自給自足是同樣的重要。

同年四月十二日，也就是我結束在經建會工作的五十日前，我們向行政院陳報了「全民健康保險制度之規劃報告」。

報告中指出，當時政府開辦了十二種不同的健康保險，約有百分之四十五的人已納入其中；但是主管機關和監督機關不同，制度也不同，特別是醫療費用的支付差異很大，也無法妥善控制，未來倘若不加以整合，由一個機關負責適用同一制度，是很難確保全民健保的順利實施。但是各主管及監督機關都有「本位主義」，對於整合都有抗拒，特別是勞工委員會。而勞工保險由於投保薪資低報，費率已二十年未調整，長年虧損多由勞保基金挹注，將來必有破產之虞，行政院必須做出整合的決策。

其次，全國醫療資源分布不均，影響服務品質和效率。這是反映城鄉差距，大都市的民眾看病喜歡去醫學中心，窮鄉僻壤的基層醫療人力普遍不足。因此必須改善醫療資源分布，使偏遠地區民眾亦能獲得適當的醫療照顧。

再者，因高科技不斷發達，各國的醫療費用，由於新藥和新醫療設備的不斷發展而日益上升。我國由一九八〇年至一九八九年，每人年平均醫療費用支出，每年增加約百分之十一。但是參加勞保的被保險人增加率約百分之十四點一，公保被保險人漲幅約百分之十三點九。當時尚未實施醫藥分業，所以醫療院所常為增加收入而多開藥、多打針。因此規劃報告建議最好能建立單一支付制度及總額預算制度，使醫療費用能控制在社會能力可以承擔的範圍內。

規劃報告具體建議全國民眾，除了軍人外，都納入被保險範圍內。對於生育、疾病、傷害事故都由全民健保提供醫療給付。同時要制定《國民健康保險法》統合現有各種保險的醫療給付。由於行政院當時正擬修正《行政院組織法》，將設立「社會福利暨衛生部」，因此建議由該部為全民健保主管機關，其下設置「中央社會保險局」作為承保機關。

至於實施進度，規劃報告建議要等各項相關法律完成立法、保險成本完成精算、分級醫療轉診治度全面實施、醫藥分業全面實施、第二期醫療網計畫實施完成後，在一九九五年八月開始全民健保。

在我離開經建會以後，新任的行政院郝柏村院長在聽取新任經建會主委於一九九〇年六月的簡報後，立即指示應提早一年在一九九四年實施。然而，經建會新任的主任委員認為經建會應僅負責純經濟性的業務，不應擔負全民健保的規劃；而新任的衛生署長則本著勇於任事的精神，立即接管了規劃工作。

此後健保的保險部分受到忽略，對於保險成本未做精算，而醫療網第二期的計畫也沒有切實完成。衛生署在一九九二年底完成了「全民健康保險法草案」和「中央健康保險局組織條例草案」。行政院對於這二項法案審查了十個月後，才送請立法院審議。

一九九四年七月，立法院完成立法，但是對於「強制納保」的規定，則予以刪除。行政院又請立法院將新法修正，於同年十月將「強制納保」規定予以恢復。全民健保遂於一九九五年三月一日起正式開辦。

# 第七章
# 推動重要公共工程

經建會負責對重要經建計畫進行審核和管制考核，與提升經濟成長率有重大關連，這些計畫包括工業建設、交通建設、水資源開發建設等重大公共投資，尤其是與基礎建設相關的計畫，在完成後將可加強民間投資、改善民眾生活。

上世紀七〇年代初，蔣經國擔任行政院長時提出的十項經建計畫，有效提升了經濟成長，改善民眾生活。八〇年代中葉，俞國華擔任行政院長時，也曾提出十四項重要建設計畫，但是由於時空環境的改變，推動起來就十分困難。

由於推動任何一項建設都需要土地，對於政府從事建設爭購土地，不再像十項建設時的主動捐獻，民眾多抱持抗爭心態，從以公告地價徵購，到公告現值加四成徵購；許多地主總是不願意讓售土地。此外，十四項重要計畫中的電力發展計畫、水資源開發計畫、油氣能源計畫、都市垃圾處理計畫、鐵公路擴展計畫以及防洪排水計畫，都遭受到環保人士的質疑。加上當時金錢遊戲氾濫，很多工人都從事股票短線炒作或大家樂、六合彩類似賭博的簽注，而不願從事重大建設所需的勞力工作。所以當我回國服務時，十四項重大建設中，只有群體醫療執業中心一項進度正常，其他各項均有相當程度的落後，尤以電信現代化落後達百分之十一點七二、南化水庫落後達百分之十一點二。至於經費支用落後的情形，有數項計畫都超過百分之七十以上。

我在聽取經建會主辦單位管制考核處杜善良處長的簡報後，認為計畫進度和經費支用的落後，對於總體經濟影響至大，必須設法改善，因此請本會各位委員分別對若干計畫予以督導。

## 督導台北市捷運和鐵路地下化計畫

因為有些計畫的執行單位，層級頗低，不僅無法取得民眾私有的土地，就是徵用公有土地時也會遭遇種種阻礙。經建會的委員絕大多數都是部會首長，由他們出面協調，各種阻礙就減少很多。我自己負責台北市區鐵路地下化和台北都會大眾捷運系統兩項計畫。這二項計畫的主持人都是十分傑出的工程專業人才。鐵路地下化的負責人是董萍將軍，大眾捷運系統是齊寶錚君。他們的不同在於董君十分長於協調，齊君則是專注於工程的推動。所以前者的工程是重要經建計畫中少見的「進度超前」，而大眾捷運則略有落後。因此我的注意力就放在如何協助捷運系統的推動。

捷運系統是一項龐大的投資，因此規劃、設計和施工往往需時很久。我在美國工作時，華府的捷運系統剛在一九八四年完工。這項捷運系統是一九五二年開始進行規劃，經過十年的設計，於一九六九年才開始施工，前後十五年才完成整個系統。台北都會區的捷運系統是在一九七七年開始規劃研究，一九八五年聘請美國顧問公司從事綜合研究規劃，次年開始興建。整個捷運系統分年編列預算，總額高達三五三五億元，實在是一項非常重要的計畫；資金的來源由中央負擔一半，另外一半由台北市政府與台灣省政府依三比一的比例分擔。這項計畫的執行單位是市府捷運工程局，但是該局等於有三個指導機關。行政院指定我擔任此項計畫的督導小組召集人，由中央、省府和市府參加。

捷運開始施工後不久，就發現當初所做的預算沒有將土地徵收價格、物價、工資上漲的因素列入，施工後發現原先估算的資金有不足的現象，捷運局和市府主計處就不斷發生爭議，齊局長和羅耀先處長時常來看我，指責對方的不是。我認為這是雙方溝通不良所致，一再請他們要就事論事，不要心存芥蒂，凡事都可以協商，但是效果似乎不大。

捷運局希望發行公債或請民間參與工程的興建，但是在當時都是不易辦到。因為捷運受益者只限於台北地區，中央為一個地區，發行公債是有困難。至於請民間參與興建，因為獎勵的法源還沒有完成立法（請見本書第四章），也無法做。我所能做的只是請行政院核定捷運局能聘請財務顧問，以確立財務目標，並協助建立財務經營管理系統。我也建議捷運局應利用各捷運站，邀請企業界建大樓聯合開發，以挹注興建經費的不足。但是齊局長表示，各站中多已設計完竣，造型非常美觀，但是無法供商業使用。我說這就像「抱了金飯碗討飯」，由於各捷運站必然將形成商業中心，若車站僅設計供旅客行車使用，實在可惜。在我一再堅持之下，齊局長才同意在未來其他線路的捷運站採用我的建議。

至於鐵路地下化計畫，是由交通部台北市區地下鐵路工程處負責，由一九八三年七月開始，將萬華到華山部分的鐵道移入地下，並與台北都會區捷運系統共構，此外也興建台北市的新車站。這項工程於一九八九年九月完工。我曾多次去工地訪問並向施工人員致敬。在第一階段的工作結束後，該工程處立即開始第二階段的工程，也就是華山到松山的地下化，同時也研擬第三階段的工程，就是萬華到板橋的地下化。

雖然我只負責督導這二項工程計畫，不過我也利用到各地訪問的機會，參觀了許多其他的重要經建計畫，包括中鋼第三階段的擴建、南迴鐵路、北二高、濱海公路、台北地區防洪計畫、河堤海堤計畫、鯉魚潭及南化水庫、焚化爐和垃圾掩埋場以及醫學中心的興建。每次我去參觀，都要設法瞭解計畫實施的困難並研究如何解決。當然，我一定也會對施工同仁加油打氣。

## 深入中央隧道施工現場

一九八九年七月八日，我利用參加南部大專院校教授座談會做國情報告的機會，前往屏東縣枋山南迴鐵路施工處聽取簡報。因為該項工程有高難度，層峰一再指示要限期完成，而前不久枋山一號隧道和安朔隧道工程又遭檢舉有弊案，所以簡報後我花了相當長的時間對施工同仁講話，鼓勵他們勇於任事，任何工作都要使上、下、左、右瞭解。也就是說施工方面並無機密，宜使長官、同僚、部屬都能明瞭自己工作的全部。大家都很清晰知道其他同仁的工作，自然不易發生弊端。我也深入正在施工中的中央隧道參觀。這個隧道全長八點〇七公里，西部已施工三點八公里。

我實地觀察隧道內溫度高達攝氏四十五度，地上積水有四、五吋，而且多有泥漿，穿了笨重的防水靴，舉步都有相當困難。我們頭頂鋼盔，身穿厚重的防水衣，因為隧道頂部不斷滲水。在隧道內逗留四十多分鐘，感覺上十分長，出了隧道渾身由裡到外都溼透。我想到要在隧道內工作的同仁，每天如此忍受惡劣的工作環境，奮鬥不懈，使國家重大建設能順利完成，以後搭乘南迴鐵路的旅客，有幾個人能感受到他們的獻身精神？「台灣的奇蹟」是這些胼手胝足的無名英雄所創造的，而不是那些舞文弄墨或夸夸而談的人士。

在經建會各位委員認真督導，管制考核處杜善良處長及全體同仁努力配合下，以往嚴重落後的公共工程建設計畫逐漸趕上進度。在我離開經建會的二個半月前，我向行政院李煥院長提出一項「十四項重要建設計畫推動情形簡報」。簡報中指出，十四項重要建設共包括三十項計畫，除了核能四廠是奉院令指示在民眾疑慮未袪除前暫不動工外，其他二十九案子計畫中，已有六案執行完畢，其餘二十三案均在執行中，進度正常或超前者有十案。至於落後的十三案中，進度達到百分之八十或以上的有八案；真正落後嚴重無法順利如期完成的是北二高、捷運木柵線、南迴鐵路和輕油裂解更新計畫。

進度落後的重要原因仍是工程人力不足、土地取得困難、工程發包底價不合理以及都市計畫變更審議遲緩這四項。經建會針對這些因素也研擬了「如何有效推動公共工程建議案」，請行政院核定後分別指示相關機關切實辦理。

## 改革不能抱持本位主義

在處理這項問題時，使我看出國家在民主自由、改革開放後，在行政上的瓶頸。早年在蔣公或經國先生主政時，他們的一句話，任何機關都立即遵照辦理。但是他們離開後，國內政治民主、新聞自由日益蓬勃茁壯，行政院直屬的部會局處署高達三十多個。依照管理學的原理，一個領導者直接指揮的一級主管以不超過十二個為宜，我國行政院院長要指揮的機關已逾三倍。縱使一個精力過人的院長，不眠不休也很難照顧到這麼多的機關。再加上民主化以後，大家認為居高位者不能高高在上，必須深入民間，各種婚喪喜慶、開幕剪綵、巡視演講占了院長太多的時間，應付日常要務已心勞力拙，更不必說思考政策或考核所屬機關。因此有些機關首長不免有「獨立王國」的觀念，凡事以本機關的利益為考量，不顧及國家整體利益。遇到這類首長，協調十分困難，他們不時會借重民意代表或利用媒體放話，強調他們本位主義的重要性，甚至嚴厲批評國家重大的施政。

經建會考量當時國家的總體經濟狀況，由於超額儲蓄居高不下，金錢遊戲風氣熾熱；國內貨幣供給率長期大幅增加，對通貨膨脹構成龐大的潛在壓力；另一方面，國內的生產設備和生活環境品質亦有惡化的趨向；因此決定除了加速推動十四項重要經建計畫外，更應進一步規劃改善民眾生活品質所必需的新興公共工程建設計畫。

我們的考量是應該及早對這些建設計畫做先期規劃作業，請主管部門盡早進行計畫可行性研究。因此，倘這些計畫經行政院核定，可以迅速從事工程細部計畫設計和施工，這樣就可以爭取時間和時效。我們期望，今後這種作業方式可以確立成為一種制度，建立「計畫庫」，可以源源不斷推出新建設計畫，加強公共投資建設。

## 為重大交通建設提出建言

我在經建會服務期間所設法推動的建設計畫，包括中部和南部第二高速公路、北宜快速道路、高速鐵路、中正機場第二航站區、高雄港擴建、基隆港深水港、重要都市大眾捷運系統等。這許多計畫都是和交通有關，當時向經建會就各項計畫提出計畫簡報的二位官員，使我和會內同仁甚感其內容充實、條理分明。第一位是在一九八九年十一月三日下午來會的歐晉德處長，他當時任職交通部國道南港宜蘭快速公路工程籌備處，就北宜快速道路工程計畫為我們做電腦模擬簡報。這項簡報特別提到，北宜公路完成後可大幅縮短宜蘭至台北行車時間，因此在台北工作的人，可以利用這條公路，居住在地價很低廉的蘭陽平原，那裡的空氣和環境都遠優於人口稠密的台北地區。這和經建會所提的區域發展計畫完全符合。

在簡報時，我注意到此一計畫的可行性研究是委託美國帝力凱撒顧問公司（De Leuw, Cather International Ltd.）辦理。美國的土地遼闊，公路經過隧道不多；而北宜快速公路則有六座隧道，總長近十九公里，最長的計十二點八公里，這方面是歐洲國家經驗較多。所以我特別建議在施工前應去瑞士、奧地利及義大利考察各國公路隧道的興建。

第二位官員是一九九〇年二月二十一日下午，向經建會委員會議提出「台灣西部走廊高速鐵路可行性研究」報告的交通部運輸研究所張家祝所長。這項報告主要是運研所在辦理，不過在後期請了德國的DEC顧問公司和美國的柏森斯顧問公司（Parsons Brinkerhoff International）加入合作。建議使用內陸線並以傳統的鋼軌鋼輪式系統。財務方面，政府補助建造費用百分之四十二，以紓解初期的財務負擔；營運三十年後將有可觀的淨盈餘。高速鐵路的興建將在現有都市以外的地點設站，成為新市鎮，可配合區域開發計畫，使人口由大都市中移出。

此時，全國工業總會許勝發理事長曾向經建會建議高速鐵路應採取磁浮式（Maglev），因為它在噪音和環保考量上都優於傳統的鋼軌鋼輪式，許理事長也請了日本的專家來向經建會提出簡報。但是委員會考量再三，鑒於磁浮式只有在日本和西德開始試驗，如果我國採用，將成為第一批的試驗品，風險過大，所以仍然決定使用傳統式。

這些計畫日後都一一付諸實施，不過那那時我已離開經建會了。

# 第八章 涉外事務

隨著我國經貿實力的崛起，儘管八〇年代的國際環境對我極為不利，
還是必須透過各種管道，爭取加入各種國際經貿組織，
在調整產業體質的過程中，邁向一個健全、開放、有秩序的經濟社會。

自二十世紀八〇年代起，我對美貿易有大幅順差，美國則由於預算和貿易雙赤字日趨增大，也感到必須以貿易談判方式使逆差縮減，我國遂成為重要談判對象之一，舉凡農業、工業、匯率、智慧財產權、關稅等，各項談判無不涉及我國。

## 美國新貿易法案保護色彩強烈

這些談判涉及行政院所屬的許多部、會、局、署。因此當我在美國服務時，行政院設立了一個「中美貿易專案小組」，由經建會主委任召集人，外交、財政、經濟、交通四部部長、中央銀

行總裁和行政院祕書長為固定成員，其他首長視議題需要參加。經建會的經濟研究處負責幕僚業務，主要的協調人是經研處張秀蓮副處長。

我自一九八八年八月由美國回到經建會工作，就負起這一小組的責任，在不到二年的時間內，開過十次專案小組會議。所有參加的首長都非常踴躍出席，貢獻寶貴意見。而美國方面，在一九八八年八月二十三日，由雷根總統簽署了國會所通過、保護主義色彩甚強的新貿易法案。這項法案授權美國總統對於貿易對手國有操縱匯率、不公平貿易行為（如傾銷）、特殊貿易障礙、勞工權益、智慧財產權、經常收支順差等情形，應盡速提出談判要求。而且這些問題過去是由國務院和財政部向總統提出建議，現在改由受廠商影響極大的貿易代表署提出。這些新的規定都對我國不利，專案小組首當其衝。

李登輝總統看到美國新貿易法案後，就指示經建會應會同各相關部會，以擴大國內需求作為基本原則，盡快擬訂一項「加強對美經貿工作計畫綱領」，其中包括行動方案（Action Plan）以期徹底化解中美間可能發生的經貿糾紛。一九八八年九月一日，經建會政務副主任委員蕭萬長正式就任，他原是經濟部國貿局長，多年來始終主持對美經貿談判，甚有經驗，因此我請他主持這項工作。

「加強對美經貿工作計畫綱領」不單純是一項使中美貿易走向平衡的方案，更重要的是，希望能使我國的經濟體制能從金錢遊戲中真正做到浴火重生。

## 邁向開放市場，擴大內需

蕭副主委所領導的工作團隊，在草擬這項工作計畫綱領時也是稟承這項考量，所以在綱領的一開始就揭櫫要「貫徹經濟自由化、國際化」的大原則。計畫最主要的目標，就是擴大國內需求。這項目標和我國傳統的經濟觀念不同，傳統的觀念，政府要「節用」，民眾要「儲蓄」，而擴大國內需求是要增加消費。

整個計畫中最重要的是自由化，而且每項自由化的做法都需要有時間表，以顯示我們徹底推動貫徹的決心。在各項自由化措施中，最重要也最困難的是降低關稅。政府自遷台以後關稅就是賦稅收入中的大宗，關稅也有保護「民族工業」的作用，對於我國能生產的貨物，外國進口的同樣貨物要課以極高稅率的關稅。

此外，關政當局和財政部高層每年都享有相當優渥的獎金。因此，降低關稅稅率是一項知易行難的工作。所幸當時財政部關政司司長賴英照是一位留美歸國學人，他沒有本位主義的包袱，也有宏觀的氣度。自從他在一九八四年接任關政司長後，就不斷推動關稅調降，到一九八八年底「平均名目關稅稅率」已降至百分之十一點七，而實質稅率只是百分之五點二。但是這樣的稅率仍然較工業國家的關稅水準為高，所以必須訂定時間表逐步降低。

其次是開放市場，我國當時仍有很多貨品，由於保護國內產業的考量，禁止自國外進口，約占進口貨品種類的百分之一點五。除此以外還有五千多項貨品，其進口受到限制或者有簽審的規定。在這次計畫中明定，除涉及國家安全及國民健康等國際均有限制的項目外，其他貨品都訂定時間表逐步解除或放寬進口管制或限制。

再次是保險業、銀行業、證券業、運輸業等服務業，過去限由本國人經營，在這次計畫中規定予以開放，使自由化的客觀條件得以形成。但是這項開放需要立法或修法的配合。

此外，就是保護智慧財產權的問題，因為美國的新貿易法案在這方面極為重視，動輒以貿易制裁作為報復。我國在計畫中充分表達保護智慧財產權的決心，但是也是要由立法或修法的配合。

除了對外方面的工作計畫，這項計畫還涵蓋了調整國內政策和措施，包括了：一、積極擴大國內需求，繁榮國內市場；二、加速公共建設投資；三、適度鼓勵消費、提升國民生活品質。

蕭副主委的工作綱領擬好以後，經建會呈報行政院，院方向總統府報告，李登輝總統於一九八八年十一月三十日下午，在府內召集相關部會首長舉行「國家建設簡報」。本會就整個方案和行動計畫作為報告以後，李總統裁示這項方案十分符合當前的需要，本會應立即協調相關部會提出細部計畫和時間表。

## 是壓力也是轉機

美國方面對於工作計畫也給予好評，透過在台協會表示，此項計畫對於減少中美經貿糾紛是一項非常有希望的開始。美方特別指出此項計畫不是單純針對貿易問題，而是強調「結構性的調整以及增加內需」。

這個計畫提出時，正好是美國總統大選，這次選舉共和黨的候選人布希（George H. W. Bush）順利當選。同年十二月十三日晚間，《工商時報》為慶祝十週年社慶，在國家圖書館邀我以「美國新總統上任對我國經濟的影響」為題做一個報告。我在報告中指出：「美國近年來在解決貿易赤字方面，除了要求本身進行結構行產業的調整之外，對貿易夥伴的要求，已經從逐項產品、逐項產業要求公平貿易、開放市場，進而擴大到針對整個國家以國別為基礎的貿易自由化。在《新綜合貿易法》中，舉凡外國的勞工權益、出口導向措施、市場壟斷、外匯操作等等，美國都要過問，都要評估，據以確定外國是否從中獲得不當的競爭優勢。」

針對美方關切的課題，我國必須預先做好準備；特別由於我國是僅次於日本，對美國第二大的入超來源國家，倘若以每人平均對美出超額為衡量標準，則我國要超出日本很多，是第一位。因此，我國必須對美方所提的問題和要求，妥善的因應處理。

我在結論中指出：「在因應調適的過程中，就短期而言，可能或多或少會對國內造成若干衝擊；惟就長期而論，各項調整與我國自由化、國際化的既定長期發展政策方向一致。美國所施加於我們的壓力，對我們來說不見得有害，我們反而可能在壓力的催促下早日達到提升產業層次、提高經濟效率以及持續穩健成長的目標……建立一個健全、開放、有秩序的經濟社會。」

## 「布萊迪計畫」與亞銀年會

到了一九八九年三月十日，美國財政部長布萊迪（Nicholas Brady）在漢城（現改名為首爾）

舉行的世界銀行與國際貨幣基金主辦之第三世界債務會議發表演說，對於第三世界國家以債養債，無法負擔，甚而導致嚴重的政治與社會問題表示關切。那年年初在委內瑞拉，世界銀行要求委國必須採取緊縮政策，才能繼續提供貸款，當地民眾對緊縮措施不滿，舉行示威行動，最後導致三百餘人死亡。因此，布氏建議由債權國與債務國直接溝通，使債務由貸款改為有擔保品的債務國政府債券。這是一個相當複雜，卻也相當不確定的建議，以後被稱為「布萊迪計畫」，也有人誤以為是減免債務的計畫。

當年的八月九日，美國在台協會台北辦事處丁大衛（David Dean）處長致函外交部連戰部長，請求我國提供十億美元協助友邦哥斯大黎加、巴拉圭和菲律賓償付外債。行政院次日舉行院會，會後舉行專案會議有祕書長王昭明、外交部連部長、中央銀行謝森中總裁、汪錕副主計長和我參加。會中交換意見大家都傾向應該進一步瞭解計畫的詳細內容，盡量予以支持。那天因為財政部郭婉容部長沒有參加，大家也要我向她做說明，我也立即照辦。

這以後不久我去美國訪問，一直到返國後，九月四日有美國的銀行家高伯理斯（Evan Galbraith）來見我，談到布萊迪計畫，他建議我們可以購買美國政府公債方式間接介入，比較妥當。九月十三日下午，連部長又邀相關首長談這個問題時，我將高氏的建議報告後，與會首長也都同意若依布萊迪計畫去做，在國內必然會引起政治風波，但是用高氏的做法則是極為安全。正好謝總裁在九月下旬要去華府參加世界銀行和國際貨幣基金的聯合年會，所以請他就便向美國財政部洽談此一問題。

十月四日下午，連部長再度召集會議，聽取謝總裁與布萊迪的會商，美方的態度甚為固執，堅持要用他們的辦法，不同意我們用購買美國政府公債替代。

實際上，布萊迪計畫主要是針對中南美國家，所以一九九〇年二月包括美國、加拿大、英、法、德、日六國的政府及金融機構，與墨西哥政府簽署了減免債務的協定。當時墨西哥政府向外國銀行貸款總額約八十億美元，這些貸款都是呆帳。依據布萊迪計畫，參加減免貸款的國家成立金融機構，可選擇以有擔保的墨西哥政府公債，或以現金貸予的方式購買原有債務。原有債務的利率大約為百分之九點五，而墨國公債或現金貸予的利率則為百分之六點二五，以降低利率的方式，使墨國易予支付所應償付的本息。

正當美國政府為布萊迪計畫向我國洽商時，一位在華府的好友提供了一項美國政府內部資訊給我。大約是一九八九年七月二十日晚間，美國國務院亞太事務助理國務卿索樂文（Richard Solomon）向幾位對亞太事務有興趣的友人表示，台灣未來若參與多邊經濟組織，必須與中共同時取得會員資格相連結；在中共取得會員資格之前，台灣將無法進入此等經濟組織。事實上自一年半以前，李登輝先生繼任中華民國總統以後，他就主張在外交方面要採取務實立場，應該積極設法參與各種可能參加的國際組織。

在這項政策思考之下，一九八九年，政府決定參加五月四日在北京舉行的亞洲開發銀行年會[2]。這是政府遷台四十年後，首次派遣官方代表團前往大陸參加國際會議。

這年四月六日，行政院院會通過由財政部長郭婉容率團赴北京參加亞銀第二十二屆年會。我國以往多是由中央銀行總裁擔任亞銀理事，並為每屆年會代表團團長，財政部次長是副理事，並為代表團副團長。這次特別變更人選，由郭部長代替張繼正總裁擔任亞銀我國理事；副團長由國策顧問薛毓麒大使擔任，另外有交通銀行董事長謝森中作為臨時副理事，共同率領十二人的代表團前往出席。院會後俞國華院長特別召集幾位相關首長，就代表團前往大陸遭遇不同狀況，應該如何因應做兵棋推演。

郭部長一行於四月三十日飛往東京，第二天轉往北京。國內和國際媒體對於這個代表團十分注意，幾乎每天從凌晨到午夜以後，緊盯著郭部長和代表團成員不放。郭部長的表現獲得大家很高的讚譽。最敏感的幾個場景來自五月四日上午十時的開幕式，先是中共國家主席楊尚昆在藤岡真佐夫亞銀總裁陪同下進入會場，發表演說，會場人員起立鼓掌，郭部長率代表團起立而未鼓掌；其次是演奏中共國歌〈義勇軍進行曲〉，郭部長和同仁也與會場人員起立聆聽，最後是楊尚昆離開會場，郭部長和同仁留在座位也未鼓掌。媒體多次問她對於大陸有什麼建議，她的答覆始終是四個字：「自由經濟」。

## 爭取加入「關稅暨貿易總協定」

二次大戰後，同盟國成立了聯合國和許多專門機構，當時原想成立國際貿易組織（International Trade Organization），但是各國經濟環境不同，一時不易達成協議，所以就該組織憲章草案中有關商業政策部分，加以關稅減讓的規定，擬成「關稅暨貿易總協定」（General Agreement on Tariffs and Trade，即GATT，以下簡稱「總協定」）於一九四七年十月開放簽署，我國、美、英、法等國率先簽署，作為國際貿易組織成立前的暫時性措施。一九四八年一月起開始實施，這是一項多邊協定，並非正式的國際組織。

大陸淪陷後，我政府無法對大陸地區履行總協定所規定的義務，所以和美國研商於一九五〇年三月致函聯合國祕書長，自動退出總協定。但是過了三十多年，全球經濟發生困難，貿易保護主義氣氛極為普遍；而我國對外貿易則不斷成長，外匯存底成為全球第二位，與美國因貿易問題時起爭執，美方一面要我國遵守總協定的規範，一面又依其本國貿易法案，使我在貿易談判中接受其要求。然則我國的貿易關係是全球性的，我們對美方所做的任何讓步都會使歐洲共同市場、加拿大、澳洲等重要貿易夥伴要求比照辦理。所以國內很多有識之士都認為我們應該重返總協定，使各項貿易談判能在其架構下進行。

然而，一九八〇年代的國際環境對我極為不利，總協定的成員國絕大多數和我國沒有正式外交關係。雖然很多國家和我國有很密切的貿易關係，但是要他們公開接受我國成為總協定的成員國，在外交上的顧慮很大。中共當時還不是成員國，但是中共的貿易數字也在逐年增加，他希望能獲得貿易對手國給予「最惠國待遇」。不過，像美國在這方面常常讓中共感到取得「最惠國待

2 請參閱《錢復回憶錄典藏版・卷二：華府路崎嶇》第四八〇～四九九頁，台北：天下文化出版社，二〇二一年。
我國於一九八六、一九八七連續兩年拒絕參加亞銀年會，一九八八年恢復參加，但在桌位名牌旁，放置抗議牌。

遇」實在相當困難，而美國國會更是要求，美國政府對中共的最惠國待遇要每年送經國會通過，所以中共也感覺到有簽署總協定的誘因，因為一旦成為總協定的成員國，最惠國待遇就跟著來了。

由於我國經貿實力在那時已成為全球第十五大貿易國，卻不是「總協定」的成員，時常和貿易對手國發生貿易糾紛或爭議，無法取得該協定有關的優惠待遇，因此李總統希望能恢復我國在總協定的參預。

一九八〇年代後期，我國和中共都很認真考慮加入總協定的問題。就我國而言，想要使加入總協定減少政治意義，最好的方式是依照總協定第三十三條的規定以「個別關稅領域在對外商務關係以及本協定所規範之其他事項具有充分自主性」的方式申請加入。此外加入總協定時必須選擇以「開發中」或「已開發」兩類中之一類。我國由於經濟發展成果已為國際間普遍肯定，因此只能以「已開發」類加入，必須負擔更多義務。

蕭萬長副主委在他擔任經濟部國際貿易局長時就已預見，我國必須設法加入總協定，因此他在瑞士日內瓦設立單位，派了他得力的祕書陳瑞隆擔任主任專責與總協定建立聯繫溝通管道，並深入瞭解其運作方式以及成員的權利義務。

一九八九年，經濟部陳履安部長決心要推動加入總協定的工作。鑒於兩岸的緊張關係，中共已在一九八四年十二月取得觀察員地位，並且在一九八六年七月十四日向總協定提出加盟意願書，開始進行談判。但是當年（一九八九年）的六四天安門事件使加盟談判中斷，陳部長利用這一空隙積極推動我方的加盟。

首先是採用第三十三條的規定，使用「關稅領域」名稱作為我方加盟的基礎，而不使用國號，以避免政治上的困擾。其次我方以「已開發」類參與，在以往政府對若干產業採取保護措施，勢必予以結束，影響所及是相當嚴重的。前者，政府各機關都同意採取實務態度，以我們能實際行使關稅自主權的地區：台灣、澎湖、金門、馬祖作為申請加入的名稱。至於後者，由於我國已決心在經濟上採取自由化政策，保護措施自然應該予以結束。在這個問題上，財政、農業和交通主管部門都有若干保留。所幸李總統和行政院李煥院長都有應由大處著眼的共識。

一九八九年七月十一日，美國在台協會主席勞克思（David Laux）由華府來看我，在一小時的談話中，他不斷詢問我有關加入總協定的問題。我向他說明以我國目前的經貿實績，不參與總協定是一件不合理的事，尤其是美國在雙邊貿易談判時，對我國一再以高壓姿態，要求我國給予讓步，而其結果，實際獲益的是我國其他貿易夥伴。我認為這類談判在總協定的架構下進行是較為合理的。所以我們採取了極為務實的態度，使用「台澎金馬關稅領域」的名稱。我也表示將來的談判，美國的態度極為重要，希望他能報告美國政府，對於我國務實的做法，給予全力的支持。

同年九月十三日，美國貿易談判特使署主管亞太事務的助理代表克麗絲道芙（Sandra Kristoff）來會洽談，主要是我國參與總協定問題。她詳細介紹程序：我們要先提出加盟意願書並附有我「對外貿易體系備忘錄」。總協定的理事會會對我們的意願書予以討論，此時需有共識（consensus）同意接受申請。此後總協定的各成員中，倘對我們加入有興趣者，將組成一個工作小組，來討論我們的對外貿易體系備忘錄，予以審核，稍後再與我們進行談判。俟工作小組各成員對於所有談判項目都表示滿意時，則建議總協定對我們予以接受。

另外，我們也要和個別總協定成員，有意與我們談判者，進行關稅減讓和非關稅措施的雙邊談判。如果有總協定全體成員三分之二以上成員完成了和我們的雙邊談判，同時也認可總協定理事會依前述工作小組建議的「加盟議定書草案」時，我們將可和總協定全體成員簽訂「加盟議定書」，完成加入的手續。

可以清楚看出，這是一項十分繁瑣的程序，但是對我國說，基於國家利益，我們必須要進行這許多十分冗長的談判。在我們正式申請以後，歷任的經濟部主管貿易事務的次長、國貿局局長、副局長、主管組組長和同仁都是不分平日、假日，清晨、深夜，真正是廢寢忘食、夙夜匪懈，不斷奔走各地進行談判。

我曾對克女士表示，希望美國能積極協助我國加入總協定，因為我們的貿易額很大，和不少的重要國家多少總有些貿易問題發生，將我們排除在外實在是不可思議的事。

蕭副主委在當年九月二十五日前往華府訪問，主要是和美方洽談我們加入總協定的問題，同時也就智慧財產權問題和貿易特使署進行諮商。但是在此次洽談過程並非完全圓滿，美方當時建議我們稍後再提出加入的申請。

政府相關首長於十一月一日晚間會商，認為我們申請加入總協定利多於弊，並且指示由經濟部依照總協定第三十三條的規定進行申請加入的手續。半個月後，我前往夏威夷大島的寇納市（Kona, Hawaii）參加一年一度的中美經濟合作促進會和美中經濟合作促進會的共同年會。經濟部陳履安部長和我在十九日的清晨，和由華府前來參加會議的美國商務部次長法倫（Michael Farren）及克麗絲道芙助理代表洽談我們參與總協定的問題。他們二位都表示前景相當樂觀，鼓勵我們積極進行。

一九九〇年元旦陳履安部長以「台澎金馬個別關稅領域」的政府代表名義，正式向總協定的理事會提出加盟意願書（communication）並附有我們的「對外貿易體系備忘錄」（memorandum on foreign trade regime）。以後就開始了長期的多邊與雙邊談判。

一九九五年，總協定由世界貿易組織（World Trade Organization）替代，各項談判仍然持續。二〇〇一年十一月十一日，我們和中共同時進入世貿組織成為正式會員。

# 第九章
# 政治性問題

一九八八到一九九〇年之間，雖然只有短短的二年，
在府院之間以及國民黨高層的人事布局，卻經歷了激烈而詭譎的變化，
李登輝總統曾向我詢問過擔任行政院長的意願，但我自認為並不適合。

我在經建會工作不到兩年時間，主要的任務是國家經濟發展和建設的幕僚業務。可是我在中國國民黨第十三次全國代表大會時當選連任中央委員，並在第一次中央委員全會中當選中央常務委員，因此每週三上午都要參加中常會。

## 對選舉文化的觀察

一般說，中常會在當時還是形式重於實質。真正重大政策很少在常會中提出討論、辯論或是檢討。但是常會的定期舉行，可使參加或列席常會的人，能利用這個場合在會前或會後、甚至會

議進行中，充分接觸和交換意見。

那些年國內幾乎每年都有選舉，黨部在選前都會邀請常務委員承擔輔選責任區。就我擔任常務委員的十年期間，我的責任區始終是台灣省的基隆市和台北市的大同區。當然其他縣市的地方黨部也常常會邀請我去各地為本黨候選人站台助選。由於這些輔選活動使我有機會對我國的選舉文化有了進一步的認識。

首先在提名時各地一定群雄並起，競爭黨內提名十分的熾熱。大體上說，每一位有意參選者都堅持自己是當地唯一愛黨、有能力、有組織、有財力的人。黨如果提名他（她）必然可以順利當選。反之如果提名他人，必然會為其他政黨的候選人贏得選舉。

等到黨提名了這位先生（或女士）以後，這位候選人就會表示最近經濟不佳，自己的錢都被套牢，因此黨部必須支援大筆競選經費。在民意代表的選舉，候選人都會抱怨自己的鐵票被本黨另外的候選人挖走，所以黨部必須畫更大的票源給他（她）。因此，本來是唯一有財力、有基層支持的候選人，在得到提名以後，經費和票源完全要依賴黨的支援。

最有趣的是當選以後，這位先生（或女士）進入議會，立刻表示自己是以多少票數的民意支持當選，自己要向民意負責，對於政黨的要求完全置於腦後，不屑一顧。

此外，我在國外服務時，偶爾有外國人士批評我國選舉有買票的情形，我總是竭盡所能辯護絕無此事，完全是有心人故意誣衊、抹黑。等到自己回國接觸選舉事務以後，才知道選民對於候選人是否對自己尊重，是決定投票給誰的主要考量。大致而言，候選人能寫信拜票比不做的好；

打電話拜票又比發DM要好些；親自登門拜票又比打電話好；而帶了「伴手禮」拜票又比單純拜票好。久而久之，伴手禮由肥皂、牙刷升級為味精、醬油，再升級為水果禮盒，然後乾脆折現。這種情況在地方比在大都會中普遍，候選人要當選不分黨派都有這種需要。如此做，當然並不妥當，可是在此地已是一種表達尊重的習俗。

## 爭取參加美國早餐祈禱會

在我由美國返回台北到經建會服務時，玲玲仍在華府整理行李，因此我在旅館中住了一個月。李登輝總統知道我單身在台，不時召我去官邸便餐或敘談，當時所談的有幾個主題。

第一個是我在回國途中，媒體曾問我有關台商開始大批去大陸投資（間接投資）。我表示要慎重，因為一方面沒有具體的保障，發生問題時我們政府難以協助；另一方面獲利還不能匯回台灣，久而久之，國內可能發生資金短缺的問題。李總統對於我的觀點不盡同意，但是他並沒有直接指出我的錯誤。他對我說，經濟發展有「雁行理論」，由一隻領隊的雁向前飛，其他的雁在後面形成一個V型隊伍持續飛行。以前在亞洲是由日本扮演領隊的角色，今後我們投資大陸，協助其開發，可以取代日本扮演領導的角色。

其次，李總統對於兩岸關係的發展也很關心。一九八八年八月二十日，他突然問起「聯邦」和「邦聯」有什麼不同。我用了一點時間，將政治學上對於這兩項體制的理論稍做敘述，並且將歷史上兩種不同體制如何形成，以及在實務上中央和邦在運作時有哪些差異，向他做詳細的報告。他聽了以後，沉吟片刻，稍後表示，未來兩岸應該向邦聯的方向走。

李總統在接任後不久，就對外交問題甚為關切，有一次的談話中他表示過去「漢賊不兩立」、「寧為玉碎、不為瓦全」的做法是不合時宜的。他也很瞭解，以往我在美國工作時蓋亞那（Guyana）、格瑞那達（Grenada）有意和我國建交，但是國內訓令我一定要對方先和中共斷交，所以不能實現。他認為我們不能再這樣做，必須要走出去，所以他說我們今後應該走「現實外交」的路線，問我是否可以。我說他的考量是正確的，國家的基本國策和大戰略可以堅定，但是外交做法必須具有彈性，只是「現實」二字在中文語意上有時可能被誤會有負面意義，所以我建議以「務實」比較合宜，李總統也欣然接受。

他很早就希望去美國訪問，在中美沒有外交關係的現實狀況下，是很難做到的。一九八八年九月四日晚，他召我去官邸談這件事，表示希望能去白宮，並且向國會聯席會議發表演說。我很直率向他陳述這是沒有可能的，比較可能的，是去美國參加每年初的全國早餐祈禱會，或是有若干國會議員聯名邀請，但是必須先取得美國政府的同意或默許。那天晚上稍後辜濂松兄亦來官邸，他表示不久將去華府，因為布希副總統已獲提名為總統候選人，當選可能極大，可能先由布氏方面著手。

稍後濂松兄和布氏的好友艾倫（Richard V. Allen）洽談此事。艾君同意設法探討美政府的態度。同年十一月二十九日艾君和濂松兄於晚間來到我家，艾君說已和內定擔任國務卿的貝克（James A. Baker, III）談過本案，貝克表示美國極為重視與中共的關係，如果同意李總統去華府必將引起中共強烈反彈，因此無法支持本案；不過艾君也提到，布希左右人士表示李總統是康乃爾大學的校友，如果康大邀請李總統，美政府同意的可能性比較大。第二天上午我向李總統報告上情，他稍感失望，但是認為由康大邀請也是一項可行方案；不過他對於二月初的早餐祈禱會，指示仍然要進行並要我撰寫他訪美的談話資料。

關於早餐會的事，美方始終沒有任何反應。一九八九年一月十三日上午總統府舉行經國先生逝世週年紀念會，會後總統辦公室蘇志誠主任過來對我說，李總統統仍寄望參加早餐會，由於幾乎沒有可能，應該及早使他瞭解實情。我覺得蘇的看法是對的，所以當天晚上去官邸向李總統詳細分析，二月初的早餐會是沒有可能參加，他聽了以後極為失望，表示只有設法由康乃爾大學邀請了。

## 李光耀說：「你有一天會後悔的。」

一九八九年二月下旬，新加坡總理李光耀來華訪問，他在二十二日下午要我去圓山飯店總統套房談話。開始時他先問我對於美國布希總統接任的看法，對於亞洲究竟是機會還是危機？我為他詳細分析布希總統左右主要幕僚的背景，也提到共和黨與國會可能對布希的影響；我的結論是亞洲國家應自己努力，改善本身的政治和經濟的情勢，盡可能配合美國的主要政策方向，應該是機會的可能性多於危機。

他聽了以後，表示同意我的看法，但是他立刻指出，到台北三天看了許多本地的報紙，發現我們的媒體已經偏離正道，對於國家造成很大的傷害。他說過去你們的媒體沒有自由，一味奉承政府，這是不對的；現在鐘擺偏向另一極端，把政府所做的說得一無是處，對於政治人物之間極盡挑撥離間的能事，這也是不對的。媒體應該秉持忠誠報導的精神，不偏不倚，作為社會的良心。

他接著說：你們的政黨也是一樣，反對黨沒有扮演國家忠實反對黨（loyal opposition）的角色，只是使用過激的手段、苛酷的批評政府，並且在國會中動武，這不是民主國家應該有的。

我聽了他一連串的批評，知道他對我國快速的民主化、自由化不能認同。因此我委婉的解釋，以我國的國情這些措施應該更早進行，因為民眾普遍有受教育的機會，經濟發展的結果，民眾也較過去更為富有，去國外旅行的機會大大增加，在國內也很容易接觸到國外的媒體和資訊。在這種情形下，政府倘若不積極的民主化、自由化，可能會受到嚴重的挑戰。至於他所提到的偏差情形，很可能是快速改革開放所引起的「陣痛」，希望不久就能結束。對於他所提出對於民主化、自由化的質疑，我說這是一項持續不斷的進行程序（on going process），不但無法收回，也沒有辦法停止，一如水過了壩頂（water over the dam），不但不能停，更不會倒流。

李總理聽了我的說明，冷冷地說了一句：「你有一天會後悔的。」的確，我們的「陣痛」遠超過預期的時間，不但沒有改進，反而愈演愈烈。最近幾年，我每次想到李總理那天很簡短的一句話，我對他的預言正確，更感無語。

那天談話最後一段是有關兩岸關係，他對我說，你們和中國大陸在經濟上還有十年時間的相對優勢（competitive edge），你們應該利用這十年的時間和中共進行對話，設法達成一項能對雙方互利的安排（modus vivendi）。他特別提到不久前去大陸訪問，對於中共年輕一代的官員有極好的印象，他特別提到蘇州和濟南兩市的市長，任事明快，有現代知識，並有國際觀。他也表示星國將在蘇州興建工業區，使當地經濟能快速發展。

李總理這段談話顯示他對海峽兩岸期盼和平共榮的誠摯信念，對於我稍後擔任六年外交部長工作時如何處理兩岸關係有很大的啟發。只可惜事與願違，兩岸迄今也還無法達成一項對雙方互利的安排。

## 媒體播弄與陳履安的關係

李總理所談的媒體問題，我深有感觸。我國自一九八七年開放報禁後，報紙出版的篇幅大增，而新聞和銷售的競爭更形激烈。讀者們似乎偏好有刺激性的消息，而不喜歡政府機關所發布的新聞稿。因此媒體對於人事問題特別有興趣：誰可能接那個位置，而可能和他角逐的是那些人，他（她）們之間有什麼矛盾，幾乎是媒體要聞版最常見的新聞。

當時李總統繼蔣經國總統未了的任期，到一九九〇年五月二十日結束，國民大會在該年三月要選下一任的總統、副總統。新任的總統產生後必將有新內閣。大家認為李總統參選連任應不是問題，但是誰將是新的副總統和行政院院長就成了媒體猜謎遊戲的主題。自一九八八年底就開始，國民大會集會日期愈近，這項遊戲就更熱烈。

媒體一般將六十多歲以上的歸類為「老一代」，五十歲到六十一二歲的歸類為「中生代」。

至於五十歲以下的「新生代」在猜謎遊戲中多被排除。他們猜測李總統到連任時已接近七十歲，鑒於當時「世代交替」呼聲甚高，因此副總統和院長及可能是中生代。

在中生代，我比較受矚目，因為根據幾個最著名的雜誌所做的調查或是民意測驗，無論針對民意代表、學術界或是一般民眾，我都有很高的認同率或支持率，而且時常是在榜首。稍微居後的則是經濟部陳履安部長。在這個態勢下，媒體就不斷報導履安兄和我之間有「瑜亮情結」。有時他的公務繁忙，無法出席經建會週三下午的委員會，媒體就指他是有意抵制；有時出席委員會，在討論中的發言，也時常被曲解為對經建會或我個人不滿。

我很瞭解這種報導應該予以駁斥，但是此時我國的媒體已經不能接受任何駁斥的做法。如果任何政府首長膽敢駁斥媒體，這是會引起媒體的「公憤」，接下來是一致的「圍剿」。因此首長們多只能採取「息事寧人」的做法，默默承受。

可是媒體一再的播弄，引起履安兄的太夫人關切，有一天她叫原先在陳府擔任總管事務的冉光銀先生來看我，問履安兄是否對我不好，老夫人非常關心，她認為我們二人應如手足一樣相互扶持。我請冉君向陳夫人報告，履安兄和我之間的確相處得很好，不但在公事上沒有歧見，私下我們經常一起球敘、餐敘；特別是履安兄的夫人曹倩女士和內子經常會晤，媒體所報導的都是政治性的製造。

由於陳夫人的關心，我也找機會和履安兄談起此一問題，他的看法和我完全相同。因此他問我下次他去視察工業時，我可否和他同行。我說過去一段時間，因為經建會是幕僚單位，除了重大建設計畫外，我從未去參觀工廠或學校，因為這是主管機關的職責，如果他要我同去，當然十分樂意。

一九八九年一月二十日下午，我們兩人約好一起去三重市的大有工業區參觀。那天大批記者叢集，我們幾乎很難移動。大家不斷問我們二人之間是否有「心結」，我們都說已是多年老友，什麼話都可以說，怎麼可能有心結？可是媒體先入為主的成見很深，記者仍然說陳、錢二人只是做一場秀給大家看，他們仍是想排斥另外一位得到大位。

在這次事件以後，媒體仍是常拿履安兄和我的關係做文章，說我們不和。我們兩人似乎有默契，看到這種報導，立刻拿起電話打給對方，說媒體又拿我們做文章了，然後哈哈一笑。

## 與李登輝總統長談人事部署

類似的情形也不斷發生在其他政治人物間，可是並不是每一位政治人物都能像履安兄和我一樣處之淡然。有些朋友很認真，以為媒體報導的都是事實，就逐漸和另外一方漸行漸遠。我國這十幾年來政壇的不安定，主要導因於政治人物間缺乏互信，彼此很容易講重話，在一個民主的社會中，這是很不幸的，我覺得履安兄當年和我處理媒體「失焦」報導的方法，也許有些參考價值。

實際上我在返國工作不到一年的時間，對於國內政治環境的險惡已逐漸明瞭，深知自己的個性在這個環境並不適合。同年四月五日晚間，李登輝總統在官邸召見我，有將近二小時的長談，涉及國內人事的部署。

李總統開始就說，執政黨第十二屆第二次中央委員會的全體會議（通常稱二中全會）將於二個月後舉行，人事的調整將是重要的課題，他已經囑咐中央黨部李煥祕書長草擬計畫，他希望我能向他提供一些看法。

當時外界盛傳行政院俞國華院長即將離職，未來的院長有可能仍是老一輩的，也有可能是中生代。我向李總統報告俞院長主持行政院已五年，逐漸進入佳境，而且明年將有總統大選，屆時立法院和輿論可能要求有全新的局面，所以是否仍由俞院長留任？

李總統立即指出，他曾徵詢許多黨國大老的意見，包括所有曾任中央黨部祕書長的人士，大家一致認為俞院長不應繼續擔任；現在他所考慮的主要問題是，究竟應該一次更動或者分二次更動。

我表示對於如此高層次的問題，不敢表示意見，但是自己由美回國工作已八個月。在美國時因兩國沒有邦交，我們的處境不佳，地位曖昧，可是當時工作的心情甚為寬暢。回國後，在自己國家工作，地位明確，然而心理上的壓力極大；主要是在政壇上的人不能開誠布公、坦誠合作，多是爾虞我詐、彼此猜忌，媒體又推波助瀾，使過去的老友反目成仇。個人對於此種環境，甚不習慣，倘有可能，仍盼總統容許我回到外交系統到國外工作。

李總統說，這是不可能的事。他也說明這幾個月對我詳細觀察，覺得我在工作崗位上尚有獻替；我所說的也確實不錯，他特別指出有若干中生代的同仁在他面前指責我，可是我從未在他面前指責別人，反而多半在講別人的長處，這說明了做人心胸坦蕩。

李總統要我對於俞內閣的運作加以分析。我說俞院長是一位寬厚長者，認真負責，但是對於個別首長無法指導走向政府想要努力的方向。各部會有個別的政策和目標，但是缺乏整體的政策和目標。大家常有本位主義，彼此的做法時時相互牴觸。

造成這個現象的主要原因，是經國先生晚年健康欠佳，很多決策，包括人事的決定，無法深思熟慮，因為需要思考就會導致夜晚失眠。因此少數能接近他的人，在問題一發生就立即提出解決方案，時常是未經詳細評估；人事方面也是如此，每遇空缺，立即提出人選。經國先生由於體力不夠，無法詳加考核。其結果是有些人不斷調動，不斷擢升，在任何崗位上都有「五日京兆」之感。這是俞內閣所以會受到指責的主要原因。

我強調，此時更換俞院長可能不是解決問題的好方法，比較可行的是請他對部會首長予以嚴格評鑑，沒有表現，沒有活力的，可以予以更動。而最重要的是建立國家目標，各部門全力配合促其實現，例如使國內經濟提升，民眾所得增加，縮短城鄉差距等。

我也指出，由於社會開放，受益於政府施政者，多保持緘默；受到傷害者，都大鳴大放。媒體和國會很樂意為這些人代言，因此從表面看，政府一無是處。

李總統對我的發言似乎很不滿意，他說：「你總是為俞先生講話，是他重要還是國家重要？」接著又說，我擔任目前的工作有二項任務，一是替國家奠定未來的制度；一是為未來接班人建立具體人選。將來的做法是不只發表一位行政院長，而是使民眾瞭解以後的幾位。一個人做不好，再換一個，如此則一切都會很明確。

最後李總統說，再不到十個月，就要提名下屆總統和副總統的候選人，他自己將代表國民黨參選，至於副總統候選人，應該是一位外省籍的同志，「從各個角度看，你都是很合適的人選」，但是他還有些遲疑，主要是「中生代大家都會因而以你作為目標，可能沒有多久，就會讓你犧牲了。」基於這項考慮，他也在考慮和他年齡相近或稍年長的外省籍同志。

我對李總統的愛護表示感激，談話即告結束。辭出前，他又指示我就如何加強對美國和日本的工作撰寫一份說帖。這天晚上的談話，我寫了一份紀錄放在日記內，但是談話的內容未向任何人透露。

## 黨機器開始生鏽

一個月後，俞院長於五月十一日遞出辭呈，十七日《聯合報》以頭版頭條予以公布；俞院長於次日公開宣布辭職。六天後李總統提名執政黨祕書長李煥繼任，而整個行政院變動極小，除了交通部由郭南宏換為張建邦外，只有二個政務委員的變動，顯示李總統所提的二階段更動，李煥先生僅是過渡的院長。

這年的十二月二日要舉行中央民意代表增補選和省市議員、縣市長的選舉，執政黨初次使用黨員初選的辦法。李總統於七月二十三日投票前，率我和宋楚瑜祕書長赴東部花蓮和台東瞭解各地黨部準備的情形。二十三日當天分別在台東市的天后宮和縣黨部所設的投票所參觀，再返回台北市在敦化國小和光復國中看投票情形。接下來的四個月，我也應邀到全省各地為本黨候選人站台助講。可是十二月二日投票結果，執政黨在二十一縣市中輸了七席，包括人口眾多的台北縣、高雄縣。在日後的檢討中，有人認為初選導致黨內同志自相殘殺，也有人認為行政部門的工作不力，人民對政府失望。這些意見都對李煥院長頗為不利。

選舉後，香港出版的《亞洲週刊》特派員譚世英於十二月五日來對我做長時間的訪問。她問到我對於開放後初次參選的民主進步黨獲得將近三成的選票、執政黨的選票由七成降為六成這件事感受如何？我說這個方向是正確的，既然我們要推行民主政治，就不能一黨獨大，必須有多黨參與，接受反對黨的挑戰。這樣執政黨才能自我警惕、自我調適、自我反省，否則日久必然會被權力腐化。

事實上，這次選舉對於國民黨和民進黨都有很深遠的影響。國民黨內，由趙少康領導的「新國民黨連線」一共有八位候選人角逐一〇一席的立法委員席位，以革新為號召，全部當選。另一方面，軍方的黃復興黨部不再聽由中央調配選票，自行支持十位候選人角逐立委，也都全部當選。這證明了過去極為有效的黨機器已開始生鏽了。

此外，李登輝主席在十二月六日的中常會中，曾承認執政黨遭受挫敗，他說：「這顯示了在本黨執政下，政府近年來所推動的各項改革措施，仍未能滿足民眾的期望。同時也顯示了本黨在組織結構的調整、人才的培育選拔與對民眾的服務方面，仍未能符合環境的需求。」

然而，黨內有些資深人士認為李總統應對選舉失利負責。他們指責他的領導有問題，推展外交、經貿政策不當，才會導致失利。此時距離第八屆總統的選舉只有三個月，而國民大會內已形成一股「倒李」的力量。曾長時間擔任執政黨國大黨部書記長的滕傑代表更指出，李總統主政二年以來「公權力不彰，公信力失調，造成人人自危而陷於不安之中」，他們希望由當時擔任國家安全會議祕書長的蔣緯國將軍角逐下屆總統。

至於在民進黨內部，他們對於這次選舉結果縣市長由一席增為七席（其中有一席無黨籍，但參加民進黨所組的縣市長聯誼會），所以未來的戰略是要以「地方包圍中央」。因為中央民代中，三十年前產生的資深民代仍占多數，短期無法改變。所以期盼在以後三次的縣市長選舉時，積極設法使得能掌握多數，這是所謂「十二年執政計畫」。日後的發展雖然未盡如此，但是在時程上，計算十分精確。

## 臨時中全會預見分裂端倪

一九九〇年開始，台北政壇瀰漫了山雨欲來風滿樓的情勢。一月下旬，我利用春節赴馬來西亞與家人渡假，三十日返回台北。第二天是週三的執政黨中常會，由倪文亞先生提議，全體常務委員向二月十一日舉行的臨時中全會推薦，由李登輝主席代表本黨參選第八屆總統，全場無異議通過。接著高育仁常務委員提議，由本黨總統候選提名人向臨時中全會提出副總統候選人，大家也沒有異議。

自二月一日起，各媒體就不斷猜測李總統會提名我為競選搭檔，我的家中和辦公室門外，由早到晚都有記者和攝影機守候。最有趣的是，專跑經建會的記者們還向我表示，為什麼我每天都照常處理公務，沒有一點「造勢活動」？我很坦率的對他們說，我有工作崗位和職責，一定要認真做，不能有任何逾越的行為。事實上，一九八九年四月初李總統已明白告訴我，他將挑選一位年齡相若或稍長的外省籍人士搭檔參選，符合這些條件的有李煥、蔣彥士、馬樹禮和李元簇先生等；但是我認為蔣緯國將軍可能不在名單內。

在臨時中全會開會的前一天，也就是二月十日，《自立早報》在頭條以「李登輝今日敲定競選夥伴錢復、李元簇、蔣彥士三選一」為標題，刊登當天凌晨據稱獲自「國民黨權力核心」消息，指出李總統正在考慮以上三人。但是撰稿者又指出，李總統不願選擇較他年長者，所以蔣的可能不大。李在月初曝光後「外界評價不高」，剩下只有我一個。

當天上午，行政院舉行財經會談，施啟揚副院長和王昭明祕書長見到我都熱烈道賀，使我困窘不堪，只能說我自己確實知道這不是事實。

第二天，在陽明山中山樓舉行臨時中全會，我一進會場有人告訴我，立即去主席休息室。李總統見到我就說，根據他的情資，開會時對於提名的事，有人會杯葛，希望我能協助；他也透露將提名李元簇先生為副總統候選人。

會議開始，在預備會議中我被提名為主席團成員，在主席團會議中，又指定我在提名通過後向主席報告推選的結果。在主席團會議時，推定由倪文亞常委主持第一次會議；他是極富主持會議經驗的一位，但是顯然他預見這次會議的艱難，所以提出許多應該事先準備的事項。但是幕僚單位卻沒有警覺，對於他所提的都沒有配合。

果然，第一次大會一開始，火藥氣極濃。郁慕明委員首先建議提名應採用投票方式，而不用過去的起立鼓掌方式。這項提議立即得到重量級大老如李煥、林洋港的支持。

接下來，魏鏞、張豫生等委員將箭頭指向祕書長宋楚瑜，批評他黑箱作業。宋立即反擊指少數人搞破壞企圖分裂黨，並立即表示辭職。所幸倪文亞主席立即交付表決，究竟以起立方式或以投票方式，表決結果相當接近，九十九對七十。這是我二十二年來多次出、列席黨的會議從來沒有經歷過的一幕。從正面看，黨是真正走向民主化；從負面看，已是黨將分裂的徵兆。

這次會議也拖到下午一時三十分才結束，也是前所未有的。我們上樓去向李總統報告結果，他的態度很鎮定。下午會議正式提名李元簇為副總統候選人。第二天媒體對於臨時中全會的紛爭都大幅登載，並指出執政黨內「裂象已顯」。

## 林洋港和蔣緯國的參選和退選

過了三天，中常會開會，對於臨時中全會的紛爭，謝東閔先生說了十六個字：「有容為大、無欲則剛」，「有則改之、無則加勉」。元老的話言簡意賅，也是語重心長。

二月十五日，蔣緯國將軍在美國明白表示將參選總統。有記者問他，經國先生曾說蔣家人不選總統；他解釋經國先生的意思是他的家人不選，不能限制家族不選。到了三月二日下午，黃河清委員在立法院說林洋港院長也確定要參選。

三月三日中午，《聯合報》的王惕吾董事長及閻奉璋先生約我和宋楚瑜祕書長午餐，對於當前的情勢表示憂慮。我說現在黨內不只是分裂，而是四分五裂，有許多不同的立場，大都是為了自己，很少考慮到黨。李總統在去年底選舉失利時，大家都企盼他能有所省思，對於不同的意見能多加參考；但是他的個性是自信心甚強，如果對他的建議用緩和的語調提出，比較能為他接受。反之，如果用責備的口吻或者教導的方式，則可能引起他的反感。

王惕吾先生說，他曾請蔣彥士先生聯絡一些大老，共同來勸李總統要有較開闊的胸襟容忍不同的意見，但是效果不大。宋祕書長則表示他自己在黨內的處境極為艱困，有好幾位中生代首長經常明槍暗箭的對付他；他深感心勞力絀，多次向李主席請辭都沒有獲准。

這時候，執政黨內部已分成「主流派」和「非主流派」的對立。後者趁著國民大會集會，提出「內閣制」以及「總統不能兼黨主席」的主張。三月四日中午，有一百多位的國民大會代表在三軍軍官俱樂部舉行餐會，支持林洋港和蔣緯國參選，以對抗李登輝和李元簇的提名。

三月九日，林洋港先生戲劇性的宣布「委婉辭退參選」，第二天蔣緯國將軍也宣布辭選，使執政黨出現二組候選人的窘局得以化解。

國民大會在此時已正式集會，並且在三月中旬通過了不少決議案，如延長任期、每年集會、行使創制複決兩權以及代表開會支領出席費等，都是違背多數民意的做法。三月十五日行政院院會結束後，李煥院長約了施啟揚副院長、王昭明祕書長和擔任執政黨中央常務委員的首長在他辦公室會商。大家都認為這些決議都將引起全民震怒，可能發生重大的動亂。但是行政院對於國民代表大會的決議又不能有任何反應，所以李院長當場以電話和宋楚瑜祕書長表達嚴重關切。宋的反應是此時正在輔選正副總統，不能得罪國民大會代表。再找國民大會何宜武祕書長也是不得要領。參加會商的同仁有人建議撤銷在陽明山中山樓國大會場的警衛，停止供應國民大會的伙食以及內閣總辭的建議，不過李院長主張持重，都沒有採納。

## 婉卻接任行政院院長

第二天是立法院總質詢，中午休息時間，梁肅戎院長約了陳履安部長和我在院長室吃便當午餐。席間談到李總統和李煥院長之間有很深的芥蒂，一週前，李總統突然想到要李院長留任，但是不願與李院長見面，而是託梁院長代為轉達。我聽了這番話，心中非常憂慮。

三月十七日起，很多大學生對於國民大會的作為不滿，在中正紀念堂靜坐抗議，到十八日已增加到萬人，情勢非常緊張。

十八日午夜，我奉召到李總統官邸，他約了宋祕書長、連戰部長、毛高文部長和馬英九主任委員討論是否應該去中正紀念堂勸學生解散回家。那晚大風大雨，同學們的態度十分堅決。侍衛長透過現場的瞭解，認為李總統前往有安全顧慮，所以等了三個小時，還是沒有前往。在等待期間，李總統一再表示自己「有責無權」，一定要修憲，並且要召開「國是會議」以解決目前的政治困局。

十九日凌晨，毛高文部長帶了李總統手書的便條去勸學生結束抗爭，但是沒有結果。稍後，李煥院長又派黃昆輝政務委員和馬英九主委去探望，也不能使同學解散。一直到二十一日晚，李總統親自和學生代表見面後才結束靜坐。

四月六日上午，我在行政院參加財經會談報告中美貿易諮商問題時，得到總統府通知要我七日清晨隨李總統赴東部參觀訪問。我的直覺告訴我這次旅行，李總統一定會和我談到他在五月二十日正式就職的布局問題。當天晚上我在家中歡宴高華德前參議員（Barry Goldwater）和紐約亞洲協會董事長前副國務卿懷德海（John Whitehead）伉儷。那是高氏生前最後一次訪問我國，這位老友飽受健康上的折磨，兩腿膝蓋和臀部的關節都動過了手術，行動十分不便，但是堅強的毅力使他仍能做長途旅行。

晚宴結束後，我和玲玲談到明天要去東部，我預料李總統將向我提出新任行政院院長的人事問題，我準備婉卻。我並沒有向她說為什麼要婉卻，她也沒有問，只是說她完全支持我的決定。

四月七日早上，李總統帶了我搭專機赴台東，先後在縣政府、南迴公路拓寬工程二處聽取簡報，接著去訪問當地民意代表，再乘莒光號列車赴花蓮市，在英雄館晚餐。飯後李總統召我去他的寢室長談兩小時。

談話開始時，李總統對於兩個月來的政局紛擾表示極為不快，對於執政黨內若干重量級人士結合對付他也甚為不滿，認為行政院於五月二十日以後必須易人，我說政局不安定是事實，但是總統是國家最高領導人要有開闊胸襟，容忍不同的意見。

李說：「這段時間中我已盡量寬容，比如說林洋港、郝柏村、陳履安等人都曾來向我道歉，我對他們都已經原諒了，但是李煥卻不同，我不能信任他。去年九月以後，他聽新聞界大老的話要出任副總統，我和他的談話都被洩漏。他曾推薦可以接任行政院長的名單，一共五個人，也有你在裡面；我將名單放在金庫（保險箱）內，可是第二天報紙頭版卻以大字標題刊出。所以我無法再和他合作，我希望你來接任行政院。」

我對李總統的盛意表示感激，但是自己認為不宜擔任此項工作，請總統原諒。

李聽了十分訝異，問我為什麼覺得不宜擔任？我說自己個性倔強，和目前的立法院生態無法配合。例如回國二十個月以來，看到公權力不彰，主要是抗爭背後有民意代表在支持；證所稅無法徵收、證交稅率不升反降，因為有民意代表的干預；重大工程的無法順利推動，也是民意代表在背後圍標。凡此種種，以我的個性是不可能同意這種做法。在這種情形下，如果我去行政院工作，不會太久，立法院一定會對我攻擊，如此必對李總統造成困擾。

## 郝柏村組閣成為新院長

李總統認為我是過慮了。我說並不是過慮，而是必然要面對的現實。在堅持立場維護國家利益和委曲求全以保祿位的兩項選擇中，我必須堅守立場維護國家利益；然而在目前的政治環境中，如此做將成為眾矢之的，最後必然會替總統造成困擾。

李總統對於我的反應甚感失望，他說，「你知道，我將你由華府調回就是希望你能接掌行政院，現在你堅持不接受，使我的整個人事部署都受到影響。」

我說，目前可以擔任行政院長的人很多，如省政府邱創煥主席、外交部連戰部長和經濟部陳履安部長等。李總統對於我提到的人並沒有反應，他反過來問我，「國防部郝柏村部長怎樣？」

我說郝部長在執政黨內沒有問題，資歷很深，只是反對黨對他有意見，總統準備召開國是會議，恐怕要考慮到朝野的和諧。此外，郝部長為人耿直，和總統是否能充分配合不無疑問。如果考慮軍方的問題，鄭為元將軍是很恰當的，因為他在退輔會和國防部主政時與立法院的關係非常融洽，為人非常謙和，在軍中也甚受敬重。

李總統說鄭前部長健康不佳，所以不擬考慮。談話至此，時間已九時半，我就起立辭出，在門口遇到立法委員謝深山，他向我賀喜，說我將組閣，我尷尬的說沒有的事。

第二天我們繼續在花蓮有整個上午的行程，到下午乘火車返台北，車上李總統說，這次我同意你不去行政院，但是以後還是要你。

此後四個星期，李總統和李院長不斷的明爭暗鬥，李總統曾在四月下旬分批約見執政黨中央常務委員，談論國是問題也順便徵詢對於下任院長的意見。李院長則趁著立法院總質詢的時機，透過友好的委員支持他連任。在此期間，《自立晚報》曾刊登一張政治漫畫，將李院長繪成一個小媳婦，李總統繪成婆婆；小媳婦不斷的忙累，不時要看婆婆的臉色；委員在二十七日的總質詢中，以這幅漫畫提出質詢，李院長答覆說這很像是他的處境。

五月二日是例行的中常會，據說李總統在會後約見郝柏村部長，請他組閣，郝表示要讓他考慮幾天，不過當天下午軍系的通訊社就發布了郝組閣的消息。

## 與李煥、郝柏村的兩次私下對話

第二天是行政院院會，這是一次十分尷尬的會議，因為大家都知道郝是新任的院長，所以對所有的議程都沒有人發言，不到一小時就結束了。散會後，與會同仁均很快離去。李院長獨坐在座位上沒有人理會。我走過去向他致意，他的神情極為落寞，問我有沒有時間，要我到他辦公室小坐。

他說，自己實在不知道和李總統的關係怎麼會變到如此嚴重，他想去看總統並做說明，但是卻沒有機會。他一再反省，可能是自己對蔣彥士祕書長和某位媒體鉅子過於信任。我看到他非常痛苦的表情，就將四月七日李總統在花蓮所提的二件事告訴他，一是二月臨時中常會中，反對李總統的人，事後都去道歉，只有他未做表示；一是他向李總統推薦五名可繼任院長的人選，但名單卻在第二天就由媒體曝光。

李院長對於第一點未做反應，對於第二點他解釋說，名單是他親筆書寫的，沒有別人看見，但是送給李總統前，他想自己留一份存底，因而交給祕書影印一份，不料因而外洩，他也將祕書立即撤換。我說如果當時立即向總統解釋清楚，也許可以避免誤會。

李總統提名郝部長一事，也引起民進黨強烈的反彈，立法院內連續二天院會質詢都為所謂「軍人干政」鬧得不可開交。五月四日的院會更因為旁聽席上的學生們不斷鼓譟而被迫散會。但是郝氏仍積極進行組閣。五月六日晚，我接到外交部連戰部長的電話，告知我他已奉派台灣省政府主席，我將繼任外交部長。一週後，李煥院長在行政院財經會談進行的第二天休息時間問我，郝部長是否已和我談外交部的事，我說沒有。李院長說，已確定要我去外交部。次日上午，郝部長來電要來經建會看我，我說這是和體制不符的，應該我去國防部見他。當天下午，我去介壽館見他，郝先生即告以希望我去外交部工作。我當即表示，在經建會近二年的工作已漸入佳境；在經建會是可以做事的地方，至於外交部以目前的情況不可能發生奇蹟，不過我是國家的小兵，要我到那裡，只要能力所及，一定盡力而為。

這時候，郝先生話題一轉，表示對於李總統的作風甚為不滿，他特別是質疑李的決策模式，認為過於獨斷獨行，我沒有敢接話，只是表示李總統曾說將會主導外交、國防和大陸事務，如果李總統對於外交事務有任何指示，我必將盡快向他報告。

## 從「經建新兵」畢業

五月二十日，第八屆總統就職大典在國父紀念館舉行，當日下午舉行臨時中常會，李總統正式提名郝院長，與此同時民進黨及全學聯在各地發起反對示威遊行，造成多人受傷。立法院於二十九日行使同意權，以一八六票對二十九票正式同意。郝院長旋即向第二天舉行的中常會提出新閣名單。

五月三十日下午，我主持任內最後一次的經建會委員會議，向全體委員及會內主管同仁申致誠摯謝意。感激大家在二十二個月間對我的愛護、教導和支持。我在經建會服務的時間雖然很短，但是學到的新知識非常多，在新的職務上必將受益匪淺。

第二天下午三時半，經建會全體同仁包括許多已退休的同仁在會內為我送行。張隆盛副主委代表同仁講話，對我獎飾甚多。我在講話時，對於在經建會服務的機會十分珍惜，在這段時間各位同仁給我的教益是難以忘懷的。我雖然離開經建會，但是對於如何使我們有限的土地能有合理的分配使用，如何建立快捷的交通網路使工作與居住地能快速連結，有限的水資源如何能加以保存並做有效的運用，如何能使我們的能源可以確保供應無缺——這四項工作是我時刻記憶在心的重要任務，期盼同仁能運用智慧，為國家妥善規劃好這四個方案。

六月一日，我去外交部接任，第二天早上再回到經建會，向新任的郭婉容主任委員辦理移交，結束了我作為「經建新兵」的寶貴經驗。

1993年1月4日，擔任外交部長期間，法國前總統季斯卡（Valéry Giscard d'Estaing）伉儷來訪，我曾多次參加他與美、英、德領導人物共同主持的世界論壇，彼此熟識。

# 第二篇

# 三返外交部

・外交部長

1990年6月1日～1996年6月10日

# 第十章
# 外交業務的興革

推展外交關係一定會花錢，但卻不能只是「凱子外交」，從掌握冷戰後的國際局勢，到對外交人才的培育與重視，都必須調整心態，並結合民間力量，逐步推動「務實外交」。

一九九〇年六月一日上午九時，外交部新舊任部長交接，行政院指派黃昆輝政務委員監交，我由前任部長連戰手中接下印信，感到無比的沉重。這是我第三次到外交部工作，過去上面有長官庇蔭，現在一切都要靠自己。

## 鼓勵同仁更為積極任事

接下來，十時是行政院院長的交接；結束後舉行行政院院會，通過許多人事案。院會開完已近中午，而下午二時，郝柏村院長要率領全體行政院所屬機關首長去慈湖謁陵，因此我只能在中午約了金樹基、房金炎和程建人三位次長會晤，除就若干急迫的政務事項交換意見外，我具體建議每週一下午三時舉行部務會報，由三位次長和各單位主管參加。為了不讓每次會報時間拖太長，第一次由政務單位主管提出重要業務報告，這包括六位地域司的司長，國際組織司、新文司和經貿司的司長；第二次由業務單位主管提出報告。部次長則就政策性的課題加以闡述。這樣安排，可以使外交部重要的主管同仁對部內整體業務發展都更為瞭解，也可以貢獻意見。因為過去部內基於保密考量，任何案件都是採用「直線領導」的方式。每位單位主管對本身業務以外的案件都一無所知。在我國逐漸走向民主政治的情況下，這種做法對於外交部是極不利的。因為民意代表或媒體認為，一位外交部的高級主管對於任何外交問題都應該清楚明瞭，如果「一問三不知」，對於本部或那位同仁自然會嚴予批評。

其次，外交部以往都是著重於日常外交事務的處理。在外交部的術語中稱為「因應」，這是消極被動的做法。我認為先進國家的外交機構都很重視「政策設計」，也就是說除了日常事務外，更對於長期的做法要加以研議。當時外交部已經有一個「研究設計委員會」，可是這個單位是一個不太受重視的「冷衙門」，優秀的同仁都望之卻步。只是定期請些民意代表和學者對當時重要的情勢舉辦討論會，由與會人士各抒己見，等於是外交部在做公共關係。這項工作當然也有價值，然而「研設會」應該做的是政策設計，這必須要由優秀有經驗的同仁來負責。我決定請當時在駐美代表處擔任顧問，曾經長時間擔任祕書組組長（在有邦交時是政治參事）的徐啟明兄回國擔任該會的副主任委員（主任委員一向是政務次長兼任）。啟明兄是新聞界出身，曾在美、非數國做重要媒體的特派員，任事非常積極。果然研設會在他領導下，很快的脫胎換骨。開始時，有些地域司還有些抗拒，認為研設會的工作侵犯了它們的執掌。經過徐副主委柔性溝通以及研設會一再提出切實可行的政策建議後，抗拒也就消除了。研設會以後由曾任中央社副社長的冷若水兄和先後持節賴索托與巴哈馬的張炳南大使（擔任主任委員）負責，都有甚多貢獻。

再次就是加強國會聯繫，因為我返回外交部時，第一屆國民大會、立法院和監察院早年當選的民意代表都將退職，今後將全部由自由地區公民選舉產生。這些新選的民意代表因為有選票做後盾，講話極為大聲，對政府首長的態度也常是頤氣指使。為了使外交部的工作不至於在國會中受到不利影響，我們必須做好國會聯繫工作。外交部要在體制上設立專責國會聯繫的單位，可是此時修改組織法已是幾乎不可能的工作。因此我們只能採取任務編組的方式，由部內同仁尋覓有志於此項工作的同仁成立一個國會聯絡組，由新聞文化司歐陽瑞雄司長兼理；另外有一位深具耐心、勇於服務的資深同仁洪明達擔任執行祕書。組內又分為資訊小組和聯絡小組。前者是負擔國會有關本部問題的資訊蒐集以及提供委員們所需的資料；後者則是經常在國會內出沒和委員與助理們不斷聯繫，對於委員們的動向充分掌握。

## 立委問政品質良莠不齊

此時開始，立法院的委員（一九九一年以前老委員例外）主要興趣是找熱門機關首長對話。任何事情發生時，或是院會決議或是委員會決議要機關首長到委員會做專案報告。我在立法院會期內（二至六月，九至十二月）時常發生每週二、五要去列席院會總質詢；週一、三、四去委員會專案報告、週六上午偶然也會去做報告。這種專案報告並不一定只找一位首長，有時是好多位首長，大家日復一日在不同的委員會列席備詢，部內的公務只能散會後再批閱，至於外賓來訪，就經常無法晤談。

我觀察過世界上很多國家的國會，沒有一個像我們的立法院，只要在會期內，就想把機關首長叫到院內備詢，而委員們則除了發言時在場，其他時間會場的委員多是小貓三四隻，絕大多數的時間是一二隻。所問的問題重複又重複，因為前面問過的他沒有聽到。

我國自一九九〇年代，國家競爭力日益下降，上述的情形是許多構成因素中很重要的一項。機關首長應該是國家的菁英，理當全力為國為民謀求福祉，但是他們的寶貴時間，由於受到國會的割裂，無法思考問題，無法與同僚討論，無法實地觀察瞭解業務所涉及的施政計畫，而是主要用在應付立法委員相當無建設性的質詢。

在立法委員方面則認為自己受選民付託，必須善盡職責，對於部會首長要嚴予監督。他們認為自己在院會或委員會中聲嘶力竭的質詢，極高姿態的抨擊機關首長，透過電子媒體的傳播，使選區民眾瞭解他們的確是不負所託。我知道有一位以後在政壇上有大發展的委員，經常向立法院祕書處要他質詢和首長答詢錄影帶的拷貝，放給選民看，以加深選民對他善盡職責的印象。

最有趣也最令人啼笑皆非的，就是一些委員在質詢時態度十分惡劣，而質詢完畢後卻走過來打躬作揖表示道歉。他們大概認為機關首長都是沒有人格、沒有個性的，可以任他們擺布。不幸，也的確有首長為保全祿位，對於幾近羞辱性的質詢也甘之若飴，還要感謝委員的賜教。

對於國家利益或我個人人格有所傷害的質詢，我是不能忍受的。我對於職務並無眷戀，隨時準備捲鋪蓋。所以不論朝野委員的質詢，只要有十分不妥的內容，我會毫不留情反駁回去，有時還引經據典，其他委員會說，你又在上課了。現在我已經完全退休了，我還是認為《憲法》規定立法院為國家最高立法機關；他的主要職責是立法，將質詢作為立法院的重點工作是大錯特錯的。

立法院應及早修改內規，對於質詢加以大幅節制。行政院是國家最高行政機關，首長的職責在於制定並推動福國利民的政策，而不是整天被鎖在立法院。

## 外交一定會花錢，但不是「凱子外交」

在立法院的各種質詢中，最使我反感的是，有些委員拾某些不負責任媒體的牙慧，汙指我國的外交是「凱子外交」。每次聽到這種指責，都會使我的血液衝到頭頂。當然，在早二年，李登輝總統新任，希望有些可以立即見到的政績，指示外交部積極爭取建交。外交部也很努力，在不到二年的時間，和六個國家建立邦交，當然也用了些錢，引起國際上的重視。許多外國媒體也刊登我國與中共競相以經濟援助方式，爭取與第三世界國家建交的文章。

事實上，我在一九九〇年接任外交部工作時，本部年度預算是新台幣一百二十三億元左右；一九九六年，我離任時，外交部的年度預算是新台幣一百三十五億元左右。六年間增加了百分之十。可是這筆預算中，屬於外交部本身和一百二十多個駐外單位人員基本需求的人事和業務費，大約是一百億元左右。作為機密計畫使用的是「國際事務經費」，在這六年中大約編列新台幣二十至三十億元上下。但是這筆經費並不是完全供外交部使用，以一九九四年（民國八十三年度）外交部的預算為例，這個機密項目共編列三十三億四千萬元，其中十六億四千萬元是由行政院支配供教育部、文建會、僑委會、新聞局乃至於世盟、亞盟等機構專案申請時撥用。外交部本身可以動用的只是十七億元，依當時的匯率約合美金六千萬元。我國在當年有三十個邦交國，因此如果平均分配給每個邦交國，也只有美金二百零七萬元。然而在實務上，我們對於落後地區國家發生重大天災人禍需要援贈時，也要在這筆經費中支付。當然，我們要拓展新的友邦需要援贈時，同樣也要在這筆經費中支付。

一九九一年七月，我們和中非共和國復交，當時在野黨的立法委員大肆批評是金錢外交，實際上他們是根據一項外電報導而做批評，這項報導是有動機的，換言之，他們在不知不覺中受到第三者的利用。我不得不出面澄清，建交絕對不是以他們所說的新台幣三億一千萬元（約合美金一千一百五十萬元）所換來的，而且在外交事務的處理上，完全不花錢是不可能的，就像是新增設一個大使館就要花費相當的金額——館舍、館車、雇員等在在都要花錢，但是這絕對不是他們所指的金錢外交或凱子外交。

我的澄清獲得媒體的聲援，當年七月二十五日《工商時報》二版「政經論壇」刊出陳思文先生的文章，題目是〈「金錢外交」不是罪大惡極〉。他呼應我的說法指出：金錢如果用在提供經濟或技術援助，既可以幫別人紓解貧困，又可增加友邦，有甚麼不可以？

陳先生看法很正確，因為一九四〇、一九五〇年代我國經濟尚未起飛，預算和國際收支的短絀，都有賴聯合國和美國的援助才能化解財金危機，邁向經濟開發成長之路。現在我們的經濟被國際譽為「奇蹟」，民眾生活大幅改善，應該對落後地區國家施以援手。只可惜國內在富裕以後，把「錢」看的特別大，特別重要，而且變得十分自私，「拔一毛以利天下吾不為也」。在野黨的民代不斷以最尖酸刻薄的言詞，批評政府將「納稅人的血汗錢」作為援外之用，他們認為政府首長都是一批厚臉皮、想做官的人，可以肆意羞辱，不知其中仍有很自愛、審慎任事者。我每聽到他們具有侮辱性的質詢，就十分強烈的反駁，因為我認為官位毫不重要，人格才是重要。有時長官和同僚常勸我不要在意民代的作秀，我感謝他們的好意，但是無法認同。

## 國際間對台灣的期許

二〇〇〇年大選結果，在野黨執政了，對於友邦的需求常有窮於應付之感。花了錢要對國人保密，可是外國媒體常將大筆大筆的援款曝光，使執政者十分困窘。事實上，自二〇〇〇年起，外交部每年的預算都在二百八十億元以上，是我擔任部長時的一倍有餘。這些年來，部內和外館的固定開支都沒有調整，外館的業務費、交際費還有刪減，所增加的一百四十幾億元當然都是用在「機密」方面，幾乎是我任內的九倍。

我在回到外交部工作之後就體會到，回饋國際社會是我國必須做的工作，因為連《紐約時報》也在一九九〇年十一月十日以〈台灣——太大了不能予以忽視〉（Taiwan: Too Big to Ignore）

為題撰寫社論。破題的第一句話就是：「台灣現在是亞洲最有力的工業與貿易國家之一。台灣已成為一個重要的全球投資者，其企業已購併若干美國公司。」

看到國際上對我們的期許，再看已開發國家對外援助的數額，日本居首位，一九八九年援外總額是八十九點五億美元；美國次位七十六點八億美元；接下來依次是法、德、義、英、加、荷等國。最令我吃驚的，就是常被國際間和我國相提並論的新加坡援外總額高達四億多美元，平均每位新加坡國民負擔一五三美元，占該國總預算的百分之二。我國在同年除機密預算部分的一千七百萬美元，加上普通預算的國際合作和國際災難人道救濟經費一共是三千九百五十萬美元，是星國的十分之一，平均每位同胞負擔不到二元美金，占我國總預算的百分之零點三。這是十分令人汗顏的數據，我在立院報告以及公開演講中，一再將這些數據提出，但是委員們不予理會，媒體不願刊登，仍是不斷的批評「凱子外交」、「凱子外交」，使我痛心至極。

我國的富裕當然也會引起邦交國的期望。各國的元首、總理、外長經常來台北訪問，帶來他們的國家建設計畫。李登輝總統是一位寬厚的長者，他總覺得這些計畫對於改善友邦人民的生活很有助益，應該給予正面回應。我向他坦誠報告，政府實在沒有力量，可否准許我來和這些領袖深入討論。絕大多數的情形，他都俯允我的請求。

## 「不患寡而患不均」

我和友邦領袖會晤時，一定坦白的告訴他們，雖然在國際上都認為我國富有，但是我們是

「藏富於民」，政府在預算上相當拮据。近年來由於推動「收購公共設施保留地」和「六年國建」，政府支出大幅增加，過去歷年執行年度預算的歲計賸餘全部投入外，還要發行公債。現在每年政府總預算中為了支付舉債所列入的「還本付息」科目，占總預算的比例已超過百分之十以上，今後還要逐年增加。此外，國家在民主化以後，教育和社會福利預算也必須大幅增加，地方建設的費用也不斷上升，這些都對外交預算發生排擠作用。我就將外交預算的支出分配詳加說明，指出部長可以動用的經費平均每個邦交國大約是二百萬美元。在此範圍內，我一定全力協助，超過這個數額，我實在無法為力。但是我們的企業家是有實力的，如果閣下能鼓勵他們去投資，也可以達到國家建設的目的。不過企業家投資考量有三：一是安全，包括政治安定和投資保障；二是有獲利機會，也就是投資環境的良好；三是生活，包括人身安全、子女教育和生活舒適度。我願意邀請有可能前往貴國投資的企業家們和閣下會晤，或由閣下指定專人做一個投資說明會。

我的說明幾乎都能得到友邦領袖們的體諒，他們很樂意本部協助辦理投資說明會，國內的企業家們，特別是工業總會和工商協進會的負責人士，都充分支援踴躍參加。每次訪問結果，有時會有國內的企業前往投資，也有時會有投資訪問團前往那個國家去考察。我這樣「小氣財神」式的處理，從來沒有引起任何一次的邦交危機。

我從這些經驗中所獲得的教訓是：我國過去的經濟發展和建設的確是有成就，國際媒體也對我國的成就給予好評，「台灣錢淹腳目」的說法也是邦交國非常瞭解的；因此這些國家的領導人很想能由我們取得大筆的開發資金，因此會有大額經援請求的提出。來到台北後，我以很誠懇的態度向他們說明我國財政實際的窘境，並盡可能配合他們建設所需的民間投資，這是他們可以接受的做法。外交上最忌「不患寡而患不均」，如果一個友邦獲得大量支助，雖然我們全力設法保密，但是消息總會外洩，沒有得到的友邦認為我們沒有給予重視，邦交就可能動搖。九〇年代後期曾有花費巨款和一個國家建交，為其鄰近的友邦知道，要求比照辦理，我們無力辦到，結果一連串三個友邦先後斷交，就可以證明花大錢辦外交不是好的做法。

## 調整同仁待遇、興建職務宿舍

為了使援外工作法制化、透明化，外交部在一九九一年開始研擬將當時分散的援外事權，統一合併作業，決定設置專責機構，草擬了《國際合作發展基金會設置條例》草案，經過行政院院會於次年五月十四日通過送立法院審議。可惜這個法案立法院到一九九五年十二月十九日才完成立法，總統於次年一月十五日明令公布施行，這時我已確定將離開外交部。我們為了迅速推動這項新立法，在法案送審時就擬定了「財團法人監督準則」、「基金會捐助章程」，以及技術合作、投資、貸款、捐款、贈與的管理辦法，以使基金會在立法完成後可以立即開始運作。很多先期的籌畫工作，我請了剛由世界銀行退休的羅平章兄指導進行。平章兄曾長期在世銀計畫部門工作，也曾前往若干非洲國家督導世銀援款計畫的執行，對於援外業務非常熟稔。稍後國合會於一九九六年六月二十五日成立，平章兄受聘擔任首任祕書長。

我在外交部期間除了關心援外經費運用外，在部內經費中對於同仁待遇甚為關切。因為我一向認為外交是另一種形式的戰爭，只是不用「武器系統」而是用「人」。因此外交人才的進用最為重要。只是由於經濟急速發展，「私部門」的待遇調升遠遠超過公部門。一位外語能力好的大學畢業生去觀光界服務，起薪可能是進外交部待遇的百分之一百五十甚至百分之二百。在這種情形下，每年外交特考參加競爭者人數逐漸下降。要想改變這種狀況，外交部必須在待遇上有所調整。

外交部在國內工作的同仁多年來都有「外交專業加給」，但是此項加給多年來從未調整，隨著國內一般公務人員待遇逐年調整（一九九一年的初任同仁待遇為一九八一年的一倍），外交專業加給在整個待遇中所占的比例逐漸下降，已經沒有多少實質意義。因此我先後曾向郝柏村院長和連戰院長建議，增加外交專業加給的數額，使其能和司法或財稅人員的專業加給相埒。此一建議都獲得兩位院長的俞允，但是交到主辦機關人事行政局作業時，卻遭受該局的阻撓。該局每次的主張都是：政府的政策是公務人員的待遇應該一致化，根本不應該有專業加給，現有的各種專業加給的數額應予凍結不加調整[1]，一切應等待待遇的統一化。行政院主計處基於節省開支的考量，當然也支持人事行政局的立場，所以終我的任期，甚至到今天外交專業加給迄未能增加，而人事行政局所謂的待遇統一化，經過二、三十年的「研究」，仍然是海市蜃樓。

至於駐外同仁的待遇，因為本部可以自行做主，所以在我六年任期中有很大的變動，大致上本部每年都能調整百分之五～十，地域加給對於艱苦地區則是不斷大幅調增。我在一九八八年離開華府時，領最高額的月俸是三千八百美元，到了一九九六年在艱苦地區的特任大使或代表可領月俸一萬美元以上。因此，駐外同仁的士氣大為提升。我對於艱苦地區的同仁的生活最為關切，他們在國外服務要忍受戰亂（如賴比瑞亞）、瘧疾、治安不佳、交通、通訊不便、愛滋病氾濫等各種不利條件。要使同仁有意前往這種地區服務，必須提供各種誘因，或是提高待遇，或是加速升遷。比較可行的是前者，所以我在到任的第三天，一九九〇年六月四日召開的第一次部務會議，就提出要快速增加艱苦地區的地域加給。

另外的一項具體主張，則是興建職務宿舍。外交部原來在北投區建有致遠新村、懷遠新村二個宿舍區，都是一九六〇年代初期所建，二層樓雙拼二房一廳不到二十坪的簡單住宅，經過三十年時間，許多居住同仁逝世，由家人繼續使用，因此新進同仁就無法住進宿舍。我們研究後，覺得宿舍土地面積的使用實在有些浪費，所以決定將牽涉較小的懷遠新村，改建成為兩棟十層樓各四十戶的職務宿舍，這是同仁在外放時必須遷出的，只有在部內任職的時候才能居住。另外又建一座七層樓結構特強的檔庫大樓。我們很幸運，有一位常務次長黃秀日兄，他自己有許多土地，也興建了許多大廈，對於建築幾乎是一位權威，有他的督導，這三棟大樓的興建非常順利，而且也蓋得相當完善。每戶使用面積較過去致遠新村增多，而且隔間也很合理，特別為經常要外調的同仁規劃了一間儲藏室，有些只有外派時才需用的物品都可堆在裡面，無須拆開。

這三棟建築於一九九二年七月二十五日動土。第一棟職務宿舍定名為「居安樓」，於一九九四年六月十五日完工，經過各項手續，於次年二月九日進住；第二棟職務宿舍定名為「敬業樓」

1 但實際上並非如此。

和檔庫均於一九九五年八月二十日完工，十二月十二日進住。檔案的一樓是大廳，二樓是條約庫和研究室，三至七樓都是檔案庫，建築物防火、防潮也防震，非常堅固。

以上所談到的都是業務方面的一些做法，可能比較瑣碎，再來要針對比較嚴肅的政策問題加以敘述。

## 冷戰結束後的國際情勢

我回到外交部工作時，國際情勢發生重大變化。先是柏林圍牆的開放導致兩德的統一，接下來是東歐和波羅的海三個過去共黨的國家，快速的民主化、自由化。而蘇聯作為共產集團的領導者，自戈巴契夫（Mikhail S. Gorbachev）自一九八五年接任蘇共總書記後，開始接觸西方世界，認為共產制度無法解決蘇聯內部的問題，特別是農業生產嚴重短缺以及龐大沉重的軍費負擔。他毅然決然的提出和平與重建（Glasnot and Perestroik）的政策指標，期盼能解決蘇聯所面對的難題。可是內部和外部的分崩離析，使他無法抗衡蘇聯的解體。他在一九九〇年十二月下旬被迫卸職時，發表演說，沉痛的指出：極權制度使他的國家長久以來無法成為一個繁榮而富裕的國家。

由於蘇聯的解體，支配二次大戰結束後整個世界長達四十五年的冷戰時代也隨著結束。當時的美國布希總統就指出：一個新的世界秩序（New World Order）將發生。所謂世界新秩序的內涵，一般被認為包含下列五項：

一、民主自由的政治理念

二、維護人權的開放社會
三、公平競爭的經濟體系
四、多國協商的集體安全
五、禍福與共互相依賴的國際關係

此時我國在政治上已邁向民主化，經濟上已走往自由化，社會早已開放多元尊重人權；但是在對外關係上，不免仍受到以往冷戰時期意識形態的影響，對於共產國家沒有什麼接觸。同時我國自退出聯合國以後，對多邊外交（multilateral diplomacy）就很少介入。九〇年代初的波斯灣戰爭顯示了冷戰結束後，聯合國終於可以扮演全球和平維持者的角色。

凡此種種都使我深刻體認到我國的外交做法必須有所更張，在我尚未回到外交部工作以前，我曾向李登輝總統建議採用「務實外交」的說法（可參考第九章），現在是應該對這個名詞好好的加以詮釋並付諸實施的時刻。

## 想重返國際社會，必須調整心態

我利用了不同的場合向全國同胞公開闡述務實外交的內涵：一九九〇年八月十四日，出席《商業周刊》在台中文化中心舉辦的公開演講；一九九一年三月八日於總統府月會報告「把握國際脈動開拓外交關係」，同年四月一日，在台北實踐堂執政黨國父紀念月會報告「我國外交施政的內涵與實踐」，同年四月十三日，出席時報文教基金會和二十一世紀基金會主辦的活動，在台北國際會議中心以「務實外交新發展」為題做公開演講；一九九二年三月十八日，在立法院外交委員會以「最近國際情勢及外交施政」為題做報告。

在這些報告中，我都指出：自退出聯合國後，我國在外交上受到挫折，對外關係處於逆境；因此我們要以務實的態度，將逆境轉為有利的情勢。務實，就是盡一切的力量鞏固現有的正式外交關係；如果客觀環境迫使我們對某一邦交國的正式關係不能維持，我們絕不輕言撤退，要積極發展實質關係，使我們同胞在通商、旅遊、從事文教科技交流的權益不要受到損害。另一方面，對於無邦交的國家，我們也要設法與她們發展外交關係，即使一時無法建交，退而求其次，也要努力與她們建立官方關係。

除了雙邊關係，我們也同樣努力爭取重返或加入國際組織，這是一項漫長的道路，不能躁進。很多國際組織對於我國的發展進步都很瞭解，但是由於中共陰影的籠罩，無法接受我們，因此我們必須在兩岸關係上更加努力，化阻力為助力。但是我們如有機會成為重要國際組織的成員，必須承擔國際責任和義務。前面提到民意機構和媒體對於援外的質疑，是我最憂慮的。因此我一再向同胞們說明：我國援外經費占總預算的比重和占國民生產毛額的比率，嚴重落後於所有的先進國家，並指出我們倘若決心重返國際社會，就決不可以存有只願享受權利、而不願善盡義務的心態。

務實外交的推動，和當時政府結束動員戡亂時期制定《國家統一綱領》及新的大陸政策相輔相成。一九九二年八月二十七日，在行政院大陸委員會舉行的大陸工作策劃小組中，我出席發言指出「大陸政策的位階應該高於外交政策」，以後在公開的場合我也會一再重述這句話。在當時有若干重要政界人士頗不滿意，可是我的看法始終一致。我認為大陸政策就是國家統一政策，只要我們堅持這項政策，台澎金馬地區的安全應該是能保持的，這對於國家和同胞的安定與福祉有極大的關係。外交政策則是國家各項施政中的一項，如果我們做得好，同胞們可能很高興，不過不會有太多的利益；做得不好，同胞們可能沮喪失望，但是不會有太多的損失。總而言之，大陸政策的錯誤可能使同胞們生靈塗炭；外交政策的得失，則不致有如此的結果。所以大陸政策的位階是高於外交政策。

按理在世界新秩序時代來臨之際，意識形態在政策上應不再扮演任何角色的情況下，我方與中共的接觸應該不再是禁忌。可是國統綱領規定有三個階段，第一階段只能民間接觸交流，要到第三階段才可以官方接觸。所以在務實外交的推動上，我們仍然未能和中共官員接觸。

我很瞭解中共在外交方面最忌諱的就是我國開拓新邦交國。在李登輝總統就職後的最初二年，我們一口氣和六個國家建交，使邦交國數由二十二個增加到二十八個。因此中共放話，你搶我的小朋友，我搶你的大朋友。這種外交戰場的你來我往並沒有很大的實質意義，徒然使兩岸關係惡化。當時由於我國有一段時間積極推動建交，引起國際間的一些掮客對我國甚有興趣，三不五時就有這些人專程到台北找外交部表示，如果我們願意支付適當的代價，他們可以幫忙拉攏一些國家和我國建交。這其中的虛虛實實，有很多值得思考。然而若干司級主管總覺得建交是好事，值得嘗試。

我在一九九〇年十月初的部務會報，就這項問題向政務單位的主管們做了相當長時間的講話。我表示建交是好事，但是以金錢交換是值得省思的。首先國內對此點沒有共識，只要用錢就被批評是「金錢外交」、「凱子外交」，這種不正確的觀念必須予以澄清。其次，建交一定要瞻前顧後，那也就是說，一定要先做好充分的準備工作，包括人事、經費、技術合作等配套工作要做好。不要為了建交使年度預算超支，因為我接任時發現為了和六個國家建交，本部預算嚴重超支，必須慢慢地把這一虧空彌補起來。第三，建交的對象要民主國家，政治安定，因為如此我們可以好好的和她們合作，改善她們民眾的生活，使邦交能歷久彌堅。所以我的六年任期內，建交國家不過只有五個，而且每一個和下一個之間都有相當的時間區隔。

然而，外交部這幾年在無邦交國家設立了十五個以中華民國國號為名的代表團，同時在拉脫維亞首都里加（Riga）和奈及利亞南部港口卡拉巴（Calabar）設立中華民國總領事館。另外我們也和幾個國家的領導人簽署了相互承認的聯合公報。凡此種種都是使中華民國在國際社會中占有一席之地。

## 推動務實外交，不能單靠政府

因為我們深刻體認到，拓展外交關係的最大阻力是來自中共的抑制，而我們自己的安定和平是生存與繁榮的必要條件，所以對於兩岸關係必須審慎而冷靜地處理。歷史上我國有所謂「事大」和「字小」的觀念，這是指以小事大不能使大的一方尊嚴受到傷害，而以大字小是要大的一方用寬宏大量的態度對付小的一方。倘若雙方都能遵從這項寶貴的歷史經驗，則在我們方面不宜做挑釁的舉動，更不必有過度的奢望。在外交上，我的做法是深植國力，廣結善緣，使中共不得不與我們在海峽兩岸做和平的競爭。換言之，我們要盡力在台灣海峽和國際上建立一個使兩岸和平競爭、不容武力破壞的環境。

一九九一年底，我為美國外交關係協會出版的《外交事務》（*Foreign Affairs*）季刊的一九九一／一九九二年冬季號撰寫了一篇〈台北之觀點〉（A View From Taipei）專文，這篇文章最後三段是如此寫的：

> 中華民國愈來愈趨穩定成熟、穩健，過去的刻板印象已不再適用，對台灣的老舊成見也必須揚棄，所以任何有關中國問題的研究如果不包括台灣居民的喜怒哀樂，均難謂盡善盡美。
>
> 台灣固然是中國的一部分，大陸又何嘗不是？任何一方都不應企圖支配對方，或仗著地廣人眾及當年一時的威風而自視高人一等。反之，雙方應承認海峽兩岸行使兩種不同制度的現實。儘管統一是兩岸的終極目標，卻不應為統一而統一，誠如蘇聯解體的啟示，一個勉強結合的婚姻，到頭來往往不免走上離異一途。所以兩岸在未來幾年內不應以人為手段去嘗試加速歷史巨輪，而亟應各自促進內部的改革，俾減少雙方的政治經濟差距。更重要的是，統一的過程必須是和平且自願的，不可強人所難或引起中國鄰邦的關切。
>
> 冷戰結束，全世界莫不額手稱慶，中華民國人民也至盼對新世界秩序有所貢獻。台灣經

驗證明中國人也一樣可以實施民主政治，增進經濟成長，平均財富，與鄰邦和睦相處。職是之故，中華民國衷心歡迎民主化、經濟發展的潮流在全球蔚起，並樂見國際整合及亞太地區之和解氣氛。

這篇文章發表以後，獲得不少國際友人的反應，有電報、電話和信函向我致賀，並對我的意見表示支持。

我深刻瞭解到，推動務實外交，單靠政府的力量是不夠的。一如本章稍早所述，我曾向友邦領袖表示，我國是「藏富於民」，因此如何結合企業界的資源同心協力是很有益的。部內的研設會徐啟明副主任委員以及駐英國的戴瑞明代表，曾多次向我建議，應仿照美國外交關係協會的例子，在國內結合產官學的菁英成立類似的組織。一向熱心公共事務的《工商時報》發行人余範英女士聽到這個構想，非常贊同。一九九一年五月七日，中時大廈廣邀企業界的領袖討論此一問題，三小時多的會議由該報張屏峰社長主持，我全程參加，除了做報告外也答覆了不少的問題。五月十五日《工商時報》更以〈拓展實質外交空間的方向和做法〉為題，撰寫長篇社論以做鼓吹。企業界也成立了一個籌備小組，然而之後卻又無下文，我多次探詢均不得要領。過了一段時間，我才側聞，國內情治主管機關一向以學術單位的聯繫和掌握是它們的禁臠。我們想成立這個產官學的組織是撈過界了，就向層峰反映，由層峰指示籌備的負責人不要推動。但是，這並不是唯一的傳聞，還有其他不同的說法。雖然如此，我在外交部服務期間，企業界給予的支助是我衷心感激的。

# 第十一章
# 中沙斷交與中東關係

九〇年代，我國在國際上的處境日益艱辛，
在接任外交部長之初，就接連遭遇沙國斷交、波灣戰爭等事件，
然而同仁還是圓滿完成了總統的中東出訪之旅。

一九九〇年六月一日，我重返外交部工作的首日，行程十分緊湊，由於我未在外交單位工作已近兩年，這期間我沒有機會接觸到任何外交電報或資訊。雖然大家都認為我是駕輕就熟，其實，我內心是非常的惶恐。

## 來自駐沙烏地大使的密函

因此我利用中午休息時間，約了三位次長——金樹基兄、房金炎兄和程建人兄來我辦公室小敘。我開口第一句話就是：「今天時間有限，很多現在進行的業務我都不接頭，但是現在我急於

想知道的是，有沒有火燒到眉毛上的倒楣事，請此時告訴我。」三位老友都知道我說話向來是率直的，但是沒有想到我會如此直率。他們先面面相覷了片刻，房間內的空氣有些凝重。片刻後，建人兄說：「駐沙烏地的關鏞大使，五天前派了館內主管政務的石定一等祕書專程返國，攜有密函要面呈部長，由於部長忙於新職的安排尚未接見，我想必有重要的事情。」

我立即請同事找石祕書來，這位同仁十分負責，連日來每天都在亞西司辦公室候見。聽說我找，立即上樓，送了關大使的親筆函，原來他從沙方極密消息來源獲得可靠情報，沙國和中共的建交已迫在眉睫。此事我在接事前毫無所悉，前任也沒有任何指示。看完密函我知道此事已到回天乏術的階段，可是沙國是我國友邦中的重要大國，我一定要亟盡一切所能設法維護邦交，縱使明知現已回天乏術，我也要死馬當活馬醫。

回想十餘年前我處理「大漠案」[2]時，認為沙國首長仍是重感情的，而且伊斯蘭教在該國的影響力也很大。因此我很快決定要央請前駐沙國薛毓麒大使迅速前往沙國，設法約晤他的舊友，力陳中沙關係的維繫，關係沙國國家安全，因為我國在沙國有很多重要的顧問團隊，是他國無法代替的。此外，我洽請穆斯林世界聯盟中的我國籍理事、已退休的定中明公使去沙國向聯盟進言，請聯盟負責人報告國王要慎重考慮。另外，沙國情報總局長突奇親王（Prince Turki al Faisal）的兄長是沙國外交部長紹德親王（Prince Saud al Faisal）。我國安局以前派駐沙國的鄧煥之組長，甚受突奇親王的信賴，所以我請國安局宋心濂局長同意，請鄧君前往沙國洽突奇親王向其兄長進言。我將這些應變措施交代後，就隨行政院全體同仁前往慈湖謁陵，在途中我將沙國即將轉向的情報向郝柏村院長報告，並請他轉報李總統。我在外交部六年服務期間，遇到重大事件總是先向郝院長及以後的連戰院長報告，請他們向李總統報告。雖然總統認為外交、國防、大陸事務由他主導，我仍然感覺應該尊重行政體制。

## 錯綜複雜的國際政治

關於過去沙烏地阿拉伯始終為我國重要友邦，何以一夕之間會改變政策？在這當中，國際政治扮演了很重要的角色。一方面自一九六〇年代開始，石油在國際事務上占有舉足輕重的地位，沙國在中東國家間向以主導者自居。中東情勢自八〇年代開始，就有錯綜複雜的發展，一則是以阿糾紛，再則是兩伊（伊朗、伊拉克）爭端，這些問題多在聯合國安理會中處理，中共作為安理會常任理事國之一，是沙烏地所無法忽視的。另一方面，一九八五年間兩伊戰爭升高，伊朗揚言將對波斯灣各阿拉伯國家進行軍事行動。沙國支持伊拉克成為伊朗攻擊的主要目標。沙國盼能向美、英兩國購買能襲擊伊朗的中程飛彈系統，以嚇阻伊朗可能針對沙國發動軍事行動，但是美、英兩國均拒絕以此等武器系統售予沙國。在不得已的情形下，沙國乃轉向中共採購東風三號型地對地中程飛彈，數量為二十枚，中共協助訓練沙國操作人員及飛彈的裝置，總售價高達三十五億美元，傳聞中的回扣高達百分之十。中共當時即要求與沙國建交，但沙國僅同意互設商務代表

2 請參閱《錢復回憶錄典藏版．卷一：外交風雲動》第三八九～四一六頁，台北：天下文化出版社，二〇二一年。

處，中共於一九八九年六月在沙京利亞德先設，沙國亦於兩個月後在北京設立。

一九九〇年初，中共的長城工業公司又和沙國的特戰部隊負責官員密商衛星交易，先發射法製「阿拉伯三號通訊衛星」，五月間又完成中共供應沙國五枚通訊衛星、地面追蹤站及相關設施，並代為發射、維護乃至技術轉移，此項合約總價高達三十一億美元，佣金高達百分之十五，許多沙國高層人士受惠良多。

同年五月二十八日，為了波斯灣的風雲湧起，阿拉伯國家在伊拉克舉行緊急高峰會議，期間甚多阿拉伯國家領袖，特別是埃及、阿曼，都積極促請沙國早日承認中共。我國駐沙國關鏞大使和全館同仁對於沙國與中共間發展的關係充分掌握。關大使在沙國外交部及其他方面都有許多朋友，所以他在五月二十四日致函連部長，報告沙外交部已奉令撰擬與中共建交的簽呈，供沙國法德國王（King Fahd bin Abdul Aziz）批准。六月三日晚間，關大使參加沙外長紹德親王晚宴時遇到美國駐沙大使傅立民（Charles W. Freeman）。傅氏為美政府內著名的中國通，曾派駐台北，亦曾在北京擔任美使館公使副館長，與關大使熟稔。宴會中他先問關大使，沙方是否已和他談過？接著又表示現在情勢突然迅速變化，可能較預料的期程提前。這是非常明確的警訊。

## 沙國意向已定，立刻草擬應變計畫

就在到任後第一天上班日的六月四日（因六月二、三日是週末）約見沙駐華大使舒海爾（Assad Abdul Aziz al Zuhair）。我先問他外界盛傳沙國即將與中共建交，不知他是否有所聞？舒海爾大使表示他的確毫無所悉，他是位虔誠教徒，不能說謊。我接著正式提出李總統現在指派李國鼎資政為特使，攜有親函，請他立即報告外交部，迅即安排覲見時間；同時也請他將我國已聽到許多傳聞，極感關切的情形，詳細報告沙外交部，請求及早示復。同一天，台北股市由於傳說總統府方面透露沙國邦交有變，不到一小時就暴跌五百多點。

我和舒海爾大使的談話並無下文，他未能由沙外交部獲得任何指示，而沒過幾天他也去休假了。薛大使於六月七日抵沙京，因時值每年一度的朝覲（Haji）大事，政府首長都在吉達，他會晤了麥加總督馬吉德親王（Prince Majid bin Abdul Aziz）及外交部政務次長曼蘇里（Abdul Rhaman al Mansouri）等人。沙方表示沙國為防衛需求擬購飛彈，美竟拒售，而中共願供售，再加以沙國石油化學產品外銷市場，及大陸有五千萬伊斯蘭子民，故於一九八八年與中共簽署備忘錄互設商務代表處，該案係由國防部長蘇坦親王（Prince Sultan bin Abdul Aziz）之兩位公子，空防司令哈立德親王（Prince Khalid bin Sultan）及駐美大使班達親王（Prince Bandar bin Sultan）所交涉，當時有口頭諒解於二年內建立正式外交關係。近日該二位親王呈報國王，已奉核可，故令外交部簽辦。確實建交時間將由沙王決定。薛大使與關大使一再表示，中共不久前有天安門事件，教胞亦無自由，沙國尚未與唾棄共產主義之俄羅斯與東歐國家建交，何以先與奉無神論之中共建交？且中沙關係素來友好，期盼仍能維持對我外交關係。沙方均以決策乃層峰之權，僚屬不能置喙；既已決定與中共建交，則只能在法理範圍內與我維持實質關係。至於定中明公使及鄧煥之組長赴沙所獲的答覆亦大致相同。

至此，沙國意向已極明確，所剩的是如何善後的問題。外交部於七月二日擬定了十四項應變計畫呈報府院，其中包括機構、館產、雙方條約協定是否持續、購油、航線、留學生、訓練計畫、合作計畫、成立應變小組等項。

七月十三日，李總統在總統府召集李元簇副總統、郝院長、蔣彥士祕書長、李國鼎資政、沈昌煥資政、宋心濂局長、薛毓麒大使、邱進益副祕書長等人，會商對沙國的應變計畫，我做了半小時的報告。與會人士均支持外交部的擬議，希望能盡力而為。

## 向沙國大使表達強烈不滿

次日立法院外交委員會邀我就中沙關係做報告。我在報告中說的比較簡單，盼望委員們能多提問題，以做雙向溝通，因為那天是週六，會議須在十二時結束。當天有十多位委員質詢，幾乎一致表示此案不是我的責任，但是委員們指出外交部在三個月前的施政報告，還在粉飾太平。我解釋指出真正使局勢急轉直下的，實在是五月下旬的衛星採購案。

七月十六日下午，舒海爾大使渡假返任，我立即約他於晚間來會面。我問他上月四日所詢的各節有無答覆，他說一無所知。我又問他據說沙方將派特使來台北，不知有無確訊，他也是不知道。我就正色對他表示：中沙關係到此地步，他身為大使，百事不知，卻去渡假四十天，就一個公務員而言實在不能稱為盡職；作為大使，駐在國所有的詢問，他都無法由本國獲得任何答案，我只能推論若不是沙國外交部對他已不信任，就是沙國政府對我國全不尊重，因此我必須對閣下及貴國政府表達強烈不滿。

舒海爾原為沙國空軍總司令，因參與「大漠案」所以派來我國擔任大使，本以為是個頤養天年的工作，不知卻會遇到如此棘手的問題，因此完全無法回應。我看到他臉上時紅時白，知道他內心的痛苦。所以我再說，閣下在我國工作多年，朝野各界對你都很好，可是今日之事是兩國邦交的生死關頭，本人必須如此向你陳述，希望你能忠實反映給貴國政府。

事實上，此事責備舒海爾大使是有些冤枉，因為沙國是君權至上，層峰如沒有指示，駐外同仁是不能做任何事的。國王僅對與中共建交一事有所指示，所以沙政府只能執行這項指示，沙外交部簽呈建議要處理與我國的現存關係，因為沒有奉批示，沒有任何沙國官員敢說一句話。

## 扎米爾特使來訪

在此同時，沙國法德國王已選派工業電力部長扎米爾（Abdulaziz bin Zamil）為特使，攜國王致李總統函來華。沙特使於十七日晚專機抵台北，程建人次長赴機場迎接，並與他初步會談。次日程次長告訴我，特使所知道的遠不如關大使向國內回報的詳盡。扎米爾特使於十八日上午十時四十分到台北賓館和我做初次會晤，他依據國王致李總統信函，要點說明中沙兩國以往友好合作關係對雙方均有裨益，沙國現在決定依照和平共存、互相尊重、互不干涉的原則與中共建交，希望不致影響與我國的堅強關係。沙國期盼中國早日統一並得享自由。中沙兩國互設的大使館以往對增進合作關係甚有貢獻，今後將由無外交形式的貿易辦事處替代，亦能增進雙方利益。倘中方接受此一安排，沙國政府當在不影響與北平外交關係的前提下，使貴國辦事處受到沙國充分照顧並與之合作，以使雙方關係仍如以往之良好。

我對扎米爾特使說，我國也同樣希望雙方關係仍能如過去的堅強友好，但是這一切要有邦交作為基礎。沒有正式外交關係做基礎，所有的合作交往隨時都可能受到來自外在的干擾。這次談話約一小時以上，扎米爾特使保證要將我方意見立即擬電報告國內。

同日下午，總統接見扎米爾特使，談話中總統不經意表示，必要時也只有設立商務辦事處。次日上午十時半，我在參加行政院院會後又與扎米爾特使談話一小時，我先將總統答覆法德國王的函件交給他，函中指出，沙國以往曾一再保證，發展與中共關係將不影響中沙間既有的友好合作關係；當我國在沙京設有大使館時，中共所設商務辦事處冠有國名，今沙國要求我在沙設辦事處理應使用國號，且我在巴林、科威特、利比亞等國所設機構均冠有國號。此外，中沙合作關係不僅限於商務，因此機構應使用代表團或代表處較為恰當。又國王來函指出，除大使館需更名，其他不變，新機構的地位、待遇、特權豁免等事項均應與目前大使館所享有者相同。

我詢問特使昨日向他提出各節是否已報告國內，他說均已轉報。我又問雙方是否可以維持邦交？他說沙方立場一如法德國王所說，因此我就將外交部所準備的中沙關係在實務上應如何進行，逐項向他說明，並以書面資料交給他。

## 請辭獲郝院長慰留

就在沙國特使訪華的同時，沙外長紹德親王於十八日晚約關大使到官邸洽談，外長表示沙國迫於情勢不得不與中共建交，特約大使前來面告。關大使答以兩國關係由於外長之父費瑟國王（King Faisal bin Abdul Aziz）訪華與先總統蔣公會面而奠定良好基礎，切盼此一關係不因沙國結交新友而遭犧牲。沙外長聽聞後甚為激動，表示他甚為瞭解，是以此項任務對他來說極為痛苦，由於海峽兩岸均堅持主張一個中國且目前已在多方交往，將來定會統一，沙國樂見統一的中國。現沙國特使已與貴國總統及外長會晤，並攜若干文件返沙，本人將在處理未來關係時，盡量顧及並符合貴方意願，使傷害減至最低。

中共外長錢其琛於二十日中午率團抵沙京，當日下午舉行首次會談，對於使領館的人數以及公報中是否提及台灣，雙方仍有歧見。沙外長在談完後，飛往大馬士革調停伊拉克與科威特為雙方邊界石油開採所導致的爭執。

二十一日上午，我對新聞界就即將發生的關係變化做了背景簡報，並答覆了不少問題，媒體方面對於外交部和駐沙大使館的努力都相當體諒。回到外交部，我約了三位次長研商，對於關大使所報沙外長盼及早開始調整關係的談判交換意見，決定請關大使留在沙國負責談判，部內由亞西司葉家梧司長前往沙國協助。

沙方與中共在同一天晚上十一時半（台北時間七月二十二日星期日凌晨三時半）正式宣布建

交聯合公報，內容沒有觸及台灣。我們立即分別在台北和沙京，以外交節略正式向沙國政府提出嚴重抗議。我也在週日上午寫好辭呈，表示未能妥善維護邦交，應予負責，專人送往行政院王昭明祕書長，請轉呈郝院長。第二天郝院長將原件退回，上面批：「慰留」。

中沙關係調整談判於七月二十九日開始，到十一月二十九日結束，長達四個月，其實所爭執的問題並不多。最主要的是未來雙方所設單位的名稱，這四個月間雙方的談判也只有五次，之所以拖得久，最主要的原因是沙國內部的公文旅行時間很長，每一次談判結果要由沙方代表將雙方談判內容寫成報告，對於我方所提的建議或方案，必須逐級呈給國王親批。而沙國涉外各級首長都十分忙碌，經常需要出國，所以公文就慢了。

## 中沙進行關係調整談判

我方的談判代表是關鏞大使、葉家梧司長和石定一等祕書；沙方的代表開始時是外交部國際組織司長黎加尼大使（Shaikh Jafar al-Legani）和亞洲司特拉布希副司長（Mohammed A. Trabulsi）。九月以後黎加尼大使要去聯合國大會開會，改由亞洲司司長莫密納大使（Ahmed Morminah）替代，而以後因為伊拉克攻擊科威特，莫大使也十分忙碌，有時也由特拉布希副司長代表，有時關大使也直接以電話和曼蘇里政務次長洽商。

沙方在和中共談判建交時，早已向中共承諾未來和我國的關係必須不具有外交性，而且是非官方的。然而我國認為和沙國關係極為密切，現行有效的條約協定就有二十三個，而且雙方關係涉及軍事、科技、文化等，所以對沙方所提的中華貿易辦事處（Chinese Trade Office）名稱無法認同。

我方一再指出貿易與商務確實無法涵蓋雙方的密切關係，因此我方建議使用「台北經濟文化代表處」名稱。最後沙方勉強同意。沙方在同意之前，仍數度要求我們接受「貿易代表處」或「貿易文化代表處」，考其所以如此堅持，而且國王致李總統函內亦明白指出希望未來雙方互設貿易辦事處，這應該是沙方曾對中共有所承諾。

名稱問題是談判過程中最困難的問題，一旦這項問題解決了，其他問題都不是很重要的。那是因為沙國當局內心對我國甚有歉意，只要對中共交代的過去，他們都盡量配合我們的需求。

例如，在六月初我就向舒海爾大使指出，我國在沙京外交特區所興建的大使館館舍及官舍，以及大使館在吉達購置的總領事館，都是源自台灣地區人民納稅的稅款，與中國大陸無關，伊斯蘭教古蘭經不允許掠奪（grab）友人的財產，因此沙國無權將此等不動產交予中共。以後七月間沙國與中共做建交談判時即秉持此一原則，所以各項房產我們始終仍在使用。

關於新機構及人員的功能和特權豁免，沙方都願意維持，但是要求不使用「外交」、「領事」為形容詞，以免被解釋為官方關係。我方派駐沙國代表仍以沙國外交部為接洽對象。更重要的是沙國是我進口石油主要的供應國，沙方仍維持每日以十四萬五千桶原油供應我方。

雙方所獲致的協議回溯於七月十九日簽署，而自七月二十一日起生效。

## 伊拉克入侵科威特

就在中沙關係生變的同時，沙國的鄰邦科威特也發生了嚴重的問題。科國位於波斯灣西側，北部及西部與伊拉克接壤，南部與沙國為鄰。科國石油蘊藏豐富，原為英國保護國，一九六一年獨立，兩年後成為聯合國會員國。在科威特獨立後不久，伊拉克就宣布科國為伊拉克領土，並威脅以武力收復其土地。

一九九〇年五月底伊拉克總統海珊（Saddam Hussein）公開抨擊科國，指責科國在兩伊戰爭（伊朗與伊拉克自一九八一～一九八八年的戰爭）期間曾以經濟戰對付伊拉克，因此要求科國以土地及金錢給予伊拉克作為賠償。美國在七月二十一日衛星偵察照相顯示，伊拉克部隊大批向科國邊界移動。

當時多數阿拉伯國家仍認為伊國部隊不會越界入侵科國。波灣理事會和阿拉伯聯盟也竭盡調解之能事。八月一日沙國法德國王還要阿布都拉王儲（Crown Prince Abdullah bin Abdul Aziz）邀請科國總理和伊國革命委員會副主席在吉達會商，使雙方能設法和平解決爭端。然而會商結束不久，伊國就在八月二日凌晨二時出兵侵占科威特。科國王室倉促出走，前往沙國泰乙府（Taif）暫時逗留。

科國被伊拉克軍隊迅速攻占，伊軍更進逼沙國，其部隊距沙邊境不及一英里。伊併吞科國後其原油蘊藏量將及全球百分之二十，倘進一步攻占沙國將可達百分之六十五，自可控制油價，因此全球震驚。一方面，八月二日聯合國安理會立即集會，無異議通過了決議案譴責伊拉克的侵略行為，要求馬上自科威特撤軍，但海珊置之不理。稍後安理會又絡續通過決議要求各會員國對伊克不得進行貿易；聲明伊拉克侵略科國的一切措施均為無效；要求伊拉克釋放其所扣押在科國的外籍人士，並通過對伊的經濟制裁包括對伊禁運。

另一方面，美國政府於八月四日舉行國家安全會議，決定不能容忍伊拉克部隊進入科國；美國國防部長錢尼（Richard B. Cheney）奉命立即專機飛往沙京晉見沙國法德國王，請求同意美軍派遣部隊進駐沙國協防。八月六日錢尼在沙京報告布希總統，法德國王歡迎美軍立即進駐沙國，以防阻伊拉克的侵略。美迅即派遣第八十二空降師及四十八架F-15戰鬥機共約十萬名官兵兼程趕往沙國。這項行動的代號是「沙漠之盾」（Dessert Shield）。兩天後沙亦要求英國政府派遣部隊協助。

然而，此時美國政府的財力已無法負擔如此龐大部隊駐防海外所需的款項。美國國務卿貝克認為可洽請相關國家政府分擔軍費。他自八月下旬開始不停的飛往相關政府請求支助，所謂「錫罐之旅」（tin cup trips）。沙烏地及流亡的科威特政府立即同意各支助一百五十億美元，到十月底美又增兵二十萬，英國也同意加倍派兵。

## 協助僑民安全撤離科威特

在這段時間，我們外交部要處理的，就是如何使居住在科國的同胞們立即返回台灣，以及美國要求我國支付受戰爭波及地區的人道救援。我國先於一九七九年由外貿協會及中油公司分別在科威特設立辦事處，一九八六年我國在科威特正式成立中華民國商務辦事處。此外中華工程公司在科國承包工程，最高曾有一八五位同仁在科國工作。

八月二日凌晨，戰爭一開始，科國對外的通訊完全斷絕，因此駐科國的葛延森代表無法和國內聯繫，外交部對於科國的消息，只能由相距數百公里的駐約旦代表處獲得資訊，所幸在約旦的鄭博久代表十分認真負責，立即督同全處同仁不眠不休，使所有在科國的同胞都能從安曼由政府派遣華航專機於八月二十四日接運返國。

鄭博久代表在安曼先是找伊拉克駐約旦大使館協助，但是對方表示科國是由軍事統治，一切對外通訊均已停止，就是伊拉克駐約旦大使館也無法和科國任何方面聯絡，但是該館將鄭代表請求協助之意向巴格達的外交部報告。以後數日，代表處又分洽韓國及菲律賓駐約旦大使館，因為這兩國都有大批僑民及勞工在科國，如果能離開科國時，盼能照料我國同胞離科。代表處亦分洽約旦政要及工商界人士，凡與伊拉克友好者，均盼協助我國在科國居住的人民能提早離科經約旦返國。八月上中旬，安曼所有旅館均爆滿，代表處考慮旅科國人一旦逃離約旦，必須有住所，因此所有處內同仁均做緊急應變措施，各人負擔若干國人居住及飲食的責任，當地僑胞及在約旦的榮民工程處同仁亦表示願充分支援。

我國第一位由科威特順利逃出的國民，是戰爭發生時正在科國推銷皮箱的翁崇麟君，他因為是居住在旅館內，曾與若干旅客設法在科、沙邊境闖關，卻都被伊軍驅回。後來由他在科國的客戶駕車送往巴格達，途中關卡重重，行約十九小時半。由巴格達再雇小巴士，行駛約九小時，於八月十四日抵伊約邊界，再經五小時，於次日凌晨到達安曼。翁君稍後搭機返國。

稍後駐科威特葛延森代表及賴澄民祕書，獲韓駐科國蘇秉用大使協助，隨同韓國撤退車隊經巴格達赴安曼。葛代表曾請韓方同意我全體在科人員一併行動，韓方表示可以同行，但無法保證能順利出境。葛代表乃約中華工程、外貿協會及中油代表會商，中華工程方面表示共有一三九人缺乏交通工具無法同行，而且已洽獲中共大使館同意，將與中共之工程公司人員同時撤出。因此，隨韓使館離科車隊僅外貿協會及中油公司人員。他們在八月十七日清早出發，經十二小時抵巴格達，於晚間與鄭代表取得聯繫，因此當次日下午抵伊約邊境時，代表處及榮工處均已在邊境久候，他們於十九日清晨抵安曼。此時鄭代表獲悉中華工程公司人員將於當日晚抵伊約邊境，因此葛延森代表及駐約旦李江海祕書及榮工處同仁又折返邊界。他們在邊界等了二天，到二十二日才接到，至此我駐科人員全部均已安抵約旦，並無任何嚴重傷害。這其中，約旦政府的態度極為重要。因為伊拉克侵略科威特，軍事占領，經聯合國安理會通過譴責案，並要求立即撤軍。全球各國均紛紛表示支持，我國雖非聯合國會員國，亦於八月九日由外交部發言人聲明譴責伊拉克，並要求撤軍。然而素與英、美極為親密的約旦國王則始終不做表示，美政府甚不以為然。不過正因如此，伊拉克對於約旦的態度頗為友好，所有國家撤退僑民都經過伊拉克國境進入約旦，再由安曼國際機場轉往世界各地。

當我國僑民完全安全離開科威特抵達安曼後，八月二十三日我在行政院會提出報告，郝院長對於本部和外館同仁的努力表示嘉許。前一天是執政黨的中常會，郝院長指示我，既然所有的旅科國人都將集中在安曼，外交部應立即安排專機接運大家返回台北。程建人次長和華航聯絡，在第二天（二十三日）下午專機就飛往安曼，各媒體都派有專人搭專機去安曼，並隨專機返台。外交部指定新聞文化司楊榮藻副司長和人事處第三科呂永美科長隨同前往。華航專機抵達安曼後，頗受約旦當局的禮遇。我國人在機場人潮洶湧的情況下，得到約方安排兩個櫃台專門處理，優先通關，行李免驗，旅客登機後，專機即於二十四日凌晨二時起飛，當天傍晚安抵台北。

## 撤僑爭議與葛延森代表記過

國人雖然順利逃離科國，安全返國，可是每位同胞在科國的住宅、家具、古董、字畫、存款均不能撤出，因此每個人的心情都十分沉重。這中間駐科葛延森代表先隨韓國駐科大使館撤退，因未能說服中華工程公司人員（以下簡稱中工人員）同行，以及該公司與中共駐科大使館聯絡，經由中共協助撤離，在國內都引起軒然大波。

這件事所以會成為大眾關注的焦點，第一個原因是駐科威特的葛延森代表，在全體在科威特的國人還沒有完全撤離前，先隨韓國駐科人員離開。第二個原因是中工人員因為已經先和中共方面的工程公司人員接洽好，隨他們撤退，他們比葛代表晚二天到達伊拉克和約旦邊界，媒體形容我駐約旦代表處和中共方面爭取接待中工人員，因為傳說中共派了專機去安曼，要接這批人員去北京。

國內媒體對於葛代表、駐約旦代表處和本部都有強烈的抨擊。所幸這時立法院在休會期間，否則真是會窮於應付。關於駐約旦代表處，前面已提過，由鄭博久代表為首，每位同仁自八月二日戰爭開始，就不眠不休多方策劃，讓在科威特的國人能安全返國，自從可經伊拉克前往約旦後，晝夜都有專人在邊界接待國人，盡心盡力，表現甚為卓越。媒體只是聽到個別不在科威特現場的人，為了替中工人員運用中共關係離開科威特而不與代表處同行解套辯解，乃對媒體表示：代表處棄中工人員不顧。媒體先入為主認定中工人員完全沒有受到政府照顧，因此對外交系統大肆撻伐。

至於葛延森代表，他是一位奉公唯謹的外交人員，在做法上可能不夠積極。真正的問題是外交部在八月二日立刻訂定應變措施，電報給代表處，可是伊拉克部隊實施軍事統治，所有的對外聯繫完全中斷，葛代表根本沒有接到部內的電報。科國的突變，他個人損失極大，所有財物、一生積蓄完全泡湯。伊軍進攻後，他一家仍在科國居留半個多月，伊軍姦殺擄掠是常有的事，葛代表夫人在此期間，精神已瀕臨崩潰狀態。他在一抵達安曼後不顧照料夫人，立即遄返伊約邊界兩晝夜不眠不休等候中工人員的抵達。

這些情形層峰都十分瞭解。而媒體對葛代表的批評則排山倒海而來，幾乎非將他置之死地才可。外交部如何妥為處理實在很棘手。八月二十七日下午，我在松山機場歡送聖文森米歇爾總理（Rt. Hon. James F. Mitchell）後，曾將全案向郝院長報告，他指示葛代表沒有犯錯，媒體所要求的不必理會。第二天上午，李總統也要蘇志誠主任打電話給我，轉達從寬處理的指示。然而這天上午，由金樹基次長主持的外交部人事評議會，已對本案做了決定，將葛代表免除代表職務，並記大過一次。葛代表對於此項決定並未表示異議，但是我知道他心中一定十分不平，沒過多久他就申請退休了。

## 分擔軍費及人道援助

伊拉克侵略科威特之後，另外一項牽涉到我國外交的，就是前面提及美國國務卿貝克要求的軍費分擔問題。美國除了立即派軍進駐沙烏地阿拉伯外，也要求許多國家派軍。我國因為不是聯合國會員國，所以這件事沒有找上我們。另一方面則是經費問題。八月二十七日，布希總統在白宮提出一項分攤責任的行動計畫，呼籲全球友邦共同動員、協調以支持在中東地區的國際軍事行動，並協助前線國家減輕彼等的經濟損害。所謂前線國家主要是埃及、土耳其和約旦。這些國家或因難民的湧入，或因對伊拉克的禁運，經濟受創頗巨。我國因為感激約旦對我國旅科人員返國所給予的協助，已先捐贈五十萬美元供約旦救助難民使用。

九月一日是週末，美國前國防部主管國際安全事務助理部長阿米泰基（Richard Armitage），以我國友人身分，向丁懋時代表轉達貝克國務卿的願望，請我國對於前線國家給予援助。阿氏並表示他將被指派來台向我國層峰面報。然而貝克國務卿稍後在眾議院國際事務委員會作證，一時不察，公開宣布阿氏要來，結果引起爭議，未能成行。

九月五日是中常會，會前我曾和郝院長研商，他認為我國可以認捐五千萬至一億美元。我回到部內請同仁辦報院文，對於美方所提三個前線國家，我們和約旦關係最密切，所以應捐予約旦。然而到了傍晚，蔣彥士祕書長來電話傳李總統指示要捐一億美元，並且指明捐給美國，還要備函給布希總統。

第二天行政院院會，我和于建民主計長談一億美元要如何籌撥，他表示現在經費短絀嚴重，很難照撥。當天李總統就核定本部所擬的致布希總統函，表示「敝國政府志願捐助美金一億元及醫藥食品及其他物資供貴國支配。吾人深信唯有經此等國際間之通力合作暨反應，方能遏止侵略行為。」

九月七日下午我在台北賓館約見在台協會魯樂山處長（Stanley Brooks），面交李總統函件，並表示當年我國接受美援，因此能經濟起飛，今天應有所回饋。魯氏頗有喜出望外的反應。

我們之所以提供巨額經費，因為瞭解日本在軍費方面捐助十億美元，在人道救濟方面對前線國家捐了十五億美元。這項決定，由於美國方面，布希總統在赫爾辛基訪問，尚未答覆，所以沒有公布。可是《聯合報》在華府特派員施克敏已獲悉，並已在十二日的《聯合晚報》發表。當天記者紛紛來問，剛接事的章孝嚴次長就舉行了一個記者會。

九月十三日我赴巴布亞紐幾內亞（Papua New Guinea）參加該國國慶紀念，在機場又有許多記者圍著問此事，我仍未做任何說明，但是記者表示當時在華府的程建人次長已證實此事。媒體又大做文章，說是凱子外交，美派兵去沙國，沙國甫與我斷交，豈不是「熱臉孔貼冷屁股」。

程次長是在九月十二日傍晚，與丁代表同晤美國主管亞太事務的助理國務卿索樂文。索氏指出，美政府對我國善意極為感激，但是對於援款和物資如何運用，尚無方案。由於菲律賓也受到中東危機嚴重影響，許多在中東的菲國勞工均已返菲，生計困難。我國可否將援贈給予菲國。程次長以此與我援贈本意完全不符，乃予拒絕。索氏表示如此則可援助前線國家如埃及、土耳其、約旦，唯美國不願轉手，盼我國自行洽辦。

過了五天，索氏又約程次長和丁代表會晤，轉交了布希總統答覆李總統的訊息，其內容與索氏日前的談話相同，盼望我國除了已援贈約旦外，考慮資助埃及、土耳其及菲律賓，至於物資援助則可透過國際紅十字會辦理。

在這種狀況下，我於十八日返回台北，即決定先以三千萬元援助約旦，作為第一階段，至於埃、土、菲，當視各國提出請求時再議。

約旦政府表示目前每日有一萬三千名難民湧入，而糧食尚敷需求，主要需要毛毯、衛生劑、肥皂、消毒劑。約方表示我將物資運約，海運太慢，空運太貴，不如贈款，由約供應部統一採購，並在媒體公開讚揚我國義舉。

我在二十四日中午向立法院外交委員會委員先做簡報，一共有三十四位委員參加。絕大多數委員都表示支持，只有彭百顯、蔡中涵兩位委員反對。簡報結束後我又舉行記者會，大家認為分階段做比較妥當。我們也設法和埃及和土耳其政府聯繫，他們都盼望能有支助，但是基於種種考慮，不同意由政府首長接受捐款，也不願意將捐款情形公布。在此情況下，我們就決定不予捐助。

## 「沙漠風暴」與恢復設處

此後幾個月，伊拉克不顧安理會的決議和禁運，仍軍事占領科威特。美國於十一月輪值安理會主席，決定在十一月底舉行外長級的安理會，處理使用武力逐出伊軍。事前貝克國務卿穿梭各理事國首都爭取支持，特別是常任理事國的俄羅斯及中共，他們都不主張有使用武力的字樣，最後草擬的決議案是：「授權會員國使用一切方式，使伊拉克在一九九一年一月十五日午夜前自科威特撤軍，以恢復該地區的國際和平和安定。」十一月二十九日，安理會經長時間辯論終於通過這項決議案，投票情形是十二對二，兩票反對的是古巴和葉門，一票棄權是中共。中共外長錢其琛投票後，就前往華府與布希總統會晤，這是天安門事件後將近一年半以來，美國總統初次與中共首長會晤。

聯合國會員國在沙烏地擔任「沙漠之盾」任務的部隊，自八月起，到了此時數量大增，已可從事攻擊任務，定名為「沙漠風暴」(Desert Storm)。

這項任務原訂於一九九一年一月十六日凌晨開始，但是美國接受沙烏地法德國王的勸告稍予延後，法德國王的說法是聯合國通過了決議案，海珊一定認為聯軍將立即發動攻擊，並以此作為抵抗的準備，聯軍若延後開始進攻時間，可使海珊的抵抗力量鬆懈。因此美國是在華府時間十六日晚六時半（中東時間十七日凌晨）開始對巴格達展開空中攻擊。陸地作戰於二月二十四日開始到二十六日，就將科威特全部光復。但是伊軍撤退前將科國六百多口油井全部破壞，道路被破壞的柔腸寸斷。這次「沙漠風暴」派遣部隊有北約十三國，若干阿拉伯國家如敘利亞、埃及也參加，此外還有捷克、波蘭、保加利亞、塞內加爾、孟加拉、索馬利亞、薩伊等三十五國共二十萬部隊；作戰俘獲伊拉克官兵高達七萬人。這次聯合國對侵略者制裁軍事行動的順利完成，使有四十五年歷史的聯合國真正實現了最初創立的宗旨，整個世界對這個全球性國際組織有了嶄新的評價。

就我國而言，這次懲罰性的軍事行動最重要的課題，是我國在中東地區的同胞遠離交戰地區。我們從作戰開始，就認定這次戰爭不可能持久，因此所有駐外同仁均奉命堅守駐地。新任駐沙烏地阿拉伯的葉家梧代表伉儷特別兼程趕往任所，與全處同仁共同處理緊要事務，也就是使在沙國東部工作的榮工處工作同仁都撤到沙國西部，以策安全。一共一百二十五位同仁和眷屬都在一月二十三日安抵泰乙府，同日在巴林的我國記者及僑胞均搭機返國，在約旦的榮工處員工四十一位及十位記者也在二十四日由塞普勒斯轉機返國。整體而言，因為「沙漠風暴」作戰極為迅速，主要是在科威特，我國僑民和工作同仁都早已返國。等到科國光復後，該國受創慘重，其國王留在泰乙府遲遲不歸，由王儲返科重整家園。我國代表處則在戰爭結束後一個月，由張仁堂代表不畏險阻前往恢復設處。科國政府對於我國迅速恢復代表處十分感激，特准發給全處國內派往同仁以外交官鑑別證，並同意我國廠商可參與科國重建計畫的投標。

## 「泰案」屢遭中共阻撓

有關中東地區第三件值得敘述的事，就是李登輝總統伉儷一九九五年四月初赴阿拉伯聯合大公國和約旦訪問。這件事最初不是由外交部洽辦，我也不瞭解進行的狀況。事實上我已先答允澳洲外交部長埃文斯（Gareth Evans）的邀約，在四月初以渡假方式前往墨爾本，然後和他在皇家墨爾本高爾夫俱樂部球敘（他是會員），並洽談如何增進雙方的關係。這是我國工商協進會國際事務委員會澳洲小組召集人黃茂雄董事長和澳方安排的。

我是在那年一月七日上午，先後接到國家安全會議丁懋時祕書長和執政黨黨營事業管理委員會劉泰英主任委員的電話，告訴我以色列當局盼望李總統於二月二十七、二十八日前往訪問。我立即告知房金炎次長，請他負責安排前往以色列和約旦的行程，為保密起見，這次旅行定名為「泰案」。

一月二十五日是中常會，丁劉二位在會後和我談。劉剛由以色列返來，他曾和拉賓總理（Yitzhak Rabin）會晤，他也指出這次會晤以及下個月李總統的往訪，主要是由國家安全局殷宗文局長所安排。兩天後我們三個人又和殷局長集商，由於約旦方面由本部去接洽，對方希望李總統三月五、六日去訪問，中間有一空檔，希望能夠去希臘或阿拉伯聯合大公國逗留幾天，我們決定應該成立「泰案」的專案小組。

第一次會議是由丁祕書長主持，二月六日上午十時在台北賓館舉行，殷局長、劉主委、房次長、黃副侍衛長參加，初步決定三月一、二兩日訪以色列，三、四日在希臘過境，五、六日訪阿聯，七、八日訪約旦。我在會中特別指出，保密對行程能否順利進行極為重要，但總統出國又必須發布新聞，因此必須先確認：倘新聞發布後，引起中共方面施壓，往訪國能抗壓到何種程度必須充分瞭解。當時並確定本部負責約旦部分，阿聯與希臘由於劉主委已在接洽，請其確定行程及節目的安排。

第二次會議在兩天後舉行，劉主委表示希臘與阿聯方面的安排均無問題。房次長則指出，實際作業時，恐仍會有不少問題。再過了二天，二月十日下午五時許，丁祕書長來電告知以色列部分將終止進行。我因為從一開始就不知道以色列怎麼會邀李總統去，現在為什麼終止我也不知道。

我在二月十二日（星期日）的日記中有這樣一段記載：「這幾週以來，李總統外交事務均交懋老（指丁祕書長）一如當年的昌公（指沈前祕書長），部內同仁均不太滿意。今天《中時晚報》林少予刊登劉泰英找的卡西迪公司（Cassidy & Associates）有大陸的客戶是利益衝突（conflict of interests），不少記者來問，余均推以不盡明瞭內情。此時余是否宜離開，各有考慮。離開可以將李的真正做法曝露，但對國家、執政黨均有傷害。待下去實在苦得很。現在余凡事均向肚內吞下去，但是恐怕不能很久。如聯合國案請總統主持會議，年前建議二個多月無下文，而李總統在余背後處理涉外事務不計其數，出了問題，不僅要善後，還要為他圓謊。」

到了二月二十五日早上，丁祕書長找我去國安會，劉主委也在，他表示以國有問題，無法往訪，希望我們就約旦和阿聯設法安排。稍後我由以色列報紙讀到，這項訪問計畫，的確是拉賓總理親自批准，並且也告知裴瑞斯外長（Simon Peres）。因為劉主委和他的同僚曾多次訪問以色列，具體談到中、以雙方出資二億美元，在以國設立投資公司以購買土地及以國股票。劉主委也決定購買一家以國銀行Mercantile Discount Bank。另外還有相當大規模的民航機維護計畫，以及以國軍事製造機構（I. A. I.）為華航將兩架波音七四七改裝為貨機，價款為八千萬美元。

由於這許多投資合作計畫，拉賓總理同意李總統的非正式訪問，而此項訪問應定位宗教性質的。拉賓特別指定他的辦公室主任席伏斯（Simman Sheves）負責協調此項訪問。然而，不幸在一月底或二月初，以國外交部或駐北京大使館將此項機密消息透露給中共。中共對以國施以極大的壓力，以國無法承受，最後決定暫時終止此項訪問。根據以國報紙報導，我方獲知無法進行時，就取消了所有的投資合作計畫。

李總統準備前往的兩個國家，約旦在外交部安排上並無困難。我國駐約旦的劉瑛代表是第二次擔任這一工作，他和約旦王室和朝野各界都有很好的個人關係，而且李總統在一九九三年訪問泰國時，他正擔任駐泰代表，對於安排和接待可說駕輕就熟。至於阿聯大公國則完全不同，我們在該國首都並未設立單位，而是在該國第二大邦杜拜設有辦事處。該處的蔡顯榮處長和杜拜當局時有來往，但是在大公國的中央政府刻意迴避和蔡處長接觸。這次李總統要去的是大公國首都阿布達比，而非我們設有單位的杜拜。

事實上，所以要去大公國，主要也是劉泰英主委在安排。他是經由兩位友人洽辦，一位是南非籍的中東石油公司副總裁拉魯（Ernest Le Roux）和一位華裔公關李亨利（Henry C. L. Lee）。他們二人和阿聯的外交部政務部長（相當於我們的政務次長）韓姆登親王（H. H. Sheikh Hamden bin Zaid al Nahyan）熟稔，韓和王儲副總理及三軍參謀總長都是阿聯總統那哈揚（H. H. Sheikh Zaid bin Sultan al Nahyan）的公子，在該國政壇甚具影響力。

三月十二日，國內派先遣小組由外交部亞西司鄭博久司長領隊，連同總統府人員共五人赴阿聯及約旦作為期五天的勘察訪問。阿聯方面進行稍有困難，約旦方面則甚順利。先遣小組回國後就由房金炎次長約集部內同仁舉行首次工作會議，當時對於赴以色列尚未完全放棄，但說明是由國家安全局全權負責辦理，倘能成行將在訪問約旦結束以後。

三月二十二日，我又去總統府丁祕書長辦公室，國安局殷局長已在。他們告訴我已確定不去以色列，以方的理由是我們方面有人將「泰案」透露給中共，這實在是匪夷所思的藉口，事實上，如上文引述以國報刊的報導，是以國外交部或以國駐中共大使館向中共透露的。稍後我們又同往總統辦公室，由我向李總統就訪問阿聯及約旦的情形做行前簡報。那天在座的還有李元簇副總統、連院長、總統府吳伯雄祕書長和黨部許水德祕書長。

然而過了兩天，也就是三月二十四日《聯合報》頭版大幅刊登李總統將赴中東訪問的消息。關於這次的籌備，我們一再強調必須絕對保密，但是消息仍傳出去。國安局的報告是華航洩漏，引起李總統的震怒，下令不乘華航飛機要改乘長榮的飛機。問題是華航早已前往兩地勘察聯繫，現在動身前一週突然變動的確不容易。

我在二十四日晨立即與房次長和新文司冷若水司長會面，研究洩密後該如何使行程能照常進行，所以急電蔡處長和劉代表查詢有無問題。所幸次日就收到兩位同仁的覆電，表示仍可順利進行。然而，之後數日中共向二國當局抗議不斷，我為了防範於未然，仍利用週末撰寫了七頁長的新聞稿，以備萬一不能成行時向國內同胞詳細解釋之用。所幸這個新聞稿沒有派上用場。

## 圓滿完成李總統中東行

三月三十日下午，我再度赴總統府向李總統及同行高級同仁就旅程及談話要點做行前簡報。此次隨同訪問者包括丁祕書長夫婦、經濟部江丙坤部長、中油公司張子源董事長、劉泰英主委和我及內子。

訪問行程為了與中東地區的時差，以及途中飛行順利，所以在四月一日凌晨三時半在中正機場起飛，那天狂風暴雨，專機長榮 BR 65A 號準時起飛。我寫了簡單的新聞稿，說明「李總統此行將與訪問國家之政府首長會晤，並參觀經濟建設及文化設施。由於相關國家與我國並無外交關係，經各該國政府之請求，我政府在目前暫不宣布前往訪問之國家，亦未邀請新聞界同業隨行採訪。」新聞稿也指出全團定於四月四日下午二時四十分返國，屆時將舉行記者會向國人做詳細報告。

可是新聞界不會同意不隨行採訪，自三月二十四日起，駐約旦代表處和杜拜辦事處的電話就沒有斷過，同仁表示毫無所悉，媒體不能接受。大批平面和電子媒體的記者很快就辦好簽證和機票，在專機起飛前早已到達阿布達比和安曼。

專機於四月一日上午九時半抵達阿布達比，由外交部政務部長接機，全團就到洲際旅館進駐。中午原定是大公國那哈揚總統午宴，由於消息曝光，中共一再抗議，所以改由卡里發王儲

（H.H. Sheikh Kalifa bin Zaid al Nahyan）在其寓所午宴。王儲表示阿聯與我們是一家人，但是這次中共的壓力太大，所以改由他作東。

下午韓姆登政務部長陪李總統坐遊艇在沿海遊覽一百分鐘，李總統向他提出兩國建交之議，韓氏表示先由設立總領事館開始，他願於五月來我國訪問。晚間原定八時往訪那哈揚總統，臨時得到通知表示實在不便。然而二日阿國報紙刊有他接見沙烏地外交部次長的照片。而上午八時半起飛，韓姆登原定送行，亦改由大禮官沙林姆（Salim al Saadi）代表送行。

二日上午十時抵安曼，約旦王儲哈山親王（Prince Hassan bin Talal）伉儷在貴賓室歡迎，並親自陪同李總統乘直升機赴哈希米行宮（Hashmiah Palace）。稍後全團赴約旦皇家科學院及高等科技委員會聽取簡報，並做討論。中午由上議院議長勞齊（A. Louzi）款宴。下午四時三刻赴拉加旦王宮（Raghadan Palace）與攝政王哈山王儲做一百分鐘之會談。因為此時約旦國王胡笙因病赴美診治，國務由王儲代攝。哈山對李總統坦誠表示，約旦無法開罪中共，因自身力量不足，如果能有一個阿拉伯國家領先，約旦必將提升與我國的關係。當晚哈山王儲在家中款宴正式團員。

四月三日主要是觀光，但是因為國內媒體對於在阿聯未能與那哈揚總統會晤，也沒有和記者見面，都有很強烈的批評，因此李總統臨時決定傍晚要加開記者會。晚間七時李總統與國內記者晤談。在訪談間他指出，「大家不要以平常有外交的國際關係來看待，要瞭解在沒有國際關係中突破各種困難，達成經濟發展，這些在世界史上都是沒有的例子。」對於沒有見到兩國的元首，他表示並不認為有缺憾，因為很多無邦交國家有他們自己的立場，而能和負責的官員做有深度的談話，可能更好。

記者會約半小時結束，稍後胡笙國王的長子（現在的國王）阿不都拉親王（Prince Abdullah bin al Hussein）伉儷來行宮主持餞別宴會。阿不都拉親王時任特種部隊司令，曾數次來華訪問，與全團多數團員均相當熟稔，因此宴會談笑風生。當晚我們仍搭長榮專機約於十時離安曼。

四月四日上午，大家經過數小時的休息後起身，進用早午餐是一碗牛肉麵。飯後李總統約我談此行的情形，我報告說此行不能說很成功，但也不是失敗，因為實質意義重於形式。中東由於以阿和解（約旦與以色列在三個月前互設大使館），形成新情勢，我國首重確保油源，此行在阿聯就原油供應確有價值。此外卡薩布蘭加宣言國家（Casablanca Declaration是一九九四年十月由中東和北非國家代表在摩洛哥首都集會，另邀各國商界領袖參加，要設法對此一地區開發）涵蓋三億人口，我國應重視此一潛在市場。李總統對我的分析均很同意。下午二時四十分抵中正機場，三時在機場舉行記者會，李總統指出五年前我與沙國斷交後，在中東就沒有真正的外交據點，而且我們與中東國家的貿易額也逐年萎縮，這次去中東是要鼓勵國人和公民營企業共同致力於改進我國在國際上的地位。這次訪問表面上看，沒有見到阿聯的元首，媒體大做文章，但是「我們得到的裡面比表面多」，希望媒體多報導，給民眾瞭解。

李總統在記者會中也指出，自從他就任第八屆總統時（一九九〇年六月），就呼籲中共多給我們在國際間有些空間，對方很久沒有反應。可是一九九五年的「江八點」裡面已經有一點反應，我們會很高興促進兩岸進一步和平，目前已「有一道和平曙光出現」。

# 第十二章 與東協國家、澳紐和南太平洋的交往

由於中共的掣肘，我國在國際上的發展空間受到很大的限制，雖然與印尼、新加坡的關係生變，但我們還是以各種方式做聯繫，同時也努力加強與澳紐及南太平洋等國的關係。

我接任外交部工作不久，東南亞協會六國中兩個尚未與中共建交的國家，印尼、新加坡都表示將與中共建交。當年我在擔任外交部政務次長時，經常往訪這兩國，和他們首長都有良好關係。

## 印華關係不變

我當時的策略是分別和兩國首長表示，既然貴我兩國關係如此友好，那貴國實在不應該在另一國之前先和中共建交，而那時兩國都表示將是東協中最後和中共建交的國家。但是，一九八三年初我去美國工作後，我國與星、印兩國的關係就不如以往密切。一九九〇年，新加坡的李光耀

總理決定要交棒給他刻意培植的繼承人吳作棟副總理。他也認為與中共建交必須在他自己的任內完成，因此在一九八九年六月天安門事件發生時，全球國家紛紛對中共當局嚴予譴責時，新加坡政府是極少數的例外。當西方國家都對中共施以外交制裁時，新加坡政府於一九九〇年八月接待中共總理李鵬的訪問，但是星國仍讓印尼先和中共建交。

我回到外交部不到一個月，東協五國駐華代表就在來來飯店設宴款待我們夫婦。在席間我請求他們轉達各國政府，我國甚盼能與東協發生關係，例如會後對話夥伴。他們都表示鑒於我國與東協國家經貿關係的密切，他們會積極向國內建議盡早設法促成。

但是不到一週，七月三日駐印尼的鄭文華代表就報告說，印尼和中共已協議將於八月八日與中共建交。過了四天，新加坡駐華代表陳祝強在週六來部看我，告知星國代表團將於兩天後去大陸與中共協商建交，中星實質關係不變，然而名稱上必須有所調整。我要求他報告政府，在與中共談判時切勿觸及我國，尤其不可使我國權益受損。

事實上，印尼是早在一九八九年二月二十三日由蘇哈托總統（H. M. Suharto）和中共錢其琛外長在東京利用參加裕仁天皇葬禮達成協議，雙方將基於和平共存五原則及萬隆會議十原則，恢復前經中斷的外交關係[3]。印尼外長阿拉塔斯（Ali Alatas）乃於一九九〇年七月初訪問北京，並與錢其琛外長簽署聯合公報，同意雙方將互設大使館，而關係正常化將自八月八日李鵬訪問印尼

3 詳情請參閱錢其琛的《外交十記》第一一六～一三五頁，香港：三聯書局，二〇〇四年。

期間正式生效。有關「台灣問題」，公報指出將由「中國」與台灣自行解決，但是印尼承認中華人民共和國為唯一的中國。

根據印尼方面告知，阿拉塔斯外長訪北京時原未奉命與中共簽聯合公報，但是中共方面主動提出希望李鵬能訪問印尼並於八月八日在雅加達簽訂建交公報。阿氏甚感意外，當即以電話請示國內，獲指示可照辦。印尼方面分析中共的友好態度是基於三點考量：一是盼能打破六四天安門事件後在國際間的孤立；二是盼能先與印尼復交以便促使新加坡跟進；三是盼藉此改善中共當局，特別是李鵬本人在國內的形象。

我在七月六日下午約見台北印尼商會會長塔馬拉（E. A. Tamara），對於印尼擬與中共復交表示嚴重關切。我特別指出我國與印尼關係密切，一九八九年貿易額已達十六億美元，自本年起我將每年自印尼進口一百五十萬噸天然氣，價值為二億八千萬美元。我同胞在印尼投資逾十二億一千萬美元，為第二大投資國。我亦在東爪哇派有農技團協助印尼增加農業生產。凡此可見雙方關係之密切。除此以外雙方高階首長經常互訪，軍事方面合作亦甚密切，現印尼將與中共復交，此等重要交往是否將受影響，我深感關切。我向塔馬拉會長表示，希望印尼方面在與中共復交時能堅定立場，對我與印尼既有之互利關係切勿有任何損害；同時希望印尼首長能重申維護雙方合作的決心。鄭文華代表在雅加達也多方與印尼方面的首長洽商，表達相同立場。

印尼方面表示，中共深切瞭解在過去印尼與中共關係中止期間，印尼始終堅持一個中國政策，因此在雙方復交談判過程中，中共並未對印尼以往多年與我方所發展的關係有任何異議。過去做的今後仍將繼續，但期盼我方勿過事張揚。

李鵬於八月上旬官式訪問印尼期間，於八日由雙方外長正式簽署恢復外交關係的諒解備忘錄。我方最關心的是第二段載明：「中華人民共和國政府為中國唯一之合法政府，台灣為中國整體之一部分。雙方政府已獲致諒解，印尼僅與台灣維持限於經濟與貿易之非政府性質關係。」

我方對於印尼方面接受此種文字甚為不快，曾一再向印尼當局表達強烈不滿。但是印尼的重要官員表示，該國在與中共復交前，曾先將我在印尼的單位由「雅加達中華商會」更名為「駐印尼台北代表處」，同時對該處及其人員給予若干特權；而印尼在華人員均由政府官員充任，我方對於備忘錄所使用的文字無須憂慮。

## 星與中共建交，李光耀低調來台

繼印尼之後，接下來是新加坡與中共建交。繼陳祝強代表於七月七日告知，說星方即將就此事與北京展開談判後，七月九日星國黃根成外長與駐星代表陳毓駒會晤，黃氏表示星與中共交後，我駐星機構不能再使用國號，需予更名，此事星方曾於俞國華院長一九八七年訪星、外交部連戰部長一九八八年十二月訪星及李登輝總統於一九八九年九月訪星時均曾告知。黃氏並指出，一九八九年三月李光耀總理於接見我國記者訪問時亦曾明確指出，星國與中共建交後，我駐新加坡商務代表團將無法再冠國號。黃氏亦明白表示除了更名外，雙方實質關係將維持不變。

星方為了使我們感到受尊重，特別於七月二十六日派副總理王鼎昌來台北，傳達李光耀總理給李登輝總統的口信。王氏於二十七日下午晉見李總統，表示星國自一九八〇年與中共互設商務辦事處，當時之諒解即為未來雙方建交後，我方在星單位不能冠國號，但是中星友誼及未來雙方關係均不改變，李總理將於赴大陸簽署建交公報後來台北訪問。此舉顯示星國將能自行處理與我國的關係，不受外力影響。

同日晚間，我在台北賓館款宴王副總理並長談，王聽到我提及星國與中共建交乃是雪上加霜後，立即表示新加坡對我國絕對願意維持一切的關係，不會受到他人威脅停止中星交往或在華的軍事訓練。他也指出我方單位更名的事，已是定局無法更改，期盼我方能諒解。

關於更名的事，我們的態度仍是堅持不改，直到九月中旬我應邀去巴布亞紐幾內亞訪問，行政院郝院長於十七日上午約見章孝嚴代部長，表示外交部對此事已盡力，事已至此，無須再堅持，雙方實質交往的加強更為重要。

星國駐華代表陳祝強於九月二十七日下午來見，告以星已定於十月三日與中共建交，建交公報中將完全不提及台灣。陳君的工作單位將更名為新加坡駐台北商務辦事處。我方乃於九月三十日在星方保證原享有的外交豁免、特權及官方交往管道將持續不變後將駐星商務代表團由「中華民國」改為「台北」。

李光耀總理於完成建交事務後，於十月二十七日傍晚來台北訪問。次日（星期日）上午我去他下榻的圓山飯店和他談。李表示，星國匆促和中共建交是因為他即將交卸總理的職務給吳作棟副總理。如此重要的決策由一位新手來做是不公平的，他想用自己所累積的政治聲望來完成這項任務。他也透露在談判過程中有二項問題是星方十分堅持的，而中共則難以接受。一是星國部隊在台灣受訓的問題，一是星國堅持與我國仍能繼續重要官員的低調互訪問題[4]。星方對於這兩項問題都極為堅持，縱使因而無法建交，也在所不惜。當年八月十一日，李鵬在結束印尼訪問，簽署復交備忘錄後曾在星國短暫停留，當時中共方面對這兩問題仍不同意。經過九月密集的談判，中共才做讓步。

李總理也指出，他這次來台灣也是擔了相當大的風險。因為稍有不慎中共也可能威脅斷交。所幸那時我國媒體尚能配合，沒有大加報導，也沒有做揣測性的推論。李總理認為他的這次來訪，可以為其他東協國家領袖樹立先例。我們談了一個多小時，以後陪他去故宮博物院參觀，他對佛經、鼻煙壺和隋唐宋的書畫表現頗大的興趣。

李光耀總理是一位篤實誠信的政治家。在稍後的歲月中，他的承諾都一一實現。常看我們若干學者或媒體人士撰文談論外交，總以為「爾虞我詐」應是正軌。在近世若干大國，的確有外交工作者專以梅特涅（Klemans Furst von Metternich）或馬基維利（Nicolo Machiavelli）的騙術為楷模，但是這種做法終久還是會被人看穿的。我在台大曾講授外交實務課程多年，對每班學生談外交人員應具備的條件中，「誠信」總是極重要的一項。新加坡以小國寡民能在國際社會中廣受尊敬，她的領導人物，特別是李光耀總理待人以誠絕對是一項重要原因。

4　李總理在其回憶錄《李光耀回憶錄（1965-2000）》第七三三頁僅提及前者。台北：世界書局，二〇〇〇年。

## 李光耀再度訪華，轉達中方意見

李光耀先生和星國政府在嗣後數年就兩岸關係的改進，以及我國參與國際及區域組織都給我國很大的協助。李氏於卸任總理後，以星國資政身分於一九九二年初來我國訪問。他是農曆正月初八（二月十日）到，第二天中午我在世貿聯誼社款宴，當天下午五時再到圓山飯店和他談話。我們就東協和「東亞經濟組織」稍做討論後，他拿出了一份文件，那是中共國家主席楊尚昆在一月訪問新加坡時和他的談話紀錄，其中楊氏表示希望李資政能向我方表達，兩岸可以就經濟合作問題進行黨對黨的談判。李資政並表示他認為我們應該以有條件的方式和對岸談判。我立即表示，目前我國實施民主政治，反對黨對政府的監督非常嚴緊，我們的執政黨不可能和共產黨對談。倘若這樣做，不僅反對黨會大肆攻擊，一般民眾也不可能支持。談到六時許，我就陪他去台北賓館和李登輝總統敘談，當時在座的還有蔣彥士祕書長。

這項談話也進行約一小時，兩位李先生在稍作寒暄後，李資政又提出相同的課題。李總統在看完楊氏與李資政的談話紀錄後指出，中共對於他（指李總統）在稍早對美國之音的訪談有很好的反應，他在訪談中曾指出：「台獨是不智的，對未來毫無幫助。中國只有一個，台獨是沒有前途的。台灣未來的發展，需要以大陸為腹地。」

李總統亦認為，以此地的政治現實，黨和黨的談判是不可能的，要談必須是政府對政府，根據《國家統一綱領》，雙方應先就影響安定不利的因素如走私、偷渡等問題來談，建立互信，以後再進入第二階段談經濟問題。

李資政說，他認為若要台灣的投資人安心去大陸投資，中共領導人應公開宣布五十年內絕對不會對台灣使用武力。至於雙方應由那一方面談，他沒有意見，但是他認為談比不談好。「因為五年、十年以後，大陸在國際間孤立的態勢會改善。今天在兩岸關係上，台灣占優勢，你們應該利用這個優勢來發展長期的優勢。我替你們想，要經濟合作應向中共提出三個條件：(一)、保證絕對不使用武力；(二)、明白訂定投資保障辦法；(三)、給予台灣參加所有國際金融及經濟組織的支持。」

李總統詢問，楊尚昆所提的是個人意見還是代表大陸領導階層的一致意見？李資政說，原先安排楊來做禮貌拜會，結果談了九十分鐘；楊氏談話時，在座的吳學謙副總理和錢其琛外長都在點頭，所以所表達的不是楊氏的個人意見，其實是鄧小平的意見。

最後李總統表示，一九九二年我們國內有憲政改革和立委選舉，大陸問題可能要等明年才能處理，更重要的是國內必須先有共識。

## 辜汪會談

這次談話後，過了四個月，李總統在六月三十日下午邀了李元簇副總統、郝柏村院長、蔣彥士祕書長、宋楚瑜祕書長、陸委會黃昆輝主委、經濟部蕭萬長部長和國安局宋心濂局長在府內會商。李總統先要我對本案經過做一報告，大家紛紛發言，大體上都沒有明顯的反對，可是會議也沒有明確的決議，只是意見交換。

到了八月六日，大陸海協會汪道涵會長致函我方海基會辜振甫理事長，建議兩岸可在新加坡舉行會談，因此李總統決定致函李資政，表示我方將接受邀請，期盼李資政對此事給予指點。這封信於八月十三日由總統府邱進益副祕書長親攜赴星面陳李資政。

同年十一月，我去南太平洋地區訪問，返國前在新加坡小做逗留，二十八日下午我去拜會李資政，向他說明，自八月中旬以後，海基、海協兩會為文書驗證及防制犯罪問題接觸時，對於堅持對「一個中國」問題做文字表述，我方未能照辦，因此原定十月下旬在星舉行的「辜汪會談」只能延期。

李資政說我方決定延期是妥當的，這種問題的處理不宜急促，盼望我方審慎處理適時進行。

李資政說中共目前需要我國，特別是在大型投資方面，如果我們能做出一個整套計劃，也就是使我國的資金有計畫的去大陸投資而使大陸協助我國參與國際組織，這是一項雙贏的策略。他特別指出，我國對大陸的比較利益（competitive advantage）在最近幾年還很明顯，但是過十年或二十年就不一定還有。

我向李資政表示他的卓見必將轉達國內長官，期盼他能及早再來台北。他說原想十二月去，但是因為有立委選舉，所以可能再過二個月來。

李資政在一九九三年二月二日來台北，三天前郝柏村院長在第二屆國民大會閉幕典禮時，與在場抗爭的民進黨籍代表們發生糾紛，稍後就經由行政院新聞局發表辭職訊息，因此台北政情非常緊張。當天晚間李總統在世貿大樓與他晤談並款宴。

李總統首先表示，辜汪會談已定於三月間在新加坡舉行，在正式會談前先要談技術性問題，以後再討論投資問題。李總統指出有關兩岸安全問題，中共似亦有意討論，他認為要設法建立「亞洲集體安全制度」。過去談集體安全制度，都先有一個假想敵，這是不太好的，應該在集體安全制度架構下處理經濟合作。例如南中國海有油礦蘊藏，也有豐富漁業資源；大家過去都在爭主權，不如由民間與各國共同開發此等資源。

李資政表示，中共的立場認為此等問題應做雙邊談判來處理；中共正積極購買武器並建立遠洋基地，而俄羅斯為爭取外匯正大量出售武器，因此十年後情況會有重大變化。

二月五日，我送李資政去機場，途中他一再指出，我們國內政治紛爭是很值得憂慮的事。

李登輝總統於三月十七日在府內約集相關官員，就即將舉行的「辜汪會談」做簡報會商。陸委會的簡報相當周詳，對會談前後及會談期間可能發生的各種狀況都有模擬答案。

事實上，這次會談由一九九二年八月拖到此刻，最主要的原因就是對岸要求我方對「一個中國」有所表態。在那年十月二十八日至三十日，兩會在香港所舉行的預備會議中，大陸方面希望能找到雙方一致對於「一個中國」的共同看法，或是所謂「共識」。但是我方指出雙方的觀點明顯不同，無法有共識，只能就這個問題「各自表述」。雙方也將自己的觀點記錄成具體文字。到了十一月三日，海協會的孫亞夫正式通知海基會陳榮傑祕書長，同意以「各自表述」的具體文字來處理棘手的「一個中國」問題。

四月二十七日，辜汪會談在新加坡的海皇大廈開始舉行，吸引了全球媒體密切的關注。四月二十五日李總統告知我，他已指派中央文工會施克敏副主任前往新加坡聯繫各國媒體，期望國際傳播上能有公正平衡的報導。

辜汪會談在雙方相互尊重的前提下進行，新加坡政府提供了充分的支助。會談達成四項協議，成就了「雙贏」的局面。兩位主談人的風度、談吐都使全球媒體頌讚不已。雙方原定兩年後，也就是一九九五年七月在大陸舉行第二次會談，但由於當年李登輝總統訪康乃爾大學，遭到中共方面取消。一直到一九九八年十月辜振甫理事長應汪道涵會長邀請在上海舉行二次「辜汪會談」。

## 新加坡作為兩岸高層的溝通管道

然而這次會談在國際上也引起不少疑問，所以外交部針對此點，特別通電駐外單位主動向駐在國的朝野說明，這次會談主要是因為兩岸民間交流引起若干問題，因而做事務性、技術性和經濟性的討論；不是政治性的，也沒有觸及任何政治性的議題。下一步可能討論的題目，包括偷渡客的遣返、海上捕魚糾紛以及智慧財產權等。此次會議對於降低兩岸間的緊張情勢，是有助益。

會談後的次年，也就是一九九四年，李總統曾有中美洲和非洲的跨洲之旅。在由南非返國途中專機曾在新加坡做技術降落，停留約二小時。我們事先安排由星國吳作棟總理到機場貴賓室和李總統談了約一小時，經建會蕭萬長主委，新加坡新聞文化部政務部長柯新治和我也參加了。

李總統說明兩岸民間交流密切也衍生了不少問題，去年承星國協助有了「辜汪會談」，但是會談後，海基和海協兩會的洽商不甚順利。現在兩岸貿易和航運問題亟待處理，要請星方協助。

接著李總統請蕭主委說明我方構想，因為國統綱領規定「三通」是中程階段，目前還未達到，而一九九三年兩岸貿易額已有一三八億美元，海運量六百餘萬噸，為權宜計我擬由兩岸和新加坡合資成立一船務公司，在新加坡註冊，專營兩岸間的海、陸運輸。該公司兩岸各占百分之四十五股份，星方占百分之十。此一做法可迴避因直航而涉及的主權、管轄權等問題，又可盡快實質解決兩岸直航問題。

吳作棟總理表示，星國對任何加強兩岸交流有助兩岸和諧的舉措都樂意協助。中共副總理李嵐清下週將來星訪問，屆時可向其提出。

李總統表示，我方將經由自己的管道使中共領導人瞭解星方將提出此一問題；俟星方轉達後，吾人當另循管道探詢中共之意向。

兩個月後，也參加這次談話的星國柯新治政務部長於七月十九日來看我，說明吳總理於會晤後就備函給中共江澤民主席於五月十八日託李嵐清轉致，江於六月二十日函覆，但是信件到七月十一日才送給吳總理，信中表示：「我國政府一貫主張台灣海峽兩岸盡早實現直接通郵、通信、通商。現在兩岸高層溝通管道是暢通的，只要台灣方面有誠意，通過兩岸直接商談，並由雙方的企業進行合作，不會有什麼困難。中方的以上立場希望得到新加坡方面的理解。」

柯政務部長並口頭轉達吳總理的兩項看法：一是中共的立場不如函中的堅決，本案仍有可為；一是星方對於參與百分之十的股份頗感興趣。

由李總統對吳總理的談話和江澤民國家主席致吳總理的函件來看，兩岸的領導人都指稱兩岸高層之間是有直接的溝通管道存在。我臆測這應該是指一九九〇年～一九九三年之間雙方在香港和澳門舉行的「九次密使」會談。這個管道事實上自一九九四年三月「千島湖事件」後就停止了，因此我們需要請新加坡做仲介，設立解決海運的問題。

九月五日，吳作棟總理又致函李總統，表示中共方面對於此事盼望直接商談，而我方則不願直接商談，為解決此一僵局，星方建議由星方組成二個公司，一個是海運，一個是空運，開始時星方持股百分之三十四，兩岸雙方各持股百分之三十三。該二星方公司將分別與兩岸的海運與航空公司定立合約，向該海運與航運公司取得同等數量的船隻與飛機，而星方公司則提供百分之十的船隻與飛機。所有取得的船隻、飛機都在星國註冊並使用星國旗幟，然後依兩岸當局的協議，在兩岸間航行或飛行。三年後，兩岸及星國將對該兩公司持股比例重行檢討，星方持股可由百分之三十四降為百分之十。

這封信是李總統在九月八日上午召我去府內會晤時出示，他也告訴我李光耀資政將於兩週後來台北商談此事。我也為李總統擬了一封覆函歡迎李資政來訪。

## 雙李沒有交集，關係漸遠

李資政是九月二十一日下午抵台北，我接了他去大溪鴻禧別館。當天晚上李總統在別館設宴款待，飯前曾有一小時的談話，在座的有蔣彥士祕書長、蕭萬長主委、星國新聞文化部長楊榮文准將和我。

李總統首先提出，我們是基於三年後香港九七回歸大限很快就要到了，為設法維繫貨運的暢通，在五月間向吳作棟總理提出通航構想請星國協助。中共方面希望雙方直接交談，我們覺得還是經過新加坡比較恰當，吳總理九月五日來函所提的新方案，我們可以接受，不知是否可作為星方建議提出？中共的態度很奇怪，要和我們談，又反對本人參加亞太經濟合作組織的領袖會議，也反對我去廣島參加亞奧運開幕。事實上這兩個場合是最好的機會。

李資政則指出，中共不希望星方介入，希望直接和台會談，但這樣又會發生「中央」和「地方」的問題。中共對於台灣未來的走向有很深的懷疑，總是擔心會有「台獨」的情況。因此他們利用「九七」的接近，促使和台灣直接交談。他也指出，最大的憂慮是中共如能維持市場經濟繼續不斷的發展，三十年後會強大的不得了。

這次的談話由於晚宴開始只進行一個小時，兩位領導人約定次日上午十時再談。第二次談話二小時，只有我和楊榮文部長參加。談話過程是二位主人翁都在努力表達自己的觀點理念，雙方缺乏交流或反應，甚至有一方正在陳述自己觀點，另方切入且將話題轉變的情形。因為談話沒有交集，也沒有觸及訪問的主題——兩岸由新加坡協助實現實質上的海運直航，所以李資政在之後的六年就沒有再來台北訪問。兩位李先生間的關係也變得非常冷淡。

談話中，李總統主要闡述自己的治國理念以及建軍目標，其中有不少很重要的談話。例如他說：「民進黨未曾執政，不清楚該怎麼做，只想抓權，找機會執政，但執政之後該如何做，他們不瞭解。」又說：「以往由於六年國建的規劃不當，計畫紊亂，造價偏高，預算膨漲，現在只得重新緊縮。郝院長三年任內，第一年預算短缺三千三百億；第二年缺三千八百億；第三年缺三千九百億。如今只能撙節緊縮，去年降到了三千億。……到連院長接任，（政府）歲計賸餘也只剩下一億台幣。」

李總統也表示：「本人任期到後年五月十九日屆滿，到時想把立委、國代一併改選，但又牽涉國大存廢問題，這是憲法問題，有待討論。今年年底（省、市長）選舉之後，要和各黨討論。計劃在（總統）直選完成後再來修憲，修改體制。」又說：「對未來統一形式，一直在考慮，是否用『國協』、『聯邦』等，現在還言之過早。」

李總統也強調，他主政約七年來主要的努力方向有三：一**是民主化的徹底推行**，以取得全民的認同和肯定；二**是加強外交關係**，使國際間瞭解中華民國的存在與發展；三**是加強軍事力量**，以保衛台灣為目標使能突破封鎖，軍備的現代化可使國人有信心願意投資促進發展。

李資政則表示，目前台灣海峽兩岸的現況可以維持十五年至二十年。台灣不應該走台獨路線，那是自找麻煩徒增困擾。他對美國柯林頓（William J. Clinton）總統執政一年多來的做法不能認同，指出許多作為都是為爭取競選連任的措施。然而他仍認為：「貴國如能與美國加強關係，促請美國幫助爭取國際地位，較能獲得成效，若美國不敢，其他國家更是不敢。」

## 台海關係緊張的一年

一九九五年五月，李登輝總統赴美國康乃爾大學訪問並發表「民之所欲，常在我心」的演說，中共極為不滿，於七月中旬在東海針對台灣舉行飛彈試射演習。李光耀資政於九月上旬去大陸訪問和中共領導階層會晤，他很技巧的談到，為了使新加坡投資的蘇州工業區成功，中共與美國的關係不宜惡化，否則美商將不來投資，兩岸關係也是如此。兩天後，中共方面由李嵐清副總理答覆，他說中共領導人對李資政的觀點都認同，但是事涉原則，如台灣繼續走向獨立，必要時中共仍不惜使用武力，縱使因而使福建、浙江等地區的經濟成長受到影響也是無可奈何。

李資政認為，李嵐清氏的說法應是中共高層一致的立場，且和當年中共出兵越南的情形類似，也就是言出必行。他特別要求我駐星邱進益代表向政府忠實反應，希望我們能認真研究當年出兵越南的案例。他也認為，兩岸在我總統大選前可能無法進行晤談，建議在選舉後及早推動第二次「辜汪會談」。

同年的十一月中旬，我國安全局殷宗文局長訪星，曾和李光耀資政有相當長時間的交談。李資政指出，中共使用武力威脅，表面上是為李登輝總統訪美以及在康乃爾大學的演講，但遠因還是一九九四年初李總統對日本作家司馬遼太郎的談話。[5]李資政率直的說：「我真不瞭解，為什

5 編按：可參考司馬遼太郎所著《台灣紀行》。台北：台灣東販，一九九五年。

麼要說那些話。」

海峽兩岸在那段時間十分緊張，一九九五年七月中共對台海飛彈試射、八月有火砲演習、十月中旬在黃海演習、十一月東山島演習，到第二年初接近總統大選更是各種謠傳不斷。美國當局甚為關切，多次託李光耀資政出面協助斡旋調處，因此李資政在二月二十九日約見邱進益代表，說明未來三週將是兩岸關係最緊張的時刻，稍有不慎將引發極為不利的後果；星國與我國關係密切，對此一情勢甚感憂慮，對我國處境亦感同情，因此準備在三天後（三月三日）在星國公開講話呼籲兩岸自制，及早舉行高層協商。

邱代表於三月一日立即返台向層峰報告請訓，李總統對李資政的熱忱及友誼均極感激，但是認為公開講話不如私下運作較為適宜。邱代表於次日返任，立即晉見李資政轉達。李資政說明此項談話必須公開為之，而且昨日吳作棟總理在曼谷參加「亞歐峰會」曾與李鵬談到兩岸關係，李鵬表示只要台灣不被外國侵占或獨立，中共不會對台使用武力。至於獨立則包括以正式言論宣示獨立，或以行動隱含獨立，例如加入聯合國或領導人以國家元首身分出訪；兩岸也可在「一個中國」的原則下商談台灣的「國際空間問題」。

基於以上所述，李資政在談話中特別增加了一段，提及台灣尋求加入聯合國在沒有美國支持及必受中共否決，希望極為渺茫。

新加坡除了在設法協助改善兩岸關係方面出了很大的力量，對於我國參與國際及區域組織也給我們不少協助，有關聯合國部分將在本書第二十章〈參與聯合國問題〉敘述。此處將繼續談到關於我國參與東協部分。

## 致力成為東協的「部分對話夥伴」

東南亞國家協會（簡稱東協）是一九六七年八月成立，成員國包括印尼、馬來西亞、泰國、菲律賓、新加坡和汶萊，是東南亞地區最具影響力的區域性組織，在國際間的影響力相當大。東協各成員國和我國有密切的投資關係，但都和我國沒有正式的外交關係。

外交部鑒於韓國於一九八九年成為東協的「部分對話夥伴」，而於一九九一年成為東協正式的「對話夥伴」，所以一九九〇年九月，我在台北主持我國駐東南亞各國代表處第一次區域會報時，就研究是否有可能成為東協的對話夥伴。討論結果認為，目前想成為完全的對話夥伴幾乎沒有可能，應該再加強和東協各國的投資和技術合作，先尋求成為部分對話夥伴。稍後東協在一九九一年七月舉行外長會議，外交部於會前曾分電各成員國的代表處，洽請駐在國政府比照韓國的前例，邀請我國成為其部分對話夥伴，但是各國均認為東協是一個政治性組織，為顧慮中共可能的反應，我國作為夥伴的時機尚未成熟。

一九九一年七月，東協各國在馬尼拉舉行外長會議，新加坡外長黃根成應我的懇請，在會中提出我國有意建立對話關係；地主國的曼格拉布斯（Raul Manglapus）外長立即表示支持。但是印尼外長表示異議。然而黃根成外長堅持在會議紀錄中列入：「注意及台灣有意成為對話夥伴。我等期盼能建立某種關係，然而並不觸及外交承認或主權。」

一九九三年四月，兩岸在新加坡舉行「辜汪會談」，國際間對兩岸互動有了新的認識，因此星國吳作棟總理於五月間在日本公開表示，各國應協助兩岸共同參加更多的國際組織。同年十月，東協經濟部長在星國集會，曾討論我擬成為部分對話夥伴事，認為應在亞太經濟合作組織（APEC）架構下進行。當年十一月亞太經合會在美國西雅圖舉行部長會議時，星國貿易工商部長丹納巴蘭（S. Dhanabalan）就以東協經濟部長會議輪值主席身分，邀請我國經濟部江丙坤部長與各東協國部長舉行早餐會議。

除了新加坡，其他東協國家和我國也有相當密切的交往。一九九三年十二月一日執政黨中常會結束後，李登輝總統召我談到印尼科技統轄部長哈比比（B. J. Habibie）曾多次表示歡迎他去印尼做私人訪問並可安排與蘇哈托總統會晤，現在他可以前往，並且希望能和越南總理武文杰會晤，能在越南最好，否則可安排同時在印尼時見面。

李總統這項考量是甚具遠見的，當時越南正初步開放，我國業者剛去那裡進行投資。不過我國在河內和胡志明市甫設單位，新任的林水吉代表還沒有和越南高層建立交往管道，因此我坦誠報告，外交部對武總理的安排是有困難，我也提出是否可以考慮增訪菲律賓。李總統同意，但是他仍沒有放棄要和武文杰總理會晤，他說將由他自行安排。

## 祕密推動「南興計畫」

返部後，我立即電告駐印尼的陸寶蓀代表和哈比比部長聯絡，並建議以農曆新年作為預定的日期。十二月十七日我在菲律賓僑界的好友蔡漢榮兄的公子宗誠和李菁菁小姐婚禮，我和玲玲前往參加。十八日中午羅慕斯（Fidel V. Rams）總統約我在總統府打球。這個球場只有九洞，以球場中的一個亭子為聚集點，交叉進行，因此同時只能有一組人打，否則球道交錯，一定會有人被打傷。結束後，我和羅慕斯總統在休息室單獨談話，我表示李總統盼望能在農曆新年前後來菲律賓和他會晤談話，不知可否在宿霧。他說很期盼能和李總統見面，但是宿霧不太合適，現在美軍已將克拉克空軍基地和蘇比克灣交回，他很想開發這兩個地方，李總統專機來為安全保密計，似乎以蘇比克灣為妥。他並且指定國安助理羅西達（Rodolfo Lozada）和駐菲律賓的劉伯倫代表繼續洽商細節。

我返國後，於二十二日中常會後向李總統報告，並說外交部已就此行成立專案小組由房金炎次長主持，祕密推動。全案定名為「南興計畫」，也將和府方主管同仁密切配合。李總統說想和武文杰會晤原是華府的豪武德大學（Howard University）黃連福教授所建議，現在他也難以推動，大概越方有所顧慮，所以可能無法如願。但是李總統又提到工商協進會辜濂松理事長與泰國林日光（Ammuay Viravan）副總理接洽，如赴泰南普吉島渡假，可望與川立沛總理（Chuan Leekpai）晤談。因此外交部的作業包含了菲、印尼、泰三國，地點是蘇比克灣、峇里島和普吉島。

為了使行程順暢，總統府、總統侍衛室和本部同仁先在一月十九日前往訪問的三處做勘察及先期的安全作業，到二十四日返國，對於各地的安排都相當滿意。行前我於二月七日赴總統府向李總統及隨行人員詳細簡報行程及各處談話要點。這項簡報約為二小時四十分，非常詳盡。

## 蘇比克灣的李羅會

二月九日是農曆癸酉年的除夕，同行主要團員包括經建會蕭萬長主委，總統府戴瑞明副祕書長，工商協進會辜濂松理事長，執政黨財委會劉泰英主任委員以及我和玲玲一清早都在總統官邸聚集，七時四十分隨同李總統伉儷前往中正國際機場，搭乘華航空中巴士包機於八時三十分起飛前往蘇比克灣。

我們準時於上午十時三十分抵達蘇比克灣機場，菲方有貿工部長夫婦、勞工部長（女性）、外交部副部長、蘇比克灣開發署署長夫婦等在機場迎接，停機坪前鋪有紅地毯。李總統伉儷與團員下機後即乘禮車赴羅慕斯總統行館 Admiral Cottage at Kalayaan，該處有禮兵列隊致敬。羅氏伉儷在門口歡迎，並相互介紹雙方在場官員。至十一時羅氏邀李總統和我去書房，他由外交部長塞維利諾（Rodolfo Severino）陪同，進行雙方高層會談，其他團員則與菲方首長在會客室談話。

這項元首會談長達三小時。李總統表示此次晤面甚為難得，盼此後建立直接接觸，以利意見的交換。因為兩國間經貿投資和勞工等問題很密切，應常能晤面商討如何加強雙邊關係。羅氏提到去年辜汪會談時正好在大陸訪問，所以對於經過甚為瞭解，他本人甚盼對兩岸關係有所協助，將來兩岸間之會談，菲國甚願協助提供場所。

接著李總統指出，有關蘇比克灣開發工業區的問題，將於半個月後雙方簽署合約，屆時經濟部江丙坤部長將率領二百多人的投資考察團前來，預計六月間可正式開工，羅氏聞悉表示深受鼓舞，他認為未來應開發蘇比克灣及克拉克空軍基地直達台北或高雄的航線。因為「九七」將屆，羅氏希望以該兩處取代香港作為兩岸的中介。

雙方曾就農業、漁業合作，以及區域組織等問題詳細討論。高層會談到一時許結束，旋即由羅氏以午餐款宴李總統及隨行團員，在席間，李總統特別命我將有關參與聯合國案的經緯詳細提出報告，特別提到去年九月新加坡黃根成外長在聯合國大會總辯論時的講話，期盼菲國能參照處理。羅氏表示基於現實考量，菲國尚難照辦，然而將會研究參考各國在聯合國當中對我國的支助，以思考如何相助。

午宴於二時十分結束，李總統伉儷率團員告辭，並應羅慕斯總統建議，在蘇比克灣繞行一週，於二時五十分赴機場，菲方仍由原接機的官員送行，結束了四小時的旋風訪問。菲總統府隨即發表一項羅慕斯總統的聲明，指出李登輝總統在蘇比克灣的短暫停留期間，曾和他舉行非正式的討論，議題包含貿易、投資、勞工等與兩國相關的議題。討論極為友好且有生產性，菲國總統認為，由於此次短暫停留是非官方的，雙方的討論完全集中於貿易、投資及勞工問題，所以李總統的停留與其長期以來「一個中國」政策並不違背。此一聲明並由羅慕斯總統親自簽署。

## 峇里島的李蘇會

李總統一行於傍晚六時半抵峇里島，印尼方面由科技部長哈比比伉儷率峇里省長艾達（Dr. Ida Bagus Oka）夫婦及外交部禮賓司長阿布都總司長（Abdul Irsan）等在機場迎接，旋即前往峇里海崖飯店（Bali Cliff Hotel）。當晚是除夕夜，陸寶蓀代表在飯店的大宴客廳款宴全團人員，印尼方面哈部長伉儷，阿總司長及若干工作人員也參加，我駐印尼代表處同仁和華航人員也都在場，這是年夜飯，酒菜都極為豐盛。宴會結束後華航的空服員開始一些表演節目，也玩了二盤賓果，最後李總統發壓歲錢紅包每個二十美元。

次日是農曆正月初一，我們清早五時半乘印尼專機赴萬隆與印尼方面官員做高爾夫球敘，午後參觀印尼IPTN飛機製造廠，這是哈比比部長極為重視的一項科技發展計畫，除生產PUMA型直升機外，也和西班牙的CASA公司合作生產中小型螺旋槳的客機，印尼方面除哈比比部長外還有投資部長和勞工部長作陪。傍晚仍乘印尼專機返回峇里島，當晚由峇里省長艾達伉儷在旅館的庭園中款宴，並安排有峇里島特有的文化藝術表演，主人也邀請了印尼僑領黃雙安、白嘉莉伉儷參加晚宴。

次日是訪問的重點，李總統及夫人赴蘇哈托總統在峇里島Tampak Siring的行館，進行餐敘和單獨會談，只有總統府李文哲參議在場擔任傳譯。蘇氏表示印尼甫結束第一個二十五年長期經建計畫，即將開始第二個二十五年計畫，目的在改善民眾生活。印尼的國家建設包括三部分，就是國家安定、經濟發展和財富平均。以往二十五年經濟成長率約為六至七個百分點，但基礎設施仍不足，如電力開發即需國外投資。印尼盼望於本世紀結束前將全國貧窮人口由目前的百分之六十降為百分之十五；而國內人口增加迅速，所以就業成為重要課題。吾人將發展農業、勞工密集工業、甚至更高階的工業，因此必須重視人力資源與教育訓練。貴國在此方面以及農業企業

（agribusiness）領域極富經驗，印尼亟盼學習借鏡。

李總統說明我國在台灣地區早年也是如此，人多地少，耕地面積有限，必須提高土地生產力，由水利灌溉、作物品種、農機、肥料以及農民組訓著手，並推廣農業，改善運銷，以增加農民收益。李總統亦表示，為協助印尼醫療保健，擬捐贈B型肝炎疫苗三十萬劑以防止肝炎蔓延。

之後兩位元首及夫人進午餐，飯後繼續談話，李總統稱當年在台大農業經濟研究所有三項研究領域，其中之一為印尼的農業，因此將來退休後如印尼同意，甚願提供當時研究心得為印尼稍盡綿薄。李總統也建議印尼政府指派相關部會首長來台訪問，與我方研商具體合作計畫。

蘇哈托總統提到，印尼將開發工業區以吸引勞力密集與高科技工業外資，先做好水、電基礎建設以及廢棄物的管理，使外資樂於前往。巴譚（Batam）工業區就是一個例證。

李總統表示，我方至大陸投資金額已逾一百五十億美元，今後盼能轉往東協地區，並將設立服務中心為業者提供融資、運輸以及其他相關服務，此一中心或可設於巴潭島。此外兩國在能源合作方面亦有遠景，我方現向印尼進口原油及天然氣，我方已有核能發電經驗，可供印尼參考。

李總統在告辭前有一段重要的談話：「吾人最終目的在於中國能統一，但需要統一於民主、自由、均富三原則之下。目前大陸尚無此等條件，因此統一是未來的目標。現時中國大陸不應忽視兩個政治實體分裂分治的事實，而中國的事務，中國人有能力自行處理。」

蘇氏對於這段談話微笑點頭，但沒有回答；李總統也邀蘇氏伉儷來台做非正式訪問，蘇氏也微笑未做答覆。

## 與印尼外長阿拉塔斯小聚

當日下午三時，印尼外長阿拉塔斯由雅加達來到峇里島我們下榻的海崖飯店，和我進行二小時的談話。他原準備前來午餐，但是由於不結盟國家在雅加達的會議而有所延擱。阿拉塔斯部長是美國耶魯大學法學院的博士，比我在該校就讀時間較早，同時他曾任長期擔任前副總統和外長馬立克（Adam Malik）的機要祕書，在我於十多年前訪問印尼，和馬立克先生會晤時都曾在場，所以相當熟稔。晤面後，他熱情的歡迎我們，也說因為夫人有病住院，不能在峇里島多逗留，頗為遺憾。

我對他專程在百忙中由雅加達飛來敘談表示謝意，並向他介紹在座的總統府戴瑞明副祕書長，至於駐印尼陸寶蓀代表則無須介紹，我先說明中華民國現在已是印尼第六大貿易夥伴以及第三大的投資國；兩國倘能密切合作，彼此相互協助，必可共獲利益。

接著我向他表示，我國民眾對於無法參與國際組織甚感挫折，因此一九九三年我政府以最溫和的手法，洽請中美洲友邦在九月聯合國大會中提出設立研究委員會案。此為沒有預設立場，一切聽憑該委員會及聯合國大會來決定如何使我國能有參與的機會，並沒有任何的主張。縱然如此委婉，然而中共仍全力抵制。事實上，中共絕對無法代表台灣地區人民發言。中國雖然處於分裂分治狀態，但海峽兩岸都盼望未來能統一；現今全球分裂國家，東西德、南北韓在聯合國內均擁有會員席位，我國自然也期望能比照辦理。現在我國因為不是聯合國會員國，無法參與其主導的蒙特婁議定書（Montreal Protocal）的簽署，因此將面臨其他簽署國對我國生產氟氯炭化物（CFC）家電產品禁止輸入的困境。我國家電產品輸出為數甚巨，我國對議定書的規定均願遵守，只因不是聯合國的成員，就要遭受如此嚴重的貿易制裁，實在極不公平，對我國民眾的權益傷害至巨。此一問題雖是技術性問題，在今天兩國元首會談中不會觸及，然而閣下為本人母校耶魯大學法學院畢業的傑出校友，所以特別提出來詳細說明，請自人權觀點思考此一問題的嚴重影響。

阿拉塔斯部長仔細聆聽後，表示我所指出問題的確值得認真考慮，只是中共是安理會常任理事國，對新會員入會有否決權，癥結是我國究竟將以何種方式加入？我說我國基本上主張以分裂國家平行入會方式，如東西德均為聯合國會員國，但兩德已於三年多前統一，目前倘若我國無法成為正式會員國，退一步以觀察員身分參加亦屬可行。

阿拉塔斯部長表示，聽到我很深入的分析後，覺得我們友邦所提的研究委員會實有其合理性；然而目前國際情勢尚非對我有利，建議我國要先打好基礎，先設法多參與國際活動。他個人的看法是我們最好直接和中共溝通，使中共方面瞭解我們的苦心，減少阻力。

稍後我們又就兩岸關係、我國有意參與不結盟國家組織及成為東協組織部分對話夥伴問題，進行長時間的交談。阿拉塔斯部長承認，此次談話對渠裨益甚深，並指出「形式」與「實質」兩者之間是值得推敲的，中華民國所扮演的角色，其重要性及成就均已呈現，無人能予忽視；深信雙方密切的合作關係是互利的，中共會強烈抗議也是意料中事，無須理會，印尼追求獨立自主的外交政策。

最後，我歡迎阿氏伉儷到台灣渡假，也許台北比較敏感，可以去中南部打球、遊覽，俾可繼續此一深具意義的意見交換。到五時許，李總統返回旅邸，我就陪阿氏上樓向他致意。阿氏辭出後，李總統和我就兩項談話內容稍做簡述。當天晚上李總統伉儷在旅邸設宴款待哈比比部長夫婦。

次日上午，李總統先去峇里島北部參觀梯田灌溉系統（Supak Irrigation in Bali），接著再參觀島南的紅樹林計畫（Mangrove Project）——這個計畫是將原來本養魚蝦的池塘，改成種植紅樹林，好讓海水得以淡化。對於有農業經驗的李總統來說，十分重視這半天的行程，不斷與作陪的印尼官員討論。他也走在田隴間，有時彎下腰來檢查稻穗成長的情形。

二月十四日，我們轉往泰國普吉島，但是二天前我們就獲悉由於中共方面的大肆抗議，原來約定十六日上午李總統和川立沛總理的會晤被取消。然而我國駐泰的劉瑛代表非常努力，立刻改洽國會議長馬祿（Marut Bunnag）款宴，因為他在年初曾訪華，我也曾款待過他們伉儷；並洽由李總統拜會蒲美蓬國王（King Bhumibol Adulyadej）。

全團於當日上午九時乘專機離峇里島，哈比比部長伉儷及印尼官員均在機場歡送。

十一時半抵達普吉島，原定由林日光接機，由於中共的抗議，改由泰國國務院副祕書長潘沙通（Pongsathorn Siriyodhin）及普吉島省長蘇吉（Sudjit Nimitkul）接機，同時很多僑胞和媒體記者亦在機場。媒體沿途追逐，在旅館內亦有不少記者。我們直接前往下榻的太平洋島嶼俱樂部（Pacific Islands Club）。午餐時也有大批記者包圍。在眾目睽睽注視下用餐，的確很尷尬。由於要實踐「渡假」的目的，所以飯後就去有名的藍谷（Blue Canyon）高球場球敘，林日光副總理已在球場等候。這個球場管理很嚴格，因此媒體無法進入。在打到第十三洞時，天降大雨，所以就結束了。

## 李總統於曼谷會晤蒲美蓬國王

晚間，林日光副總理伉儷在杜實旅館（Dusit Thai Hotel）為李總統一行洗塵；他也詳細說明了這次泰國政府所遭遇的困難，以及後日川立沛總理無法會晤的苦衷。

十六日早上十時十分，我們離開普吉，一小時後到曼谷，即往中央廣場旅館稍事休息。中午赴瑪祿議長在旅館的午宴，作為陪客的朝野政黨領袖不少，但是政府官員都沒有參加。飯後李總統稍事休息即赴皇宮。蒲美蓬國王在二樓接待室會晤李總統、蕭萬長主委和我。泰王曾於一九六三年六月訪華，我曾隨侍傳譯[6]，過了三十多年他還記得。談話時間約一小時十五分，泰王先詢問兩岸關係，李總統詳細說明他主政以來的做法，特別介紹《國家統一綱領》。接著，李總統指示我向泰王報告對於大陸未來發展的研判。我說明大陸未來持續發展的可能很大，然而大陸仍面臨不少問題，如中央與地方的關係、沿海與內陸發展不平衡、所得分配懸殊、市場經濟準則亟待建立、政治教條化如何因應多元化的發展，以及新的社會價值標準的確立。

---

6　請參閱《錢復回憶錄典藏版．卷一：外交風雲動》第八九～九〇頁。台北：天下文化出版社，二〇二一年。

泰王認為，大陸未來發展可能近於解體後的蘇聯。他很擔心美國將來可能在大陸生產戰機，這將構成對東南亞的威脅。鄧小平走後，希望能有一位有智慧的人領導中共。泰王也指出發展應該是漸進的，不宜過於迅速，太現代化了，就業機會反而減少。

李總統表示，泰王的山地計畫已進行多年，合約明年六月將屆滿，現有十八個推廣點，這個計畫倘能持續推動，將有裨益。泰王答以這個計畫現在是由基金會主持，其他國家都由私人企業與該基金會合作，貴國亦可以此一方式繼續合作。貴國的友誼本人甚為感激，現在泰北山地居民生活較過去改善許多，亦不再種植毒品。

李總統又指示我向泰王報告赴菲律賓和印尼訪問的情形。我將在兩地高層討論情形報告，並指出原先與川立沛的會談，可惜在行前被取消。泰王解釋川總理對我方擬討論之課題，均甚明瞭，可惜格於形勢未能晤面；然而此地（指皇宮）則無限制。

接著，李總統令蕭主委向泰王報告中泰經貿關係，蕭主委指出我國最近在泰投資減少，主要是由於泰國尚未與我國簽署投資保證協定及避免雙邊課稅協定，而其他東協國家都與我國簽署，因此投資者都赴這些國家。泰王說明過去數年泰國政局不安定，投資環境欠佳，不單對貴國如此。

談話到五時五十五分，李總統興辭，由皇宮直接前往機場。在途中他邀我同車，看出來他過去多日的緊張和壓力，在此刻都釋放了，和我談了不少政壇的內幕。

李總統的專機傍晚六時半自曼谷機場啟程返國，專機升空後華航的機組員立即開香檳祝賀此行的成功。李總統也開懷暢飲並和機組員、隨行記者攝影留念。我在機上為李總統返國記者會寫了六項要點：（一）、後冷戰的國際經濟是走向區域合作，因此亞太地區各國政府領袖宜對我國有明確瞭解，並應有充分交換意見的機會。（二）、中華民國的經濟必須加強區域合作才能有進一步的發展。（三）、我們和出訪的三國雖然沒有外交關係，安排過程也遭遇到相當的困難，但是能和三國領袖充分晤談，充分瞭解他們的看法，對推動地區合作甚有裨益。（四）、所訪問的三國領袖對我國的尊重和期許超過我們的想像，對於他們撥冗會晤敘談，充分交換意見極為感紉。（五）、此行由於對當地政府的尊重，所以無法和僑胞充分會面交談是一項遺憾，但是也曾利用機會和僑胞們非正式的晤面交談，設法瞭解他們所遭遇的問題和困難，我們也會逐一予以處理解決。（六）、國家倘要順利發展必須避開意識形態的爭執，在和平、進步、繁榮的基礎上進行。中華民國是一個愛好和平的國家，很樂予對於各國民眾給予協助，我們對於任何國家，包括中共在內，都沒有敵意，很願意將台灣的發展經驗與他們分享。

## 打開了東南亞國家的大門

我在返回台北的飛行途中也利用時間閱讀了泰國媒體對於李總統訪問的報導和評論。二月十六日的英文《曼谷郵報》（*Bangkok Post*）以〈泰國沒有理由向中國叩頭〉為題撰寫了長篇社論。文中提到：「中國應該尊重鄰邦的主權和獨立，特別是外交政策。菲律賓、印尼和泰國決定打開大門讓李登輝總統做『私人訪問』，並沒有在任何意義上形成對中國的威脅或者影響到對中國的關係。基於此點，北京神經過敏的表現實在沒有必要。……台灣在泰國的投資僅次於日本及香港居第三位。泰國的勞工在中東地區逐漸失去其市場，台灣代而成為泰國勞工的主要市場。……所以泰國必須對『大哥』表達其有權利及自由決定其外交政策的方向，尤其不需『大哥』來告知如何去接待外國的貴賓或者應與何人交友，更不必接受『大哥』粗暴的警告。」這篇社論的確反映了這次訪問的具體意義。

國內的媒體對於李登輝總統東南亞的渡假旅行也有不錯的反應。《聯合報》在啟程當天（二月九日）以〈李總統訪問東南亞的多方面意義〉為題撰寫社論，其中提到：「尤其，際此歲尾年初，國人均在準備歡度春節假期之時，國家元首猶自不辭辛勞，風塵僕僕，為開展國際活動空間，推廣經貿交流網路，而遄赴無邦交國家訪問；這種為國宣勞的精神，著實令人欽佩。……綜合言之，李總統此次東南亞之行具有多方面的作用；尤其在促成『西進』與『南向』大陸政策與務實外交間的均衡發展上，更具有非同凡想的象徵意義。」李總統返國次日（二月十七日），《自立早報》以〈慰勉外交部長錢復〉為題發表社論，指出：「李總統登輝先生此次完成對東南亞三個國家八天的訪問，中外人士及新聞媒體均予以高度評價與肯定，咸認為是一次很成功的外交之旅。……李總統此次東南亞之行，即在『務實』之下從事外交的『破冰之旅』。整個訪問過程固然是『忍辱負重』，唯誠如李總統所指出，如果政府一直考慮堅持名稱，外交就無法打出去。李總統在返國後的記者會即再三強調，只有保護國家利益，拓展國家活動空間，以求國家的生存與發展，才是最主要的目標。」

香港出版的《遠東經濟評論》於三月十日以〈向南看〉（Looking South）為題，評論李總統此行是「務實地將對外關係與國家利益結合」，指出這次旅程較諸在遙遠無關地區與中共競爭外交承認要重要得多；因為東南亞的天然資源、熟練的勞工加上台灣的資金與技術是最佳的配合。該文也引用我的談話，說明此次旅行不是製造兩個中國或一中一台，我們的基本政策是一個中國和國家統一，不過目前中國是處於分治的狀態。我也指出李總統的訪問是打開了東南亞國家的大門，使我們的業者對這些國家產生興趣。

在外交部擔任部長工作六年間，我還曾兩度赴印尼訪問，第一次是一九九三年二月，第二次是一九九五年十一月。兩次訪問均是由哈比比部長邀請，因為蘇哈托總統特別指定他擔任兩國間的聯繫。第一次訪問，蘇哈托總統在二月十五日接見我，談話約七十分鐘，他主動提出要邀請李登輝總統來峇里島渡假會晤暢談，這是第二年訪問的濫觴。第二次訪問是因為蘇哈托總統準備在大阪舉行的亞太經濟合作組織的領袖會議中，與中共國家主席江澤民會晤，他接受哈比比部長的建議，要我專程前往雅加達向他分析中國大陸的情勢。這次訪問時間不到二十七小時，我利用機會和印尼文化教育部瓦第門部長（Wardiman Djojonogaro）詳談，說明我國企業界人士在印尼投資者日益增加，因此企盼印尼政府在我投資較多的地點設立台北華文學校，以嘉惠投資國人的子弟，他也欣然同意。

## 一九九〇年首度出訪南太平洋諸國

我接任外交部長後第一次出國訪問，卻是去南太平洋的巴布亞紐幾內亞。一九九〇年五月二十日李登輝總統就任第八任總統，巴國外長索瑪利（Michael Somare）率團來台北慶賀，十一天後我就任外長，他立即來電祝賀，我也覆電答謝。八月十八日索氏派巴紐駐馬來西亞高級專員華雷波（Anthony Farapo）和二位隨員來看我，面遞他的邀請函約我率團訪問巴紐，參加該國十五週年的獨立慶典，日期是九月十六日。華氏並面告巴紐對我國的關係甚為重視，雖然與中共有正式外交關係，此次邀訪使用正式國號，並且是公開的正式訪問。

我和主管亞太事務的房金炎次長及亞太司石承仁司長研究，鑒於巴紐幅員遼闊，在南太平洋僅次於澳洲；農林漁礦等天然資源甚為豐富，極具發展潛力，且索氏誠意邀約，因此經呈報行政院核可，前往訪問。

為了能與巴紐方面積極推動技術合作，特別約了台灣糖業公司董事長葛錦昭、農業發展委員會副主任委員林享能、經濟部投資業務處長黎昌意三位同行。此外我國台中興農公司董事長楊天發君早已在巴紐推動國人投資，所以也約了永豐餘造紙公司經理劉思誠、環美家具集團副總裁王貴恆和新藝家具公司總經理許德全同行。

我們於九月十三日下午飛往新加坡，午夜時轉飛巴紐首都摩里斯比港，次日清晨抵達，索瑪利外長親自迎接。我在巴紐訪問三天半和索外長五次長談，他並曾三度款宴，真是十分禮遇。十四日中午我和納馬流總理（Rabbie Namliu）會談，我提出我國盼望能參加南太平洋論壇（South Pacific Forum）作為會後對話夥伴，他欣表同意，並稱將在年會中積極為我仗義執言，稍後在納魯（Nauru）舉行的第二十一屆年會中，他和納國杜維友果總統（Bernard Dawiyoga）非常努力為我國發言，可惜由於澳洲霍克總理（Bob Hawke）反對，經過激辯，仍遭擱置。直到二年後在索羅門首都舉行第二十三屆年會時始獲通過。

我也和總理談到此行有幾位農業負責同仁同行，現正與巴紐相關首長商談簽訂農業合作協定；總理表示應可進行。他亦指出巴紐百廢待舉，甚盼能和我國多方合作，可惜澳洲對巴紐控制甚嚴。該國最重要的礦產是銅，在布干維島（Bougainville），而澳洲不斷唆使該島設法自巴紐獨立。

此行最重要活動為參加九月十七日（因十六日為週日延後一天）在國會大廈前舉行的獨立紀念升旗典禮及茶會。本團於清早七時二十分即抵達會場，稍後中共大使趙維抵達，他對大會司儀總理府祕書長表示：聽說台灣外長來了，要將他趕走，才會入席。此時索瑪利外長對他說：錢先生是本人和我國政府貴賓，專程來參加慶典的。趙君對索氏抗議，索氏即說「你走」（you go）。全場賓客都目睹此一場景。升旗典禮結束後的茶會中，不少巴紐首長向我表示歉意，若干外國使節也趨前致意。我說今天是巴紐國慶，希望大家都能共同祝賀巴紐國運昌隆。典禮結束後，我就搭飛機前往馬尼拉。當晚菲律賓總統府文官長馬卡拉乙（Catalino Macaraig）設宴款待，菲國馬格拉普斯外長（Raul Marglapus）亦在座，談話以如何使兩國總統互訪為主。次日清晨菲國艾奎諾總統（Corazon Aquino）在官邸以早餐款待，談了一百分鐘，她對我當年在東京與其故夫艾奎諾參議員[7]的談話念念不忘。她表示菲國經馬可仕多年的濫權，經濟情形十分困難，現在很多菲

---

7 參閱《錢復回憶錄典藏版．卷二：華府路崎嶇》第一一〇～一一二頁，台北：天下文化出版社，二〇二一年。

國人民在海外工作，其所得匯返菲國使國家財政困境稍得紓解，因此企盼我國能多雇用菲國外勞及女佣。我說明依現行規定只有「十四項重大建設」和「五百戶以上的國宅興建計畫」等工程才能申請專案引進外勞；唯個人瞭解，國內一般勞工短缺是實，可是勞工團體對於引進外勞仍多阻力，尚待化解，返國後當向政府詳細報告設法酌情增加引進。

自總統府出來後，我又去拜訪當時的前國防部長羅慕斯及其妹前聯合國副祕書長席哈尼夫人（Mrs. Leticia Shahani），羅氏坦告即將角逐下任總統，他很健談，結束後我就飛車前往機場趕搭華航班機返回台北。

## 一九九二年二度出訪南太平洋諸國

兩年後，我又二度訪問南太平洋，這次是應美國西部州議會聯合年會邀請我去關島擔任主題演講，日期是一九九二年十一月十六日。我利用時間去訪問斐濟、東加王國、紐西蘭和新加坡。

斐濟雖然和我國沒有正式邦交，但是斐濟甘穀勞（Sir Penaia Ganilau）總統和副總統馬拉（Ratu Kamisese Mara）都曾多次來華訪問，對我國友好，而我國在斐濟的單位也正式使用國號。不過在此時稍前該國曾有軍事政變，軍人經由選舉擔任內閣總理，我覺得似宜往訪以建立關係。由關島去斐濟要經過夏威夷轉機，一來一往再加上候機時間，路上整整走了一天。

我在十一月十九日晨到達斐濟的國際機場南地（Nadi），政府禮賓官來接，並提供二輛禮車前往首都蘇瓦（Suva），車行約三小時。當天下午就去國會拜訪總理蘭布卡少將（Sitiveni L.

Rabuka）談了一小時。我先對他在五月大選領導斐濟人憲政黨（S.V.T.）贏得勝利，表示祝賀；並對稍早南太平洋論壇年會斐濟助我成為對話夥伴中致謝意。

欒氏對我國稍早向法國購買幻象戰機及向美國購買F-16戰機甚感興趣，提了不少問題，我一一答覆。他對我國在政治經濟各方面的成就，都很瞭解，並甚欽羨，認為我參與南太平洋論壇活動後，必對此一區域的經濟發展有所獻替。斐濟甚願在互利基礎上和我國發展並提升關係，現正在審慎評估中。斐濟原能做更大努力改善雙邊關係，惟由於四五年前的軍事政變後脫離了大英國協，在國際關係上必須特別注意重要國家的反應。欒氏對我代表郝院長邀他前往我國訪問，表示當及早成行。

接著我又拜會副總理兼外長波雷（Filipe N. Bole），談話中我表示斐國宜使其農業多元化以吸收更多外匯，我國願在農業技術方面協助。此外職業訓練對該國亦甚重要，我亦可提供協助。波雷外長表示我國經濟發展已甚有成就，若干人力密集產業或可至該國投資。

稍後我又去拜會南太平洋論壇（祕書處設在斐京）祕書長塔拜（Ieremia Tabai），因為我國剛經過論壇年會通過成為會後對話夥伴。我說明一九九三年的諾魯年會，我將派團前往，在參加對話之前希望祕書處提供相關資料，俾可先行研究有那些計畫可以參與，同時也邀請他擇期訪華。塔氏表示我國發展經驗可供多數會員國參考。他將提供詳細資料予我駐斐濟代表團，並盼及早來訪。

斐濟總統甘穀勞因重病在紐西蘭住院診治，副總統馬拉正式代理總統職務。我們有十多年的友誼，他對我的訪問十分愉快，向我駐斐濟的吳明彥代表表示，因為雙方無正式邦交，無法在南地給我正式的歡迎，希望我能到他的原籍洛馬洛馬（Loma Loma），他將以傳統儀式盛大歡迎。因此二十日清晨我們就搭了一架只能坐七個乘客的小型飛機前往勞伍島群（Lau Group），飛了八十分鐘後到達上空，機師說地面有大雨。我們在上空盤旋半個小時，仍不能降落，因為油料關係，只能折返蘇瓦。稍後仍請吳代表將禮物呈送馬氏。他告訴吳代表，那天大雨連續五小時是前所未有的。

我國在斐國附近有一個邦交國是吐瓦魯（Tuvalu），該國總理兼外長潘恩鈕（Bikeniben Paeniu）聽說我在斐濟，特地趕來，我利用二十日下午和他長談。他當時只有三十六歲，已擔任總理三年。吐國原名是艾理斯群島（Ellice Islands），一共九個島嶼，人口只有九千人。潘氏表示吐國經濟主要是依賴椰乾，由於國際價格低落，導致財政困難，目前尚有若干吐國國民在海外就業，提供僑滙，另外就是發行圖案美觀的吐國郵票。

次日凌晨，我們乘斐濟航空的班機飛往東加王國的首都東加大埔（Tongatapu），途中約九十分鐘。該國由三個群島組成，人口約十萬，立國已有一千多年，是南太平洋島嶼國家中最具歷史傳統的國家。我國是在一九七二年和東加建交。東家國王杜包四世（Tupou IV）及王后曾多次來我國訪問，都是我和玲玲接待，因此相當熟稔。國王博學多聞喜歡聊天，多次我們陪他們伉儷去參觀，他寧可拉住我談天，對於觀光興趣不大。他們兩位聽說我們要去訪問，非常高興，對歐陽璜大使伉儷表示一定要好好接待。國王和王后商量後認為要讓我們住在王后的宅邸，圖福瑪希宮

（Tufumahina Residence），他們也要以國宴款待我們，但是基於禮節的考量，不在王宮舉行，而安排在二王子的宅邸（Kauvai Residence）辦理，他們伉儷親臨主持。

因此我們抵達東加大埔機場，由王儲兼外交國防大臣杜波塔（H. R. H. Crown Prince Tupouto'a）親自歡迎，並陪同前往王后宅邸略事清洗。中午前往二王子宅邸，杜包四世伉儷已在迎迓，國宴場地極為寬敞，有一個稍高的舞台，上面放了一張六米長，一米半寬的長餐桌，上面擺滿了食物，像是整隻烤乳豬、一長段烤牛肉、整隻烤雞、龍蝦、芋頭、甜芋等，席中有四個座位，國王伉儷居中，我和玲玲分坐兩旁，舞台下有四、五條長桌，也是放滿了食物，有近百位賓客坐著，據說王室和整個內閣、使節都在，但是由於我在台上無法和大家致意。

我們台上四人，每人有二位年輕的女士照料，先將各盤食物逐一放在我們面前，倘要取食，他們立刻切片或剝殼，使我感覺到有些像清朝有關乾隆帝的連續劇中，和珅在家用餐的模樣。

這頓飯吃了二小時，期間杜包國王談興極高，由途中飛行的情形，談到他的航海嗜好，由南太平洋的開發，談到聯合國問題（當時東加並非會員國）。

第二天是週日，東加王國視為安息日，不能有正式行程，所以乘船到離島法弗島（Fafa Island）觀光，海底有很多珊瑚。另外有一個地方叫「吹風洞」（Blow Hole），乃是海中的石塊受到風的影響，會形成海中的噴水。

當天晚上歐陽大使伉儷在官舍款宴，王儲和二王子伉儷都參加。原來我們在東加大使館，辦公室和住所是同一棟樓房，樓上約三十五坪是住所，樓下約五十坪是辦公室，宴客時又變成客飯廳，房舍老舊而且狹隘。歐陽大使甘之若飴，從未表示不便。我看了向他表示應該更換，他說王儲有土地，可提供我國建館舍和官舍。第二天我去拜會王儲，他親自陪我去看在海邊的土地，十分合適，就決定盡早興建。

二十四日我們要離開東加，早上去王宮辭行。國王特地在王宮升了我國國旗，有樂隊演奏我國國歌，並且有警察儀隊請我檢閱。辭行時國王談興甚高，由中共的十四全大會，問到香港四年七個月後將如何等等。到了我們必須告辭時，她們伉儷又和我們一起回到我們住的地方，歐陽大使夫人已準備了許多炒飯、炒麵、春捲、蹄膀、叉燒，都是國王所讚賞的食品，原來每週週末歐陽夫人都定時送食物到王宮。中午時刻，我們搭機由東加飛往紐西蘭北島的奧克蘭。

我去奧克蘭一則為過境換機，再則是和紐國副總理兼外長麥金儂（Don McKinnon）會晤；麥氏在初任國會議員時曾來華訪問和我晤談相當投契，我們以後也時有函件往返。他一直記得在他的政黨——紐西蘭國民黨大選挫敗時，我曾去函慰問。所以此次聽說我要過境奧克蘭做一夜停留，就決定由首都威靈頓飛過來和我餐敘。

我們抵達奧克蘭時，紐外交部北亞司長艾爾德（Chris Elder）在機場歡迎。晚間麥金儂部長在機場旅館貴賓室款宴。並邀請紐台商業協會會長托德爾爵士（Sir Ronald Ramsay Trotter）伉儷、紐西蘭航空公司總裁馬克禮（James McCrea）、艾爾德司長；我方亞太司長鄧備殷、駐紐西蘭代表屠繼光夫婦和廖偉平處長作陪。

宴席間我們曾就中共十四大的意義充分交換意見。麥氏特別提出十二月中紐將舉行貿易諮商會議，希望能夠處理紐國水果、牛肉、海產及乳製品的進口關稅問題。他瞭解這對雙方都是相當敏感的課題，因此他建議必要時可以由我們直接洽商。我對這種方式表示贊同。

麥氏坦白告知紐國目前對中共仍有顧忌，因此對於和我國改進關係係必須審慎。我說自從美蘇冷戰結束後，中共過去在兩大間舉足輕重的制衡作用已經消失，因此各國與我交往，中共大多提出抗議；雖然如此，我仍願坦告在推動中紐關係上，決不會使紐方有所為難。麥氏告稱為促進雙方實質關係的加強，紐方計劃派遣與民航、貿易觀光有關的部長訪華。我即表示歡迎，請及早告知來訪時間以便妥善安排行程。

由於南太平洋論壇已於同年七月上旬通過接受我國成為會後對話夥伴，所以我特別表示我國和南太平洋島國交往是以互利的原則，協助此一地區發展經濟。此點當亦與紐國利益相符，希望紐國能以在該地區的影響力給予我國支持。麥氏對南太平洋情勢甚為瞭解，表示樂見我方有所進展。

這次晚宴長達三小時，麥氏嗣後當選大英國協（British Commonwealth of Nations）祕書長，離開紐國政府赴倫敦就任。我國駐英代表和他偶有會晤，他一定向他們表示要向我問候。

## 新加坡三天訪問

二十五日，我由奧克蘭飛往紐國南島基督教會市續飛新加坡，晚間十時抵達，星外長黃根成伉儷來接機。

因為一九九二年初黃外長曾正式來函邀我於任何適宜時間訪星，所以我就安排最後一站去星國做三天訪問。二十六日我和黃外長有長時間的談話。我先就中共十四大以後的形勢做一分析，特別是兩岸關係，自五年前開始開放大陸探親後，前往大陸的人數本年已達二百萬人次，而民間交流也逐步展開。只是中共在國際間仍多方對我阻撓，因此迄未能進入國統綱領的第二階段。而且中共在外交方面的打壓，反而助長台獨的聲浪。

接著，我們就柯林頓當選美國總統充分交換意見。星方因為他出身南部州長，並無太大認識，而柯氏曾四次訪華和我方交往甚為頻繁，所以很希望瞭解我們的看法。我說明此次柯氏能擊敗尋求連任的布希總統，主要原因是美國陷於經濟困境，預算、貿易和國際收支的三項赤字，嚴重威脅美國經濟的發展。柯氏主張平衡預算，的確是針對問題的核心，他年富力強，在這方面可能會有建樹；他也會致力消除各國對美貿易的不公平做法。在國家安全方面，柯氏重視國防及維護國際和區域的安全，因此東協國家無須因執政者的更易而憂慮。那天我也拜會了黃金輝（Wee Kim Wee）總統和星國元老吳慶瑞。

二十七日拜會吳作棟總理，他對於雙方關係表示滿意，同時對台商在大陸的投資表示興趣，此外，他也對國內台獨聲浪升高表示憂慮，我都逐一向他說明。在我到星國前，他的兩位副總理王鼎昌和李顯龍都先後發現癌症，王氏仍力疾從公，李氏則請假休養，吳總理很感慨的說，政治人物壓力太大，時間不夠分配，很容易使健康受損。我說保持健康最好的方法，就是起居飲食有度，而心情歡悅，不受周遭環境的影響最為重要。與吳總理談畢，就接受王鼎昌副總理的款宴和高爾夫球敘，他的心情非常豁達，對於癌症毫不在意。

當晚我應星國政策研究中心（Institute of Policy Studies）邀請，以「柯林頓政府之美國與亞太關係展望」為題做專題演講。在座聽眾都是星國各界菁英，也提出不少問題。

二十八日我在返國前去拜會李光耀資政，他剛由南非訪問歸來，對於在國外獲悉愛子罹患癌症，心情相當沉重。我們的談話以兩岸關係和擬議中的「辜汪會談」為主，在本章稍早已有敘述。

## 我國的外交困境與可行之道

在本章結束前，我想針對澳洲的關係以及南太平洋島嶼國家相互承認二點稍作說明。

澳、紐兩國是同時在一九七二年十二月二十二日和我國結束外交關係，並和中共建交。我國在一九七三年三月獲得澳國政府同意在墨爾本設立「遠東貿易公司」，稍後於一九八一年十月，澳國在台北設立「澳大利亞商工辦事處」，並同意我方在雪梨設立遠東貿易公司的分公司。

一九九〇年十月，中澳兩國的政府代表初次在美國夏威夷的檀香山，舉行第一次中澳經貿諮商會議。一九九一年三月澳政府同意我國在首都坎培拉設置台北經濟代表處，並將原在墨爾本和雪梨的遠東貿易公司改為「辦事處」，也就是坎培拉代表處的分支機構。雙方也在同時開始討論中澳民航協定，九月簽署，十月十一日正式開航。兩國通航後貿易和觀光的數字增加很迅速。

我國是一九七三年五月在紐西蘭北島的奧克蘭設立「亞東貿易中心」。一九八一年七月再遷往紐京威靈頓，而奧克蘭設分處。紐西蘭方面在一九八七年由該國總商會出面在台北設立「紐西蘭商工辦事處」。一九九一年六月中紐雙方簽署民航協定，九月七日正式開航。通航以後，中紐和中澳通航一樣，實質關係增進迅速。

我國外交的推動最大困難，在於自退出聯合國後，承認中共的國家遠超過承認我國的國家。各國外交部官員都受傳統國際法的影響，特別是英國國際法大師勞特派克（Hersch Lauterpacht），他認定：承認是國家間各項關係的基礎，而當時我國和中共對於中國主權均做排他的主張，因此任何一國既然承認了中共，就不能和我國發生關係。在我接任外長以後，認為這種傳統的法律觀念，對我國對外關係的拓展十分有損。同時，國內主張台灣獨立的聲浪日益升高，我在立院常被在在野黨委員質詢，為何不宣布獨立，如此外交關係必可大大拓展。我的答覆是：獨立是否能帶來外交的拓展是未知數，然而中共一再公開宣布，若台灣獨立必使用武力來對付我們，因此對人民生命財產的傷害是確定的；一個負責任的政府絕對不能為了一些不確定的未來利益，卻使民眾遭受立即的傷害，因此「獨立」不能成為政府的選項。

私下我曾和外交部房金炎次長多次討論這二個問題。房次長在台灣大學政治系是我的學長，以後獲得華府美利堅大學哲學博士，博學多聞，他具體建議我國應該在無邦交國家設法成立冠國號的代表團，他也劍及履及在非洲、拉丁美洲很多無邦交國家穿梭訪問，設立了好多個「中華民國商務代表團」，以後更在拉脫維亞設立了中華民國總領事館。

另外房次長也提到，除了建交，我們也可以和一些無邦交國家建立「相互承認」的關係，也就是說，雖然這些國家基於和中共有正式邦交的關係，不能和我國建交，但是仍能承認我國是一個國際法人，使我們在國際社會中的朋友增加。

基於這項考量，一九九二年九月南太平洋島國瓦納杜（Vanautu）的外長伍沃爾（Serge Vohor）率團來華訪問，我和他在二十四日簽署聯合公報，正式表明兩國依照國際法原則相互承認。一九九五年五月，巴布亞紐幾內亞的副總理海維達（Chris Haiveta）來華訪問，我們在二十二日簽署聯合公報相互承認。一九九六年斐濟的波雷外長於十月來訪，這時我已卸任，新任外長章孝嚴和他發表聯合公報，兩國相互承認。可惜嗣後外交部對這項工作沒有積極推動。

# 第十三章
# 加強對南非邦交與多次訪問非洲

非洲地區各國的局勢變動較大，政權更迭頻繁，為了鞏固邦誼，我國的農耕團、醫療隊做出了相當多的貢獻，是我國在非洲地區耕耘外交關係中，不可或缺的得力後盾。

非洲大陸是我長期參與外交工作從未涉足或介入的一片土地。在我擔任外長後，就很重視這個區域，因為我們有不少邦交國是在非洲。

## 快速掌握非洲友邦狀況

最早向我介紹非洲地區的同仁，是我在接事時的非洲司副司長杜稜，不久我就晉升他擔任非洲司司長。杜司長對非洲地區和非洲人有一種極為熾熱的感情，他去過非洲無數次，從不擔心各種疾病或生活上的不便。他有一種很不同的獻身精神，願意為這個地區和人民奉獻。在我擔任部長最後的一、二年他為了多次赴非，長期出差，身心已達到疲困的狀態。他的愛女為了父親的健康給我寫了一封長信，其中最讓我感動的一句話是：「外交部可以有不少同仁擔任非洲司長，但是我只有一位父親，沒有任何人能替代他這個地位。」因此，我只能將他調往一個比較沒有壓力的單位，以後他的健康逐漸恢復。

另外一位常為我惡補非洲事務的同仁，是當時非洲司第二科科長法語專家陶文隆。幾次我去法語非洲國家都是他陪同，他多年留在國內，由科長升為副司長、司長，以後出使布吉納法索（Burkina Faso）。

非洲地區大致可分為：南部及東部非洲，都以英語為主要語言；西部非洲是以法語為主；葡語地區如莫三鼻給、幾內亞比索、聖多美等；另外還有北非，我們僅和利比亞稍有往來。

我就任外長時，在非洲有六個友邦和我們有正式外交關係，是南非、史瓦濟蘭、馬拉威、賴索托、賴比瑞亞和幾內亞比索。其中自然以南非為最重要，我在一九九一年初就首度前往南非和史瓦濟蘭王國正式訪問，並且就便在史國首都舉行非洲第十次地區工作會報。

南非原實行種族隔離（Apartheid）政策，國內黑人不滿，組成非洲民族議會（African National Council）對白人政府抗爭，恐怖暴動層出不窮；而國際社會自一九八五年起，對南非實施強制性經濟制裁，使南非整個財政體系陷入嚴重危機。一九八九年九月狄克勒總統（Frederik de Klerk）接任後，即全力推動改革，緩和國內動亂並突破國際孤立。他主要的做法是推動憲政改革，釋放民族議會領袖席蘇魯（Walter Sisulu）、曼德拉（Nelson Mandela）等。一九九〇年狄氏和曼氏舉行三度和平談判，逐漸將過去為黑人詬病的種族隔離措施以及緊急狀態予以解除，承認黑人政治及社會組織的合法地位，釋放政治犯等。到了當年十二月十五日，歐盟元首的高峰會議決定解除對南非的新投資限制，並肯定狄克勒的改革措施。

南非的國際處境此時逐漸改善，然而我國與南非的關係，卻因我國商人走私象牙及犀牛角、漁船在鄰近南非海域使用流刺網捕魚並汙染南非海域等案件，經南非媒體大肆渲染，對我國形象嚴重損害。此外，南非外交部執行長范海登（Neil Peter van Heerdan）於一九九〇年十一月密訪中國大陸，對中斐（南非通稱斐）關係亦投下陰影，因此我決定盡速赴南非訪問，並對其鄰邦史瓦濟蘭進行訪問。

## 出訪南非、史瓦濟蘭鞏固邦誼

一九九一年一月十六日凌晨，我飛抵南非約翰尼斯堡的國際機場，南非鮑塔（Pik Botha）外長前來歡迎，並在機場舉行記者會。由於當時波灣戰爭正箭在弦上，一觸即發，所以記者的問題都集中在於中東局勢；結束後我向鮑塔外長致謝告辭，登車直駛史國首都墨巴本（MBabane），約三小時十五分抵達。當晚我在大會堂參加史國正式歡迎宴會，並代表政府贈勳史國總理德拉米尼（Obed Dlamini）。

次日清晨三時接到國內電話，獲悉中東戰火爆發，我上午去拜會史國孟巴（George Mamba）外長，正好遇到美國駐史國大使向他簡報中東情勢並請史國給予支援。孟巴外長也將談話內容向我敘述。

十時在史國會議中心舉行非洲地區工作會報，參加者除國內同來的杜稜司長和林永樂科長外，只有六位大使和二位代表。我在開幕式時以國內本年兩項主要工作：「憲政改革和兩岸關係」為主題講了二十分鐘話。各位大使的報告中，以駐賴比瑞亞的鄧權昌大使的報告最引起同仁的注意。因為我國於一九八九年十月九日與賴國恢復邦交後，只經過二個月該國就發生內戰，迅速蔓延全國各地；隔年九月，賴國京城蒙羅維亞也陷入戰火，我國駐賴國鄧權昌大使和三等祕書林茂勳堅守崗位，到最後一刻才逃出賴京，前往東方鄰邦象牙海岸，途中艱辛備嘗，經過情形可以拍成電影。十月十七日下午鄧大使返國述職，我去機場迎接他，看到他憔悴的情形，心中非常不忍，二十一日晚，特別在家中款宴他們夫婦以及林茂勳祕書的父母親，對於他們二位為國家所遭的苦難表示慰勉，鄧大使極為勇敢的表示自己是軍人出身，國家有所需要，赴湯蹈火在所不辭。稍後他又返回象牙海岸京城，等待賴國情勢穩定。

鄧大使在會中報告：一九九〇年十一月二十七日西非十五國經濟聯盟（ECOWAS）舉行高峰會設法謀取賴國和平，要求政府軍及叛軍立即停火，而由聯盟派遣聯軍（ECOMOG）維持和平並監督停火，此項建議經內戰各方同意，因此和平已現曙光；但是長時間的戰亂，真是百廢待舉，同時國內種族間創傷也難以敉平。鄧大使具體建議，雖然已經停戰，政府尚不宜做大量援助，必須等待真正具有民意且能實際領導全民的政府產生，在和平安定的社會秩序重建後，始可做實質的援助。

地區工作會報，除各館處報告外，亦有不少提案討論，使與會同仁能夠對整個非洲地區的外交工作有全盤瞭解。史國的孟巴外長特於十七日下午四時半，冒著滂沱大雨到會場來給同仁講話，強調南部非洲的重要性，晚間並設宴款待各與會同仁。

十八日上午繼續開會，中午閉幕我就整個國際情勢，我國外交處境亦即同仁在非洲應在工作上著力的重點，講了半小時的話。會後我去為史國中華學校新建教室主持動工，然後前往史國農技團，聽取陳榮輝團長和手工藝技術團鄭善鎏團長做工作簡報，並和館團同仁聚餐。

十八日下午我和全體參加工作會報同仁，由章德惠大使伉儷陪同前往王宮（Lozitha Palace）晉謁恩史瓦帝三世（Mswati III）國王，德拉米尼總理和全體閣員均在座陪見。國王出現時有不少年輕的頌讚者（Praisers）以史瓦濟蘭語音吟唱頌詞，我們初次聽到不很習慣，以後則感覺非常悅耳。國王很年輕，他曾於十四個月前訪華，我曾和他晤面談話，這是再次見面，他表現的非常親切。接見地點是在王宮的大客廳內，有一個講台排有桌椅，他和我坐在中間，章大使、杜司長亦在台上，此外都是高級首長。台下有數排座位，男女賓客分兩邊坐。玲玲、章大使夫人由五位王妃陪同，由台上看下是右邊。接見時先有國王宣讀書面歡迎詞，對兩國密切的各項關係加以讚揚，也針對中東波灣戰爭表示不幸，並說中史兩國更應加強合作。我亦做答詞，介紹所有與會同仁，並對史國在國際場合給予我國堅定支持表示感謝。雙方並交換禮物。稍後他約我到書房進行個別談話，他有幾位顧問在場，但是我們兩人坐在沙發上，其他人都是席地而坐，並不是沒有座位，而是史國王室的禮儀——史國的官員不能和國王平起平坐。我們在談話中，國王一再期盼國人能到史國投資，我向他詳細說明如何能使投資者發生興趣的具體做法，並建議他下次來訪時為他安排投資說明會。這次拜會前後長達二個半小時。

十九日是週末，玲玲和參加會報的同仁由駐南非陸以正大使夫人陪同，前往克魯閣國家公園的史枯薩營區（Camp Skukuza, Kruger National Park）。我則由陸大使陪同返回斐京，在邊界時，斐外部官員及警衛均在迎接，直駛大使官邸。次日會同玲玲遷入斐京政府賓館（State Guest House），正式成為斐政府賓客展開正式訪問。這個賓館共二十間套房和隨從警衛的住所，由外交部科長法裔米歇爾（M. Michel）君負責，他們夫婦共指導十八位男女僕役為貴賓服務，十分體貼。我稍後去駐斐大使館和館內同仁會晤並接受斐國新聞媒體採訪。當晚我們又前往約翰尼斯堡參加全僑歡宴，共有二百五十多位僑胞購票參加，我在講話時先後使用國語、粵語及英語使大家都能瞭解。

二十一日上午，先往斐國儲備銀行拜會，為我們台灣銀行擬來斐設立分行事舉行洽談，接著又去斐京郊外堪普頓公園（Kempton Park）參觀斐國國防部軍備局（ARMS COR）所屬阿特斯（Atlas）公司，參觀該公司擬與我國合作生產的攻擊直升機 CSH-2 Rooivalk，該機已研發十年，三年後可量產，因其國防經費削減，故盼我方能參加。中午我又回到約堡出席斐國重要智庫南非基金會（South Africa Foundation）安排之午餐會，與會者大都是斐國意見領袖及企業家，我做簡短發言後，即對在座貴賓所提問題逐一答覆，前後二小時半。

下午赴總領館、經參處、新聞處、中華文化中心及國定中小學參觀，晚間是約堡倫士堡

（Willie J. Van Rensburg）市長夫婦晚宴。

二十二日清晨又赴約堡搭機前往開普敦，因為此時斐國國會開議，所有首長都在開普敦。下午在國會先拜會財政部長杜甫希（B. J. du Plessis），再拜會外長鮑塔。鮑塔外長先說明外界對兩國關係雖有揣測，但斐政府對我國邦交極為重視，中斐兩國均反共，他認為斐不值得與中共交往。我向他詳細說明中國大陸最近發展以及我國對中共的基本政策。他也詳述斐國的憲政改革，也就是政府與黑人組織的談判。

五時，鮑塔外長陪我前往拜會狄克勒總統，在會談前，狄氏先帶我在花園中散步供媒體攝影，以後再進入他的辦公室。我先將李登輝總統邀他來華訪問的函件面陳，他表示甚願來訪，只是與黑人團體的談判正在緊鑼密鼓階段，因此將在稍後再來訪問。他接著表示斐國珍惜我國的邦交，過去是患難與共，今後更當密切合作。我將中斐間正在進行以及計劃進行的合作計畫向他報告，他表示各項計畫他均曾有所瞭解，其中以我方所提的小農計畫最為重要，因為可以降低失業率。我提出最近若干南部非洲國家曾向我國表示盼建立正式關係，狄氏表示斐國可做我國與非洲國家的跳板。斐外交部副執行長經常密訪各國，盼能與我一談。這次談話約一小時，晚間鮑塔外長設盛筵款待玲玲和我，參加者有十位部長。這場宴會最使我感動的是上甜點前主人先致歡迎詞，我也致了答詞，在散席前鮑塔外長又上了講台請大家留下來，他說剛才是官式致詞，現在要說內心的話：南非是真心把中華民國當作一個好友，雖然兩國距離遙遠，但是心與心卻很接近；又對我做了不少讚揚，在座的我方賓客和僑胞都極受感動，也是我數十年外交生涯所僅見者。

當我還在史瓦濟蘭時，曾收到外交部來電告訴我肯亞的莫夷（Daniel Arap Moi）總統知道我在南非訪問，希望我能去肯亞和他會晤。我覆電告知部內，原則可行，但是我訪問非洲南部是奉院令核可，當時預定二十四日返國，現在要去肯亞，時程就會增加，必須報請行政院核定。肯亞面積五十八萬平方公里，人口二千四百萬，是東非大國，觀光事業發達，原以「大英帝國皇冠上之寶石」聞名，近年來章孝嚴次長及房金炎次長都曾往訪商談發展關係。我在開普敦多待了一天半等候肯國的消息，到二十五日晨，莫夷總統的嗣子吐伊（Mart Tui）來見，說明其父確有誠意與我會晤，但此消息由肯外交部祕書長向中共大使透露，中共方面以贈送二艘巡防艇做條件，要求肯亞勿與我接觸，因此我當日就返回斐京。二十五、二十六兩天，我利用空閒和斐外交部主管非洲事務副執行長艾文斯（Rusty Evans）暢談非洲各國情形，長達五小時，研討雙方如何配合對非的外交工作；因為斐政府在非洲各地外交活動頗有突破，我國亦受若干非洲國家的重視，雙方可互補彼此的工作，同時亦可就援助若干非洲國家的工作相互協調。

## 鮑塔外長的款待與答訪

二十五日是我在斐最後一晚，府方賓館的米歇爾對我說，你來斐國已近一週，還未在此地吃過一餐飯，明天就要回國，今晚由他來主炊。那餐飯十分精緻而且豐富，到上主菜時我發現銀托盤內的肉似乎是羊肉，我就取了一小片，慢慢的吃，並沒有羊騷味。米歇爾君一直注意著我，看我吃完後就問是否再要？我說很好吃，又要了二片較大的，很快的吃完。米君笑著問我是否知道吃的是什麼肉，我答是羊肉。他很得意的說：我聽說你不吃羊肉，只吃牛肉、豬肉。可是羊肉實在更美味，你不吃是怕羊騷味，所以我今天自早上起就處理這塊羊肉，先將所有的肥油切除，再將所有的筋都挑去，花了幾個小時的準備再去烤熟，完全沒有腥騷味，很高興你喜歡。我說：這是我五十六年來初次吃羊肉，真感謝你的細心和好意。米君夫婦和我們夫婦因而成為好友。

二十六日下午我由約堡起飛，次日返回台北，在對記者所做的談話中，我加了一段：訪斐期間，非洲某國政府表示盼能與我方會晤洽商，因此延後兩日返國俾與晤面，研商雙方發展關係之途徑，非洲司杜司長仍續留非洲做進一步之商談。

我去南非訪問後，鮑塔外長於同年十月四日來答訪，我和他有長談。他表示其夫人因脊椎問題，健康受影響，因為我國有傳統醫療方式——針灸，很希望能來治療。我告訴他，針灸可能有效，可能不一定有效，但至少可以降低痛楚，我很願意安排最佳的醫師為她治療。以後鮑塔大人曾來榮總住院治療一段時間，結果雖然未能根治，但使她整體健康情況有所改善。我和玲玲也常常去醫院探視她。

不過鮑塔外長其他的談話卻極為嚴肅，他告訴我斐國內工商界對於他完全不關切與中共的關係，所以無法進入大陸市場有很嚴厲的批評；因此前些時候，他透過關係向中共當局表示擬去做短暫訪問以瞭解大陸投資貿易的機會，但是對方迄無答覆。我很坦率的告訴他，去大陸無法保密，倘若消息外洩，必將使人誤會斐將和中共發生外交關係，他一再保證斐與我國關係絕不會受到影響。他也問起韓國似乎也和中共在接觸，我也說明當時中韓關係，以及韓國圖與中共來往也是寄望於大陸的廣大市場，但以大陸每人平均所得仍很低，可能在目前只是幻想。

十月六日是週日，我一早就去他下榻的晶華酒店和他長談，這次主要是討論對美國的工作，特別是如何可以藉我們和美國黑人組織的良好關係，使對方明瞭南非的種族政策經由憲政改革將大幅改善。他也希望我國能協助南非改善其與日本的關係，我告訴他日本目前政局動盪，俟稍微安定後當設法協助。我們也就下個月狄克勒總統來訪大致安排的情形交換意見。

## 南非總統狄克勒訪華與後續變化

狄克勒總統於十月十四日至十六日應李總統邀請來華訪問，他在上午九時抵達松山機場接受我方軍禮歡迎。當天下午我陪他先去忠烈祠獻花，以後再陪他去國立政治大學接受榮譽博士學位。來往木柵時，我們在途中有不少談話，主要是他將南非憲政改革情形向我說明，他希望將南非目前的四省中，杜省（Transvaal）分為四省，而將開普省（Cape Province）分為三省，共為九省。倘能如此，他的國民黨和印加塔自由黨（Inkarta Freedom Party，由祖魯族人組成）也許可能贏得多數，不至於使非洲民族議會獨大。他與民族議會的談判主要是以「權力分享」、「地方分權主義」（federalism）以及《憲法》內的《權利法案》（bill of rights）為主軸。我也向他反映，斐國民黨不應為單純的白人政黨，也應吸收黑人及有色人種（colored）參加，如此在未來全民選舉中才不致使非洲民族議會獨大。

晚間李總統在陽明山中山樓設國宴款待，我又陪他上山，下山途中他對亞洲各國的情形詢問甚詳。

十一月十五日上午李總統邀狄克勒總統打高爾夫球，原來也要我參加，但是當天是立法院總質詢，我就沒有奉陪。十時許我在立法院收到總統府蘇志誠主任的電話轉達李總統的指示，原來兩位總統在打高爾夫球時談到南非與大陸的問題，李總統要我和狄克勒總統詳談。因此我下午去圓山，先陪狄氏與我國工商界領袖會晤，結束後我去他的會客室談話，原來他向李總統提到南非準備派遣公務員以斐外貿協會名義去大陸推廣貿易。

我設法勸阻他，我指出中共在韓國設立「中國國際商會駐漢城辦事處」，但實際上主要的工作是政治性的，並積極爭取旅韓僑胞。此外，在其他我過去有邦交的國家，中共也是設立新聞或貿易單位，然後在該國積極活動，終於達到建交的結果。換言之，中共盼與斐互設商務貿易單位，其實際目的是達成建交。我企盼南非倘有需要，可使用民間公司名義以促進貿易交流。狄氏表示瞭解，並說明此行在公開場合或私下場合都一再表示，只要他在任一天，或在斐國仍具有影響力，中斐間的外交關係絕不會發生任何變化。我說這是我們衷心感激的。此時狄氏又將主持記者會，所以我建議由陸以正大使於返任後再和他或斐外交部做進一步磋商。

十六日上午十時狄氏乘專機返國，結束四十八小時的旋風訪問。可是過了一個月，南非政府於十二月十九日宣布將與中共在雙方首都互設機構，南非在北京設聯絡處，由外交部司長賴布斯堪（Leslie Labuscagne）任主任；中共在斐京設南非研究所，由謝志衡任主任。這和南非兩位重要首長訪華時向我方所談有很大的出入，外交部立即電請駐南非陸以正大使要求斐方澄清。陸大使先於一九九二年一月二十八日在開普敦和鮑塔外長有長時間的談話，陸大使表達了我國嚴重的關切，並要求盡快晉謁狄克勒總統。鮑塔表示既在北京設處，所派人員必須要他能完全掌控，因此派賴氏前往，該處在北京所發簽證以大陸人民為限，並以駐香港總領事館名義發給。鮑氏並表示，與中共換文明白規定雙方單位任何情況下不得使用國旗、國號或國徽，他亦曾明確告知對方，兩國雖建立直接接觸機構，但南非無意也絕不可能與中華民國斷交。

第二天一月二十九日，狄克勒總統就接見了陸大使，狄氏表明與中共所發展的是非官方關係，事前已向中共表達，此為雙方的終點線，而非起點。南非對我國友誼堅定，雙方關係密切，不能彼此指責，反使他人獲利，因此建議利用高層官員的訪問，做極堅定的陳述以杜絕外界不必要的揣測。陸大使表示我國勞工委員會趙守博主委將於一週後訪斐，迪氏當即表示將予接見。

趙主委於二月十一日晉見狄克勒總統，談話半小時後，再到另室對記者談話十分鐘，狄氏公開表示中斐友好關係甚為悠久，且不斷增進。中央社特派員張哲雄詢問狄氏，由於中共在斐設置單位，引起中華民國以及若干南非人士關切乃至疑慮，是否可請總統予以澄清。狄氏答稱：「本人曾在台北公開表示，南非與中共互設單位以促進貿易與其他基本需求，在目前或未來絕對不可能對南非與中華國的友好關係有任何影響。中華民國目前與中國大陸進行貿易，南非亦有市場的需求。吾人盼能盡力推動貿易，然而，我國與中華民國的特殊關係將不可能有任何負面影響。吾人的國際關係植基於榮譽而非現實。」這項公開談話對於抑制各方的揣測似有若干效果。

## 再訪南非會晤黑人領袖

一九九二年間，南非國內的白人執政黨「國民黨」和黑人主流政黨「非洲民族議會」之間，對於未來南非的憲政改革獲致相當重大的共識，狄克勒總統也宣布預定於一九九四年春季舉行全國大選，因此南非政局將進入全新的狀況。在陸以正大使履任前，我國在南非的大使館因為顧忌政府的態度，從未與占全國人口百分之七十五的黑人政治團體有任何接觸。陸大使洞察南非未來的政治發展必須與各方俊彥之士廣泛接觸，於是在取得斐政府當局默許後，率同全館同仁積極與非洲民族議會以及印卡塔自由黨的負責人士多方交往。因此外交部決定，次年非洲地區第十二屆工作會報在斐京舉行，我利用機會和黑人領袖會晤。

一九九三年一月九日晨，我和非洲司杜稜司長飛抵約堡，鮑塔外長到機場迎接，他告訴我，斐政府和非洲民族議會談判有相當進展，雙方將成立外交協商小組，使民族議會成員能直接參與外交事務，未來且可能進用黑人大使。

工作會報於十日和十一日兩天在斐京舉行，這次參加的同仁較二年前增加頗多，這是因為在非洲的單位稍有增加。十一日中午，鮑塔外長在我下榻的政府賓館設宴款待全體與會同仁，斐方有多位部長參加，宴會後我和他繼續會談，提到我國擬在斐東部那他省（Natal Province）的德班（Durban）市設總領事館，表面上是照料當地僑胞和我國商船，實際上是要多接觸附近祖魯族的根據地。他很爽快的同意。我也告訴他，此次來訪將分別拜會民族議會的領袖曼德拉以及印卡塔自由黨的領袖布特萊齊（Dr. Mangosuthu Buthelezi）。他則表示新加坡李光耀資政二個月前來南非訪問，和曼德拉談話頗久，曼氏似頗受李資政影響，瞭解民族議會必須與白人合作，南非的未來才能有希望。

十一日下午我搭機飛往開普敦，次日上午八時二十分狄克勒總統約見，我先就南非過去二年憲政改革的進展，期盼能在權力分享的情況下獲致真正民主，對他們即將成立過渡執行委員會（Transitional Executive Council）並於明年春舉行全國大選表達欽佩和祝賀。狄氏說南非憲改進程原相當平和，但去年發生多起暴力事件，如民族議會無法控制其支持者，則明年大選是否能順利進行，尚難斷言。狄氏說，所幸民族議會瞭解唯有權力分享，才能完成憲政改革。

接著我說明我國為南非未來政局發展考量，需逐漸展開與黑人組織接觸，此行將分別訪問曼德拉和布特萊齊，我國亦擬邀請曼氏訪華，並準備以農業技術、小農計畫和房屋貸款等方式給予支助。狄氏表示，民族議會在國際間總以「即將接掌政權」（government in waiting）的政黨自居，希望我方在接觸時勿使對方有此種印象。

談話間狄氏問了我對中共第十四屆黨大會以後所面臨的政治經濟問題、美國柯林頓新政府以及國際通貨膨脹等問題，我都逐一詳細答覆。

談話一小時後，狄氏帶我在花園中散步，並對記者發表談話，指出中斐關係密切，今日談話對雙方均甚有益。稍後我去開普敦總領事館以及海員俱樂部訪問。中午搭機返回約堡，立即前往民族議會拜會國際部主任姆貝基（Thabo Mbeki），他是曼德拉的繼承人，在黨內極為重要，他告訴我，中共的南非研究所知道我要去訪問，曾一再要求他拒絕接見我，本日上午還來找他。他表示民族議會獨立自主，不受任何外力干擾。

我對姆氏表示，我國已正式邀請曼德拉前往訪問，以瞭解我國經濟發展的原因，並可比較日本與韓國的經濟發展過程。我也指出以往南非政府限制故無法與民族議會交往，現在已有改變，我政府願全力配合民族議會對落後地區的建設。

姆氏認為南非未來政治發展前途光明，民族議會與白人政府在大選時間上尚未一致，前者希望在年底前，後者盼明年春。民族議會亦將於十五日與印卡塔自由黨會商，希望達成遏阻暴力的細部規定。

十三日上午九時半，我又回到約堡拜會曼德拉主席，國際事務部祕書沙路奇（Yusuf Saloojee）在座。曼氏先提到南非三年來政治情勢發展快速，雖然面對諸多困難，仍能持續推動；目前雖仍有若干黨派反對多黨選舉，企圖阻撓憲改革的進展，但終將受到說服。現在南非各種暴力、腐敗的情形都需要在選舉後予以克服。我提到民族議會和斐政府在恢復社會秩序和改善經濟方面已有共識。過去一段時間我國雖和南非有外交關係，但是對種族隔離政策始終反對，在我們仍在聯合國時期在這方面的投票紀錄可資證明，深信今後南非必能產生全民的政府。

我也代表政府再次正式邀請曼氏來華訪問，表達我國甚願提供經濟發展經驗供其參考，並提供職業訓練、農業技術合作等方案。曼氏說中華民國經濟發展成就卓越他早有所聞，對於我方擬提供的援助也相當瞭解。去年他在非洲團結組織於塞內加爾舉行年會時，也曾聆聽各國領袖有關我國的討論，印象深刻。

由於曼氏將於幾天後赴華府，應美國國會黑人議員團邀請參加柯林頓總統的就職大典，因為該黨團成員都是個人的好友，將特別致電該黨團請妥為接待，並請我方參加大典的代表團向他致意。

十四日上午我乘斐方提供的專機，飛往那他省的烏隆地（Ulundi）拜會夸祖魯（Kuazulu）政府（也就是印卡塔自由黨）總部，由首席部長兼黨魁布特萊齊接待。他先主持傳統的歡迎儀式，有很多的祖魯族勇士持了矛和盾做迎賓舞；接著我們進入內閣會議室，他的歡迎詞長達四十分鐘，對該黨受南非黑白兩大黨的冷落表示不滿，同時強調對我國的深厚友誼，認為在各國中應居首位。我也答詞說此次來訪受到隆重歡迎一如遊子返家，因此以家人一份子的立場敦勸他，未來南非成立全國性的政府，該黨在政府之內遠比在政府以外較為有利；只有在政府內才能有充分的發言權。我也勸布氏宜和狄克勒總統進行誠摯的對話，我特別指出在和狄氏及曼德拉氏談話中，都強烈感受到他們願意和布氏通力合作的誠意。

談話後共進午餐，在我和布氏單獨相處時，我特別向他提到，未來倘非洲民族議會要做出對中斐關係有所傷害的舉動時，希望他能出來仗義執言全力支持我國，布氏一口允諾。在返回約堡途中，同行的中央社記者張哲雄和中國時報記者曹郁芬，都利用時間採訪這次來南非的觀感。次日我結束訪問返國。

## 曼德拉訪華會晤李總統

半年後，曼德拉氏在一九九三年七月底來台北訪問，當時我正在哥斯大黎加出席中華民國與中美洲外長第一屆會議，未能在台北接待。他和李登輝總統有兩次談話，在談話前他去台中參觀了農業試驗所和職業訓練中心，因此李總統對他提到未來南非的建設必須使民眾——特別是黑人——能有充分就業的機會；此外也提到我國退除役官兵輔導就業的經驗也可以提供南非參考。

曼氏表示南非未來將是百廢待舉，將來實現平等自由後無法依賴目前的官僚體系，因為這些人都是以維護種族隔離政策為主要責任，其中不少人已開始移民海外，因此訓練人才是很重要的工作。同時民族議會約一萬四千名ＭＫ游擊隊的安置是一個很嚴重的問題，其中最重要的是如何安置的財務問題。

曼氏也提到民族議會是一九一二年成立（正好是中華民國肇建的同一年），以往中華民國和南非有邦交，因此民族議會只和中共交往，並獲得不少的援助。但是以往兩年陸以正大使和民族議會有公開坦誠的交往，使民族議會對中華民國的觀感有了很大的改變。未來南非一切政策考慮都將以整體國家利益為先，希望新南非誕生後，中華民國能給大力援助。

曼氏也提到和行政院連戰院長有相當長的談話。連曾向曼詳細說明我國近年快速的變化，特別是同年四月在新加坡舉行的「辜汪會談」具體內容。連也向曼表示我國將等南非新政府成立後，提供一億美元額度的開發貸款，以個別計畫為單位，循政府途徑提出。此外我亦擬協助南非設立一所職業訓練中心，曼氏立即表示將欣然接受。

曼德拉訪問結束不久，南非朝野就達成協議，成立過渡委員會（Transitional Executive Committee）研究和平轉移政權的程序。新任政府是在一九九四年四月底選出，曼氏順利膺任總統，姆貝基為第一副總統，狄克勒為第二副總統，五月十日是就職大典。駐斐陸以正大使用了一番力氣[8]，才爭取到南非政府的正式邀請函，並積極建議政府立即答覆由李總統親自率團出席就職大典。

## 李總統參加曼德拉就職大典

李總統伉儷於一九九四年五月八日參加哥斯大黎加新任總統費蓋雷斯（Jose Maria Figueres Olsen）的就職大典後，當天下午專機飛往南非約翰尼斯堡，到達時是當地第二天下午五時半。李總統和全團人員都在機上換了禮服，因為當天晚上斐京普托利亞市長史托堡（Nico Stofberg）在市政中心設晚宴款待各國特使團，冠蓋雲集。我不停的將各國的特使介紹給李總統。突尼西亞外長班雅西（Ben Yahia）原是駐美大使，在華府時就常相交往，特別過來告訴我說巴勒斯坦解放組織（PLO）領袖阿拉法特（Yasser Arafat）有意和李總統見面，稍後他就陪了阿氏過來和李總統短暫談話。

---

8 請參閱《微臣無力可回天：陸以正的外交生涯》四〇一～四〇六頁，台北：天下文化出版社，二〇〇二年。

十日是就職大典，各特使團都受邀清早去總統府，早餐很簡單，但是各國的特使相互交談。李總統曾和英國王夫菲利普親王、聯合國祕書長蓋里（Butros Butros-Ghali）及多位中歐、東歐新興國家的領導人會晤；當然邦交國的首長會面特別親切。據說中共代表團也在現場，但是並未看到。在總統府等候三小時，到正午大家才轉到聯邦大廈（Union Building）前廣場參加就職大典。天氣很好，豔陽高照。曼德拉的演說簡短有力，強調今後絕對不會再有種族壓迫，也對前任狄克勒總統倍予讚揚。典禮結束後，我陪李總統和美國特使柯林頓夫人希拉蕊女士以及高爾副總統（Albert Gore）伉儷致意。下午二時大家又回到總統府進午餐。

當天下午李總統又在旅邸接見布吉納法索國會議長葉（Bognessan Arsène Yé）。晚間陸以正大使在官舍歡宴李總統伉儷，南非方面有西北省省長莫萊費（Popo Molefe）和國防部長莫迪賽（Joe Modise），他們都是民族議會領導階層中非常支持我國的。

五月十一日晨，李總統去假日酒店拜會烏干達總統姆希維尼（Y. K. Museveni）。姆氏表示這是首次和我國高級首長會晤極為愉快，他希望和我們互設商務機構，因為烏國有豐富的天然資源，雙方經貿合作，中共不能干預。烏國已主動對持我國護照者免簽證，希望能加強觀光和投資。李總統指示我答覆，我表示要投資觀光，先要使民眾有安全感，因此最好建交設館。但是烏國仍有顧慮，所以建議仿照奈及利亞的做法，先設總領事館。姆氏表示將和內閣會商再做答覆。

上午十時，中非共和國總理孟達巴（Jean Luc Mandaba）及外長來拜會。中午李總統在大使官舍款宴狄克勒副總統和前任外長新任礦業資源部長鮑塔，談到新內閣的人事安排，其中曼德拉夫人（Winnie Mandela）任文化部副部長。傍晚再到總統府拜會曼德拉總統，因為剛接任諸事叢集，我們約的時間是六時，但是內閣會議才開始，所以新任外長恩壽（Alfred Nzo）和國防部長莫迪賽都從會議室出來陪我們，並一再道歉。曼氏六時半來，先和李總統擁抱並表示歉意。李總統表示南非的變革是成為國際社會重要成員的一大步，實堪慶賀。曼氏坦言中共為民族議會多年老友，因此雙方未來交往無可避免，然而南非民族議會已和斐國民黨組成聯合政府。南非由過去的國民黨政府繼承了和中華國的外交關係，因而這是新政府所必須尊重的。

曼氏特別強調，除非中華民國做了對不起南非的事，南非將繼續維持和我國的邦交，這是南非明確的立場，請李總統不必憂懼（You have no fear）。李總統對此次談話極為滿意，結束談話後和我同車趕往約堡參加僑團公宴，在車中命我將曼氏談話要點節錄，加入他對僑團講話的講稿內。

十二日李總統率團由南非飛往友邦史瓦濟蘭。我們乘坐史國國王的專機飛抵馬薩法（Matsapha）機場，恩史瓦帝三世親率文武官員及大批民眾歡迎，在機場並有民族文化表演。我們旋即前往下榻的史國國家賓館（Government Guest House），稍事整理，四時半前往羅濟塔王宮（Lozita Palace）拜會史王，程序仍是和三年前我訪問時相同，先在大廳雙方演講並交換禮物，以後史王邀李總統和我去他的會客室談話，他表示史國當前最大困難有二，一是受教育的青年無力創業；一是有技術的人才找不到工作。李總統表示我將協助史國成立青年創業基金循環使用，凡申請基金的創意業者，必須雇用經政府職業訓練有技能的人才，同時創業有成者必須歸還貸款，使資金生生不息。史王亦請我方提供數名獎學金，供訓練教育史國經濟發展人才，李總統表示可提供二、三名獎學金。

## 午宴與「聳案」小插曲

五月十三日上午去史國故王索布扎二世（King Sobhuiza II）紀念亭，由李總統和史王共同主持揭幕儀式同時觀賞表演。下午李總統參觀當地食品工廠，我和蕭萬長主委和謝森中總裁去拜會史國總理穆比黎尼（Prince Mbilini Dlamini）和外長索羅門（Solomon M. Dlamini）討論經濟發展、南非關係以及兩國元首的聯合公報。晚間史王在史國太陽旅館（Hotel Swazi Sun）舉行國宴款待。

十四日清早，李總統由恩朱馬羅副總理（Dr. Sishayi Nxumalo）和外長陪同，赴我國在史國的農技團、手工藝團和大使館視察並慰勉，稍後繞行首都市區一週。中午是李總統答謝史王的宴會，也在同一家旅館舉行。這次宴會有個小插曲，菜單最後是甜點巧克力乳酪蛋糕，大廚特別用心在蛋糕上加飾國旗，事先也洽請我國大使館提供國旗，但是先拿上主桌的卻是五星旗，李總統的一份先上，他立即發現，要我先去停止其他的各桌上菜，我旁邊坐的是穆比黎尼總理，我向他表示何以有此錯誤，他十分憤怒，立刻叫旅館總經理來，要求徹查，國王也感到非常難過，一再向李總統表示歉意。稍後我們再去王宮辭行，並簽署聯合公報。國王陪李總統乘車到機場，以軍禮歡送，五時乘原機返回約堡。當晚在約堡旅館款宴恩壽外長及東開普省、北開普省、西北省、那他夸祖魯四省新任首長。

十五日是星期天，大家較晚起床，李總統在進早午餐時，曾和我談起要以一千萬美元支助曼德拉和民族議會。我立即說明外交部主管的國際事務經費可能無法支應，他說沒有關係，可以由國家安全局支付，這就是以後十分有名的「奉天專案」中的「鞏案」。飯後李總統也和同行的記者有相當長時間的訪問談話。

全團於十五日下午四時半乘專機返國。在晚餐前後李總統和我談到返國記者會要如何進行，他指示要我在外交部主持。飯後中央銀行謝森中總裁來告訴我，這將是他最後一次參加類似出訪活動，因為李總統剛才已告訴他總裁任期滿後將不再連任。謝總裁對外交部工作一向十分支持，是一位極為專業又能充分配合的金融首長。我聽了十分悵然，只能表達婉惜之意。稍後經建會蕭萬長主委又來說，原先他被徵召要參選年底的台北市長，但是情況有變，可能不需要他去選。

## 中共對斐運作頻頻

次日上午抵達新加坡，停留二小時，李總統和吳作棟總理談話頗久（可參考本書第十二章）。下午二時半抵台北，正好傾盆大雨。下午五時，我在外交部就李總統跨洲之旅舉行記者會約一小時。媒體立委關心中斐邦交未來是否有變，我表示南非新政府真正是百廢待舉，我們必須針對他們國家建設所需給予協助，如小農計畫、職業訓練、退除役官兵的就業輔導等。

同年年底，南非恩壽外長率團於十二月二日來華訪問，第二天正好省市長立委選舉的投票日，我為他舉行晚宴並贈勳，他一個人先來，我和他談話甚久，主要是我國的對外關係和兩岸關係；以後我坦白的告訴他，斐共的國會外交委員會主席蘇特納（Raymond Sutner）提案要和中共建交，令我很憂慮。他表示現在南非是全國團結，這種提案並不容易被接受；陪同他來訪的民族議會沙路奇國際部主任也已到達，指出迄此時為止斐國會對法案都是全體一致無異議通過，類似蘇氏提案不可能獲得一致贊成的。四日下午中興大學以榮譽法學博士學位頒贈恩壽外長，他們夫婦都十分愉快，因為擔任外長半年已多次獲得勳章，但學位是第一次。我在應邀致詞時特別讚譽恩壽外長輔佐曼德拉總統，使南非很快在國際社會中廣受重視；特別是在恩壽外長主導下，南非已成為非洲團結組織（OAU）的龍頭，他十分感激。

雖然蘇特納的提案不能在斐國會通過，但是斐共仍於一九九五年八月中，在民族議會的全國工作委員會提出與中共建交、降低和我國關係層級的議案，所幸曼德拉總統以此種提議不符國家利益將議案駁斥。

次年（一九九六）初，曼氏又召集姆貝基副總統、恩壽外長表示中共堅持斐國須先與我國斷交，才能和中共建交，斐不能接受這種條件，姆、恩要率團去大陸應明白告知中共南非的既定立場。

同年二月底，曼氏於約中共駐斐研究中心主任顧欣爾餐敘後，隨即邀陸以正大使晚宴說明顧氏表示中共盼與我談判，而我方峻拒，因此曼氏建議我方能恢復談判[9]。陸大使答以事實與顧氏所稱恰好相反，我方確有誠意。曼氏表示南非切盼雙方恢復談判，亦將派高層代表團分別訪問兩岸。稍後李總統曾正式致函曼氏，請其促成兩岸和平談判。然而斐外長恩壽於三月二十四日赴北京訪問三日，與江澤民、李鵬、錢其琛會晤，對方均一致表示絕不接受雙重承認，亦不願南非製造雙重承認的先例。稍後江澤民於四月十一日覆函曼氏，表達與斐建交之意願，但婉拒曼氏擬做台海兩岸調人的建議。

## 布吉納法索復交

在我擔任部長任內，非洲國家首先向我國接觸的是布吉納法索，在西部非洲是相當重要的國家。一九九〇年六月二十七日，布國總統龔保雷（Blaise Compaoré）派他的顧問布卡利（Gabriel Bukali）和該國經濟社會理事會主席烏耶塔哥（Youssouf Ouedraogo）來台北，他們和我會晤，表達建交的意願。我對他們說兩國倘能建交，將有裨益，但是布國長期處於獨裁統治，並且奉行馬列主義，和我國立場不同，相信龔總統不久當有所變更，屆時當可推動。

次年三月，布國宣布放棄馬列主義，六月制定新憲法，同年底總統大選龔氏順利當選。

一九九二年六月三十日，龔保雷夫人由總統之弟法蘭索（François Compaoré）及總統事務部長狄亞羅（Salif Diallo）陪同來訪，我們在七月下午會晤，談話甚久。龔夫人重申其夫甚盼與我國建交，當時正值我國剛和尼日（Niger）建交不到一個月，傳出要斷交，國人和民意機構交相指責，所以我婉告俟尼案明朗後再進行建交。龔夫人表示當告其夫婿為我向尼政府進言，鞏固尼

9 同注8，四二〇～四二四頁。

國與我國的邦交。龔夫人亦告知兩年前來訪的烏耶塔哥已出任總理。

一九九三年，布國在龔保雷總統領導下，戮力推動民主，除開放廣播、新聞自由外，布國國會運作正常，反對黨意見能充分表達。我國因此決定與布國建交。一九九四年二月初，布國派外交部長沙農（Thomas Sanon）及總統事務部長狄亞羅來台北，當時我正應邀在哈佛大學演講，因此由房金炎次長代表政府簽署建交公報。同年七月十八日至二十二日，龔保雷總統伉儷率團乘專機來華訪問。在龔氏離華前告訴我，當年十二月中旬，全球法語國家外長年會將在布國首都舉行，希望我能前往該國訪問，可以為我介紹若干外長晤談。

## 出訪布吉納法索等國，會晤各國首長

外交部決定於一九九四年十二月在布國首都瓦加杜古（Ouagadougou）舉行第十四屆非洲地區工作會報，我在九日飛抵布京，於傍晚先拜會外長魏陶哥（Ablasse Ouedraogo），他將於次日前往卡薩布蘭加（Casablanca, Morocco）參加伊斯蘭教國家高峰會。他告訴我將由教育部長杜阿羅（Melague Traore）代理他的職務，負責對我的接待。稍後他陪我前往總統官邸，龔保雷總統正在接待出席法語國家會議的各國外交部長。龔、魏兩位非常熱情，逐一向我介紹各位外長。塞內加爾的外長尼阿西（Moustapha Niasse）因為兩年半前在幾內亞比索總統就職大典上曾和我見過，而且該國狄伍夫（Abdou Diouf）總統在國宴上也曾和我談到加強兩國關係，所以懇談頗久。另外馬達加斯加（Malagasy Republic）外長席拉（Jacques Sylla）亦甚願多談，另約了在次日晚間在我的旅館會晤。一晚周旋各位外長之間，使為我傳譯的陶文隆副司長辛苦不堪，我們到將近午夜才返回旅館。

十日清晨，我由布國農業部長和水利部長陪同向東部巴格雷（Bagre）墾區訪問，途中駕車三小時，當地有一個大湖就是巴格雷湖，建有水壩和發電廠，並有十多個國家協助開發的墾區，我國的農耕隊也在那裡。農耕隊的同仁因為有其他國家團隊的比較，所以感受的壓力頗大，不過我們的表現，最受布國政府和民眾的稱讚。回到京城已是傍晚，先去晉謁總統，他很關切國內稍早省市長的選舉。我就尼日和賴比瑞亞邦交的維護，請他協助。另外馬利（Mali）政府似有意與我建立外交關係，請他代為促成。

回到旅館後，馬達加斯加外長席拉七時半來看我，談雙方關係，因為那年七月有人自稱是馬國總統顧問致電本部欲洽談建交，所以我問是否確為馬政府立場。席氏表示此事是由外交部處理，今後可直接洽商。現在由於國內多黨林立不易凝聚共識，是本案的困難所在，此外中共對馬國援助甚多，合作計畫不能中止也是一項阻礙，他希望雙方先由農業合作入手。

次日十一日是布國國慶，我應邀參加全天的活動，中午還見了聖多美暨普林西比（Sao Tome and Principe）總統顧問屈伏塔（Ppatice Travoda），他也是該國總統的公子。他表示該國甚盼能和我國建交，但是國會五十五位議員中贊成者是二十六位，還不到半數，我說很贊成雙方建交，但時間上不必太急，因為聖國不久將舉行大選，同時也期盼國會內能有多數支持。

非洲地區第十四屆工作會報於十二日下午舉行，我向同仁說明這是初次在西部非洲召開，顯示我在此地區的外交工作活動逐漸展開，包括二月間我國與布吉納法索復交，而六、七、十月有尼日、布國和中非共和國的國家總理相繼訪華，也使這些領袖對我國政經發展留下深刻印象。九月底我曾奉派前往幾內亞比索，擔任新總統的慶賀特使。接著我對參與聯合國案的推動情形做詳細說明，並特別強調民主政治已在非洲漸漸展開，駐外同仁除加強與國政府友好合作關係，更應對國會及在野人士廣結善緣。接著參加的各位館長提出工作報告，第二天是討論提案，以及參與聯合國案與閉幕式。

十三日中午，我還利用空檔在旅館款宴多哥的安全暨國防部長夢蒙（Kodjo Monmaur），他表示該國確有意與我國建交，但因有一批中共供應的軍火尚未運到，深恐橫生枝節，希望稍後再進行。可惜此事在多哥京城有人透漏，使中共加強對其施壓而未能實現。

## 中非農耕團技師尋找種蝦的感人過程

十四日由瓦加杜古飛多哥首都洛美，在機場由夢蒙部長接待。再轉機續飛往中非共和國首都班基，抵達時已近午夜，恩加羅外長（Simon Bedaya-Ngaro）在機場迎接並陪往旅館。次日上午我先後拜會外長、農業部長、衛生部長、能源礦業部長，中午外長款宴結束後即驅車去距首都不遠的 PK26 農場。先和農技團和醫療團的同仁話家常，瞭解大家生活情形，接著巴達塞總統（Ange-Flix Patasse）抵達主持養蝦場的揭幕。巴達塞總統對中非能有自己的養蝦場，自從他在當年十月來華訪問就提出請求，我們在中非農耕隊的養殖專家謝技師請台北運來多次種蝦，但是經過長途跋涉到班基時都已死亡。他在十二月初眼看揭幕儀式即將舉行，但是卻沒有蝦，實在很尷尬，不辭辛勞由班基去鄰邦剛果的山溪中找到種蝦。這趟旅程長達八天，晚上只能在野外露宿，為了使命感為了國家的榮譽，他終於達成任務。

在十五日下午的揭幕儀式中，我將這段動人的故事向巴達塞總統說明，他非常感動，馬上和謝技師擁抱。然而謝技師想必是野外露宿時為瘧蚊所叮，在十七日瘧疾發作，我當晚去醫療團探望，他十分疲困，我到床邊看他，他很勉強的說，請不要太靠近怕傳染。這位傑出的養殖專家，是許多在國外努力工作的優秀同仁中的一位，只是我返國後講述這段故事，絲毫沒有得到國內媒體的青睞。

十六日我去友誼醫院參觀，這是由我國醫療團負責，病患無須付費。以後分別訪問總理、國會議長和總統巴達塞。總統先對養蝦場揭幕表示感激，指出經由廣播報導，全國民眾均在談論中華民國的真誠友誼。巴氏也提到中非亟需建築鄉村道路、水壩和運河，盼我國協助。我表示我國專家已來中非做可行性研究和環境影響評估，至於興建需款甚多，不是我國財力所能支應，希望中非覓取國際機構以及其他友邦共同支持。巴氏說明法國和韓國都已表示參與水壩計畫的興趣。

當晚巴達塞總統在官邸設宴款待，夫人安奈（Angie）親自烹飪。而總統幼子甫二歲已不用包尿布，在屋內到處爬走十分靈活，我要抱他，他也很高興的讓我抱，這種家庭式的餐會使我多年後仍記憶猶新。

十七日是週末，我到羅耶里（Royeli）的我國農技團參觀。我國和中非建交僅二年，該團設置十四個月，協助當地農民種植禾稻，使當地農民收入提高，較城內勞工工資高三倍，所以甚受中非政府及民眾的重視。我參觀了收割和打穀的工作，看到團員和農民完全打成一片。以後又去當初中非永久皇帝布卡薩（Jean-Bedel Bokassa）所建的皇宮，十分龐大。他有嬪妃無數，每位都有一幢獨立的公寓，因為她們誕生的小孩太多，所以在皇宮內也設有學校。布卡薩執政十餘年，窮極奢華，完全不顧人民的生活，下台後受到全民唾棄，昔日的奢華皇宮今天已破爛不堪，改為訓練農村青年之用。

當天下午，恩加羅外長在家中邀我飲茶並長談，我向他說明巴達塞總統所擬興建的水壩和運河計畫，根據我方專家所告，需要經費超過美金一億元以上，而成果很難評估。就技術層面而言，乃是逆天行事，甚為不易。昨日我已委婉向總統報告，但他的興致極高，認為是戰略性、區域性的計畫，必須推動。事實上，兩條運河計畫對鄰邦的利益遠高於對中非，目前中非財政極端困難，實不宜草率行事。

我也提到和巴達塞總統會晤時，他曾親口告知中共曾派人來班基，向他遊說要變更邦交關係，他均峻拒。但此事我方過去毫無所悉，貴國如此處理似非待友之道。

恩外長答覆，運河水壩計畫是多國共同計畫而非中非一國之事，耗資龐大，當然不能由中華民國負擔，應洽國際機構資助；至於中共派團事，他本人及外交部均無所悉，總統所述是否確實，甚至總統曾否會晤均難確定，他將深入瞭解後，將詳情告知劉祥璞大使，無論如何他願保證中非都不會背棄中華民國，務請信任。

我原訂當晚飛往巴黎轉往邁阿密，接受佛羅里達國際大學頒贈榮譽學位，但是因為巴黎機場大霧，該班飛機無法起飛，直到次日凌晨才能動身。到達巴黎時銜接班機已起飛，我只能致電駐邁阿密黃旭甫處長，請代為接受並代為宣讀致詞。

## 參加幾內亞比索維拉總統就職典禮

也是一九九四年九月中旬，我奉李登輝總統指派，擔任慶賀幾內亞比索共和國維拉（Joao Bernando Vieirra）總統就職典禮的特使，我和內人由李宗義兄和陶文隆兄陪同，於二十五日晚由台北飛阿姆斯特丹再轉機去里斯本。因為幾內亞比索在一九七四年前是葡萄牙屬地，所以要由里斯本前往。二十七日我們由葡京飛比索市，登機後在座位上久候不起飛，原來是供應餐廳的車子沒來不能起飛。起飛後又因班機無法在比索市加油，臨時在達卡停留加油，當天下午四時才抵達比索市。承蒙幾比的外交部長卡多索（Dr. Bernanadino Cardoso）伉儷和顧富章大使伉儷來接，政府電視台亦來做專訪。傍晚七時我去總統府晉見維拉總統，致賀並呈遞慶賀特使國書及李總統親函。

維拉總統原為軍人出身，自一九八〇年執政十一年後開放黨禁，決定在一九九二年底舉行大選，但因經費無著，延至一九九四年七月三日舉行，經過兩輪投票，他獲選首任民選總統。由於他初次訪華已近四年，此次我特別轉達李總統歡迎他再度率團來訪，我也向他表示，最近我國推動參與聯合國案，幾比參加連署提案並在總務委員會中發言支持，特別表達我政府的衷心感謝。

另外中幾兩國已成立混合委員會，研究如何加強雙方合作發展，駐幾比的顧富章大使特別提出一項包含一九九五年至二〇〇〇年的五年計畫，醫療衛生合作計畫、漁業合作計畫、人道援助計畫（提供稻米及藥品）、新聞文化及體育合作計畫，繼及職業訓練、國家建設合作計畫等，對於幾比經濟社會發展需求均予照顧。顧大使提出這項五年計畫的主要目的，是一方面可以確保邦交，另方面可以阻止對方再提新的計畫，或另外的財務要求。我向維拉總統提出這項計畫，請他表示意見。他表示對此一完整的計畫已看過，認為是很好的合作計畫，其中對於農業方面的稻米生產尤盼加強。他對於兩國間的合作認為滿意，也特別指出幾比生產棉花，甚盼我國民間能來投資紡織業，此外製糖、食品、水果加工亦是可以引進外資的。

最後他主動提出幾比願為我國引介非洲友邦，以協助我國多和非洲國家建交。因為當晚顧大使在官邸款宴，所以只能興辭。我們去官舍途中走了一半，發現道路已不平坦，原來幾比首都有柏油的道路只有少數幾條。到了官舍處已經沒有路燈，在門口時看到牆上有兩位小朋友立刻跳下來為我們開車門。顧大使告訴我這是他家中的幫忙者，他們並不識字但能接電話，對方告知電話號碼他們會以畫圖代表數字，九就是九個圈，可見這些小朋友智慧很高。

官舍的房子不大，餐廳勉強放一個圓桌。顧夫人為女賓另外在旅館設宴招待玲玲，掌廚的是大使館黎森榮祕書的夫人，她一個人做了十菜一湯的筵席，另加西國烤羊、廣式炒飯、甜點和水果，在偏遠的非洲能有如此精緻的筵席實在太不容易。

第二天一早，我前往我國農技團團本部所在地的巴法達（Bafata），途中走了近二小時。以後繼續前往該國東部的加布（Gabu），這是我們農技團的一個分部，由吳松技師主持。他將加布附近十個向來敵對的村落組織起來，成立生產合作社，由約四百八十位農民耕種四三・五公頃土地，生產稻米每年可有二次收穫，使當地民眾的收益大幅提升。村民對他視若神明，都叫他「吳爸爸」，耕作的地區也叫「吳村」。我對他的卓越成就表達敬意，他很謙虛的說：「哪裡，只是我脾氣不好，團部要我來這裡單打獨鬥。」

中午再回到巴法達團部，因為當天是中秋佳節，所以我們在幾比的農技團、醫療團和榮工處施工單位同仁一起聚餐賀中秋並歡迎我，大約有五十多人。午餐到四時許結束，我回到比索是傍晚，時有塞內加爾駐幾比大使索納（Oman Ben Khatab Sohhna）到大使官舍看我，談話頗久。

我先表示昨日來比索前，曾在達卡停留半小時，在機上看到市容極為壯觀。後天返國時將取道達卡停留十小時。以往我國和塞國關係極為密切，塞國前總統桑果（Leopold Senghor）為世界聞名的詩人政治家，最近常有人來晤，表示可以改善與塞國關係。

塞大使說：「自中塞於一九七一年斷交後，很多人希望恢復與貴國的關係，一年多來與顧大使相處融洽，也常提到此事，本人亦曾向狄伍夫總統報告，總統稱布吉納法索總統龔保雷亦曾向他勸說，擬與貴國建交，總統內心確有意願，曾指示大使與外長研究，初步結論是先建立密切的實質關係。」

我對索納大使說，既然他已介入此事，希望今後兩國關係的改善就由他和顧大使負責，我方將不再經由任何第三人進行；此外據幾比方告知，狄伍夫總統將於明晨抵比索參加就職大典，倘有可能本人當隨時供他諮商。索納大使稱自當轉報，另外賽國外長已下令對我們一行過境妥為照料接待。二十九日上午，我們去體育場參加就職大典時，十時四十分抵達後在貴賓室小坐，原定十一時開始，因等狄伍夫總統到，大約十二時二十分開始進行，很快於一時十五分結束，又有一小時民俗表演。我和玲玲臨時被通知要趕往總統官邸，參加僅為各國元首和總理安排的國宴。與宴賓主共二十二人，我和葡萄牙總統索瑞斯（Mario Alberto Nobre Lopez Soares）與維德角共和國總統蒙泰洛（Antonio Mascarenhas Monteiro）鄰座，而玲玲和狄伍夫總統同座，大家都有很愉快的談話。宴會到五時許結束，狄伍夫總統特別從餐桌另一邊走過來，對我說昨晚和索納大使談話的內容均已獲得報告。今後兩國就在幾比首都由雙方大使研究如何增進關係，他也歡迎我們夫婦明天去達卡。

當晚維拉總統舉行酒會歡迎各國特使，多位使節都來致意，主要因為我們是少數東方的臉孔。次日上午九時，卡多索外長來旅館陪我們赴機場。在貴賓室看見維拉總統也在，他又和我談了二十分鐘，他希望雙方合作能更加深，我說為國家前途計，請總統對教育和就業問題特別予以重視。他提到幾比面臨相當嚴重的外債問題，最近將和巴黎俱樂部（各債權國針對債務國的組織）討論減債問題，盼我亦能參加。我說明我國不是該俱樂部的會員國，一方面其他成員國不一定贊成我參加，另方面我國國會對於減免外債堅決反對，當於返國後與貴國大使詳細研究。

稍後搭小型飛機赴達卡，到達時外交部禮賓司長來接，禮遇通關行李均轉交非航掛往巴黎。我們一行乘政府禮車到海濱的美麗殿旅館，是一座很好的五星級旅館，和前幾天在幾比的情形真有天壤之別。在旅館休息到午夜，仍由禮賓司長陪同赴機場前往巴黎轉返台北。

## 與塞內加爾建交

我國和塞內加爾的關係在此後一段時間不斷有接觸，一直到一九九五年十二月二十四日，狄伍夫總統派遣他的特別顧問卡瑪（Mansoor Kama）來台北正式談判建交。我請黃秀日次長、杜稜參事和非洲司張銘忠科長和他談細節。我在二十七日上午和他會面，我先告訴他這些天雙方所談的細節我都瞭解，對於雙方能掬誠以對是很可喜的，中華民國雖然在最近獲得國際間的讚譽，認為在經濟發展上頗有成就，不過我們是一個藏富於民的國家，至於政府在民主化以後不能增加稅收，但是社會和教育預算卻都逐年提升，因此這些年政府公債的還本付息已占中央預算的百分之十二，外交預算甚為拮据，塞國如為金錢和我國建交獲益不大，不過如為經建與教育訓練，和我國建交就可以引用我們的發展模式，建交後我們民眾瞭解塞國的發展潛力，前往投資和觀光的人數一定大增。

我也明白說明，塞國一旦和我建交，中共必然斷交撤館，這點塞國政府也應有心理準備。卡瑪對我所談的表示認同，他說將立即報告政府。三天後我收到塞國尼阿西外長的電傳函件，通知我將於元月三日抵達台北。

一九九六年一月三日，尼阿西外長在下午三時抵台北，六時到外交部和我會面，我也以晚宴招待他。七時四十五分狄伍夫總統由達卡打長途電話給我，詢問是否一切順利，我向他報告將於一刻鐘後與尼阿西外長簽署建交公報，稍後並將舉行共同記者會。我們在記者會中除宣布兩國恢復外交關係外，亦公布由兩國外長簽署中華民國政府與塞內加爾政府間的醫療合作協定，我國也將在塞內加爾首都達卡設立大使館，並於一月十二日開始運作，首任大使將由時任北美司長的杜筑生出任。我們也承諾將協助塞國發展稻作，以達成糧食增產目標，我國派駐塞國的農業技術團同年七月成立，除稻作增產外，還有吳郭魚、牡蠣養殖以及園藝發展等。

## 尼日建交過程、與甘比亞建交

一九九二年六月我國和尼日建交，尼國原為軍人執政，一九九一年七月舉行國是會議並選舉，原在國際民航組織擔任駐西部非洲代表的謝福（Amadon Cheiffou）出任過渡政府國務總理，任期十五個月，設法完成尼日的民主化和經濟重整。由於他在國際組織長期任職，視野寬廣，對我國有相當瞭解。他在十月二十六日接任總理不久，就託鄰近國家轉達想和我國建交的意願。

外交部於一九九二年三月，請非洲司杜稜司長專程前往尼日首都尼亞美（Niamey）與謝氏會面，雙方均有積極發展關係的意願，因為尼日面積大，較我國的邦交國都大很多，人口有八百萬，所以經過幾個月的磋商，謝氏派遣外交部長狄亞洛於六月中旬率團來華訪問，這時我正在中美洲訪問，所以由章孝嚴代部長和他在十九日簽署建交公報。

我於六月二十三日返國，二十八日是週日，外電報導尼日政府宣布和我斷交，距離建交公報的簽署不到十天，實在很難理解。此時我國在尼亞美尚未設立大使館，資訊不易獲得，杜稜司長勇於任事，主動和謝福總理連絡，獲告這是中共使館人員未走，壓迫尼日政治人物所做的手法，他仍掌控全局，要我們不要擔心。

次日我去立法院外交委員會報告，去尼加拉瓜出席中美洲國家高峰會議事，但由於媒體對尼日有關的外電大事刊登，所以我徵得召集人張世良委員同意將尼日的情形一併報告，特別指出媒體許多捕風捉影的報導均非事實，當天的出席委員對我的報告尚能認同。

二十九日下午回到部內，杜稜司長告訴我，謝福總理已有電話告訴他並未斷交，也邀請他立刻去尼日，他當晚就將動身前往，我請他攜帶新竹科技園區新開發的可攜式行動電話，隨時和部內聯繫。

七月三日下午，布吉納法索總統龔保雷的夫人來訪，我們談到尼日問題頗久，由她的談話使我明瞭，本部在建交案的處理上有以下數項疏失：(一)、目前的尼日政府只是過渡性的，並非正式政府；(二)、謝福總理只是國是會議各派系的妥協人物，他並非權力中心；(三)、尼日國內派系複雜，很多並不認同和我國建交。龔夫人的詳細分析使我受益良多，我也誠懇的請她和夫婿全力為我設法化解目前的僵局。

第二天杜司長終於由尼京來電，說尼國內閣已確定支持與我建交，但是國是會議中仍存有雜音。我立即草擬辭呈，準備於局勢逆轉時送出。我也和章孝嚴、房金炎位次長檢討此案，的確是主管單位好大喜功，沒有瞭解全盤情勢，草率建議建交，今後對類似案件必須做詳細研究才能處理。

七月中旬，中共外長錢其琛赴非洲訪問，媒體報導他去尼日，要設法使該國與我國斷交。到十六日才查清楚是中共副外長李肇星在尼亞美召開記者會，公開宣布尼日已決定與我斷交，但是杜司長在尼日向部內報告，表示這項訊息的內容並非事實。五天後，我國駐尼日大使館在尼亞美設立，並由林志鴻擔任大使。

杜司長於七月二十七日返國，對我說明中共極重視尼日，自四十天前我與尼日建交後，中共外交部調派大批周邊國家使館得力人員，共同努力設法挽回邦交。所幸謝福總理極為堅持，短期內分赴全國八省說明為何與我建交，獲得民眾支持，民意百分之九十支持他的決策，日前尼亞美有三萬名學生也遊行支持謝福政府。中共於七月三十日宣布中止與尼日外交關係。

謝福總理於八月下旬來華訪問，我在二十五日晚間設宴款待，談話甚久，發現他和一般政治人物不同，始終沒有開口要任何支助。他返國後在記者會中讚揚我國經濟繁榮社會進步，並強調尼日應與我國加強合作增進邦誼。

過渡政府於同年底經公民複決通過新憲法，一九九三年二、三月分別舉行國會及總統大選，由烏斯曼（Mahamane Ousman）當選總統，並任命伊索福（Mahamadon Issoufou）為總理，整個選舉過程和平順利。烏斯曼總統曾於次年六月來華訪問，他的英文相當好，可以自由交談，他對我國的經濟建設極有興趣，不斷提出各種問題。以後安排他去嘉南大圳參觀，他表示很有價值。訪華期間兩國簽訂了貿易協定和合作混合委員會協定。

一九九五年七月十三日，我在外交部和甘比亞（Gambia）總統賈梅（Yabya Jammeh）所派的特使傑洛（Tamsir Jallow）簽訂建交公報，並由歐洲司李宗儒司長出任首任駐甘國大使。

# 第十四章
# 中韓關係的變化

隨著中共在國際上的勢力增強，有兄弟之邦的韓國也開始動作頻頻。雖然我方派遣特使團前往，對方也一再向我方保證關係不會生變，可惜最後在盧泰愚主政下，韓國還是在一九九二年八月與中共建交。

我在接任外長之初，就遭遇到沙烏地阿拉伯的斷交，使我決心對於重要邦交國的人士必須加以調整。

## 中共動作頻頻

一九九〇年六月七日，我約了三位次長商量，政務次長金樹基是資深幹練的同仁，由駐哥斯大黎加大使返部已四年，我向他懇求是否可以接任駐韓大使，因為韓方對我國經常派遣高級將領出使，認為仍將該國視為軍人執政，頗有微言。金次長經過認真的思考，最後同意。我就向郝院長和李總統報告，並獲同意金大使於九月下旬赴任。

南北韓總理於同年九月初已在漢城舉行首次會談，十月中旬在平壤舉行第二次會談，相互承認對方為政治實體，並討論加入聯合國的模式。稍早南韓盧泰愚總統與蘇聯總統戈巴契夫於六月四日在舊金山舉行會談，達成共識使兩國關係正常化。九月三十日南韓外務部崔浩中長官與蘇聯外長謝瓦納茲（Eduard Shevardnadze）在紐約簽署聯合公報，建立正式外交關係。蘇聯成為第一個在過去承認北韓為唯一合法政府而改採兩個韓國政策的國家。這是南韓自一九八三年推動北方政策以來最大的成就，當然下一步就是要和中共關係正常化。

金大使赴任後，到韓外務部呈遞到任國書副本是九月二十五日下午，由於崔浩中長官在紐約參加聯合國大會（此時南北韓都是觀察員），是由柳宗夏次官接受。金大使利用機會詢問外傳韓將與中共互設貿易辦事處實情為何？柳次官表示，中共主張純民間性質，目前並無進展。

但是不到一個月，韓國與中共就簽署協議書，中共在韓設立「中國國際貿易促進委員會駐漢城代表處」，韓在大陸設「大韓貿易振興公社駐北京代表部」，雙方部分人員得享受若干外交特權與豁免，並得兼理簽證業務，其功能已較一年半前韓蘇互設的貿易辦事處為高。韓蘇於半年後始能有簽證功能，再過不到一年即建交。因此韓與中共間關係必將迅速發展。

同年十一月二十六日，立法院梁肅戎院長率立法委員訪問團赴韓，二十七日下午晉謁盧泰愚大統領，盧表示南韓的「北進政策」在求兩韓統一，為達此目的必須由周邊國家協助說服北韓。現南韓已與蘇聯及東歐各國建交，亦正與中共發展合作關係；但是交新友而忘老友不是東方文化。次日上午，梁院長一行拜會國務院總理姜英勳，姜氏說明韓不得不與中共改善關係，請我們諒解。

外交部研究南韓與中共的交往，判斷雙方建交時程最快可能在一九九一年底，最慢不會晚於一九九五年。由於中共在與南韓建交時必定不會與北韓斷交，因此我們可以運用這點來設法維持中韓的邦交。我在一九九〇年底將這個想法分別報告李總統和郝院長，李總統表示在一九九一年一月三日下午，在總統府舉行高層會議研究。外交部原簽由總統、副總統、郝院長、蔣彥士祕書長、宋楚瑜祕書長、沈昌煥資政、朱撫松國策顧問、鄒堅戰略顧問、宋心濂局長、我和章孝嚴次長參加；李總統又加了蕭萬長部長、陳履安部長、陳粲齡總長和謝森中總裁。

## 高層會議討論與南北韓關係

這次會議討論主題，是我國應否主動提出就未來關係的安排進行討論，討論的目標為何？另外韓既積極設法與中共進行正常化，我國是否應設法發展與北韓關係？

會議中參加者均踴躍發言，大家都認為南韓與中共建交，主動權在中共，而韓國冷酷寡情，雖說不忘老友，但是我們不能存奢望。目前我國可做的只有加強雙方合作關係，有些地方不妨讓韓方占些便宜。南韓與中共建交後必然與我斷交，現在國家已完全民主化，輿論和民意機關必然對政府大肆批評說是坐以待斃，所以有些工作應讓國人瞭解我為維持邦交所做的努力。對於北韓可以低姿態接觸，但不易有成效。

朱撫松顧問在會中提到我國在韓國有不少土地，外交部應予以研究。我們也準備了資料，說明我們在韓國的土地共七處，分別在漢城、釜山和仁川，共一六〇八三坪，除大使館用地二九七四坪外，其他都由僑團和僑校使用。本部提的擬處意見是：（一）、維持現狀；（二）、將借予僑團和僑校的土地產權移贈僑界；（三）、售予韓國政府。這三個做法都有負面影響，會中未做決定。

李總統最後做了四點裁示：（一）、應盡其在我，積極與韓國發展各項關係；（二）、注意中共的「八五計畫」（第八次五年經建計畫）是否可能由韓提供資金，果然如此，雙方建交速度會加快；（三）、韓方何時以何方式進入聯合國應密切研究予以注意；（四）、外交部應研擬如何使建交後的對國內衝擊降至最低。

外交部根據李總統指示，於二月二十日擬就「全面對韓加強接觸計畫」呈報府院，計畫中包括加強兩國政要及民間重要人士互訪、加強經貿關係、加強軍事合作關係、加強學術合作、加強聯繫韓國媒體塑造利我輿論、駐韓大使館擴大辦理建國八十週年國慶活動、加強與青瓦台智囊團接觸及加強金融關係。另外也擬定推展對北韓接觸的計畫。

## 南北韓入聯並積極與中共接觸

聯合國亞太經社理事會（ESCAP）於一九九一年三月底在漢城舉行，韓方期盼中共錢其琛外長能來參加，結果卻由劉華秋副外長代表，韓國李相玉外長曾與劉舉行會談，主要是該會次年將於北京舉行，希望韓方支持。李則請中共對韓正式加入聯合國予以支持。

半年後，南北韓於九月十七日同時獲准加入聯合國，使「北方政策」只有與中共建交一項尚待完成。南韓李相玉外務長官利用赴紐約參加聯合國大會的機會，和中共錢其琛外長於十月三日在安理會小會議室進行外長會談約三十分鐘。李提出韓國盼望與中國改善關係，並希望能與中國早日簽訂貿易相關協定，並互開直飛航線。錢則表示雙方要逐步漸進的發展實質關係，並期盼兩韓間的對話有進展。

同年十一月十二日亞太經濟合作會議（APEC）在漢城舉行部長會議，錢其琛於抵達漢城當天下午和參加會議各國代表往青瓦台晉見盧泰愚大統領，然而結束會晤後錢又由李相玉外長陪往另室和盧個別會晤。盧單刀直入表示盼望和中共關係正常化。錢則答覆水到渠成、順其自然[10]。次日上午李相玉約錢早餐，其間再度表達希望早日建交，錢則答覆要先考慮南北韓關係，以及北韓與日本和美國關係的改善。我們經由大使館的報告認定南韓迫切企盼與中共建交已毋庸置疑，現在是由中共決定時間。

但是一九九二年開始不久，盧泰愚派了青瓦台經濟事務首席輔佐官金鍾仁以特使名義訪華，這是相當奇特的安排，因為一般國家派遣特使都是以地位崇高或職掌實權的官員為原則，很少是由身邊的幕僚擔任。一月二十六日金氏抵台北，我在傍晚和他談話一小時並以晚宴款待。在金氏抵達前，我接到美國前國務卿舒茲（George Schultz）的訊息說明金是他的學生，非常優異，深

10 詳細過程可參閱錢其琛的《外交十記》一一四頁～一二二頁，香港：三聯書局，二〇〇四年。

獲盧泰愚的信任。

我在談話中一再強調我對韓國的重視，派遣本部極重要的政務次長擔任大使，希望兩國能設法增進邦誼。我也指出盧大統領派金氏來擔任特使很有意義，因為兩國間的經貿關係確有加強的餘地。我問他來前盧大統領有無特別指示，他回答時稍有遲疑，以後答稱大統領也希望加強兩國關係。我的判斷是盧並沒有特別指示，這句話是他臨時想出來的。

接著他說兩國主管部門應共同擬定經濟合作的短、中、長程計畫。

次日他去晉見李總統，長談一百分鐘，但是都是李的講話，金氏並沒有什麼反應。同晚韓國朴魯榮大使款宴，席間他不斷就我國推動全民健保提出許多問題要我答覆，因為他知道我在三、四年前負責推動全民健保。他也問我國是否考慮辦理失業保險。整體談話和他作為元首特使的身分似乎不甚相符。

過了不到一個月，盧泰愚又派曾任文教部長官、國會議長的閔寬植任特使來華訪問。閔氏於二月十九日抵台北，我在二十日傍晚和他會談一小時，他轉達盧對中韓關係的重視，也對韓國與中共發展關係有所說明，強調完全是順應南韓財經界人士的強烈要求，與中共建立經貿關係。他也保證韓國會繼續維持和加強中韓兩國既有的傳統友誼；更強調盧泰愚一再說的交新友絕不忘老友。

我在閔氏離華後就向李總統建議，宜派一位特使向韓方坦誠說明我國堅決維持中韓邦交的意向。二月二十五日李總統接受中非共和國大使國書時，邱進益副祕書長向我透露李總統有意請孔德成院長擔任特使赴韓訪問，但是沒有下文。

## 蔣彥士特使團赴韓訪盧泰愚

到三月底《中國時報》獨家報導，李總統擬派蔣彥士祕書長為特使赴韓答訪。我十分詫異，因為這件事原是我建議的，然而我卻在報上初次讀到總統的決定。我一方面請同仁瞭解新聞的背景，得到答覆是府方透露的；我同時洽蔣祕書長，他說李總統確實要他去，我立即建議由本部政務次長章孝嚴陪同前往，他也同意。

李總統這段時間情緒頗激動，因為三月中旬有中國國民黨第十三屆第三次中央委員全體會議。會中對於國民大會未來修憲對於總統選舉究應採取「委任直選」或「全民直選」一事爭執不斷。許多黨國大老均不顧情面對李嚴厲批評，以致他所主張的「全民直選」無法通過，最後做了一個延後決定的決議。這場會議使李的情緒起伏不定。

我們正在安排蔣特使訪韓之際，聯合國亞太經社理事會（ESCAP）於四月十二日至十七日在北京舉行。南韓外長李相玉率團前往參加，並且在北京分別會見了李鵬總理和錢其琛外長。根據媒體報導，李氏轉達了盧泰愚盼望早日建交的意願，也提出了時間表；北京則表示雙方領導人有必要直接會面。我在四月十五日約見南韓大使朴魯榮，問他媒體報導是否確實，並且表達我政府的「嚴重關切」（英文是serious concern，在外交語言上代表十分不滿），但是朴魯榮大使表示並未接到外務部的資訊，他認為兩國關係友好，沒有任何變化。我要他將今日的談話詳細報告外務部，並要求對於媒體的報導予以澄清。駐韓的金樹基大使也向韓外務部表達嚴重關切，對方的答覆也是敷衍。

根據錢其琛著《外交十記》，李相玉此行啟動了建交談判，因為錢李會談中確定雙方建立聯繫管道以副部長級官員為首席代表，大使級官員為副代表，盡早在雙方首都會面商談，由五月開始到六月底，一共舉行三次就定案了[11]。

四月二十日上午，我為蔣彥士特使一行舉行簡報會議，蔣特使對於在韓每一個場合要如何應對都詳細詢問，我也逐一答覆。結束後我約蔣特使和章次長到辦公室密談。我說明現在南韓與中共建交已箭在弦上，雙方不斷接觸，但是完全不對我們說明，我們此次特使團前往能會晤盧泰愚是一個契機，果有機會與盧或李相玉外長單獨談話，希望向對方表達，我們瞭解韓在暗中與中共交往已久，目標是建交；韓在與中共談判建交時，中共必然要求韓與我國斷交，此時韓方應詢問對方：中共是否也將與北韓斷交？對方的答覆必然是不可能。韓方代表應說明，如此則貴方要求我國與中華民國斷交是不公平的，外交談判基本上要相互（reciprocal），中共不能單獨要求韓與我斷交，而自己卻魚與熊掌兼而得之。

蔣特使一行於五月六日啟程，九日返國，韓方甚為禮遇，每天均安排重要人士早、中、晚款宴。五月七日蔣特使拜會李相玉長官，李對於因推動北方政策，導致我政府與民眾誤會表示遺憾，他說這些都是不實新聞所造成。韓雖擬發展與中共的關係，仍盼繼續維持中韓關係努力不懈。蔣特使於談話結束前指出，據聞中共駐韓貿易辦事處曾要求韓方同意由其接收我大使館館址，東方人對土地房舍有特殊的觀點，我方對韓館產極為重視，請韓方留意。李長官答以中共確曾提出此一詢問，韓方依照國際法原則已表明不干預立場。

同日下午蔣特使晉謁盧大統領，盧先對蔣特使贈勳，蔣特使面呈李總統函件。盧氏說明中韓兩國命運相同，雙方最重視的是自由民主，韓致力於與社會主義國家建交，旨在促使北韓改變其頑固立場，最終實現統一。盧氏並稱，在與中共交往過程中時常念及與我國的關係，在其過程中亦隨時告知我方有關發展。

## 南韓敷衍以對

在此次訪問過程中，自盧泰愚以次，韓方人員提出最多的課題，是我國當時所推動的六年國建計畫，韓方表示其經營者均為大會社，對此種龐大基礎建設甚有經驗，企盼我國基於邦交睦誼能多延攬韓國會社承建。蔣特使答以我對兩國外交關係甚重視，自當優於考慮。

章孝嚴次長於九日上午拜會韓外務部次官（韓制每部只有一位次官）盧昌熹，談韓國與中共間有關建交的談判，盧次官指出雙方關係之進展並無時間表，中共認為不應急躁。章次長說此行拜會各首長時，對方均強調重視維持與我國傳統及友好關係，此應包括外交關係在內。盧次官說，韓方最上策是與中共及我雙方均維持官方關係，但不敢確定能否辦到，倘辦不到時應如何處

11 同前注，一二八～一三〇頁。

理，則尚未確定。章次長遂將行前我所告訴他的看法提出，盧次官答稱韓對此尚未決定，迄今亦未就此種狀況與中共討論，預期在近期不會討論，韓方將盡量不傷及中韓關係。[12]

章次長返國後有一份書面報告，認為韓與中共建交是由於盧泰愚任期將屆滿，且對建交方式無法在政府內取得共識，可能參選的總統候選人、國會、輿論都主張不要倉促進行。總理特別輔佐官李東馥認為：盧氏不能獨行其事（He can not do alone）。報告中也指出，特使團確認：倘南韓決定與中共商談建交必事先與我磋商，至少先告知我方，不致使我措手不及。

八月初，國家安全局宋心濂局長自土耳其、西班牙訪問回國來看我，告訴我根據該局的韓國對口單位密告，盧泰愚已命國家安全企畫部全權處理與中共建交事，且箭在弦上。而過去三個月，韓方從未對外交部或駐韓大使館談到與中共接觸情形。我們有時根據媒體報導雙方談判甚有進展而去問韓方，所得的答案總是：「媒體完全是揣測不能置信，如有進展必先告知我國。」八月七日，我和外交記者會晤，他們去南北韓、外蒙、日本訪問回來。根據他們所告：南韓與中共建交已甚迫切，駐韓大使館工作十分努力，可做的事都已做了。當天晚上十時四十五分，宋心濂局長電話告知：根據駐韓單位報告，建交一切都已談妥，只待正式簽署。

九日晨約三位次長談話，將宋局長所告詳細說明，但使館並無報告，我說此事十分嚴重，不能輕視，料敵必須從寬。我們決定要駐韓金大使前去瞭解，但是所得到的答覆仍是：「都是謊言，全不可信。」然而八月十一日我們獲悉，原定於十七日舉行的第二十六屆中韓經濟合作會議，韓方突然通知因為韓國國會臨時會議即將舉行，韓首席代表財務部長官李載禹因需全日應詢，不克主持將予延期。我立即約了朴魯榮大使詢問是否與中共談判有關，朴說外務部完全沒有指示，連會議延期也是剛聽我說才知道。朴是一位職業軍人，為盧泰愚同期同學，原以為他可有直通青瓦台的關係，不料他連基本做大使的條件都沒有。因此我就詳細向他說明，他應向外務部報告今天的會談，特別要傳達我方對會議的拖延以及韓方的解釋甚為不滿，因為歷年來的合作會議，雙方首席代表只需要在開幕式時發表講話，並不需要實際參加，而且韓國國會的臨時會議並不是針對財政問題，李長官也無須全程列席；我方強烈要求韓方將真實原因及早告訴我們。朴大使很誠摯的表示，返回使館後立即繕發電報。但是我們每天追問，他卻說國內無指示。

八月十八日上午，總統辦公室蘇志誠主任來電，告稱根據宋心濂局長報告，韓國情況有突變。同時駐韓金樹基大使也來電，說韓李相玉外務長官在台北時間十時半約他去樂天飯店套房會晤，告訴金大使韓國與我國邦交將有變化，但是不許金大使向任何人透露，否則韓方今後將不告知我方任何訊息。金大使曾表示強硬抗議，並指出必須向政府立即呈報。我立即將各情報報告郝院長。

同日下午三時半，郝院長約蔣彥士祕書長、宋心濂局長和我會商。郝院長對韓國政府的做法極為不滿，過去韓有求於我的，我方沒有不全力支助；現在卻在一再保證邦交不變而突然轉變，

---

12 根據錢其琛《外交十記》所撰，事實上韓國於五月就派盧次官去北京談判，一開始韓方就要求建交，中共立即提出斷交、撤館、廢約三條件。

其中沒有一些諮商。因此會商決定對韓採取高姿態，以顯國格，最重要的是與韓國斷交之時起對韓斷航。因為中韓通航，對我國利益不大，而對韓國十分有利，他可以利用飛往台北轉往東南亞或澳紐、歐洲。此外也決定要及早告知立法院，並且積極籌備與韓國斷交後的談判。

十九日是週三，中常會後我約了黨部立院工作會主任王金平委員，請他代邀立法院的正副院長、各政黨黨團負責人和外交委員會成員，於下午四時半來外交部，我有重要報告向他們提出。當天下午稍早黃主文、邱連輝等委員都來電詢問是什麼問題要報告，我簡單說明，他們都準時前來。委員們也告知了媒體，所以不到四時，外交部五樓門廳擠滿了記者，委員們進來都有寸步難行之感。

## 中韓正式建交與我方對策

我在簡報時將此案經緯詳細說明，並針對委員最重視的二項問題：「館產是否能保有？雙方邦交可否維持？」做了分析。對於前者，我們在一年前就向韓方提出交換使用方式，請韓方另提土地供我興建館、官舍，但韓方毫無反應。關於後者，我們鑒於盧泰愚四年半前就職時宣示要加入聯合國和與中、蘇共建交，現在前兩項（聯合國及蘇聯建交）都已完成，僅剩中共一項，所以我政府曾不只一次向韓方表示，將來不論該項目能否實現，中華民國與韓國的邦交必須維持，然而韓方始終表示與中共發展關係並無進展。因此這二項希望我們都曾努力追求，然而可能性不大。最後我也說出：「中韓關係即將逆轉，個人內心至感歉疚，自當負擔起應負之責任。」

與會的委員們聽完簡報，並未對本部或駐韓大使館有所指責，他們有的表示我們應該處變不驚，有的認為政府對韓應採取強硬的立場。

同一天章孝嚴次長代表我約見朴魯榮大使，對韓國表達最嚴正的抗議，嚴重不滿，十分憤慨。朴大使仍表示對各項發展毫無所悉。

二十日上午我在行政院院會報告，並說明很奇怪的是中共和南韓都公開表示並無此事；然而雙方確將建交，李相玉外務長官也正式向金大使表明。郝院長指示，韓人無情無義，唯利是圖，多年來不斷對我欺瞞，今後兩國間之經貿及航空等業務，我將不惜與之中斷。同時章孝嚴次長再度約見朴魯榮大使，要求韓方明白告知將於何日與中共建交？何時宣布？朴大使的答覆仍是「沒有接到外務部的指示」。同日下午李相玉又在樂天飯店約見金樹基大使，說明日內即將赴北京訪問，但未明白指出是那一天。李又重施故技威脅金大使不得做任何透露。

這種做法在國際交往上實屬罕見，因此我再請章次長於二十一日上午召見朴魯榮大使，對於李的做法表示極為不滿，韓國媒體已報導他將於二十三日赴北京，二十四日與中共簽定議定書。媒體都已騰載，而李仍要金大使保密，此種做法實屬荒唐，令人不可思議。朴大使仍是老話：未奉指示。同日下午金大使來電話報告，據瞭解韓方與中共建交所採模式是對我國最不利的。我立即報告李總統、郝院長。稍後金大使將李相玉致我的一封信電傳給我，函內告知將於二十四日與中共建交，過去半世紀來韓政府與民眾和中華民國政府維持友好合作關係，韓方對於自獨立以來我國政府及人民給予珍貴援助及友誼亦極感激。現為達到韓半島安定並和平統一國家，已無法延緩與中華人民共和國建立正常化關係。由於「一個中國原則」是國際現實，韓國必須結束與貴國外交關係。韓國願與貴國維持最高層級的非官方關係；雙方有關航空、航海、貿易等協定均將終止，希望能盡早建立非官方雙邊關係已維持實質關係的發展。

二十二日清早，我到行政院向郝院長報告李相玉的來函，以及外交部主管單位所擬的對案。簡單的說，倘若韓國同意我國以中華民國名義在韓設立代表團並同意我保有館產，則我對其與中共建交將發表聲明予以譴責，不另做經貿制裁措施；反之，倘韓不同意我使用國名並將館產交予中共，則我除發表譴責聲明外，並立即斷航，予以經貿抵制並全面檢討雙方經貿關係。本部並對各項措施可能對雙方造成的不利做了比較分析，大致上都是對韓方較為不利。郝院長指示可依本部所擬辦理。

我稍後又到中央黨部面報李總統，他指示立即舉行臨時中常會（當天是週六），在十一時舉行。我在會中做了四十分鐘的報告，指出韓國這次所作所為，已超越以往跟我國結束外交關係任何一個國家，只能以「不仁不義」形容。其整個做法使我們感到，沒有方法與盧泰愚領導的政府（任期尚有半年）打交道，為了維持國格和國家最尊嚴，決定採取以下措施：

一、今日（八月二十二日）主動宣布與韓國斷交。

二、拒絕韓方擬派的特使團於下月初來做說明，拒絕聽盧泰愚政府的任何解釋。

三、自即日起完全取消韓國在華經貿方面一切優惠待遇。

四、自九月十五日起對韓做斷航措施。

我報告後，常務委員們很熱烈的發言，很多大老都慷慨陳詞，要給政府最堅定的支持，也對我數日來和民意代表、輿論界、學術界多次座談，充分溝通，使國內不分朝野對韓國的欺騙、隱瞞、推託以及背信表現敵愾同仇予以肯定。會議到下午一時才結束。

午後三時我約朴魯榮大使來，我先問他漢城的外務部是否有指示，他說自八月七日我初次告知他兩國經貿會議延期，以及章次長多次約見，他很詳細的將我們的不滿和疑問報告國內，但始終沒有得到任何答覆。我說盧泰愚的做法不但意圖蒙蔽我國，就是對他這樣的老同學和韓國人民也都在欺騙。約二十年前的美國「水門事件」證明，國家領袖不能欺騙，否則必將身敗名裂（後於一九九五年由金泳三大統領反貪汙調查中，盧與全斗煥同時以叛國、叛亂、貪汙罪名起訴被判刑二十二年半）。我旋即將節略交給他，其中宣告「自南韓與中共建交之日起，斷絕與南韓盧泰愚政府之外交關係」。我也對朴大使說明我政府對其大使館及韓國在華僑胞將盡保護之責。朴大使至此表示此次奉使未能善盡職責，至感歉疚，對我所提保館保僑一節表示衷心感激。

談話結束後我為本案舉行記者會，除宣讀本部的聲明，並答覆問題為時一小時二十分；稍後並有外國記者，再做一次問答。

我在次日手寫辭呈，說明身負外交重任，未能有效維護邦交，復未能避免國家資產之損失，內心深感愧疚，呈請准予辭去部長職務，並即送呈郝院長，次日他將辭呈送回，上批「免議」兩字。同（二十三）日的《自立晚報》刊載〈最壞的情況打了漂亮的一仗〉一文，文內對我頗多謬譽，提到我擔任部長以來，從歐洲先進國家部長、前總理到其他地區國家高層官員不斷來訪的事實觀之，自退出聯合國以降，我國在國際舞台上的地位從未像現在一般受到肯定。對於處理韓國斷交，文中指出：「錢復對內表現外交上前所未有的公開與主動；對外則進退有度，不卑不亢，使得南韓將與中共建交這件對我國原屬至為尷尬的事實，一轉而為漂亮的一戰。」

二十四日上午九時，韓國與中共正式簽署建交公報，此時我們正在外交部內為未來關係的談判舉行會議。同日下午我為外交團簡報韓國問題的始末，並答覆他們的問題。

## 韓方派遣高級使節團來台

二十五日一早，剛返國的金樹基大使來看我，對於韓政府處理此案的拙劣手法做了詳細敘述，也將韓國各界對於他們政府的不滿加以說明，並且告知韓方一定要在斷航前派遣高級使節團和實務團到台北來。那天部內正好舉行東南亞及南太平洋地區會報，郝柏村院長親臨致詞頗長，對於韓國問題講了很多，他認為韓國如此迫切和中共建交，不僅背離國際道義，亦使長期協助韓國復國的我國政府不能理解，而且強烈不滿。對於盧泰愚不顧道義的行為我們可以憤慨，但是不必懷憂喪志，歷史對於盧泰愚不義和違背韓國利益的做法會有評判。

九月一日，我接到仍在漢城的王愷公使電話，告知韓國外務部和執政黨民主自由黨分別通知韓方將派遣高層使節團，預定九月七日至九日來華，該團將由前國會議長金在淳率領，前國務總理丁一權任最高顧問，率領五位執政黨國會議員組成，我對他說，是時正好我國與中美洲外長將舉行第一次會議，對我方而言，時機不太適宜，可否延後一週。次日我將此事分別報告李總統和郝院長，他們都表示同意。稍後韓方告知將於十五至十七日來訪。

我們事先準備和該團懇談中韓未來關係的架構，具體的意見是新機構應冠國號，在辦公室和庭院可懸掛國旗，並享有與過去使館同等的待遇；該機構的主官是大使級，代表本國元首，可與駐在國政府辦理公務，其派遣應先徵獲駐在國政府同意。至於兩國現有的條約協定應暫時維持有效，以迄轉換其他方式取代為止；鑒於韓方已將我國使館館產交與中共，我擬要求韓方撥地供我建新機構，至於其他我國土地財產應由我繼續保有。外交部並根據韓盧泰愚大統領所說，將於斷交後給予我國較其他無邦交國家所賦予更佳的待遇，仔細參照各國先例，選擇較為有利的規定擬定了非常詳盡的談判方案。除依現有無邦交國家中最優惠的規定，並準備了供談判時能順利完成的底線（fallback position），例如新機構的名稱就擬有十二項不同的名稱。

九月十五日「韓高位使節團」抵台北，團長金在淳發表書面聲明，指出此行是以「肉袒負荊之請罪心情」前來，希望我國朝野「給予寬容的雅量」，但是並未提到談判未來兩國關係是該團任務。當日下午該團來見我，說了許多道歉和謝罪的話。金團長發言時有十分不妥的用詞，指我國是「喪主」，許多友邦都已棄我。我立即指責他的用語極為不妥，我無法接受，要他收回。他道歉說他的確是緊張過度，說話不當，但是此次前來是想「帶禮物回去」，意思是要我們不要有報復的舉措。我說韓國此次的做法完全違反國際交往的準則，金氏提到其他友邦也有與我國變更關係的，我說他們都事先告知，並對我國館產予以保障，唯獨韓國自建國之初即獲我政府支助，此次關係改變，卻處處對我隱瞞，在尚有邦交時韓政府對派駐我國之大使亦予蒙蔽，而韓外長竟在旅館約見我國大使。韓國政府究竟為何要如此處理本案，請貴團惠予說明。金團長和丁一權先生都說一無所知。

我接著說，金團長要帶禮物回去，此行如能將未來交往方式談妥，自然可能帶禮物回去；不知該團是否獲得政府授權與本人商談？金團長支吾其詞無法作答，只是希望我們將意向告知。我說貴團既無授權，又想先瞭解我國的立場，外交談判沒有這種做法。金氏仍說盧大統領希望未來兩國關係仍能繼續加強。我說邦交都已斷了，邦交如何加強，這種話何人能信？

丁一權顧問發言指出，他個人年邁抱病來華，主要是希望聆聽我國對未來關係的想法，以作為韓方努力恢復雙方關係的參考。金在淳團長也說此行帶有韓國執政黨總裁，也是三個月後大選總統候選人金泳三致李登輝總統信函，身分明顯，倘能惠告對雙方未來實質關係之意見，必會設法協助實現。

我說在兩位一再要求下，並顯示對兩位元老政治家的信任，就將我方構想做一敘述，也就是談判方案中對我方最有利的各項，特別提到新機構必須冠有中華民國正式國號，因為目前我國在十六個無邦交國的機構均冠國號。

金在淳團長表示使用國號實有困難，不知可否用「自由中國」？我要求韓方以正式書面提出以便請示上級，韓方表示不便，但保證一定努力設法實現。

韓方當晚將所談經過向其政府呈報，由漢城傳來訊息甚為嚴峻，對於「高位使節團」建議使用「自由中國」認為不可行，所以該團成員極為沮喪，在次（十六）日下午於旅舍和金樹基大使密談，丁一權先生老淚縱橫，認為受盧泰愚欺騙而有台北之行。丁先生一開始就對金大使說：「李相玉外長……為達成與中共建交，把一切都交給了中共，連褲子也脫掉了，說實在的，有關國號、國旗及館產等問題，我可以想像絕不可能照吾等所希望地獲致結果。」他具體建議我們等金泳三氏當選後再做討論。

金樹基大使表示：不但我國被盧泰愚政府所騙，兩位也為其欺騙。韓外務部告知我方貴團體代表政府，結果是韓方企圖使外界誤認韓派遣如此重要人士來華，竟無任何成果，歸咎我方承擔責任。昨日貴方所提「自由中國」一詞，雖我方尚未正式回應，不料二十四小時後竟又反悔。因此他將建議錢部長取消今晚為貴團所設晚宴。

至此「高位使節團」的使命完全失敗，我仍請金大使和章孝嚴次長去機場為兩位無辜韓國長者送行。外交部也擬妥聲明稿，指出該團行前表示代表韓國政府，抵華後卻稱是執政黨——民主自由黨所派遣，僅代表該黨致歉，無法處理未來新關係架構。鑒於韓國政府對我國未能尊重，韓方擬派遣的「實務代表團」目前實無來華的必要。

然而韓方仍很堅持，在十月十九日派遣原任駐印度大使的金太智率領相關部會主管，組成「實務交涉團」來台北和金樹基大使與亞太司林水吉司長洽談。他們認為上次金在淳團長來訪時，我方所提的談判方案構想，韓方有困難，因此提出韓方有關兩國未來關係基本構想的文件，包括維持非官方關係，設立非政府機構、代表部、雙邊條約之實施以及僑民教育五部分。主要是彷美日前例，雙方在本國設一非官方機構以派遣在對方設立的代表部人員。由於雙方立場差異過大，無法成協議。

同年底韓國大選，金泳三當選大統領，任命韓昇洲為外務部長官，鄭鍾旭為青瓦台外交安保首席祕書官，兩人在過去均與我國友好，因此自一九九三年上半年開始，中韓雙方就不斷交換意見，並在六月十五日由金樹基大使和韓國外務部本部大使李鉉弘，在日本福岡舉行會談，就事務性問題獲致共識；但較重要的雙方機構名稱和館產問題尚待磋商。

## 中韓斷航十二年多

我國在釜山領事館的官舍乃是政府遷台後所購置，韓方在與中共談判建交時，卻已同意於中共在釜山設置總領事館時將交予中共。此一安排倘成事實，我政府將無法面對國內民意機關及輿論，所以我告訴談判同仁必須堅持。七月十四日外交部房金炎政務次長率團前往漢城，與韓外務部次官洪淳瑛兩度會談終於獲致結論，即我國在韓之房地產分為外交類及非外交類，前者交予中共，後者仍屬於我國，而不按照政府遷台前後分類，但是由於釜山官舍乃我政府遷台後所購置，韓政府將以實質補償方式對我回應。

稍後於七月十九日，金樹基大使及亞太司鄧備殷司長又赴大阪與韓方李鉉弘大使再度磋商，經過四天漫長談判，終於獲致協議，雙方決定盡速在對方設立代表機構及分支機構，我國駐韓設「駐大韓民國台北代表處」，韓方在我國設「駐台北韓國代表部」；雙方派駐人員及眷屬均持外交護照，並享外交特權及豁免權。

七月二十三日晚，我在台北賓館約晤立法院朝野重要委員，將談判結果詳細報告，各位委員對談判結果大致滿意，只是民進黨委員認為雙方機構名稱中「台北」二字如以「台灣」取代，則更為理想。七月二十七日，金樹基大使代表政府於大阪和韓國李鉉弘大使正式簽署協議書。

兩國政府稍後分別指派我國前任駐加勒比海五國大使及駐美副代表林尊賢擔任駐韓代表，韓方派前駐華及駐巴西大使韓哲洙擔任駐台北代表，正式成立代表機構。然而雙方對於斷航後復航的談判則極不順利。韓方派主管官員來談新的民航協定，但是他們對於兩個重要的名詞：「當局」（authorities）和「領土」（territories）不同意使用，認為不符合雙方非官方的關係。我要我方談判代表對於這兩個名詞必須堅持，因為我們和其他無邦交國家的民航協定，都使用此二名詞。兩國雖無邦交，但是我國政府並未自地球消失，我們不堅持使用「政府」而用「當局」已是對現實的妥協；「台澎金馬」不是我國的領土，難道是他人的？倘若如此，韓方應去找「他人」談民航協定，何必來台北和我們談？但是韓方態度十分堅持，毫無彈性，所以談判一直延擱。韓方對外聲稱都是因為我的堅持，協定和復航不能實現。有很長一段時間旅韓僑胞返國不便，都認為我是罪魁禍首，十分不滿；可是事涉原則，不能稍有閃失。

一九九六年我離開外交部，以後接任的每位部長來看我，我都花時間向他們做詳細的報告；歷任韓駐台北代表和韓方重要人士來看我，我也同樣說明，他們都表示強烈支持我的看法。中韓斷航延續了十二年多，到二〇〇四年十二月一日才正式復航。

看到以上的敘述，讀者可能認為我在對韓關係上是鷹派，韓國方面一定很討厭我。事實上韓國媒體對我還是不錯。一九九五年八月十八日韓國《朝鮮日報》的「焦點人物專欄」以〈錢復——台灣外交部長〉為題，撰寫長篇報導指出：「錢氏任職外交部長五年期間，係台灣外交史上斬獲最豐碩時期，在美中建交導致台灣處境艱難下，他是帶領重返國際社會的開拓者。」

二〇〇八年十月下旬，我去首爾參加第十七屆的「首爾—台北論壇年會」，這是三十六年來的第一次訪韓，韓國政經高層對我極為禮遇，使我深受感動。

# 第十五章
# 開拓舊蘇聯與東歐關係

雖然蘇聯藉由二戰末期的密約和扶植中共，多方損害我國利益，自一九四九年斷交，將近四十年沒有任何交往，

但在八〇至九〇年代之際，東歐和蘇聯共黨政權相繼瓦解，新世界秩序正在醞釀發展，我方也必須與之開展新的合作關係。

我國抗日戰爭勝利後，不過四年時間，丟失大陸，退守台灣，自然政府施政不當、喪失民心是重要原因，蘇聯公開和暗中支持中國共產黨也不容忽視。政府遷台後，痛定思痛向聯合國大會提出「控蘇案」，譴責蘇聯公然違反《中蘇友好同盟條約》，經過數年努力，終於成案。同時為使年輕一代勿忘這段經過，「俄帝侵華史」成為各大專院校的必修課。因此我國與蘇聯自一九四九年十月斷交後，將近四十年幾乎沒有任何交往。外交部亞西司雖有第一科主管蘇聯及其若干衛星國業務，但是人員甚少，僅做靜態翻譯研究工作，多年來也很少有通俄文的年輕朋友進入外交部。

然而蘇聯在六十多年共產主義高壓統治下，面臨了經濟成長停滯、民族糾紛頻仍和軍費過度

膨脹等危機。一九八五年戈巴契夫上台後，為挽救頹勢，推動改革與開放政策，但績效不佳。保守勢力於一九九一年八月發動政變，此時俄羅斯共和國總統葉爾欽（Boris Yeltsin）號召全民反抗，西方國家亦予以嚴厲譴責，因此政變三天即結束，但是波羅的海三國經由公民投票宣告獨立，以後若干加盟共和國亦逐一脫離，到了年底，蘇聯正式由「獨立國家國協」取代。各成員國完全獨立，僅透過「元首會議」、「行政首長會議」協調若干政經問題。

## 莫斯科市長拜會外交部

我國鑒於蘇聯本身發生重大變化，加以我國推動務實外交，因此於一九九〇年三、四月，分別開放對蘇聯的直接貿易和直接投資，同時也放寬了民間交流。我在六月一日接掌外交部舉行記者會，就有媒體問起對蘇聯和東歐國家交往態度如何，我表示蘇聯的改革開放和東歐的民主化發展，是四十五年來前所未見的重大轉變，我國政府將運用各種管道設法拓展關係。十月一日政府在東德的萊比錫設立辦事處，由沈勝明君出任處長，這是我們初次在共產國家設立單位。

同年十月二十七日是星期六，當時政府仍上半天班，大約十二時，我的辦公室主任李宗義告訴我，莫斯科市長卜波夫（Gavril H. Popov）已在本部門口，盼能上樓和我會晤數分鐘。我正在遲疑，亞西司羅致遠司長匆匆進來告訴我，卜氏已在隔壁會客室。雖然我事先毫無所悉，也只能步入會客室，立刻發現有大批攝影記者將會客室擠得水洩不通。我和卜氏握手大概二分鐘後，記者們才允許我們坐下，同來的是副市長歐俊尼克茲（Jose N. Orjonikidze）和一位官員。當時部內還沒人可充翻譯，是由一位外貿協會的同仁韓松林先生協助。卜氏表達了蘇聯希望和我們加強貿易關係，並願互設辦事處。

我們談話後不久，他就去和章孝嚴次長做進一步的會談，想不到這次短暫的會談在次日各媒體都登上頭版，並且配有照片，指出這是一九四九年以來俄國官員初次拜會外交部。另外有媒體指出，卜氏是蘇聯最重要的成員俄羅斯共和國主席葉爾欽的親信，葉氏主張民主、自由、土地私有，屬於激進改革派。

由於卜氏的來訪，本部對於蘇聯的態度也相當迅速的轉變。外交部於十一月十七日解除我政府駐外人員與蘇聯官員接觸的禁令。一九九一年初，外交部呈請行政院郝柏村院長召開「對外工作會報」擴大會議，討論本部所擬的「拓展中蘇關係交往方案」。郝院長於元月七日下午主持會議，核定交往方案，設立「對蘇聯工作小組」，由外交、財政、教育、經濟、交通五部，中央銀行、國科會、農委會、新聞局、國安局及外貿協會派員組成，章孝嚴次長任召集人，統籌規劃及執行拓展中蘇關係交往事宜，並以強化經貿關係、推動直航、培養俄語人才、促成漁業合作等項為初期主要工作。

## 江丙坤率團訪蘇，黛維杜伐夫人來訪

工作小組最先決定由經濟部江丙坤次長組團，於二月間赴蘇訪問，商談如何拓展雙邊經貿關係，但是蘇方未同意發給簽證。到五月間，中華經濟研究院與蘇東方科學院在莫斯科舉辦雙邊經貿研討會，我方由江丙坤次長率領六十二人的蘇聯東歐經貿訪問團前往，其中包括政府官員、國營事業負責人、民營企業負責人各三分之一。該團於順利訪問東歐國家後，於五月二十八日抵莫斯科，但是抵達機場時，蘇聯方面臨時將江次長、國貿局許柯生局長及投資處黎昌意處長三人的簽證取消，未獲入境，其餘人員則均能參加研討會及「貿易洽談會」，共有三百餘家蘇聯公民營企業及政府官員參加，蘇聯媒體亦有報導。雙方在會談中決定：（一）、相互給以最惠國優惠關稅；（二）、簽署中小企業合作發展意向書；（三）、簽訂投資保護協定；（四）、蘇聯全國商工總會與我外貿協會建立商情交換系統，每年組團互訪，並協助參加商展等。

同年八月十九日清晨，我隨李元簇副總統赴中美洲訪問，在洛杉磯獲悉蘇聯戈巴契夫總統被特工人員劫持軟禁，由其副手雅納雅夫（Gennady Yanayev）接任，並由一個八人組成的「國家緊急狀態委員會」接掌政權，這些人都是極端保守份子，俄羅斯共和國主席葉爾欽則呼籲全民罷工以促使戈氏復職，情勢甚為緊張。所幸經過二天半的動盪，八月二十一日上午我在哥斯大黎加首都獲悉政變結束，戈氏又被請求重任總統，但是蘇聯的解體已經是無法避免了。

同年十一月二日，蘇聯輕工業委員會主席（部長級）黛維杜伐夫人（Mme. Davletova）一行五人來訪，表示該國嚴重缺乏民生必需品，但是又無外匯，因此盼能採取以貨易貨（barter trade）方式，以該國的石油和煤交換。我告訴她問題相當複雜，因為自五〇年代後，我國已無「以貨易貨」做法，其次蘇聯的石油多在歐洲部分，運來我國運費甚昂，特別是中、蘇尚未互設單位，很難確實掌握資訊。我開玩笑的說：「閣下和我過去從未晤面，我在此地會晤，所以閣下可以確定我的身分，但是我們現在並無貴國內閣名單，當然更無各位首長的玉照，所以倘若有人懷疑閣下的身分，也不是太過分的事，因此兩國早日互設單位，是處理雙方互通有無的第一步。」黛氏表示完全同意我的說法，表示她返國後將盡快促成兩國互設單位。

## 蘇聯解體，加速交流

然而一個半月後，我在赴宏都拉斯參加中美洲元首高峰會後，返國途中在邁阿密機場旅館過夜，於十二月十五日清晨看到週日《紐約時報》的大標題是〈蘇聯解體，各加盟共和國紛紛獨立，並成立「獨立國協」（Commonwealth of Independent States）〉，這是一個嶄新的發展。

在蘇聯解體不到一個月，政府於一九九二年元月，就由章孝嚴次長率團前往俄羅斯和烏克蘭訪問，在章次長啟程前，美國曾洽全球較開發國家，對解體後舊蘇聯的各加盟共和國提供物資援助，以改善彼等的困難，我國決定捐贈十萬噸食米以協助俄羅斯共和國，因此由章次長藉訪問俄羅斯之行正式告知。這些米由我國及俄羅斯貨輪分八批運往。

章次長此行主要目的是準備雙方相互設處，對方雖然給予優厚的接待，但是訪問的目的卻無法實現。我在那年一月三十一日的日記中記下：「四時，孝嚴兄來談在拉脫維亞設立單位（中華民國總領事館）的經過及訪問俄羅斯、烏克蘭情形。很明顯的是中共在阻擋。我建議他對媒體說明：過早曝光造成任務的無法完成。但是他不願得罪媒體。」

同年六月下旬，章次長又再度訪問俄羅斯，這次他和俄羅斯總統專家委員會主席羅伯夫（Oleg

Lobov）有長時間的討論，決定雙方分別成立「台北—莫斯科經濟文化協調委員會」（我方）及「莫斯科—台北經濟文化協調委員會」（俄方）。兩人於六月二十八日簽署備忘錄，針對此二單位的設立和相互接受予以規範。次日又簽署一項協定，確認此兩單位可在對方設立代表處，就我方而言，倘有需要尚可在聖彼得堡及海參崴設立辦事處；俄方則可在高雄設辦事處。

羅氏於同年九月中旬率團來華訪問，舉行兩協調委員會的第一屆聯席會議。他曾和章次長簽署一項綜合議定書，規範雙方未來合作事項，另外他們也簽了規定雙方通航和觀光旅遊的備忘錄。此項綜和議定書由葉爾欽總統親自批准；九月二十日的莫斯科新聞報導，表示這是俄羅斯外交上的一件大事，文內指出：「長久以來我們忽視台灣，然而台灣多年來在經濟發展上的成就，已成為亞洲新興工業國家，令世界刮目。反對與台灣交往的聲浪一直存在政府部門裡，可是一般大眾卻沒有這種觀念和想法。」

## 戈巴契夫伉儷來華訪問

此時我們就積極籌設在莫斯科的代表處。首先，部內確定請駐奧地利的羅龍代表出任首任駐俄羅斯代表。一方面羅代表是本部甚為資深的同仁，曾有長期在聯合國服務的經驗，他精通英語和法語，另方面在我們開始展開對蘇聯和東歐工作時，完全是經由駐奧地利代表處負責聯繫，羅代表早已接觸與俄方的交涉。他瞭解在莫斯科的工作和生活條件都遠不如維也納，但是作為一個卓越的職業外交官，他毅然接起了這個沉重的使命。外交部也將少數能通俄語的同仁派往俄處協助他。「台北—莫斯科經濟文化協調委員會駐莫斯科代表處」於一九九二年七月十二日正式成立。

但是俄羅斯的工作環境的確艱困。羅代表到任後，單是為了租賃辦公室和官舍就花了一年多的時間。我們以為俄羅斯剛脫離威權統治，政府一定很有效率，可是縱使政府和「莫北協」多方出力，代表處同仁仍是處處碰壁。代表和同仁在旅館住了一年多，生活和家庭都十分不便。莫斯科的治安也不理想，物價十分高昂。雖然部內將那裡列為最艱苦地區，給予同仁最高的地域加給，他們還是捉襟見肘。

中俄間一項重要發展，就是一九九四年三月間前蘇共總書記（一九八五～一九九一）戈巴契夫伉儷來華訪問。戈氏是蘇聯最後一位領袖，雖然蘇聯是在他手上終結，但是他在擔任蘇聯領導人以後，陸續提出開放（Glasnost）、重建（Perestroika）、民主化（Demokratizatsiya）和加速經濟發展（Uskoreniye）等政策主張，都是針對老大腐化的共產制度的改革措施。只是可惜提出實施時間已晚，無法提振龐大的蘇聯經濟體系，再加上一九九〇年東歐共產制度的瓦解，國內不滿之聲日形升高，終於使蘇聯於一九九一年底解體。然而他個人的努力使他於一九九〇年榮獲諾貝爾和平獎。

國內是由《聯合報》出面邀請，我在三月二十一日上午十時三刻，由立法院趕回外交部會見戈氏伉儷。我們透過傳譯談了一個半小時。他對中國大陸的情況甚感興趣，提出不少問題，我逐一答覆後，他笑著說：「中國今後必須改革，否則亦將如蘇聯一樣。」我讚揚他在主政時所採取的開放改革做法，在當時的環境下必須有很大的勇氣和決心；他說的確如此，他曾慎思熟慮認為七十多年的極權統治，不徹底變革是無法持續下去的，他也說明自擔任農業部長以來，曾多次赴歐美訪問，對民主的真諦能有所瞭解。他也對我國的國際處境和外交做法詢問甚詳。中午我款宴他們伉儷，當天還有正在訪華的加拿大國際貿易部部長威爾遜（Michael Wilson）在座。

李登輝總統於三月二十三日下午四時會晤戈氏伉儷，我去陪見，原以為一定會長談，但是大概李有煩心事，所以只有略事寒暄，並未深入談話，連同翻譯大約只談了四十分鐘。一九九四年十二月二十二日，德國之聲《監聽》雜誌（*DM Monitor*）刊出有關台灣與俄羅斯關係的進展，文中引述我接受俄羅斯新聞界訪問時，表示台灣和俄羅斯的合作關係具有極大的潛力，自從蘇聯解體後，我們與俄羅斯的關係一直有令人喜悅的改善，雙方均同意在經濟與科技、文化方面彼此可以互補不足。來自俄羅斯的消息顯示，俄外交部將派遣高級外交官駐華，以便進一步提升雙方關係。

俄羅斯方面直到一九九六年十二月，才在台北設立「莫斯科—台北經濟文化協調委員會駐台北代表處」，由一位精通英語的資深外交官崔福諾（Victor Trifenov）出任首任代表，那時我已結束外長工作。回顧六年間，一九九〇年我國與蘇俄貿易額為一億二千萬美元，到一九九五年已增加到十八億美元。

# 第十六章
# 對歐洲國家的聯繫

雖然歐洲有正式邦交的國家不多，但我們依然重視與各國的交流與友誼。用經濟發展取代意識形態對立，並加強實質的關係，積極活絡與歐洲國家的聯繫，企盼早日成為國際社會的一員。

我國和歐洲地區國家唯一有邦交的是位於梵諦岡的教廷。我在接任外交部長時，駐教廷大使是我的老長官周書楷先生。

## 黃秀日出任教廷新使

周書楷擔任同一工作十二年，已年屆八十。立法院和媒體時常對他批評；周大使其實還相當活躍，他是「對歐工作會報」的共同召集人，時常對歐洲事務發表意見。教廷當局認為各國駐教廷大使的工作對象應該單純化——加強和天主教會的關係，行有餘力可以做些公益活動；但是絕對不應涉及政治活動，周大使的活躍使他們頗有意見。

因為長久以來外交部總有一種觀念，認為邦交不鞏固，很難更易大使。所以多年以來一直續下來，縱使知道教廷方面有意見，也認為一動不如一靜。

我就職後，考量這個問題認為必須要動；但是周大使也持有和外交部傳統觀念相同的看法，因此我無法循正常的途徑——也就是請駐使向當地國政府徵求新使的同意。我只有懇託與教廷關係甚深的中國主教團主席單國璽主教，趁他赴羅馬開會之便向教廷探詢易使的可能；單主教返國後告訴我，可向教廷駐華大使館代辦提出。

關於新使人選，我和三位次長研商，大家都認為本部禮賓司黃秀日司長是適當人選。提到黃司長，他是部內一位很特殊的同仁，出身彰化世家，法國巴黎大學博士，一九六七年回國後以留學生分發本部擔任專員，先後在條約司、歐洲司工作，以後晉升科長、副司長、司長一共二十三年未曾外放。我擔任次長時曾數度擬請他去外館工作，他都以老母年邁，身為獨子（他的長兄已去世），不忍母親傷心而婉辭。我記得有一次他擔任禮賓司副司長時，需隨同行政院孫運璿院長出國訪問，不過十天光景，他很勉強的同意。然而慈母萬分不捨，臨行前不斷以珍貴飾品給他，似乎是要長久分離。

此時，他的母親已逝世，但是他的家庭財產十分龐大，除了他沒有別人可以分勞，所以我和他討論新職時，他表示有二點希望：一是他自己個人赴任，他夫人要留在台北處理家產，但是國慶或重要活動需夫人參加時都會前往協助；二是任期希望不要太久，最好是二至三年。我都表示同意。

一九九一年一月十四日下午，約教廷代辦裴納德蒙席（Monsignor Adriano Bernardini）來部，將黃司長的履歷面交，請他轉報教廷當局給予同意。經過四個星期，二月十二日晚間我為將離任的瓜地馬拉駐華大使依梅尼茲（Carlos Oriol Jimenez Quiroa）贈勳款宴時，教廷裴代辦私下告訴我，教廷已覆電同意黃秀日司長出使，即將正式節略通知本部，更動教廷大使的工作終於順利完成。

## 吳祖禹接任與出訪教廷

黃大使赴任後積極展開和教廷的關係，二年後，他要求回國，正好章孝嚴政務次長出掌僑委會，主管歐洲、非洲的常務次長房金炎接任政次，所遺常務次長決定由黃大使接任；教廷大使則由原任駐義大利代表吳祖禹接任。吳大使的尊翁吳經熊先生也曾擔任駐教廷大使，父子先後出使梵諦岡是外交界一段佳話。

一九九四年六月中旬，我曾赴教廷訪問，順道赴義大利、捷克、瑞典和比利時停留，並在比京布魯塞爾主持歐洲地區工作會報第十四屆會議，前後約兩週。我先去美國科羅拉多州海狸溪（Beaver Creek, Colorado）參加前總統福特（Gerald Ford）主持的世界論壇（World Forum），會後於六月二十日由丹佛飛往華府郊區杜勒斯國際機場，小做逗留與丁懋時代表敘談，然後轉搭聯合航空班機飛往羅馬。這個短暫停留是中美外交關係中止後的首次，國內媒體報導甚多。實際上只是一個換機續飛的需要，並無任何特別意義。

六月二十一日我抵達羅馬，教廷禮賓司長卡波托（Monsignor T. Caputo）、義大利外交部禮賓官、駐教廷吳祖禹大使、駐義洪健昭代表等都在機場迎接。次日上午赴教廷拜會國務卿索達諾樞機主教（Cardinal A. Sodano），談話一小時，就中梵關係、我國國內天主教發展情形、我國政治經濟發展現況、現階段兩岸關係、大陸政治狀況、教廷與中共交往等問題廣泛交換意見。索氏亦對我國政府捐贈教宗五十萬美元以對盧安達、波士尼亞和克羅埃西亞難民予以救助表示謝意。我表示教宗悲天憫人，政府願繼續在人道援助方面與教廷合作，以回饋國際社會。

稍後我去拜訪教廷外交部長陶然總主教（Archbishop Jean-Louis Tauran），他提到幾件由於政府的措施使教廷擔心的案件：一是我國地方政府實施都市計畫時，往往會涉及對教堂及教會財產予以拆除或徵收；一是我國雇用菲律賓外勞已逾十萬人，據稱有人每天工作時間超過十六小時，且待遇甚低，週日也不能去教堂做彌撒，凡此均涉及基本人權及信仰自由。這些問題都甚敏感，但事先我並無所悉，也就是教廷駐華使館和天主教會都未曾反應，因此我只能做原則性的答覆。關於拆除教堂及教會財產事，我將立即告知台灣省政府慎重處理，必須對教會充分協助以免造成傷害。關於菲籍外勞問題，我將洽勞工委員會，請及時予以處理，確保人權和信仰自由。

我也向陶然外長提出，一九九三年九月教廷「正義暨和平委員會」主席艾其格雷樞機主教（Cardinal Etchegaray）訪問大陸表示關切。陶然總主教表示艾氏赴大陸是參加全國運動會開幕典禮，的確給予中共有若干宣傳價值，教廷與中共間並無任何改變關係的跡象。

當天中午我款宴教廷官員，有前駐華大使高禮耀樞機（Cardinal G. Caprio）、醫療委員會主席安基利尼（Cardinal F. Angelini）、陶然外長、教宗內務總管桑德瑞（Mons. Leonardo Sandri）、大眾傳播委員會主席佛利總主教（Archbishop John Patrick Foley）、教廷外交部次長且利（Mons. C. M. Celli）等。客人多是我的舊友，談話極為愉快，午宴約二小時半才結束。

## 教宗若望保祿二世召見

賓客中的外次且利在國際媒體常被譽為教廷的季辛吉，常代表教廷前往舊蘇聯和東歐國家進行祕密談判；傳說也是教廷推動與大陸關係的主要使者。我和他做了相當長時間的談話，主要是為他分析天安門事件（一九八九年六月）以後中共內部的變化，以及一九九四年一月中共新公布的《宗教活動管理條例》中涉及教廷的條文，他甚感興趣。

二十三日上午，教宗若望保祿二世（Pope John Paul II）召見我，這是很莊嚴慎重的場合。前一天教宗辦公室主任蒙都齊主教（Bishop Dino Monduzzi）致函給我確定晉見時間，函中表示教宗將單獨接見，俟談話結束後，內人和吳大使伉儷進入教宗辦公室並正式攝影。當我們到達教廷時，有教廷儀隊在停車地點致敬，並由身著大禮服的教宗侍從接待。稍後蒙都齊主教出來迎接，帶領進入教宗辦公室，我先向教宗致敬並面呈李登輝總統函件，然後就座。

教宗閱讀函件後即指出，我國政府對他宣布一九九四年為國際家庭年全力支持，他甚為感謝，接著詢問我國對人口問題有何看法?我說人口和成長是互為因果的，過去有些國家為求高成長，要降低人口成長，然而以日本與我國為例，預計公元二〇〇〇年時，六十五歲以上高齡人口將超過百分之七，政府負擔將極為沉重，因此新生人口增加將成為重要課題。過去政府常宣導「二個孩子恰恰好」，現在已改為「三個孩子不算多」。教宗聆聽後予以肯定，認為國家未來一定會興盛。我說中國傳統價值觀孝悌仁愛，都是以家庭為中心，儘管經濟迅速成長，家庭仍是社會最重要的柱石，天主教會的道德觀和我國傳統是一致的，我們期盼天主教會能充分發揮其影響力，使社會風氣不致偏差。

教宗說，歐洲地區的共產黨都已失去政權，不知大陸未來將如何改變？我說從五年前天安門事件，可看出中共的領導人物中仍有具反對意見者，如當時的總書記趙紫陽，曾親自手持傳聲筒在群眾中勸導散去，教宗詳細問趙的姓名，並記於紙上。我也指出蘇聯及東歐共黨政權解體，教宗貢獻甚大。戈巴契夫於三個月前訪華曾告訴我，影響他提出民主化和改革有兩大原因，一是一九八〇年以農長身分訪問加拿大，見到農民生活富裕，感受極深，一是他和教宗會晤促使他改革。教宗說的確如此，他希望中共的領導人也能有此省思。談話一小時後，內人和吳大使伉儷被引導入室，我們交換禮物並攝影。辭出時仍如抵達教廷時相同的禮節。我們旋即赴機場趕往下一站。

## 與義大利外長馬丁諾談「參與」聯合國

在羅馬的兩天，我也曾和義大利外長馬丁諾（Prof. Antonio A. Martino）於二十一日中午，在一個古堡餐廳 de Cork 敘談八十分鐘。談話的主要部分是有關聯合國的問題，我向外長說明

「一個中國」仍是我國的基本國策，但是自三年前我們結束「動員戡亂時期」以後，就不再視中共為叛亂團體，換言之，現狀是中共統治中國大陸，中華民國統治台澎金馬。由於我國經濟迅速發展，民眾常赴國外旅行，對於我國在國際社會中被排斥的事實無法接受。一年半前國會全面改選，若干立法委員以「加入聯合國」作為唯一政見，均高票或最高票當選，此一事實我政府不能漠視。然而「加入」意味我們是另一國家或是一個新國家，對於兩岸關係有損傷；所以去年我們初次請友邦協助提案，請聯合國大會研究，如何使在台澎金馬的二千一百萬人民得以「參與」聯合國。換言之，這項提案並沒有預設立場，只是請聯合國大會「研究」如何能使我們「參與」。事實上此一想法實在源自義大利。

馬丁諾外長不解為什麼是源自義大利，我告訴他在約三十年前，中共尚未進入聯合國，義大利曾聯合若干會員國，於一九六六年向聯大提出「研究委員會」案，嗣後數年也曾兩度提出。我也將當時的提案送給馬丁諾外長參考，並請他給予協助。

馬氏對我的說明表示興趣，將原提案交給在座做紀錄的部長辦公室副主任阿拉貢那（Giancarlo Aragona），並稱阿副主任與他從小一起長大，是很親密的朋友；阿氏將與洪建昭代表密切聯絡。馬氏並指出自擔任外長後，義國行政部門對我國有更友善的做法，如旅居義國的僑民再入境簽證問題已解決，中義通航亦將獲協議，義國甚願在國際事務上助我，但是需要若干時間。我對馬部長的善意表示感謝，並說，目前多數重要歐洲國家都已派職業外交官駐華，但義國在台北的貿易推廣辦事處則無，盼亦能比照辦理；此外甚多無邦交國家均派部長級官員訪華，期盼亦能有義國首長來訪。馬部長承諾比照辦理。他亦對我國政情與兩岸關係、大陸現況詢問甚多，我均一一答覆。

同日下午，我去義大利總理府拜會國務次卿萊達（G. Letta，地位高於部長，是總理左右手），總理外交顧問范篤（S. Vento）大使在座。我先請萊氏代向總理貝律斯康尼（S. Berlusconi）轉致李總統、連院長問候之意；他說貝總理因四天前會晤達賴喇嘛，引起中共憤怒抗議，所以未能親自接見。我說近年兩國經貿關係密切，義國廠商參與我六年國建如二高、環保工程均有成效，為進一步加強兩國關係、義國似宜提升在我國的單位。萊氏表示當向貝總理報告，早日促其實現。二十二日晚洪建昭代表在Casinar Valadien餐廳設宴，有司法部次長康泰斯達比（D. Constestabile）、預算與經濟企畫部次長巴拉篤（A. Parlato）及多位參眾議員參加。據說原有部長級官員參加，因閣議時間延長而不克前來。

## 哈維爾總統讚譽我國的民主化及自由化

離開羅馬後，我們去了捷克，二十三日下午抵達布拉格，捷克外交部亞洲司司長蘇克普（J. Soukup）在機場迎接。次日上午先拜會經濟部長狄巴（Kard Dyba），就兩國經貿關係、捷克農業發展以及我國參加關貿總協定（GATT）等問題充分交換意見。中午捷克外長捷令尼克（J. Zieleniec）在Zatisi餐廳款宴敘談二小時。我們就中捷關係、兩岸交往、大陸情勢、香港問題、我國對外關係及參與聯合國等問題，做了詳盡探討。捷外長對此次會晤甚為滿意，他表示和我聚晤是他的責任，不會有任何心理負擔，如果我方公布他也同意。當然我是不會做這種增加他困擾的事。他也表示捷克將逐步（step by step）加強與我國的經濟、政治及其他方面的關係。

午宴後我前往布拉格堡壘（Prague Castle），也就是捷克總統府，晉見哈維爾總統（Vaclav Havel）。房屋建築是古老的，但是室內陳設則極為現代化。我先面陳李總統函，並向哈總統多年致力人權運動表示敬意。哈維爾夫人曾於一九九〇年十二月訪華，曾多次晤談，但因不久前跌傷所以仍在療養，我請哈總統代為轉達盼她早日痊癒之意。哈氏對李總統函極為欣喜，並說盼李總統能來捷克渡假以便面談；又說哈夫人對訪華之行印象深刻，對我國在民主化及自由化的成就均甚讚譽。哈總統對兩國互設代表處以來，各項合作關係的加強甚為滿意，希望能更加強。

哈總統說他已獲悉我和捷外長所談聯合國參與問題，他願盡力在幕後助我。我說哈總統下月將赴美國費城接受自由獎（Prize of Liberty），所以將中美關係向他做詳細報告，請他代為執言。他立即表示已做紀錄當盡力支助。談話約一小時，他又囑外交顧問賽佛特（P. Seifter）陪我們夫婦、謝新平代表參觀布拉格堡壘。

## 訪瑞典，於比利時主持歐洲地區工作會報

二十六日我赴瑞典訪問，該國貿易委員會主席霍奎斯（G. Holmquist）在機場歡迎。

二十七日中午，瑞典外交部長烏格慈（Margaretha af Ugglas）女士設宴款待，敘談二小時。我首先對瑞典已獲准加入歐洲聯盟（European Union）表示慶賀之意。接著烏外長向我分析瑞典

政情，當時是由她所屬的溫和黨、自由黨、中央黨與基民黨組成的聯合政府，三個月後要大選，在野的社民黨在民調上領先。溫和黨一向對我友好，今後無論是否主政仍將秉持此一立場。她亦詢及兩岸關係以及中共內部情勢，我均詳加答覆並就參與聯合國問題做深入研討。最後我提到瑞典外交部主管援外的次長山繆森（Alf Samuelsson），曾於一九九二年十二月十一日在台北和我會晤，當時我提到瑞典和我國都在第三世界有援外計畫，但是因沒有協調，常在同一地區從事相同的工作，如在中非共和國布雅利（Boyali）地區，我農耕隊與瑞典農耕隊同樣做稻米種植示範，兩隊毗鄰，實是資源浪費。山君甚有同感，其後我駐瑞典詹明星代表、胡惇卜祕書才能和瑞國外交部援外部門，以及其國際技術暨經濟合作局加強聯繫，希望今後能更趨密切。現在兩國已合作協助拉脫維亞土地測量人員培訓中心。烏部長表示瑞典樂將詳細援外資料提供我國，並更進一步援外合作。

我在瑞典期間，亦參加了由貿易委員會霍奎斯主席與詹明星代表共同簽署《中瑞環保合作協定》的典禮，瑞典勞工部洪龍德（B. Hörnlund）部長、環保署安能堡（R. Annerberg）署長亦參加。我在瑞典也會晤了該國重要產業領導者艾力克森（Ericsson）公司總裁藍貴士（Las Ramquist）、沙布（SAAB）公司總裁齊爾伯（Lars Kyhlberg）、擎天神（Atlas）公司總裁屈利丘（Mike Treschow）等人。

二十八日晚，我從瑞典飛往布魯塞爾，比國外交部長辦公室主任威廉斯（Lode Willems）來接。在比京主要是主持第十四屆歐洲地區工作會報，一共到有歐洲地區二十三位代表，和一九八〇年我主持第一屆會報比較增加很多同仁。中央各機關由台北前來指導的也有經濟部許柯生次長等七位。

三十日上午我在會報開幕式講話，說明近年國際情勢最大變局是東歐和蘇聯共黨政權相繼瓦解，新的世界秩序正醞釀發展中：經濟發展取代意識形態對立、多元國際權力組合逐漸形成、全球化趨勢明顯、國家間貧富差距日益擴大，以及歐洲整合步伐持續。接著我就國內自九〇年代開始政治上的變革、兩岸關係的變化等現象，談到民眾企盼我國能積極成為國際社會的一員。最後是談參與聯合國問題。

## 拜會比國外長克拉斯

七月一日下午，我拜會比國克拉斯（Willy Claes）外長，談話九十分鐘。我先敘述我國政情發展，提到數日前在瑞典會晤烏格慈外長時，她告訴我多數歐洲國家仍以為我國處於動員戡亂體制下，不瞭解我們已採取務實政策。接著我就參與聯合國問題向克外長簡報，也提供書面說帖，特別指出一九六〇年代比國與義大利、加拿大曾數次向聯合國大會提出研究委員會案，現在我們所做的和當年比國做法相同，希望克外長能予協助。克外長表示六〇年代的往事，他完全不知道（我將當年三次提案原文面致），但對我國立場甚表同情，他將在每月舉行的歐聯外長會議中提出報告。稍後他又要我對大陸情勢以及未來可能發展做一分析。克氏也就歐洲聯盟可能發展及俄羅斯與歐聯簽訂夥伴協定後未來走向，與東歐國家是否可能參加向我詳細說明。這次晤談克氏充分表現友好與誠意。同年九月二十七日，克外長在四十九屆聯合國大會總辯論中發言，指出拉丁美洲及亞洲國家在增進民主和經濟發展方面有甚大成就，台灣海峽兩岸對話對在亞洲營造一種充滿信心的新氣氛具有貢獻。

稍早我在六月二十九日晚，應歐聯執委會副主席班格曼（Martin Bangemann）設宴款待。我先向班氏說明，近年來我國與歐聯的經貿諮詢會議，已每年輪流在台北及比京舉行，對增進雙方經貿關係甚有助益，我甚盼歐聯能積極研議在台北設立辦事處。班氏表示願協助推動。我也將參與聯合國案予以說明，並以說帖二份面致，請他將另一份代為轉交當晚原擬參加，臨時因公未能分身的英籍主管外交事務的伯力坦（Leon Brittan）副主席，希望歐聯能提供協助。

我也向班氏提到我國參加「關稅與貿易總協定」（GATT）一事，我們已舉行五次工作小組，並與會員國做雙邊談判，希望能早日進入。

我接著表示，中歐貿易關係逐年增長，因此我國對於歐聯年來經濟艱困甚為關切，不知何時可復甦？班氏說復甦已見跡象，但是南歐仍極困難，他認為中歐經貿前景光明。我說歐洲各國失業問題仍甚嚴重，不知歐聯有何對策？班氏說失業率確實甚高，若干國家已達兩位數，甚多國家已接近兩位數，這是總體結構問題，不是短期內可解決。

我在歐洲約二週的訪問於七月三日結束，由比國搭車赴阿姆斯特丹乘華航班機返國。

## 拉法葉艦與幻象戰機採購案

這次赴歐訪問，原先安排行程準備包括法國在內，但因正值夏季，法政府首長均暑休（Vacance）不在巴黎無法安排會晤，所以未去。這些年我國與法國關係頗有發展，除雙方代表處均由適當外交官員充任、雙方通航、兩國官員互訪頻繁。一九九〇年九月下旬，曾任司法部長的裴瑞飛（Alain Peyrefitte）曾來訪談並餐敘，主要討論大陸問題和我國家安全問題。幾天後曾任法國外交國務員的總理亞洲特使德林波斯基（Leon de Lipkowski）來訪，表示法政府對我國友善仍盼我國重要國建計畫，如高速鐵路能向法國採購。

一九九一年七月十日，國防部指派海軍總司令部艦管室主任雷學明來部，就海軍光華二號計畫PEFG型艦推展計畫向我做簡報。這是一種以反潛、反封鎖作戰為主，並兼具防空能力的飛彈巡邏艦，原先準備向韓國現代公司採購，至兩年前法國願以其最新設計的三千噸級FLEX-3000型艦售予我國，海軍於當年十月五日奉國防部核定，變更原先採購韓製計畫，並於同年底完成草簽。但是一九九〇年一月九日密特朗（François Mitterand）突然宣布暫停本案出口許可，以後雙方研商改由湯姆笙公司（Thomson CSF）與中國造船公司合作將輕巡防艦改為「多用途偵蒐船」，在法國建造六艘船段運交中船組裝測試交艦。同年七月一日重行簽訂備忘錄，並修訂原合約草案。嗣後中法雙方就合約及相關文件不斷磋商，法國政府於一九九一年六月十二日核定發給出口許可，提供六艘FLEX-3000型艦份的戰台、偵搜、指管以及射控系統裝備，全艦在法完成預鑄船段（每艦十三個船段）後運交我方，並提供圖件、技協給中國造船公司在台灣組裝，經測試驗證後交予我海軍，性能皆由法方保證。六月十九日雙方就合約草簽並開始議價，法方概估全案價款為一百五十五億七千四百萬法郎，造艦時程八十五個月。合約價格依當時匯率為六百五十四億元台幣；另外尚需增加海軍與中船的合約款八十一億六千萬元台幣，而艦用火砲及飛彈亦需我方提供。軍方簡報指出本案未來尚需外交部及駐法代表處繼續協助等語。

這就是以後大家很熟悉的拉法葉艦，也是我第一次接觸到本案。我在七月十日的日記中就有「雷學明中將來簡報PECG案，中法合作案可望於八月六日簽字，但價格甚高。」

法國售艦案確定後，我軍方又擬向法國採購幻象（Mirage）戰機。我在一九九二年三月初收到在法國的邱榮男代表電告，法國外交部亞太司長拉維特（Jean-David Levitte）約晤洽告：我空軍林文禮總司令曾於去年十月一日函請法方同意售幻象機，法政府於一月下旬決定出售，但通知我方後有三週時間毫無反應，因此奉命詢問我方是否仍有意願。外交部將邱代表電報轉給國防部。此後幾個月我完全沒有接觸到這項軍購案，一直到八月初邱代表又電告說，法國工業貿易部長史屈拉斯肯（Dominique Strauss-Kahn）曾於七月底赴北京密訪，主要向大陸說明將以幻象戰機售與我國，其主要原因是使法國國防工業發展並製造就業機會，史部長的任務並不成功，中共當局仍堅決反對態度。然而由於法方已與我軍方簽署協議備忘錄，所以出售應不是問題，不過由於中共方面極可能抵制法國產品輸往大陸，因此盼能我國在六年國建的重大工程招標方面，優予考慮法商參與，特別是高速鐵路和核能電廠。

但是，差不多同一時間，美國布希總統於一九九二年七月三十一日宣布美國將以F-16戰機售與我國，並且表示希望我方不要購買幻象戰機。然而八月五日國防部陳履安部長在中常會後告訴我，幻象戰機案中法已簽訂備忘錄。

那年八月二十八日上午十一時，李總統在府內邀了李元簇副總統、郝柏村院長、蔣彥士祕書長、宋楚瑜祕書長、陳履安部長、劉和謙參謀總長和我討論購戰機事。李總統先說明幻象機的採購已確定，而美突然宣布以F-16售我，並要求勿購幻象機。此事處理稍一不慎將嚴重傷害國家利益。郝院長發言甚久指出F-16為軍方過去十年始終擬購買的，這一發展是天時、地利、人和各因素湊成，對國民信心、經濟發展、投資意願都有好影響。至於幻象機案，我政府要維持誠信，絕對不可放棄，但吾人應坦率告知美方。預定購買幻象機六十架、F-16一百二十架，其品質應與美售日、韓者相同，不能接受降級者；而自行生產的IDF預計一百三十架。至於美國與法國均爭取核四廠，我們在政策上宜對美國有所回報，高速鐵路可給法國。

劉總長分析兩項戰機，認為F-16有A、B、C、D四型，倘美售我者為A、B型則維護與補充配件均甚困難，而且美出售F-16，對戰機所使用軟體完全掌控，而幻象機則完全為法空軍所使用的正品，最新設計，研發是最進步的，同時出售飛彈。所以就作戰方式和效果言，幻象機遠優於F-16。

李總統裁示美國戰機的合約應先簽訂，以後再完成與法國訂約，至於六年國建的重大工程，雙方應均會有機會。希望法方派高級人員來台北，本人將當面保證會購幻象機。法方稍後於十月下旬派外貿部長杜瑞（Bruno Durieux）來訪，他曾於二十二日晚來部看我洽談並晚宴，我們的談話都是有關大陸和越南的問題，並未涉及幻象機，至於他和總統、院長或國防部的談話內容我並不知道。

## 軍售無助於提升中法關係

由於法國對我國兩項重大軍售的完成，外界都期盼雙方的關係能大幅提升，然而事實上由於法國與大陸的關係極為緊張，法政府為避免與中共關係更形惡化，對於與我們的事務稍涉政治意味的事項，都採取很審慎的態度。另一方面法國期盼我國能提供參與重大國建的機會，如高鐵與核四。可是核四，郝院長早已決定給予美國，高鐵案則法國得而復失（最初是歐洲標，以後突然改成日本標）。中法雙方貿易額始終在二十五億美元左右無法增加。法國地方政府期待我國重要企業能赴法國投資，但是也沒有獲得。法國政府亦曾同意二位現職部長及多位重量級政壇大老，如巴赫（Raymond Barre）及賀加特（Michel Rocard）兩位前總理和季斯卡（Valéry Giscard d'Estaing）前總統來華訪問，他們都希望我國能給予國建大餅，然而全都空手而返。因此中法關係在嗣後數年並無大幅提升，比較重要的是一九九三年十一月中法正式通航。

一九九四年九月底我奉派赴幾內亞比索擔任慶賀該國總統就職特使，返國途中在巴黎停留一天。十月一日上午法外交部亞太司長布蘭梅松（Claude Marie Blanche-Maison）大使來我的旅舍拜會，說明法政府願與我國維持最好的可能關係（We wish our relations should be good as far as possible），法政府已決定於十月中旬指派高等教育與研究部長費雍（François Fillon，此君於二〇〇七年薩科吉任總統後擔任國務總理）赴台北訪問，他為法政壇明日之星，盼能會晤我國重要首長。我表示歡迎並稱返國後將洽請教育部郭為藩部長主持接待。

我亦藉機對於該年稍早法國巴拉杜總理（Edouard Balladur）特派席哈克總統密友佛瑞曼（Jacques Friedmann）為特使密訪北京發表兩國「正常化」聯合公報，宣稱中共為唯一中國，台灣為其一部分，並承諾法國將不再對我國軍售一事，表示極為不滿；並就兩岸分治的事實詳加說明，也指出當年美與中共簽「八一七公報」對軍售遞減是有若干先決條件，而法政府竟做出無條件的承諾，實屬欠當。布司長解釋巴拉杜總理的目的，是基於中共為安理會常任理事國的事實，為了與中共溝通、對話、打開政治僵局，使與中共關係能恢復正常化而採取的措施，因而導致巴拉杜總理得於四月初赴大陸訪問。法政府亦瞭解我方不滿，事實上法國並不擬與中共建立特殊關係，元月十二日的公報只反映法政府與中共間協議的一小部分，有關軍售的用詞確實模糊不清，事實上法與中共間未公開的諒解中，法國仍可繼續對我國售武器，請閣下相信，法政府對與貴國維繫良好實質關係的立場並無改變。

我明白布司長態度如此和緩，主要原因是想要獲得我六年國建的重大計畫。果然當天稍後有三位客人到駐法代表處拜訪我，依序是我駐法單位在法方登記的「推展與台灣文化與經濟關係協會」（A.S.P.E.C.T.）理事長于諾（Michel Junot）、前駐加拿大大使，年初為巴拉杜奉派為特使訪華的艾當（Bujon de Estang）總裁、以及馬特拉集團總裁拉卡迪（Jean-Luc Lagardère）都先後表示：（一）、費雍部長將訪華，（二）、我駐法單位將改名，更具有代表性，（三）、法希望能取得核四廠及高鐵的工程，他們特別指出台灣電力公司對核四廠興建召國際標時，標單上的規格似乎是針對美國廠商，特別是通用電子公司所釐定的，對法國廠商甚為不公平。

費雍部長來訪時，我於十月十六日中午在家約他餐敘，那天是週日，所以我也沒約其他客人。他對我說法國政府正努力的對海峽兩岸採取平衡的政策。我說依我們的經驗來看，事實頗有出入，而且癥結在法國外交部。就以六天前我國國慶典為例，現在各駐外單位都已將慶典報回，全球重要國家中，嚴禁駐外大使參加我國國慶酒會者，只有法國一國，何來「平衡的政策」？此事請部長閣下返國向貴國政府報告。他顯得相當尷尬，就向我提出不少有關大陸和東南亞的問題，我也逐一答覆。

## 「蕾汀報告」肯定我方經貿表現

以上簡單敘述我在外交部六年服務期間所經歷與法國的關係，對於其他歐洲國家的接觸也大致相同，無須一一贅述。但是我還想就歐洲議會通過「蕾汀報告」決議案一事，稍加敘述。西歐六國於一九五一年成立「鋼煤聯營」（European Coal and Steel Community），到一九五七年改為「歐洲共同市場」，一九六七年改為「歐洲共同體」（European Community），一九九三年正式成立「歐洲聯盟」。這一連串的歐洲區域組織的立法部門，先有一九五二年的「歐洲共同大會」（European Common Assembly），一九五八年改為「議會大會」（Parliamentary Assembly），一九六二年起正式成立「歐洲議會」，但是這三個組織的成員都是由各國政府指派，到了一九七九年則由各會員國的公民直接推選歐洲議會的議員。

我政府於一九九〇年開始向「一般關稅與貿易總協定」提出加入申請，亟需歐洲共同體的支持，但是當時甚為困難，我認為似可從歐洲議會入手，外交部就請駐比利時魯肇忠代表及該處的「歐體小組」，設法通過正式決議案支持我們的加入。比處對本案推動極為出力，先在歐洲議會中成立了「友華小組」成員達一百餘人。

一九九一年六月歐洲議會友華小組成員愛爾蘭籍的庫尼（P. Cooney）議員，首度提案呼籲「歐體」部長理事會及外交部長政治合作會議盡速討論支持我們加入關貿總協定，最初沒有獲得反應。十月三十日他又聯合其他六位議員連署再度提案，到次年七月歐洲議會的外交委員會決定指派盧森堡籍的蕾汀（Viviane Reding）議員，就該提案提出報告書。駐比魯代表及同仁多次訪問蕾汀議員，除請她支持我們進入關貿總協定外，並提出四項具體請求：（一）、解除歐體官員與我方交往的禁令；（二）、促請歐體執委會來華設處；（三）、強化並提升執委會主管我國業務的人員和編制；（四）、提升我與歐體年度諮商的層次。這幾項建議都獲得蕾汀議員的認可，納入她所負責撰寫的蕾汀報告（Reding Report）。此項報告於一九九三年三月十七日在外交委員會討論，過程中受到不少外來的干擾，在辯論時蕾汀議員不斷仗義執言，認為歐體除應支持我加入關貿總協定，也應支持我加入其他國際組織，改善對我關係並發展與我政治、文化及經貿關係。

歐洲議會全體會議於同年五月二十七日就蕾汀報告進行辯論，包括社會黨在內，左右黨團均發言支持，讚揚我國政治民主，支持歐體改善對我關係。當天列席會議的歐體執委會代表葡萄牙籍畢奈羅（Joao de Deus Pinheiro）委員應邀發言對蕾汀報告予以肯定，表示歐體目前與我無法發展外交及官方關係，然而執委會重視我國經貿的重要性，並稱關貿總協定目前已以務實態度處理我加入案。次日大會正式表決蕾汀報告，出席議員一一六人，贊成者一一五人，棄權者一人，最後無異議通過。此一報告以歐洲議會決議案方式通過，為正式官方文件極為重要。嗣後數年駐比代表處促請列入報告的四項建議均一一實現，主稿報告的蕾汀議員於二〇〇九年十一月正式成為歐洲聯盟執委會副主席，負責司法、基本人權及公民權業務。

# 第十七章
# 強化與中南美邦交國關係

中南美洲和加勒比海地區共有三十三個國家，是我國對外關係上很重要的地區，在這個區域當中，十六國與我國有外交關係，我們也在其他十國設有代表處，當我方爭取參與聯合國時，這些友邦也會不時為我們發聲。

在我回到外交部工作後不久，尼加拉瓜就表示願和我國恢復外交關係。中尼兩國長久以來維持良好的邦交，一九七九年尼國由桑定陣線取得政權[13]，我們仍維持邦交到一九八五年十二月才斷交。

13 請參看《錢復回憶錄典藏版・卷二：華府路崎嶇》三八七頁，台北：天下文化出版社，二〇二一年。

## 與尼加拉瓜恢復邦交

一九八九年，國際上要求尼國舉行民主選舉的壓力日益增強。桑定陣線決定於次年初舉行總統選舉，並推定其領導人奧蒂加（Daniel Ortega）參選；尼國十四個反對黨組成聯盟推舉尼京「新聞報」（*La Prensa*）負責人查莫洛夫人（Violeta Chamorro）參選。查夫人無政治經驗，在競選過程中又跌斷腿，行動不便，選前多數民調都不看好她。然而一九九〇年二月，她以百分之五十五絕對多數的選票當選。四月二十五日就職後，就積極推動和平與和解政策，要求桑定陣線和反抗軍以及民間將武器交出。過去的軍營基地很多都改成醫院、學校。她的政治立場是親美國，就職後就循多方管道向我們表示願意恢復邦交。同年十月二十六日他派長公子彼得查莫洛（Pedro Joaquin Chamorro）率團來訪。

最初我有些遲疑，因為查莫洛夫人雖然親兼國防部長，但是參謀總長仍由桑定陣線領導人奧蒂加之弟洪博篤（Humberto Ortega）擔任。所以我很委婉的說，由於五年前的經驗，我希望復交後中尼關係能長長久久，不能因為桑定陣線的關係而受傷害。查莫洛公子表示他完全瞭解。過了四天他帶了一位岡德利雅斯中校（Romiro Contreras）來見我，面遞奧蒂加兄弟的親函，表示復交是全國一致的意見，桑定陣線完全支持。

岡中校本人是參謀本部祕書長，和兩兄弟很親近，英語表達能力甚強，極力向我保證兩國關係將不會變更。查莫洛公子也從公事包中拿出一疊照片，並說這是母親希望你看的。這些照片是尼京馬拿瓜中心的和平廣場（Plaza de la Paz）挖了很大的坑，無數的槍枝被投進去，再以水泥將大坑封起來前，查莫洛夫人將幾朵玫瑰花投入。這些照片使我深受感動，因為我在一九五五年初次去參觀聯合國時，一進入大門，地上就刻有「將刀劍變成犁頭」（Sword into Plowshare）字樣，也就是我國古人常說的「化干戈為玉帛」，這是我們從事外交工作人員最高的理念，終於在尼國見到，使我感動不已，也確定和尼國恢復外交關係。

在復交原則確定後，尼國原是準備由外交部長屈伏斯（Enrique Dreyfus Morales）來華簽署聯合公報，但是屈氏突然罹病（稍後因病辭職），所以改由外交部次長雷依爾（Ernesto Leal，稍後接任部長）來華。他在十一月五日和程建人次長共同簽屬恢復外交關係聯合公報。由於雙方要同時公布，所以我們等到次日上午八時半才舉行記者會予以公布。

## 擔任海地總統就職慶賀特使

一九九一年初，我奉派為慶賀海地新任總統特使。海地和多明尼加分別位於加勒比海的希斯班堯拉島（Hispaniola）的西部和東部。早年是由法國和西班牙分占；法國由西非洲運了大批奴隸到海地，在十八、十九世紀之間他們對法國不滿，自行建國。但是近二百年來國家始終貧弱，由獨裁者統治。直到一九八六年民間動亂迫使杜瓦利（Jean-Claude Duvalier）出走到法國。海地由軍人執政，次年曾試圖進行選舉未果。一直到一九九〇年底，才進行真正的全民選舉，由亞里斯提（Jean Bertrand Aristide）以百分之六十七的選票獲選，訂於次年二月七日就職。亞氏原是天主教傳教士，因立場過激，思想左傾，於一九八八年被天主教會逐出教會。他因長年照顧孤兒，有一個名叫「家庭即生命」（La Fami c'est la Vie）孤兒院，甚獲貧苦民眾的支持。因為他的背景，政府對未來邦交頗為憂慮，所以要我去擔任特使。

我於二月四日晚飛洛杉磯，立即轉機到邁阿密，六日中午乘美國航空班機飛往太子港。在降落前我看到有一個很大的島，風景甚佳，完全無人，沒有開發實在可惜，以後知道是岡那扶島（Ile de la Gonave）。到達機場時，外交部長拉篤却（Youri Latoutue）來接並陪我檢閱儀隊。我由李南興大使陪同前往他的官舍，因為他對太子港的旅館認為不宜居住。我們經過太子港市區街道，發現實在十分貧窮，滿街都是無業遊民，到處遊蕩，治安情形顯然不佳。大使告訴我在首都凡是平地都不安全，要上山才能居住。我們的大使館在半山是一幢十分陳舊的樓房，樓下有一個大廳陳設國產家具，還算精緻，餐廳也還可以，樓上是辦公室和大使官舍，就陳舊不堪。李大使一定要我用他的主臥室，也只是一個單人木床，同去的呂慶龍祕書住在一間小客房，大使則委屈在他的辦公室暫住。使館後面有一排二樓的簡陋房屋，由廚師、司機、園丁和他們的家屬居住，他們的太太則是女佣，許多小孩都穿了有我國國旗的汗衫，我帶來的禮品就由這些小朋友分送。傍晚我去總統府向即將卸任的代總統楚嫗（Ertha Pascal-Trouillot）女士呈遞國書。她原是最高法院法官，被軍方請來擔任過渡元首，當晚她為特使團舉行酒會，我遇到美國特使衛生部長蘇利萬（Louis W. Sullivan）和布希總統的機要祕書費茲傑羅（Jennifer Fitzgerald），他鄉遇舊，非常親切。當晚在使館吃海地廚師燒的中國菜，相當可口，尤其是鍋貼有職業水準。

次日早上，先到國會參加新任總統宣誓，但是他遲到一小時，所以結束後立即趕往國家大教堂參加大禮彌撒（de Teum），不過交通十分擁擠，而我們所乘的大使座車又正好在卸任女總統之後。群眾見了她紛紛高叫「ga ga」（土語是排泄物），試圖推翻她的車。我們在她後面，也被誤為是車隊的一部分，所以也要被推翻，我立即要大使和呂祕書將車窗搖下，我們向車外揮手，大家看到是外國人，就鼓掌以對。後來聽說卸任的女代總統被來慶賀的委內瑞拉總統裴瑞茲（Carlos Andrés Pérez）用他的專機載去委國，才沒發生不幸。

教堂的儀式由十一時到下午一時才結束。大家又趕去總統府參加閱兵典禮，但是由教堂到總統府簡直完全行動不得，原來總統府外被大批民眾包圍。之後才瞭解，原來這些民眾都是亞總統的支持者，他們以為自己人當選了，以往不能進入的總統府，會對他們敞開大門，並且提供食物飲料。不料警衛不許他們進入，反而要予以驅離，因此他們大聲鼓譟，而且用力試圖推翻大門，情況極為緊張。我們好不容易由後門進入，大家都很狼狽。原定的閱兵典禮也已逾時，所以本來中午有國宴招待各國特使也沒有了，大家枵腹步上閱兵台。

閱兵結束後，亞總統以新任身分作首次演講。他是一位非常傑出的演說家，而且長時間和聽眾有互動。他經常用土語說幾個字，群眾也會用土語齊聲答幾個字。我聽不懂土語，但是很明顯的他能抓住群眾心理。不過在這個場合，總統府外面民眾的叫囂聲也滲進來。亞總統正式的講話是用法語，我可以懂。他講了五分鐘後就開始感謝各國對海地的支持和援助。使我大出意外的是，他第一個提到的就是我國，在那個時間點聽到特別悅耳，我自從上午就提心吊膽終於放了心。我想他會如此，是李南興大使長久以來所下的功夫。他一人待在如此艱苦的地方，十餘年默默耕耘，無怨無悔，實在使我欽佩。亞氏是著名的左派份子，李大使早就和他交往，多次去他所主持的孤兒院贈送物品，日久天長贏得亞氏的真摯友誼，這是我們駐外同仁「水磨」功奏效的案例。也是胡適先生常教導我：「為者常成、行者常至」的實踐。演講後，我們回到府內列隊晉見亞總統以後就回到大使官舍，早餐後就沒有進食，也吃不下油膩的食物，沖了一盒生力麵就休息了。

八日上午又到總統府，外面群眾圍聚依舊，我們等到十一時半晉見亞總統，對他昨日的演說表示感謝，並代表李總統邀他早日訪華。他對我說現在連內閣都尚未安排好，但是他的施政有三原則：司法公正、全民參與、施政透明。我當天就搭機返國。

亞總統在七個月後就被軍人罷黜出走美國，但是國際間仍承認他是海地總統，他也曾在一九九二年八月來華訪問，到一九九四年重返海地，做滿五年的任期。二〇〇一年他又當選總統，這次做了三年又被罷黜，流亡到南非定居。

## 「眾星計畫」

我回到台北在一九九一年二月十二日向李總統報告海地之行，當時他告訴我，世盟總會準備在八月於哥斯大黎加首都聖荷西辦理世界年會，預備邀請一些國家的元首、行政首長與會，希望他去做主題演講，訂名為「眾星計畫」。他的意思是藉由去哥國，在日本和美國過境，並與兩國政要會晤，而且美國某一「長春藤」大學要頒榮譽學位給他。他也明白表示，出國的目的是美國和日本，希望能和布希總統與海部俊樹總理會晤。我很清楚這是不可能的任務，但是仍然祕密電告駐美丁懋時代表和駐日蔣孝武代表。蔣代表於二月底返國，告訴我他已見過李總統告知絕無可能，因為總理無法有不公開的日程；他也告訴我已向李總統請辭，也已獲准。五月九日，世盟趙自齊理事長和胡志強祕書長來部討論「眾星計畫」，過程中胡祕書長突然說：「李總統說如不能去日本，則不去哥國。」

我說「眾星計畫」邀了許多國家元首，並且告知我總統將為主題演講者，如果是因為不能過境日本而不去，則將得罪這些友人，請再慎重考量。我也指出蔣代表已明確表示無法獲得日政府同意，唯一辦法只有透過政黨機制，由宋楚瑜祕書長和自民黨小淵惠三幹事長相商。李總統瞭解情形後，表示哥國一定去，倘能在美會晤布希就去哥國一國，如不能安排則可加去尼加拉瓜和宏都拉斯。

六月十八日，我去美國參加世界論壇年會，布希總統的國家安全顧問史考克羅夫（Brent Scowcroft）也與會。二十一日晚我和他同時被邀參加由尼克森時代郵政總長布魯特（Winton M. "Red" Blount）做主人的宴會，我利用機會向他說明李總統二個月後會有中美洲之行，將過境美國，甚願與布希總統在一隱密地點晤談。史氏表示此事並不容易，但他會設法使其能實現。

整個計畫在七月中起了變化，七月十六日下午，李總統找我去，告訴我府內的人希望他不要出國，因為國內可能有問題，我說此事恐需慎重考慮，因為擬訪三國均已邀請，而且「眾星計畫」也已邀請幾位元首與會。他表示此事有實際困難，但未細述。日後由其他管道得知，這是蔣彥士祕書長力阻他出國，並表示倘李不在台灣，郝院長可能發動政變。我對這種傳說認為匪夷所思。不錯、李郝之間的關係自去年九月以來就不好，但是郝是一個愛國守法的人，不會做違法犯紀的事。然而，那時李對於傳言是信以為真。

第二天上午，郝院長召我去行政院，問為何總統不去中美洲，我據實以告，也提到七月十一日日本交流協會柳井新一所長曾請見李總統，面告他想去日本是絕無可能的事。郝對我說，李這些事都不告訴他，也從不找他討論問題，每次都是他去請見。郝也說李要直接指揮外交、國防和兩岸事務，但是立法院卻要他去答辯，權責不符。同日稍後蔣祕書長也找我到府內，告訴我是他聽到傳言所以力勸李總統不要出國。他說身為幕僚長聽到這種傳言，縱使可能性只有百萬分之一，也不能去冒險。我說這是個人判斷的問題，現在麻煩的是已籌備五個月，距啟程只有一個月，突然變化如何善後。他認為唯有請李元簇副總統去訪問，並參加「眾星計畫」。

七月二十七日，李總統約見擬出訪的三國駐華大使，很誠懇的向他們說明因為國內工作的壓力實在無法往訪，特別請副總統代表，期盼不致為他們的政府造成不便。三位大使一致表示理解，並將以最高規格接待李副總統伉儷。我在八月五日上午為李副總統簡報出訪要項，他很仔細對每一細節都詢問甚詳。這次隨行者有中央銀行謝森中總裁、總統府邱進益副祕書長伉儷、經濟部王志剛次長、農委會林享能副主委、總統府第三局張復局長、外交部禮賓司胡為真司長以及我和內人。

八月十八日，李副總統伉儷率全團乘華航專機飛往洛杉磯，抵達時市長布萊德雷（Tom

Bradley）和美國在台協會理事主席白樂琦（Natale Bellocchi）均來迎接，休息一晚，次晨飛往邁阿密，美國國務院主管亞太事務助理國務卿席格爾（Gaston Sigur）伉儷來接，稍後並在旅館晤談，主要是軍售、我參與一般關稅及貿易總協定、亞太經濟合作理事會以及我國的憲政改革。因為前一天蘇俄軍情人員政變將戈巴契夫軟禁，我們也就此一問題交換意見。

二十日飛往哥斯大黎加訪問四天，其中主要的是世盟的第二十三屆年會，有許多國家的副元首參加。二十二日大會聆聽許多位的演說。哥國的卡德隆（Rafael Angel Calderon Fournier）總統是我的老友。十年前我去哥國訪問，他當時任外長，對我非常禮遇，我在華府工作時，他曾二度來看我。這次世盟大會他是主題演講人，講完後特別拉了我介紹哥國國會議長羅德里格斯（Miguel Angelo Rodriquez Echeverria），告訴我他將是執政黨下屆總統候選人。當天下午中美洲六國共七位副總統與李副總統舉行會談，進行非常順利，許多媒體在場採訪，據說是哥國第一副總統平托（German Serrano Pinto）有意以這次會談作為他個人的政治資本。

八月二十四日至二十六日，李副總統率團訪問尼加拉瓜，在專機抵離時，尼國查莫洛女總統都親臨機場迎送，同時陪同副總統參觀和平廣場埋葬槍械的場所以及一九七二年尼京大地震的廢墟與馬沙亞火山口國家公園，甚為禮遇。二十五日晚李副總統在尼京鄉村俱樂部舉行答謝酒會，尼國朝野參加者極為踴躍，桑定集團領導人奧蒂嘉及其弟參謀總長洪博篤都全程參加，並和李副總統與我闢室談話二十分鐘，主要表達對我國的友情並表示願協助我國與南美洲某一國家建交。在酒會中，我也見到當年我在華府工作時曾來拜會過我的反抗軍（Contras）的領導人卡萊洛（Roldolf Calero）。交談中看到他對奧蒂嘉兄弟也親切招呼，使我體會到女總統的和解政策確已奏效。

八月二十六日至二十八日，李副總統率團訪問宏都拉斯，因為宏京德古西卡巴（Tegucigalpa）機場跑道太短，專機無法降落，所以要在南部空軍基地果馬雅瓜（Comayaqua）降落，因此宏國準備了全軍禮歡迎。全團再坐車赴宏京，因為設想周到，用了裝甲汽車，所以原來一個半小時的車程走了二個半小時。

在宏國的活動大致與前兩國相仿，但是中美洲五國自一九六一年起在宏京設有中美洲銀行（簡稱CABEI）。該行於一九八五年設置「中美洲經社發展基金」，規定准許區域外的國家參加，先後有墨西哥、阿根廷二國加入。我國於一九九一年決定加入出資一億五千萬美元，其中四分之一是要現金出資，另外四分之三則不必先繳，要銀行通知再繳。事實上，該行開業以來迄未要求會員國繳付此部分的出資，因此我國實際出資為三千七百五十萬美元，由我中央銀行負責。我國參加此一基金用正式國號，亦對與各國邦誼有益。中美洲已形成一經濟整合體，我參加該行可參與對外融資計畫，並經由參加工程招標，大宗物資採購及提供技術服務而獲致經濟效益。我國亦可指派代表一名參與該行理事會各項會議。參加經社發展基金後，我國經過完成國內法律程序亦可成為該行正式會員國。基於以上所述我們特別於八月二十七日上午赴中美洲銀行拜會阿瓦瑞茲總裁（Federico Alvarez），他很愉快的接待我們，並陪同參觀該行。

李副總統離宏國後經洛杉磯小憩一日，於八月三十一日下午安抵國門，結束了兩週中美洲旅程。

## 列席中美洲國家元首高峰會

當年的國慶，宏都拉斯總統卡耶哈斯（Raphael Leonardo Callejas Romero）應邀來華參加慶典，十月十二日他搭機返國，在赴機場途中告訴我宏國將於十二月上旬主辦中美洲元首會議，希望我能以觀察員身分參加，稍後他又來函邀約。政府乃指派我和經濟部國合處劉迺處長與中央銀行外匯局彭淮南局長前往參加。這次高峰會的主題是兒童、青年及人文發展。

我們於十二月十日由台北啟程，經洛杉磯、邁阿密於次日中午抵宏國首都德古西卡巴（Tegucigalpa）。宏京的機場是環山而建，跑道只有數百呎，巨型客機無法起降，普通航機降落後必須緊急煞車，才不會衝出跑道撞上山坡；因此飛機將降落時，很多旅客都會手畫十字祈求天主保佑。

由邁阿密登機時，我發現鄰座是聯合國發展署（UNDP）署長德瑞波（William Draper, III），我在華府工作時他是美國輸出入銀行總裁，我們常有交往。他見到我很開心，先為我介紹美洲國家組織祕書長巴西籍的蘇瓦雷斯（Joao Clemente Baena Soares）。他們好奇的問我為什麼去宏京，我說奉派列席中美洲國家元首高峰會。德君很訝異的問：「高峰會怎麼會邀請你們列席？」我說是卡耶哈斯總統二個月前訪華面邀。德君說：「按理高峰會如要邀他國列席應先邀墨西哥、西班牙，現在竟先邀貴國，可見你們的外交做法很成功。」我說：「國家的交往和人與人相同，貴在真誠。」德君很同意我的說法。

抵達宏京後，先赴外交部拜會卡里亞斯（Mario Carias Zapata）外長，正好中美洲各國外長在該部舉行高峰會前的工作會議，卡里亞斯外長邀我對與會的七國外長和經濟部長講話。我先表示此次應邀列席此一區域盛會深感榮幸，中華民國已參加中美洲開發銀行成為「區域外的會員」，現在能進一步加強與各國的合作關係，我們必將全力以赴。接著去宏國總統官邸拜會卡耶哈斯總統，他正在機場迎接貝里斯總理，專機誤點，因此我在官邸接受宏國電視台訪問。晉見不久，又因薩爾瓦多總統專機提前抵達，因此未能深入敘談。當晚在宏京足球場觀賞宏國國家代表隊與中美洲其他國家聯隊的友誼賽。宏國隊以一比〇獲勝。在球賽過程我也和鄰座的薩國克理斯第雅尼總統（Alfredo Felix Christiani Burkard）和貝里斯的普萊士總理（George C. Price）歡談，因為多是老友所以在他國會面甚為愉快。

十二日晨，早餐後依序和薩國、哥斯大黎加、巴拿馬總統以及貝里斯總理作個別談話，除對雙邊關係進行討論，並對各國在國際組織中給予我國支持表示感謝。各國領袖都肯定我國參加中美洲開發銀行，認為是對於區域是一項正向發展，期盼能和我國作更多的合作。

十二日上午十一時，高峰會舉行揭幕式，卡耶哈斯總統致開幕詞時先提參加的六國領袖，接著就提到我並表示熱烈歡迎中華民國的參與。稍後到宏國外交部參加卡耶哈斯總統的歡迎午餐。整個下午三個多小時，由六國領袖及各國際組織的代表陸續發言報告，結束後我又先後拜會瓜地馬拉賽拉諾總統（Jorge Serrano Elias）和尼加拉瓜查莫洛總統。瓜總統表示盼我國能協助該國的職業訓練和土地改革。尼總統則告以明年三、四月將訪華。當晚中美洲開發銀行三十週年慶祝會，各國領袖都參加，先施放我國捐贈的煙花，以後哥國總統、該行阿瓦瑞茲總裁（Federico Alvarez）和我先後講話。

十三日晨，由各國領袖和外長舉行工作會談，我應邀參加。會中先由宏國總統提議為促進我國與中美各國的合作，除雙邊合作計畫外，也應有多邊合作，宜設立中美洲國家與中華民國合作混合委員會，由七國外長與我國外長共同主持，每年集會一次。哥國總統表示可立即成立，因各國領袖均表同意，並認為應由八國外長共同簽署一份紀錄，為今日的協議提供書面基礎。我也同意並簡述與各國雙邊合作情形，現參加中美洲開發銀行即係加強多邊合作的一環。此項紀錄於下午完成並簽署，確定一九九二年八月在台北舉行第一次會議，嗣後輪流在中美洲和台北舉行。中午我在旅舍會見泛美開發銀行總裁伊格雷斯（Enrique V. Iglesias）商談如何使我國成為該行的區域外會員，他的反應相當積極，指出該行正準備於一年後設置「多邊投資基金」（MIF），倘我國能認股將有助於成為區域外會員。

下午高峰會舉行儀式簽署「德古西加巴宣言」，共四十四項，十七頁，其中第三十四項特別提到各國領袖對我率團參加此次會議，有意為地區發展作出貢獻表示欣慰，強調成立外長級的中美洲國家與我國合作混合委員會甚為重要。稍後八位外長亦簽署成立委員會的議定書之後，高峰會即告結束。次日我就返回台北，在機場宏國卡里亞斯外長特來送行，主要是告訴我他的公子將於明年暑假在美國結束學業，知道我和美國金融界關係好，要我為他公子安排實習機會。這是天下父母心，我當然要用心替他介紹，這對兩國關係也有間接助益。

## 中美洲四國行

我回國後不到半年，於一九九二年六月初，又奉派去尼加拉瓜參加第十二屆中美洲國家元首高峰會議，這次會議大致與去年相同，只是尼國當時遭遇一件頗為困難的問題：尼國由於經濟凋敝，財政多賴美國經援支應，而該年稍早，美參議院外委會共和黨資深參議員赫姆斯（Jesse Helms）基於尼政府未能及時將桑定政府沒收的尼國人民及美國公民財產及時發還，同時桑定黨人仍掌握軍事及情治機關，堅持美政府對六月初應撥付尼國政府的援款一億美元予以中止，使尼政府陷於困境。

六月五日下午高峰會要結束前，查莫洛總統在其辦公室約見我，她的女婿總統府部長拉卡育（Antonio Lacayo）也在座。她們向我說明案子的原委，以及赫姆斯參議員誤會之處，並表示知道我和赫氏之間有長久的友誼，盼我代為仗義執言以解尼國燃眉之急。我深入瞭解了狀況，表示我知道赫氏日前在選區因心臟病發住院，一度危急，我可以致函給他，但要等他自急救室出來，才能請他的幕僚長南斯將軍（Admiral James W. Nance）代為轉陳。查莫洛總統非常高興，邀我登上她的休旅車，她親自駕駛載我同往國際會議中心參加高峰會的閉幕典禮，這是我生平初次坐由元首親自駕駛的車。另外就是在高峰會的外交部長會議中，大家對九月初將在台北舉行的第一屆「中美洲國家與中華民國外長會議」的議程予以確定。

我於六月五日晚由尼京前往瓜地馬拉，主持第九屆我國駐中南美地區使節會議。在離開尼京時查莫洛總統和雷依爾都在機場送行。中南美是我國邦交最多國家，因此參加會議的有大使、代表、代辦共二十四位，加上國內機關的代表，人數相當可觀。六、七兩日的會議時間也很緊湊。六日中午瓜國曼奈代斯（Gonzalo Menendez Park）外長伉儷在瓜國總統府設盛宴款待，除我國參加使節會議同仁外，並邀瓜國政要及駐瓜使節百餘人共襄盛舉。宴會前曼外長和我相互贈勳，曼氏並發表長篇演說，表達對我國的感謝及對我個人的謬譽；他講完已是下午二時，我做了簡短答謝後進行午餐，結束已下午三時四十分，使下午會議延後頗久。當晚我款宴與會同仁、駐瓜使館和技術團隊的同仁。

八日上午，瓜國賽拉諾總統邀我打球，他利用時間將中美洲未來整合計畫以及瓜國內部問題向我詳細說明；結束後我前往瓜京郊外新成立的第一職訓中心和瓜國艾斯匹那副總統（Gustavo Adolfo Espina Salquero）共同主持開幕剪綵。一時趕往賽拉諾總統官邸應總統伉儷款宴。他們安排了瓜國特有的樂器馬林巴木琴（Malimba）樂團演奏，甚為悅耳。午宴結束我們就趕往機場前往薩爾瓦多訪問。

薩國多年受游擊隊的影響，連首都也受到相當的損害。我國的大使館和官舍是兩幢緊鄰的房舍，外牆是高聳的花崗岩石砌成，從外邊無法看到裡面；薩國派有不少警衛晝夜巡邏，牆內是我國十餘位憲兵負責。據說七〇年代的游擊隊曾多次攻擊，但都無法越雷池，不過外牆上仍留有不少彈著點。八日傍晚抵薩京後赴旅館，正好停電，無法整理行李，即趕往沈仁標大使官邸參加他的晚宴，與宴貴賓冠蓋雲集，有副總統、國會議長、各部部長，但是宴會過程中又遇停電，所幸使館有自備發電機。

九日晨，赴總統府晉謁克理斯第雅尼總統伉儷。我對他領導薩國，結束內戰與游擊隊達成停火協議，並全心致力國家重建表示敬意。克總統表示薩國重建需借鏡我國經建經驗，他上次訪華時我正擔任經建會主委，聽到我為他做的簡報，始終銘記在心，他已指示經濟計畫部長在我停留薩國期間多事請益。

稍後我轉往外交部拜會巴卡斯部長（Jose Manuel Pacas Castro）並進行會談，結束後我們共同主持該部大樓擴建工程竣工典禮，該部同仁及外交團均參加。典禮主要是揭牌儀式，銅牌上註明該擴建部分係由我國捐助完成。典禮結束後舉行酒會，參加典禮的英國、西德、埃及、以色列、智利、厄瓜多駐薩大使都向我表示，我國在中美洲的外交成就使他們欽羨。當場亦有許多媒體代表紛紛訪問，我均分別答覆。

下午薩國計畫部長馬格斯夫人（Myrna Lievano de Marguez）和我就薩國重建計畫作長時間的討論。當晚巴卡斯外長在外交部庭園設盛宴款待，庭園中的大水池用花朵拼成我國國旗，十分令人感動。總統伉儷亦親臨宴會，並致詞強調中薩兩國邦交歷久彌堅。

## 為尼國致函赫姆斯參議員

那天晚上我睡到四時半就起床，就尼國查莫洛總統託我向美國赫姆斯參議員進言事寫了一封長信，因為寢室沒有打字機，我用手寫了八頁信紙，將尼方提供我的資料濃縮，表示美方所持停止援助的種種理由，實在都是片面的意見；停止援助對尼政府不利、對尼國民眾不利，實際上是間接對桑定集團有利，因此我強烈期盼老友能對他的早先決定重做考慮。這封信我在抵達巴拿馬後請使館打繕，正本託駐美丁懋時代表轉致南斯將軍代為遞給赫姆斯參議員，副本電傳給林基正大使轉給查莫洛總統。

可惜此時赫姆斯健康狀況極為不佳，正在其家鄉醫院加護病房急救，南斯將軍仍秉持其一貫立場，認為尚有美國公民（均為早年尼國政要入籍美國者）的財產未經尼政府發還，堅持不肯將援款撥予尼國政府。然而查莫洛本人及其政府對我的協助都極感激。林基正大使於六月二十四日檢附尼京新聞報（La Prensa）首版重要新聞報導標題是「中華民國外長致函赫姆斯」說明我於十一日致函促請美國國會盡早撥付暫停的援款，以免查莫洛總統設法改善尼國經濟的努力受到傷害。當天查總統派其公子原任駐華大使彼得查莫洛拜會林大使，說明此項報導乃總統親自交代該報公布，並轉達總統對我的誠摯謝忱。

六月十日晚，我由薩京飛往巴拿馬作三天的訪問，巴國黎納雷斯（Julio E. Linares）外長在機場接待我。次日正好是美國布希總統在巴國訪問，而且不很順利，遭遇頗多的抗議群眾，所以我上午先行拜訪僑社，參觀中巴文化中心和中山學校。下午去拜會副總統兼經濟企畫部長福特（Guillermo Ford）談話頗久。晚間蘇秉照大使伉儷舉行歡迎酒會，到場有巴國政要二百餘人。

十二日上午赴外交部拜會外長，此即昨日布希總統原擬發表演講之地，但因群眾抗議，警察動用催淚彈驅離，貴賓亦無法演說，匆促離去。我和黎外長的談話也由此事開始。他告訴我昨天布希總統來，巴國民眾自動自發列隊歡迎，表示對布希協助巴國恢復自由民主的感謝。不幸有少數人故意製造暴亂，巴國警方處置不當，放催淚彈使歡迎群眾散去，原定的演說亦因而中止。我對他的說明表示謝意，並表示應將實際情形告知美政府。接著我談起巴國政府對我僑社甚為照顧，不過近來甚多華人非法入境，使巴政府增加困擾，不過他們並非來自台灣；黎外長表示巴政府甚為瞭解，也知道在巴國的華僑都是支持中華民國的。我再赴工商部拜會阿法洛部長（Roberto Alfaro）。中午赴總統府晉見恩達拉總統（Guillermo Endara Galimany），邀請其夫婦訪華，他和華裔夫人並以午宴款待，有副總統和七位部長夫婦作陪。恩夫人對其中國血統甚以為傲，表示訪華時將製作旗袍，今後在重要場合均將穿著。

## 爭取中美洲邦交國支持參與聯合國

這次中美洲四國訪問結束後，就積極籌備三個月後在台北舉行的第一屆中美洲國家與中華民國外長合作混合委員會會議。這次會議在九月七日舉行，七國外長都親自參加，中美洲開發銀行也派一位泰勒顧問（Marvin Taylor）列席。

會議先由我致詞歡迎各國外長遠道來華出席此一重要會議，我也介紹了參加會議我方同仁，接著尼加拉瓜雷依爾外長代表七國外長致謝詞並介紹七國與會人員共二十二位，接著進行政治討論。我首先對中美洲為獲致區域和平，整合與發展所作努力表示讚揚；說明我國願在能力所及範圍內支持中美洲區域整合計畫，我也表示願透過中美洲開發銀行進行我國與中美洲地區的合作計畫。

中美洲的外長們則指出我國參加中美洲開發銀行是對中美洲地區具體和實際的支持，中美洲國家願意繼續加強與中華民國的關係以及中美洲的整合是有賴於「中美洲整合體系」（SICA）的發展。

稍後各外長又分別就中美洲國家和我國提案十二件分別討論，最後由雷依爾外長和我分別作結論。在我們等候簽署會議聯合聲明之前，我邀請七國外長到我辦公室向他們簡報兩岸關係，美國擬以F-16戰機售我，中韓關係的變化等案，最後請他們在本屆聯合國大會中為我國發言。他們表示由我親自作簡報使他們對於問題能切實瞭解，並說明將在聯大發言助我。

整體而言，在此時中美洲國家有三千萬人口，其中三分之一沒有自來水和基本的衛生設備。十五歲以上的人口有六分之一不識字。嬰兒死亡率達百分之二，約為九萬人。雖有義務教育，但是學童很多無法完成，如宏都拉斯多數學童只能讀完三年小學。營養不良也是嚴重問題，整個地區有二百萬兒童缺乏充分營養。經過這次會議，使我對於這個地區的困難有更深入的瞭解。各國外長都認為中華民國可以成為他們建設發展的模式。

第二屆外長會議於一九九三年七月底在哥斯大黎加首都聖荷西舉行，我於二十六日啟程前往參加。這次會議就我國而言，主要是希望這些邦交國能協助我們推動當時正在積極進行的參與聯合國的工作。在會議前一個月，曾由外交部中南美司藍智民司長和駐紐約聯合國工作小組吳子丹大使等，先去薩爾瓦多參加外長會議的技術小組會議，在這項會議中七國的工作階層代表都表示支持。

但是，在七月二十八日上午的外長會議中，我將本部所準備的供七國連署的向聯合國第五十八屆大會提出的組織研究委員會的提案和附帶說明略作說明，指出：提案或決議草案是主體，附帶說明是解釋文，兩項文件內容都是中性，不得罪任何第三者，決議草案只是建議大會成立一個研究委員會，沒有任何預設立場。我說明後，除了貝里斯外，其他六國外長發言一致表示支持我國，但是希望只提附帶說明，不提決議草案。

我對各位外長的發言表示無法苟同，因為決議草案是主體，附帶說明只是解釋文；沒有主體，解釋文到底是要解釋什麼。我講話的態度十分嚴肅，會議主席巴拿馬外長看到後，知道問題棘手，就宣布休息先進午餐。休息開始，哥斯大黎加倪浩思（Bernd H. Niehaus Quesada）外長拉我到他辦公室，問我是否有什麼問題，態度甚為誠摯。因此我告訴他，這個案子我國朝野一致重視，現在友邦態度如此，使我十分灰心；今後我恐怕無法再向政府提出支助各國政府。我之所以如此直率，是因為吳子丹大使告訴我，各國外交部主管官員會商此案時，認定是向我國需索最好的機會，所以建議各國外長在發言時採取只支持附帶說明，不肯支持決議草案。

倪外長聽到我說今後不再支助各國後，十分焦慮，要我稍候，立即找了其他各國外長會商，他們討論後回來，告訴我決定聯合向聯合國祕書長提出決議草案；並且在外長會議聯合公報中明白表示支持我國參與聯合國。會議於下午稍後恢復，進行十分順利。各位外長一致同意指示各國駐聯合國代表聯署決議草案，並向聯合國祕書長提出。外長會議的聯合公報也明白提出支持我國參與聯合國。當晚哥國卡德隆總統伉儷在總統府內接見我和內人，稍後並舉行盛大宴會，款待所有參加外長會議的人員。

## 獲贈哥國費南德斯國家大綬勳章

二十九日開始對哥國的正式訪問，因為一九九四年初哥國將有大選，所以我在行程中分訪各位總統候選人，和他們討論中哥關係，一方面向他們報告關係的現況，也聽取他們對增進雙邊關係的意見，更藉機和他們的外交策士先行結識。

我也分別拜訪了外交部長倪浩思、經濟兼外貿部長羅哈斯（Roberto Rojas）。二十九日下午我去哥國國立大學，先拜會加利達（Luis Garita）校長，稍後由他陪同向該校全體師生以「中華民國參與聯合國之重要性」為題發表五十分鐘的演講，並答詢約一小時，大陸派駐哥國新華社記者亦全程參加。接著我又前往正在開議的哥國國會，因為議長柴維禮（Danilo Chaverri Soto）主持會議，特別指派四位資深議員在門口迎迓並陪我步入議場，全場熱烈鼓掌。議長致詞歡迎，除感謝我國歷年對哥國的協助外，並宣示哥國支持我國參與聯合國。我接著應邀對國會發表演說，盛讚哥國優良的民主傳統，並表示我國有幸與哥國為友，好友間應以互信、互諒為重要潤滑劑。結束後由四位資深議員陪同至議場外總統大廳，由全體議員逐一上前向我握手致意。當晚倪浩思外長伉儷在外交部款宴，宴會前並以哥國剛鑄成的費南德斯國家大綬勳章（Orden Nacional Juan

Mora Fernandez en el Grado de Gran Cruz de Plata）頒贈給我，勳章證書是第五號，表示接受者人數不多。

## 出訪多明尼加穩固兩國情誼

我稍後續往多明尼加訪問，由哥國赴多國，民航機在巴拿馬市停一下，原來飛行時間是四個半小時，但是由於天候影響，總共走了九個多小時，抵達多京是次日凌晨三時。多國塔瓦雷斯（Juan Aritides Taveras Guzman）外長伉儷、國剛大使伉儷、多國文武官員、我駐多同仁及團隊同仁及僑胞代表百餘人都在機場苦候五個多小時，實在使我十分不安。

我們凌晨四時到旅館，稍後行李抵達，稍做清理，我就準備坐直升機赴多國東部的羅曼那市（La Romana）與副總統莫拉雷斯（Calos Morales Troncoso）會晤，中午莫氏伉儷舉行盛大午宴款待，結束後再乘直升機返多京。當晚國剛大使在官舍款宴。

八月二日是週一，我上午先拜會塔瓦雷斯外長，再到多國國家祭壇獻花。中午原訂拜會多國巴拉格總統（Dr. Joaquin Balaguer），但是我們在赴總統府途中，經過他的官邸看到許多車輛，包括警車和救護車，國剛大使就對我說，八十六歲而且幾乎全盲的巴拉格總統可能要住院了。我們到達總統府，果然巴氏於當天早上因靜脈炎發作，形成血塊，倘若循環至心臟，將有生命影響，因此決定緊急送往邁阿密動手術。因此臨時改由莫拉雷斯副總統代為接見，我們談話重點是我國參與聯合國案，代總統表示基於兩國深厚友誼，多國必強烈支持我國。

當晚我在旅舍舉辦盛大酒會，副總統、外長及兩位次長、多國內閣十位部長、三軍總司令、多位友邦使節，特別是三個在野黨預定總統候選人伉儷均來參加。副總統也是有意在明年參選，因此幾位有意參選者都齊聚一堂，我分別和四位候選人作相當深入的談話。

三日上午副總統來旅舍告以巴拉格總統手術後已無恙，要他代達歡迎之意，稍後他和我同乘直升機飛向多國南部濱海的阿蘇市（Azua）參加中多海蝦養殖場落成典禮，我們抵達時看到全市街道兩旁都插著中多兩國國旗，沿途民眾夾道歡呼。典禮先由當地駐軍樂隊演奏兩國國歌，再依次講話，然後剪綵，參加者甚多，反應甚熱烈。典禮結束我們在當地午餐後仍搭直升機返回多京。傍晚多國三位在野黨黨魁，同時也是一九九四年大選總統候選人，先後來旅社和我洽談。三位都堅定承諾，倘能當選必將使兩國關係更為密切。當晚塔瓦雷斯外長伉儷在外交部宴請款待。

八月四日，我們結束訪問返國，在機場多國外長告知，當日上午農業部長乘直升機時失事罹難，而該機就是我在八月一日和三日四度搭乘的同一架。聽到這項噩耗使我深感人生的不確定性。

## 初訪南美洲主持會議

同年十月下旬，我去巴拉圭訪問並主持第十屆中南美地區使節會議。這是我初次去南美洲，對這塊龐大的地區充滿新鮮感，由台北飛往亞松森，在空中的飛行時間是二十七小時十五分，途中要在四個機場停留或換機，距離雖然很遠，不過中巴關係甚為友好。在九〇年代以前巴國多由軍人執政，我國多派高級將領擔任駐巴大使。一九九三年八月中旬巴國大選，由執政黨（紅黨）

提名的瓦斯莫西（Juan Carlos Wasmosy）以成功企業家當選總統，但是反對黨（藍黨）在國會中占有多數。長久以來，巴國在國際場合中全力支持我國，如今已經不能視為當然。特別是藍黨領袖萊英諾（Domingo Laino）多年來主張要與中共建交，曾赴大陸訪問。因此我決定更換駐使，請出身外交界時任外貿協會的劉廷祖祕書長擔任大使。他赴任後，積極推動中巴經貿合作，也和在野黨建立關係，多次邀請朝野政黨議員共同組團來華訪問。另一方面，軍方在巴國仍有甚大的影響力，陸軍總司令歐維多（Lino César Oveido Silva）是軍事強人，正積極部署一九九八年的總統選舉，也是我們不能忽視的。

我們於十月二十四日離開台北，在邁阿密休息一天，於二十七日上午抵達亞松森，外交部政務次長卡倍洛（Oscar Cabello Sarubbi）和眾議院外交委員會主席薩內曼（Martin Federico Saunerman）均來接機，當晚在劉大使官邸與館團同仁歡敘。

二十八日清晨先到英雄館獻花，隨即赴外交部拜會賴彌萊（Luis Maria Ramirez Boettner）外長，他是外交界的前輩，那年已七十六歲，但是經驗豐富。他表示兩國有長久的邦誼，今後應繼續推廣雙方互利的關係。中巴邦交是建立在友誼、我們政治和經濟成就之上。中共曾派貿易訪問團來巴盼能互設商務辦事處，巴國已拒絕，但仍保留雙方貿易往來的空間。巴國是里約集團（Rio Group，亦稱Contadora Group）和南方共同市場（MERCOSUR）的成員，在會議中常受其他成員要求勿支持我國參與聯合國，但巴國認為此乃一正義合理的訴求仍積極支持。

我對賴氏的說明表示謝意，說明巴國現正積極走向民主化，我國已就此節擬定對巴國予以支持，此外我政府亦洽請民間企業來巴國投資，如東方市設工業區、中信銀行來巴設分行、東帝士集團利用巴國生產棉花設立一貫作業的紡織廠，以及在亞松森對岸研究是否可能成為「新台北」市鎮（此為歐維多將軍強烈期盼的）。

稍後，我赴總統府晉見瓦斯莫西總統，詳細報告中巴間各項合作計畫，並提及我國農技團有二十多位專家在巴國輔導農民，亦將我養豬技術與巴國分享。瓦總統表示深切感激，巴國亦將永遠支持我國。瓦氏甫訪問西班牙歸來，西國養豬情形使他羨慕，擬在與巴西交界地帶推廣養豬事業，並以巴西為市場。我亦向瓦氏表示，晚間將在大使官邸為賴彌萊外長贈勳，瓦氏聞悉極為愉快，立即說亦將前往參加。

二十九及三十日是使節會議，有三十位大使、代表及總領事參加，國內亦有國防、教育、經濟部，農業、僑務委員會及新聞局派主管人員專程參加。我特別報告了七月間中美洲與我國外長聯合委員會第三次會議在台北舉行，各國均支持我參與聯合國，七月十五日已由尼加拉瓜等十二國聯署向祕書長提案，成立特別委員會「研究在台灣的中華民國在國際體系中的特殊情形」，稍後又有三友邦加入聯署。

二十九日晚，先參加館團聯合公宴，到八時半赴總統官邸參加晚宴，有部會首長及國會領袖與總統在企業界的友人二十二位。席間瓦總統仍不斷談他數日前在西班牙參觀的先進養豬場以及製造火腿的工廠，非常希望我國能提供技術，在巴推廣養豬事業，使巴國農民能有副業收入、供給全國需要外，亦可銷售至南美共同市場各國。歐維多將軍則表示，數年前王昇大使協助巴軍方設立一座農場，現已頗具規模，養有牛馬豬鴨及家禽，並種植黃豆，一方面供給巴國軍方伙食之需，另方面為國立巴拉圭大學畜牧系學生實習場所。

但是，瓦總統及歐將軍最感興趣的仍是「新台北」土地開發案。我說明本案我國已派有三位土地開發專家在現址探測，今晚我來官邸前曾與三位專家晤談，他們初步表示該地多為低窪沼澤地，要大量填土，成本可能過高。但是他們三位異口同聲地說，預定土地絕非低窪沼澤，希望我能抽空實地參觀。

三十一日上午，我去拜會歐維多將軍，向他說明我對土地瞭解不足，且即將赴東方市訪問，所以請三位專家隨他前往「新台北」預定地參觀。我隨即乘瓦總統專機赴東方市，這是和巴西一河之隔的都市，連接兩岸的橋上各種車輛十分擁擠，據說都是走私客。東方市的治安相當嚴重，當地的地方首長全有黑道背景。我曾拜會上巴拉那州的州長，感覺上也是如此，我一再請託他對我們在東方市的僑胞妥為照料，他也一口答應。中午張洪源總領事款宴到了近二百位的僑團代表，他們也反映當地犯罪率甚高，但是他們也有自保之道。稍後參觀了伊塔布（Itaipu）水壩和水力發電廠，其所生產電力也銷售到巴西。在返回亞松森的途中，機長特別低飛，讓我們能看到世界奇觀之一的依瓜蘇（Iguasu）瀑布。當晚答宴賴彌萊外長伉儷，次日搭機返國。

## 代表國旗接受瓜國贈勳

一九九五年七月中旬，我要去瓜地馬拉參加中美洲國家與中華民國外長第四屆會議，在我啟程前，駐瓜歐鴻鍊大使有電報說瓜國國會在六月三十日通過決議案，內容是瓜國國會鑒於中華民國李登輝總統、錢復外長及歐鴻鍊大使對於瓜國國會及民主制度支持不遺餘力，使瓜國民眾受益良多，爰建議頒贈中華民國國旗與李總統以大項鍊級主權國會勳章各一座，錢部長大十字級主權國會大綬勳章一座、歐大使主權國會騎士級勳章一座以示感謝。因此，我提早一天於七月十七日飛抵瓜京，剛在當天上午接任的馬多那度（Alejandro Maldonado Aquirre）外長在機場迎接。

當晚，我去瓜總統官邸晉見戴里昂（Ramiro de Leon Caprio）總統，並應他和第一夫人邀宴，到有瓜國首長甚多。進餐時，有一組瓜國音樂家演奏瓜國民俗樂器馬林巴木琴，很是好聽。戴氏原為瓜國人權保護官（類似我國的監察院長），因前任總統賽拉諾自己發動政變要解散國會，停止憲法，反而軍方不支持，倉皇出走，國會選舉戴氏，補滿他的任期。戴氏利用不到三年時間，設法與游擊隊簽訂和平協定並推動和平重建計畫。所以我們的談話都以此為重點。

十八日晨，我先去使館和同仁及技術團隊同仁談話，再拜會馬多那度外長。十時前往國會，議長里奧斯（Jose Efrain Rios Montt）主持全會歡迎我。演奏兩國國歌後，先由外交委員會主席歐雷亞納（Gabriel Orellara Rojas）致歡迎詞，表示瓜國堅定支持我國爭取重返國際社會；我亦致詞表示感謝，接著議長講話，表示能代表國會將主權國會勳章首度頒贈給我國國旗、李總統、我和歐大使是他個人的殊榮，並請我於返國後轉陳並將照片寄給國會。這個贈勳儀式是我很難忘懷的，一是我代表國旗接受勳章，這可能是我國第一次，再者瓜國勳獎條例是半個多月前才制定，初次頒贈是給我國，當然代表瓜國對我國的友好。

當日下午，我拜會瓜國執政黨黨魁阿爾蘇（Alvaro Enrique Arzu），因為他年底將競選總統，勝選機會甚大。我們先就大選情勢以及內戰結束後如何重建，中美洲國家整合趨勢討論甚久。我也表示瓜國未來經濟發展，中小企業應扮演重要角色，我國在此方面的經驗甚願與友邦分享，因為中小企業力量壯大可增加中產階級，對社會安定亦有貢獻。晚間瓜外長設宴款待全體參加外長會議人員，在他致歡迎詞後，由我代表與宴人員致答詞，由於時間關係，我直接宣讀西班牙文講詞，甚獲大家讚賞。

十九日上午第四屆外長會議在瓜國總統府會議廳舉行，在所有提案中，當然以「繼續支持中華民國參與聯合國」最為重要。我曾說明今年我將邀若干非本地區的友邦簽署提案，希望本地區友邦亦能多參加聯署，並在總務委員會、大會總辯論以及聯合國五十週年特別紀念會各場合中為我仗義執言。會議主席薩爾瓦多代外長拉戈斯（Victor Manuel Lagos Pizzati，因原任外長桑達馬利亞剛辭職，尚未任命新外長，故由次長代理部務）代表中美洲各國表示堅定支持我國，其他與會外長亦逐一發言支持。最後我代表政府及人民對各國盛意表示感謝，並強調各國的友誼，我全國民眾將銘記在心。當晚我在歐大使官邸款宴與會各國外長。

## 隨李總統出訪中美洲友邦

一九九四年初哥斯大黎加總統大選，費蓋雷斯於二月六日當選，我即建議李登輝總統前往參加五月八日舉行的就職大典。由於尼加拉瓜查莫洛總統亦曾多次邀請李總統伉儷前往訪問，我建議同往訪問。李總統對我的建議都同意，不過當時我國國際奧林匹克委員吳經國與他在奧會的墨西哥友人伐斯蓋司（Mario Vazquez Rana）研究邀請李總統赴墨西哥訪問。伐氏是墨國最大報系總裁，政商關係均佳。吳委員於三月初在墨京與伐氏共同洽商，獲得當時墨國總統及下屆可能當選總統者同意與李總統會晤，也商訂行程於五月四日晚，由伐氏在其豪宅款宴李總統並邀墨總統及其閣員參加，以便充分交換意見。伐氏並於三月九日致函李總統，表示他已與墨國沙林納斯（Carlos Salinas de Gotari）總統會晤，他甚願在五月初與李總統會晤，另外也將安排與必定當選為下屆總統的竇那杜（Luis Donaldo Colosio，但是竇君在同年三月二十三日在北部從事競選活動時遇刺身亡）君會面。

李總統對於訪問墨西哥極感興趣，在三月二十八日《中國時報》已獨家報導他將去哥斯大黎加參加新總統就職典禮。外交部認為整個行程宜早日確定，才能充分準備，因此我們曾多次簽呈請求批示，我也一再口頭報告請總統早日批示以便積極籌備，但是始終不得要領。四月十八日有臨時中常會，是為通過對國民大會從政同志的政治提示案，我向李總統報告由於五月初要啟程，必須先洽定過境美國的地點，外交部具體建議專機由台北飛夏威夷大島西岸的寇納（Kona），因為那裡一切安排比較容易，總統可充分休息以調整時差。但是當天下午蘇志誠主任向我轉達總統指示，仍希望能去墨西哥，可否暫緩決定。

兩天後是週三，中常會會後我去見總統，終於說服他不再等待墨國伐氏的消息，依本部建議辦理。我即囑同仁約美國在台協會台北辦事處長貝霖（Lynn Pascoe）來見，以便提出過境請求。

當同仁電洽時，對方表示正好接到國務院訓令要來見我，所以約了下午六時到我宿舍。

會面開始，我還未開口，貝霖從口袋拿出一張紙開始誦讀，這是國務院給他的訓令，關於李總統要赴中美洲，媒體已報導近一個月，我方始終未向美方請求過境或加油，現在離啟程時間已近，美方認為我方無此需要，因此決定不給予李總統專機經過美國過境或加油。貴方如有需要，美方當代貴國洽在墨西哥某地加油。貝霖宣讀時，我可以看到他臉色漲紅，我相信他內心對於國務院這項極為荒唐的訓令也不認同。

我先對他說，今天是我先約他會晤的，會晤的目的是向他提出過境的請求，但是他根本沒給我機會，令人十分遺憾。接著我正色對他說，我認真聆聽你所宣讀的文件，我的直覺是撰寫和核可這一文件的人都沒有「人道情懷」，因為從台北飛洛杉磯在順風（tail wind）時需十三小時，倘若逆風（head wind）可能要十四至十五小時，目前我們擬用波音七四七ＳＰ專機無法作此長時間的續航，何況由洛杉磯到尼加拉瓜的馬拿瓜又要四個多小時，我們無論如何都必須在途中加油，而加油最適合地點為夏威夷、阿拉斯加或西雅圖。貴方所提的墨西哥某地根本超出專機所載油料能抵達的，所以我認為這項文件不符「人道原則」，也就是不願意我們能安全抵達目的地。美國這種做法倘若我方逕予公布，必將引起國際及美國媒體的嚴重批評。我為了顧及美國的顏面，不收下此一文件，請閣下轉報國務院這種做法不人道、不正義、完全違反美國立國精神。貝霖聽了臉色更形通紅，他遲疑的問我，我方的希望是什麼？我說原先計劃在夏威夷大島短暫停留。

經過一晚，二十一日清晨七時半，貝霖打電話來告知華府已通知將另行考慮，請先勿做任何措施。我知道是昨晚我提到國際和美國輿論的反應，使國務院瞭解他們的做法是錯誤的。我也隨即向李總統報告，並請房金炎次長立即和加拿大駐華代表洽商以溫哥華為過境地點。當天行政院院會，我在結束後也向連戰院長報告。到四月二十三日下午，貝霖通知可在火奴魯魯希肯（Hickum）軍用機場過境加油。

李總統伉儷率慶賀特使團員總統府蔣仲苓國策顧問、戴瑞明副祕書長、三局張復局長、外交部中南美司顏秉璠司長、禮賓司王豫元司長和我及內人。另外參加訪問團的還有中央銀行謝森中總裁、經建會蕭萬長主委以及立法院外交委員會三位召集委員及工商界人士，一行人於五月四日上午八時半啟程，在火奴魯魯當地時間半夜十一時三十分抵軍用機場。丁懋時代表和在台協會白樂琦登機迎迓。丁代表報告李總統說雖然是午夜，但是機場大廈內仍有不少候機人員，赴貴賓室必須經過大廳，因此決定不下機。在機艙內和白樂琦談話，李總統先對白氏專程由華府來火埠接機表示感謝，繼則就國務院四月二十日的決定表示無法理解，中美雖無邦交但交往密切，為何有不得過境或加油的決定，實在令人感到痛心。白氏無法解釋態度甚為尷尬。李總統乃就國家間交往之道做一剴切說明，白氏表示必將向國務院忠實轉達。

加油後專機立即起飛，在機場停留時間不到九十分鐘。在馬拿瓜時間下午一時抵達，尼國查莫洛總統率文武官員盛大歡迎，旋即轉往洲際大飯店，稍事休息，五時前往總統府，先由兩國總統作半小時談話。五時半起，由我和雷依爾外長共同主持兩國部長第一次聯席會議。尼方對其經濟情勢作詳細說明，指出尼國債務問題嚴重，如何解決對其未來經濟發展至為重要。我方由蕭萬長主委發言，表示尼國以吸引外商來尼投資最為重要，至於外債問題尚待研究。當晚尼國查莫洛總統先舉辦盛大酒會並配合民俗表演，至十時再在總統府舉行國宴。

次日上午李總統與我前往拜會尼國國會，並發表演說，稍後再赴大使館接見全體館、團同仁。另外蕭主委與謝總裁等赴外交部，參加第二次部長級工作會議，由蕭主委介紹我國經濟發展的「台灣經驗」，最後表示我將積極鼓勵廠商來尼投資。

當日下午全團赴Las Mercedes加工區，參觀我國企業家所投資的年興紡織及富太紡織的工廠。傍晚雙方簽署聯合公報並舉行記者會；晚間由李總統伉儷主持答謝酒會。

五月六日清晨，李總統率團由尼京飛往哥斯大黎加首都聖荷西，由外長倪浩思伉儷主持接機，旋即乘車赴國家博物館接受卡德隆總統伉儷的正式歡迎儀式，結束後赴國家公園紀念碑獻花。再轉到莫拉桑公園接受首都市議會議長及市長獻市鑰。然後赴總統府拜會卡德隆，兩位總統交談；我和倪浩思外長則主持雙方部長級工作會談，檢討以往四年（卡德隆總統的任期）雙方合作的情形，雙方均甚滿意，也對雙方總統將簽的聯合公報稿本加以切磋，並由我就參與聯合國案作說明；倪浩思外長指出，已與將接任的新外長詳細說明中哥關係，預計未來仍將密切合作。

中午卡德隆總統款宴李總統及全體團員，結束後簽署聯合公報。晚間卡德隆總統伉儷正式在總統府舉行國宴，哥國歷任總統、各部會首長及外交團使節參加，李總統接受贈勳。

五月七日晨，李總統由關鏞大使和我陪同，前往即將接任的新總統費蓋雷斯家中同進早餐，詳細討論雙方在未來四年的合作計畫；費氏亦表示，哥國必將在各國際場合積極支持我國。

蕭主委和謝總裁稍後亦來費氏家中，與內定央行總裁及經濟企畫部長另室會商，同意將鼓勵企業家赴哥投資，並協助哥國開發其人力資源。兩項會談結束後，我們赴哥國外交部舉行記者會。

李總統稍後在旅邸與薩爾瓦多總統及已當選的下任總統、巴拉圭副總統會晤。中午在鄉村俱樂部應旅哥僑團公宴。李總統在餐會中發表甚長演講，強調二年後將有民選總統，實現主權在民的理想，將為中國歷史上首次實現真正的民主。

下午李總統先與新任費蓋雷斯總統的母親凱倫夫人（Dona Karen Figueres Olson）會晤，她帶了二位年輕畫家所繪的李總統水彩畫像，畫得非常好；以後又和宏都拉斯及瓜地馬拉總統會晤。

當晚卡德隆總統伉儷在科學文化中心，設宴款待參加就職典禮的元首和特使，李總統伉儷由我和內人陪同參加，席間和許多無邦交國家的政要敘談頗久。

五月八日，就職典禮在國家體育場舉行，早上陪李總統與同行的立法委員早餐後，約十時四十分動身。典禮進行很久，到下午一時四十五分才結束，我們轉往國家劇院，向新任總統道賀並辭別。全團於四時乘專機前往南非。

這次中美洲之行，最受矚目的，就是美方未同意李總統專機在美國過境停留。許多國際媒體都對美國政府、特別是國務院、作嚴厲的批判。如華爾街日報就在五月十日以〈慢待一個民主國家〉（Snubbing a Democracy）為題撰寫社論，指出：「上週三（五月四日）美國國務院屈從中共的要脅，不准許來自台灣的李總統在美國土地上過夜，顯示美國對中共外交懦弱與膽怯的心態。

柯林頓政府在處理李總統過境事件上自毀立場，致影響其促使中共改善人權之進展。」這類輿論對於一年後李總統能赴母校康乃爾大學演講，具有相當程度的影響。

## 訪巴拿馬受到禮遇

一九九五年七月二十日，我搭巴拿馬路易斯（Gabriel Lewis Galindo）外長的專機，和他飛往巴國作三天正式訪問。巴國於十個月前由巴雅達雷斯（Ernesto Perez Balladares）接任總統，他在就職前曾偕路易斯同乘郵輪作亞洲之行，在香港和天津靠港時，均擬與大陸當局晤談，但似乎未能見到真正重要的官員。我們瞭解這個狀況後，一面洽請長榮集團張榮發總裁加強在巴國的箇郎（Colon）港與建貨櫃碼頭以及將長榮航空往洛杉磯航機，每週三次延飛至巴拿馬市；另一方面加強與新任外長路易斯的聯繫。巴國新政府成立後，我先於一九九四年十一月邀路易斯外長伉儷訪華。他在巴國政界極受敬重，因為當年美巴談判巴拿馬運河歸還事，他是駐美大使，主持談判極為成功。我們初次會面就暢談和美國的關係，發現雙方有許多共同友人，而且對於和美國辦交涉的經驗也大致相同，所以一見如故，他當即表示，盼望我於次年七月赴瓜地馬拉參加外長會議後，赴巴國正式訪問，他們夫婦當全程陪伴。

因此，我在巴國訪問所受禮遇甚為周到。二十日下午抵達後，進入旅館不久，路易斯外長就來拜會，對日程予以說明，並表示二十三日下午有記者會，希望我能暢所欲言。當晚僑社舉行盛大晚宴，外長伉儷亦全程參加。

二十一日晨，我去總統府拜會巴雅達雷斯總統，他中午即將啟程訪問墨西哥，特撥冗接見，並且告訴我特別要外長留在國內對我妥善接待。我向巴總統表示，國內朝野各界都殷切期盼他在九月中旬來華訪問，也推崇路易斯外長訪華，對兩國邦交增強極有裨益。

中午時分，巴國前總統、現任運河收復區管理局長巴雷達（Nicolas Ardito Barletta）在我住的旅館款宴，並詳細簡報運河收復情形：現已收回七萬公頃，尚有六萬公頃待絡續收回，未來將改善運河交通，興建貨櫃轉運碼頭、工業園區、大學城區、國家公園、水土保持等工作，由於地位優越，前途甚佳，希望能與我國合作開發大衛堡（Fort Davis）工業區。路易斯外長特別強調大學城的重要性，希望能與我國著名大學合作。我也將我國正在推動的亞太營運中心資料送給巴方首長。

當晚蘇秉照大使舉辦歡迎酒會，代理總統的第一副總統、第二副總統、外長及其他四位部長、多位前總統、國會議長及議員多人參加，歷時三個多小時。

## 路易斯外長的友誼與誠信

二十二日上午，路易斯外長伉儷陪我和玲玲乘他的私人飛機前往巴國南部的康達多拉（Contadora）島，行程不過二十分鐘。這座島原是路易斯家族所有，大概三十年前將一半賣給西班牙商人經營旅館觀光事業，路氏仍保留另一半。十多年前中南美若干國家元首曾在島上開會，促成若干中美洲國家內戰的結束。而美國卡特總統也和當時巴拿馬強人杜里荷（Omar Torrijos）將軍在島上討論巴拿馬運河的歸還，當然這是路易斯駐美大使所一手促成的。我們先到路氏別墅簽貴賓名簿，他再帶我們夫婦去他的獨幢客房Casa Bunker，讓我們稍事休息，並更換海灘裝和海灘鞋。

約十一時，我們去到海邊，登上路氏所有六十三呎長的遊艇卡西米拉（Casimira）號，由其長公子賽謬爾（Samuel Lewis Navarro，他於二〇〇四年當選巴國第一副總統兼外交部長）駕駛出海，到水深一八〇公尺處下錨，開始海釣，這是我畢生初次經驗，但是很幸運地，我釣到了幾條不小的Mahi Mahi，這種魚原來是綠色，釣起來不久就變成黑色，它的體積很重，我釣到後收線但是無法拉起，船上的水手幫忙才能拉上船。我和路易斯外長及魚攝影後，水手就在魚頭上打一棒，丟進冷藏庫。我的感覺是相當殘忍，所以這是我唯一的一次海釣。

我們在海上待了二個多小時後駛返岸邊，就以釣來的魚作午餐，有生魚片也有烤魚排，可能因為是自己釣的，感到特別鮮美，結束時已四時多，路氏表示我連日辛苦，應小睡片刻。我和玲玲在客房附近的海邊散步，她也撿了一些美麗的貝殼。晚間路氏伉儷帶我們去他的好友巴斯瓜（Roberto Pasqua）家中進飯前酒，談中巴關係，他說他只要任外長，一定維持邦交，他將派一位他和巴總統都充分信任的人來台北擔任大使，萬一他因健康關係，不能做完巴總統五年任期（到一九九九年）的話，有這位新的大使在，邦交必可無虞。我聽了這番話，內心十分感動，但是不免有些擔心，是否這位好朋友的健康有了問題？不幸他在次年就因為心臟病請辭外長，那年年底（一九九六年十二月十九日）在美國丹佛市病逝，享年六十八歲。

他在當晚所做的承諾，不久實現。後來他派了孟多沙（Carlos Mendoza）來擔任駐華大使，而孟氏也克盡職責，在三年任期內化解多次邦交危機，有好幾次我聽到風聲就約孟氏來辦公室，他聽了我的敘述，立刻拿起手機打給巴總統（巴國的時間多是午夜以後），一定要得到總統保證邦交不會有問題後，才肯結束電話對話，然後對我說：「外長閣下，請放心。」我謝謝他的幫忙，他說：「不要謝我，都是執行Gabriel（路易斯外長）給我的指令。」很多人以為外交上沒有所謂誠信，路易斯外長證明了，正直的人仍是誠信的。

二十三日上午我們一同返回巴京，中午蘇秉照大使在官舍請大使館和技術團的同仁和我午餐，我和他們講了不少話，勉勵他們為國效勞，以後有卡拉OK，蘇大使的歌唱有職業水準。

下午四時，路易斯外長和我共同主持記者會，雖然是週末假日，到的記者很多，主要都是向我發問，之後《新聞報》又做專訪。傍晚我們去外長的私邸，是一座極大的豪宅，我最欣賞的是他的書房，有將近一百坪大，上下兩層打通，四壁都是書架，全部充滿了書籍，他有好幾張大書桌，他告訴我，每張都有不同用途，有的處理公文、有的是他執業律師時辦案用、有的是處理家庭事務、有的是閱讀用。可見他很會安排生活。之後到二樓起居室進飯前酒，也有六、七十坪大，布滿了古董。我看了這幢房子後有個感覺，就是太陰暗，不夠明亮，依通俗說法對主人不利，所以他後來不到一年半就去世了，以後他的家人沒有再住在那裡，而改成紀念他的基金會辦公室。

當晚，外長在巴國最尊貴的俱樂部設盛宴款待我們，到了二百多位賓客，準備了巴國傳統舞蹈，有一個近二十人的樂隊不斷演奏各種樂曲，包括〈茉莉花〉和〈梅花〉二首國語歌曲，的確是設想周到。次日早晨，我們結束訪問返國。

同年十一月我又去加勒比海邦交國中的格瑞那達、聖文森和聖露西亞訪問。次年一月，我又去巴哈馬訪問，內容大致相同所以不再贅述。

# 第十八章
# 改善對美關係的努力

在我六年多部長任內，幾乎每天都在設法改善對美國雙邊關係。如果依照這六年的日記逐一敘述，恐怕又會變成另一本厚書。因此，此處只談幾項重點，讀者或可從中窺及雙邊關係如何改善與倒退。

依時間的先後，我分別會談到美國決定以F-16戰鬥機出售我國的經過，柯林頓的對華政策，一九九五年李總統訪美經過，一九九六年三月的台海飛彈危機，以及我任外長期間，來訪的美國重要人士以及我幾次赴美的情形等。

## F-16戰機採購案

我在《錢復回憶錄．卷一：外交風雲動》和《錢復回憶錄．卷二：華府路崎嶇》當中，曾多處提到我國國防力量亟需提升，以及我對取得高性能戰機、二代艦以及改良的戰車所做的各項努力。

雖然在我擔任駐美代表時，完成了「戰機自製案」，也就是所謂「經國號戰機」，但是這項計畫到一九八〇年代最後才完成可供試飛的原型機（prototype plane），距離量產和成軍還有一段時間。一九九〇年我國空軍的主力戰機仍是F-5E和F-104，後者的失事率非常高。許多優秀的飛行員都因駕駛該型機失事而殞命。

一九九一年一月二十二日下午，李登輝總統約了美國在台協會台北辦事處處長魯樂山和副處長郝扶東（Scott Hallford）到總統府談話，過程中李總統提出：過去一年我們損失了六架F-104戰鬥機，都是墜毀，原因是機齡太老、金屬疲勞。李總統說，因而許多年輕飛行員失去生命；這原是可避免的，但因未獲美國同意售予新型戰機，必須使用老舊戰機，希望美國能提供必要的戰機給我們。這項談話是我在訪問南非時舉行的，等我返國，看到很長的談話紀錄，李總統的這段話給我很大的衝擊，我立刻邀請相關同仁，要求大家認真處理戰機問題，並要求駐美代表處積極聯繫相關官員設法促成。

同年八月十日是週六，李總統於上午十時半再約魯樂山處長談話，仍以戰機為主題。他說

F-104戰機四十架必須淘汰，而我自製戰機成軍仍需三年，中共最近向俄羅斯購買蘇愷二十七型戰機，且將持續購買，因此我們面對嚴重的壓力。現在法國和以色列均擬以戰機售我，媒體大事刊登，但目前只是初步接觸並未報價，請對媒體誇大報導勿予置信，下週當令國防部主管人員向你詳細說明。真正的問題是我們的空防將有三年的空隙，我們亟需F-16戰機，請向貴國政府報告。魯處長表示六個半月前的談話已詳細報告，目前觀察美國以F-16售予貴國並不樂觀。

就在此時，由於我國向法國購買拉法葉軍艦，中法軍事當局接觸頻繁，我方於同年十月初向法表達擬購買幻象機，法方於一九九二年一月答覆同意（請見本書第十六章〈對歐洲國家的聯繫〉），政府也積極進行，到八月初，中法雙方已達成協議。但是也在同一時間，位於布希總統家鄉德州、生產F-16戰機的通用動力公司，因冷戰結束訂單銳減，被迫縮減生產線並大量裁員。該年正逢大選年，德洲共和黨人士紛紛向布希總統表示應同意以F-16戰機售我，以避免失業情形的擴大。

到了八月二十七日，在台協會代理處長陸健（Jim Larroco）在午餐結束後，匆匆趕來我家，說是華府指示他緊急求見，傳達美決定售我F-16戰機的訊息，這是高度機密，在華府主管亞太事務助理國務卿克拉克（William Clark）將約見丁懋時代表，務請保密切勿外洩。我對他說，布希總統親自做此決定，我方甚為欣慰亦甚感激，本人當迅即呈報層峰並將嚴予保密。我也詢問他有關F-16戰機的機型、裝備、數量等問題。

陸健說明，現尚未做最後決定，亦指出華府聽說我方正向法國購買戰機，此舉將使美方後續工作增加複雜性。陸氏亦轉達華府的意見，認為美既已對我做出如此重要的決定，我方在六年國建重大採購案中宜做對美國有利的決定。

我說關於洽購法國戰機事，本部並未參與，無從答覆，至於重大採購案，只要美商在品質和價格上不遜於其他國家，我方自可做有利的考慮。我也說明美國在南韓數日前決定與中共建交後做出此一重要決定，將來公布後對於民心士氣當有助益。

陸氏辭出後，我立即向李總統、郝院長分別報告，他們也都感到欣慰。稍後丁代表的電報亦經譯出，內容與陸健所告相同，我也立即呈送給府院。次日（八月二十八日）李總統於上午十時半在府內召集會議，討論美方的要求。軍方認為幻象機已與法國當局簽了備忘錄，不可能停止進行，李總統指示：為配合美國在兩個多月後的大選，布希競選連任，我們可以將購買幻象機的宣布盡量延後。至於六年國建中的核四廠，在價格和品質都能符合標準的條件下將讓美國廠商得標，並指示由外交部通知美方。

接下幾天，有瓜地馬拉賽拉諾總統和英國前首相柴契爾夫人在我國訪問，實在分身乏術。我到九月一日才約相關同仁請就美國公布售機時，政府所做的反應擬一聲明稿，並將全文電告駐美丁懋時代表，俾可同時立即回應美方的宣布。

九月二日下午，李總統因海基會需與對岸研商「辜汪會談」的預備工作召開會議，我去參加，到四時我收到程建人次長送來他剛和陸健代處長的談話要點，主要是傳遞布希總統致李總統的訊息，說明已正式批准以 F-16A 及 B 型戰機一百五十架售予我國，他認為足敷我國需要，因此我國實在沒有必要由第三國取得戰鬥機，此事在目前盼予保密，布希本人將於九月二日下午五時十五分在德州正式宣布，在此前將通知丁代表。我在其他與會人員離去後向李總統報告，他立即表示，我方宜設法使媒體知道，我未做反應只是說對方期盼保密。

三日清早，媒體已獲得布希宣布的內容，我們因早已備妥聲明稿，所以新文司很快的公布。九月五日魯樂山處長自美返任，請求晉見李總統，談話時魯一再強調美已提供我大量戰機，實無必要再採購法機，布希總統對此極為重視。李總統表示日前已告陸健，我請美售我亟需的戰機已為時甚久，均無任何反應；法國售機進行很快，且已簽了同意文件（MOU），不能停止，我們唯一能做的是盡量延遲公布日期，今天你一離開就將主持高層會討論此事。

同日十時舉行的會議，會中決定由外交部代擬覆布希總統函，國防部成立專案小組處理向美購機事，對法購機積極進行但正式簽約應俟十一月美國大選以後。這是因為布希正在競選連任，不能使購買法機事影響其選情。

第二天九月六日是星期日，下午一時五十分，我收到魯樂山處長來函，表示奉政府指示，對於我方昨日覆布希總統函中提到「無法終止採購幻象戰機」一事，表達極度失望；該函亦指出布希總統決定以F-16戰機售我，是一項重大政治投資，而我方仍執意購買法機，將使未來雙方關係注入潛在的問題，因此美方切盼李總統能重新考慮此一決定，同時亦要求我方對美售機案保持緘默。我當即將來函分別報告郝院長和蔣彥士祕書長。

魯樂山處長又在九月八日清晨來我家，他對六日的函件再做說明，我答覆說，在三天前總統府的高層會議中，與會者一致認為，購買法機既已訂約，倘予取消，則有違誠信原則，而且過去十一年，我方每次在中美軍事年度會議中，均曾一再提出購機申請，美方均表示無任何可能，因此我方不得已改向法方購買。至於保持緘默一節，層峰確曾指示政府官員切勿發言，然而媒體評論，政府無法干預。魯氏詢問，他的函件是何時呈報，層峰是否再為此事召集會議？我覆以在週日收到函件的當時，立即口頭報告，稍後再以書面呈報。至於層峰已為本案召開二次會議，分別為八月二十八日及九月五日。

在此同時，台灣省政府連戰主席正在華府訪問，他在九月四日由丁懋時代表陪同，與國防部主管國際事務助理部長李潔明（James R. Lilley）、白宮國安會主管亞洲事務的包道格（Doug Paal）主任分別晤談。李氏表示美政府為化解中共的反彈，已派亞太事務助理國務卿克拉克率團赴北京解釋說明。包道格則表示布希總統對我購法機事至表關切，主要是大選期間有種種考量，包括製造F-16機廠商的反應，以及在選舉上可能為對手運用，此外F-16機的出售需提交國會審議，亦恐橫生枝節。

我方因美國即將進行總統選舉，其結果如何未能預判，也擔心布希總統落選，新任總統對於售機政策可能重行檢討，因此對購機事務積極進行，這部分工作完全是國防部負責，外交部未介入。至於法國的幻象機，則是在美國大選後十一月十八日簽訂合約，外交部於事前在台北和華府分別告知美方，並說明中法雙方約定不對外公布，未來倘需公布亦應先徵獲對方同意。美方對我們的通知仍堅定表示：美既已售我F-16，我不應再購幻象機，不過此時正是美新舊政府交替期間，美方除做制式反應外，並無其他動作。

## 柯林頓的對華政策

第二項我想敘述的是，一九九二年底美國總統大選，阿肯色州州長柯林頓當選以及他對華政策的變更。

柯氏自一九七九年起曾連四任州長，在任內曾於一九七九、一九八五、一九八六、一九八九年四度來華訪問，對我國有相當程度的認識，他初次和第四次訪華都曾和我有長時間的談話。他在一九九二年競選過程中，曾接受我國「中華電視台」訪問，在談話時他表示，倘獲當選將全力改進美國對我國的關係，他也表示我國在政治和經濟方面所獲的成就令人欽佩。

九月初，當布希總統宣布將以F-16戰機售我，柯氏對媒體表示此一決定令他欣慰，也承諾倘獲當選總統將繼續推動此一軍售。該年大選的主題是經濟，因為美國在十二年共和黨執政期間，政府財政、對外貿易都有不斷擴大的赤字，而就業率的下降更使民眾不滿。柯林頓以振興經濟為競選主軸，贏得選舉的優勢。就職後的施政也是以內政為主、外交為次。他提出了削減預算赤字方案和簽訂《北美自由貿易地區協定》（NAFTA）都獲得國會的支持，並積極推動衛生保健改革、社會福利改革以及防治犯罪等重要方案。在外交方面，他任用卡特總統的副國務卿克里斯多福（Warren Christopher）為國務卿，職業外交官雷克（Anthony Lake）為國家安全顧問。和我國關係最重要的主管亞太事務助理國務卿，則由曾任駐中共大使的羅德（Winston Lord）擔任。

值得注意的是雷、羅二位都是長年追隨季辛吉（Henry A. Kissinger）的親信。

柯林頓上任後，國務院循例對於美國與各國的雙邊關係以及政策做檢討，我們利用這個機會，促請美方基於國際情勢的變遷以及我國政治經濟的發展，以往美方對我很多不合理的做法應予改變，雙方關係應予提升。這項政策檢討雖由國務院主導，但是也要整合不同部會的意見，在國務院擬訂後經由國家安全會議由總統核定。但是牽涉國家甚多，與美國關係重要的國家會被優先考慮，等到主要國家完畢後才能輪到我國。

一九九四年八月初，駐美丁懋時代表會晤國安會顧問雷克，提出有關美對我政策檢討報告由國務院送呈國安會已為時甚久，不知何時可得定案。我方對該項檢討極為重視，丁代表特別指出，我盼未來代表處能更名為「台北代表處」，勿加文化或經貿字樣，另外中美雙方高層互訪應增加，會晤地點亦不宜在餐廳、旅館，至於我正透過友邦推動參與聯合國，及其他重要國際組織問題的研究案盼美能支持，或至少不予反對。

雷克對丁代表的陳述表示同情，並說明雙邊關係會做相當調整，但美國也需要考量中共因素，審慎調整，將來柯林頓總統所核定的檢討報告或未必能盡符貴方期盼，仍希望能對正面的調整給予肯定。

一個月後，九月七日午後在台協會貝霖處長來家中向我說明政策檢討結果：（一）北協駐美代表處更名為台北經濟文化代表處；（二）美國經貿、專業部門高層官員（包括首長）以及國務院主管經貿、專業事務資深官員可來華訪問，進行經貿技術對話並商討《貿易投資架構協定》

（TIFA）；（三）在台協會所有人員均可赴外交部洽公；（四）美將支持我參與非以國家為會員條件的國際組織，對於需以國家為會員條件的國際組織，美國將使我方意見得獲表達（let Taiwan's voice be heard）。貝霖處長說明這是近十四年來雙邊關係的一大改變，在此同時羅德助理國務卿亦將向丁懋時代表做相同說明。我即表示雖然此次政策檢討有相當改進，但是在台協會人員可來外交部洽公，駐美代表處人員仍無法赴國務院洽公；美方官員可訪華，但我高層首長仍無法赴美從事私人活動（如接受榮譽學位），而外交、國防首長無法赴華府等，希望能有進一步的改進。我也對美方因為「一個中國」政策不能支持我參與聯合國而僅能以「非國家身分」（in non-state capacity）參與國際組織表示不能苟同，我為一主權國家，自一九一二年以來始終存在從未消失，管轄地區容有變更，但目前仍轄有台澎金馬，美方檢討報告中數度暗示我國並不存在，本人必須提出嚴正抗議。

第二天九月八日，貝霖處長於上午九時四十分來部和我會晤，這是中美斷交後美方代表初次進入外交部，引起媒體高度關注，前來採訪的記者，將會客室擠得寸步難行，因此我們寒暄片刻，讓攝影記者完成任務後，再進行洽談。貝氏告訴我，他三天後將返美述職，今晨已先後和李總統、連院長會晤。我告訴他，柯林頓總統不久將訪問大陸，目前中共處處設法阻撓我國的國際參與，他們以為如此做可以阻止台灣獨立，不知他們的做法引起國人強烈的反感，認為如此打壓，不如走向獨立，對於我政府堅持國家統一的立場，反而表示質疑，所以柯總統可向中共領導人表達他們的強硬做法，不但不能達到他們反台獨的目標，結果可能適得其反。貝氏表示他很同意我的分析，也將向層峰轉陳，他也指出，政策檢討的拖延以及使我們不盡滿意，並不完全是因為美國顧忌中共的反應，主要還是美國政府本身的政策考量，我方對檢討有不同意見，但是檢討結果是向前進，並未後退。

## 李總統表達赴美的強烈意志

第三項要敘述的是李總統訪美。李總統自一九八八年接任以來，始終希望能赴美訪問。在本書第十章〈外交業務的興革〉當中曾提到，他在同年九月四日召我去官邸商討他想赴美訪問的經過。一九九四年五月，李總統赴中美洲擬過境美國一事發生糾葛，引起美國國會和輿論對美國政府、特別是國務院的嚴厲批評，使李總統認為他訪美時機成熟。事實上，在當年三月十七日，他曾交下一件信函的影本，不過沒有上下款，我從字跡判斷是華府荷華大學（Howard University）黃連福教授，主要是推薦他的一位好友，曾在卡特政府國安會擔任發言人的夏克特（Jerrold Schecter），說他在華府一家重要的公關公司——卡西迪公司任職。夏君本人曾在民主黨總部和參議院擔任重要幕僚工作；卡西迪公司有二個子公司，一是鮑威爾—泰特（Powell Tate Co.），一是白克—柯溫（Beckel-Cowen Co.），信中建議政府予以延聘以改善中美關係，並推動參與聯合國活動。

我將此一影本送請駐美代表處表示意見，丁代表電覆認為該公司過去我們曾聘用，後因年度檢討公關成績時，由於工作欠積極，所以未再續約。我乃將此電轉陳李總統，以後獲悉劉泰英主持的台灣綜合研究院，於七月十八日以三年合約每年一百五十萬美元予以聘雇。這個數目遠超過當時政府聘用公關公司的標準——多半是十萬至二十萬美元，每年一聘。這項合約簽訂後，引起不少議論。

到了八月十八日上午，李總統召我去府內，告訴我準備提名施啟揚為司法院院長，將由丁懋時接任國安會祕書長，要我建議駐美代表人選，我建議章孝嚴，他說僑委會的工作重要；我再提當時擔任立委的程建人，他說不妥，並說不要在外交系統思考。我瞭解他是要找財經方面的人選，所以提了當時陸委會主委蕭萬長，李表示蕭現在走不開；我接著提工商協進會理事長辜濂松，他說很好，但是他事業大不能放手，這時李忽然說，你可以在歐洲想想。我因為一個月前在比利時訪問，魯肇忠代表在那裡表現很好，就說魯肇忠如何？李立即說：對、就是他，我考慮的就是他。我很詫異就問：總統對他瞭解嗎？李說魯在華府擔任經濟組長時，每週都將美國經濟狀況編成週報送給我（當時李是副總統），非常有價值，這次派赴比利時前也曾見過一次，至此駐美代表易人確定，我回到辦公室以後分別和丁、魯二位通電話，告知他們職務即將調動。李總統對於此事似有迫切感，當晚就有電話給我，詢問是否曾聯絡當事人，他們的反應如何，又叮囑我要快辦人事任命。

九月十六日，我在外交部為魯代表主持宣誓儀式，以後和他長談駐美工作應注意之點，他的反應是李總統交代他，到任後要全力促成訪美之行。

魯代表赴任後，就配合卡西迪公司積極推動李總統赴美訪問。當時準備的兩個案，一是應李總統母校康乃爾大學校長羅茲（Frank Rhodes）的邀請，於一九九五年六月上旬參加校友返校日，並在奧林講座（Olin Lecture）擔任主講人，一是參加九月份在阿拉斯加州安克瑞治市（Anchorage, Alaska）舉行的「美中─中美經濟協會」的聯合年會。卡西迪公司利用我們多年經營的國會關係，積極遊說兩院議員提出歡迎李總統訪美的決議案，動作非常大，使美國行政部門甚為擔心。

一九九五年二月三日，魯代表陪同赴美參加早餐祈禱會的代表章孝嚴委員長一行人，與國務院副助理國務卿唐森（Peter Tomsen）、國安會亞洲事務主任蘇葆立（Robert Suettinger）等官員早餐，唐森將上年政策檢討做詳細說明後，表示美方將認真執行，也希望我們對於檢討中的美方「特別摒除事項」──如李總統訪美事，勿再強求。

三月二日，美國安會亞洲事務資深主任陸士達（Stanley Roth）約晤魯代表，對於卡西迪公司在國會大肆遊說李總統訪美事，做鄭重的陳述。陸氏表示李總統訪美必將對中美關係、美與中共關係以及兩岸關係，導致不良後果；陸氏亦指出，我運用公關公司進行遊說，行政部門雖無法干預，但其後果嚴重，希望我政府慎重考慮。這是非常嚴重的外交措詞。

然而雖然美國政府一再示警，卡西迪公司的活動仍甚積極，在三月六日洽請穆考斯基（Frank Murkowski）在參議院提案支持李總統訪美；同日又由藍托斯（Tom Lantos）在眾議院提案。但是，在一九九四年五月，由於李總統赴中美洲的過境事，駐美代表處已於五月二十日以慶賀李總統就職週年為由，洽請七十六位參議員聯名致函表達歡迎李總統訪美；又在七月間發動三十七位曾訪華的眾議員聯名邀請李總統訪美。該處也曾洽請布朗（Hank Brown）參議員提出李總統訪美案，獲得參院以九十四比〇票通過，以後亦獲眾院通過成為法律。這些工作或是在卡西迪公司與台綜院簽約前，或在簽約後，但是和該公司毫無關連。

## 美方表達不滿

美政府對於卡西迪公司的活動極為不滿，所以，在台協會貝霖處長於三月二十一日奉命晉見李總統轉達美政府的態度。美方的訊息是：「我方正在努力改善兩岸關係之時，何以要推動去康乃爾大學訪問，使兩岸對話的成功受到危害？」美政府瞭解我方所雇用的公關要在復活節後，於國會兩院推動一項法案，試圖強迫行政部門變更立場允許李總統訪美；美政府判斷此舉將嚴重破壞兩岸對話的成功，所以促請李總統停止訪問美國的努力，如此才能符合兩國的國家安全利益。

此項訊息亦表達：倘若李總統準備赴中南美或加勒比海訪問，美願安排在夏威夷任一島嶼過境一至二日，從事高爾夫或其他休閒活動。「此係美行政部門所能接受的最大極限」，並盼勿步向危險途徑並企圖自美國會獲得更佳安排，「加劇美行政部門與國會在本案上的對立，並不符合台灣之利益」。

李總統對於此一訊息極為不快，他表示他沒有在幕後推動，事實上他對訪美興趣不大，是否能去美國，對他並不重要。

在三月二十二日，羅德助卿和陸士達資深主任邀魯代表會晤，轉達相同訊息。羅氏指出美方深信倘李總統來美訪問，必將造成兩岸關係的緊張，也對美與中共關係不利。

美方用如此嚴厲的措詞意圖阻止李總統訪美，是前所罕見的。我的處境非常尷尬，一方面作為外交部長必須忠實執行元首的政策；另一方面我的良知告訴我，美方的諸多顧慮都是事實。弔詭的是，李總統的做法是透過國安會、台綜院和卡西迪公司；外交部完全被摒除在外。因此我曾多次向李總統和連院長表示我應該離職了，此一心態台北政壇和媒體幾乎都已知道，但是他們兩位始終不許我離職。

在進退兩難之間，我只能請同事就美方的訊息予以詳細研析並試擬答覆。同仁們認為倘我方持續推動總統訪美，美政府可能（一）、停止執行對華政策檢討結果，（二）、暫緩解除根據「培利修正案」（Pelly Amandment，認為我保護野生動物不力）條款對我採取的貿易制裁，（三）、暫停助我加入世貿組織等國際組織，（四）、在軍售軍事交流或科技合作上予我阻撓。同時也可能使兩國政府關係惡化，甚至向中共妥協而犧牲我國利益。基於此等考慮，我們建議李總統對美方訊息內容措詞嚴峻，不符國際交往的禮儀常規，應予嚴正回應；至於訪美一節似宜暫緩進行，並中止卡西迪公司在國會的遊說運用。外交部將此項分析及答覆美方訊息的文稿陳送總統府，但是李總統並未核定。我由可靠管道聽說李總統對外交部極為不滿，認為遇到美國只知退縮。

四月十七日上午十時，李總統召集連院長、總統府吳伯雄祕書長、國安會丁祕書長、黨部許水德祕書長和我，開會商談他去美國的事。一開始他就滿臉不高興的說，外交部所提的分析報告和答覆，要大家表示意見。我用了二十五分鐘詳細說明他不宜去美國，除了本部所提到的種種對中美關係的不良後果，更重要的是雙方關係在斷交時，由於我們在國會運作，使行政部門極端不滿，對我處處設限。當時因為事涉國家重大利益（因需國會在《台灣關係法》中加入安全條款、軍售條款、及我政府財產不能被凍結條款），不得已而為之；事後我們花了多年時間，才使雙方重新恢復互信。今天總統訪美無涉國家重大利益，不必投下如此重大賭注。再者，兩岸關係最近兩年才開始啟動，今（一九九五）年七月又將舉行第二次辜汪會談，如總統訪美，中共必將大事報復，屆時兩岸辛苦營造的脆弱關係，必將毀於一旦，雙方可能引發劍拔弩張的緊張情勢，從而使我國經濟蒙受重大傷害。兩相權衡訪美實得不償失。我知道李總統對我的發言極為不滿，從他臉上的表情可以看出，但是他仍讓我講完。

接下來丁祕書長講話，論點和我相似，但是他具體表示，卡西迪公司的公關工作不像自己所吹噓的成功，國會對我們的支持，主要是我政府過去十餘年的努力。李對他就沒有任何容忍，在丁講話中最少打斷了四次，並且有所批評。然而丁祕書長未受影響，他說總統要去美國，應該是在美國政府心甘情願的情形下才可考慮。吳、許二位看了李的表現，就順著他的意思講了些話。連院長發言認為對美方信息必須回應，也要告訴美方，邀請者是美國大學，支持者是美國議員均非我能掌握，現在政策檢討結果，我高層可過境美國，是否能將旅行包裝成過境的一部分。

李總統做結論，表示應對美方有所反應，但要停止卡西迪公司的工作是不妥的，過去從來沒有一家公關公司在華府工作如卡西迪公司那樣有效，它是在替我們打仗。他說我們不應將赴美訪問的發動推到康乃爾大學身上，我們也從未推動，就是能去也只有象徵意義，並無實質意義。

我聽到這番話，頗為激動，很想再度發言，但是連院長發現我的表情不對，就用手壓在我的腿上，意思就是不要衝動。會議結束後，他又拉著我，不斷要我冷靜。我很感激他的關心，不過以成長過程所受的教育，我也不可能直接頂撞國家元首，我僅是想說，「既然只有象徵意義，值得將國家利益賠上去嗎？」事後證實我們的擔心，絕非無的放矢。

## 卡西迪公司的積極介入

值得一提的是，康乃爾大學的羅茲校長帶了若干位學校高層教職員，於四月十一日來台北訪問，當日下午三時他們來部拜會，同行的梅祖麟教授代表學校向我提出一項文件，乃是該校想設立「劉大中東亞研究計畫主任」、「鮑亦興工程教授」、「沈宗瀚國際育種教授」、和「蔣碩傑經濟學教授」四個計畫，每項需我政府出資二百五十萬美元，共計一千萬美元。我立即婉告此一數字非本部所能負擔。至於該校是否曾向國內其他方面提出，我並不知道。

外交部於四月二十日擬就答覆美方信息稿，其中指出：「在中美關係未受貴國平等尊重之前，李總統……無意接受貴方安排過境停留貴國。」立即呈送府院。也許因為有上引的這句話，李總統對於回應未予核定。

五月初，在卡西迪公司積極運作下，美國參、眾兩院分別以壓倒多數，通過穆考斯基參議員和藍托斯眾議員所提的支持李總統訪美的決議案。這項舉動給了美國行政部門極大的壓力，也使行政部門對我們的憤怒大大升高。五月九日下午，羅德助卿和陸士達國安會資深主任共同約見魯肇忠代表，指出上述兩法案的通過，以及三月二十二日他們對魯的信息已逾六週未獲答覆，對此美方表達極為失望及關切。貝霖處長直接向李總統所做報告，亦未獲答覆，使美方感覺困惑。現在國會與行政部門處於緊張狀態，此點對貴我雙方關係至為不利。解決此一困窘情勢只有二個途徑，一是貴方不做任何動作，任由不利的對立繼續，一是雙方共謀解決之道。美方建議李總統不去康大或安克拉治會議並公開表明，而美方接受李總統以過境赴其他國家的方式，在夏威夷或其他共同同意的地點過境美國，但不能從事任何公開活動。羅德亦表示，美方期盼我方及早回應。這次談話只有十五分鐘，顯示美方已極不耐煩。

然而李總統對此一談話並無反應。五月十七日《聯合報》刊登旅美僑胞張佐本君表示他由民主黨高層獲悉，柯林頓總統基於國會兩院的決議將同意李訪美。部內立即請駐美代表處查明，當天的回電是張君所言不可靠，但是第二天（十八日）電報則說有可能，而且將在當天晚間柯林頓總統參加亞裔美人餐會時公開宣布。第三天清早，新聞文化司冷若水司長告訴我，大概由於消息先行外洩，很多與大陸有生意往來的美商，特別是在香港的美商，紛紛向白宮強烈反彈，所以沒有宣布，但是柯林頓的確是在認真考慮此事。冷的消息來源是中央社施克敏社長和美國在台協會理事主席白樂琦聯繫所獲。我隨即約部內同仁會商，由於來自不同管道的訊息都顯示柯林頓總統已做決定，唯獨駐美代表處全無報告，所以請陳錫蕃次長與魯代表聯繫，希望他全力設法瞭解內情，在這段時間應在華府坐鎮，切勿出城。大家也揣測美方不與代表處連絡顯示美方對我方已有

「深惡痛絕」之感。我請新聞文化司先準備好美方同意李總統赴美，我方應發布的新聞稿。對於美方的決定切勿有過度欣喜的反應，而要強調中美間的傳統友誼。次日清晨我接到電話，告知美方已通知魯代表去談話，並想知道李總統的旅行計畫，我當即告知府方準備。

五月二十二日清早，吳伯雄祕書長邀了丁懋時祕書長、國安局殷宗文局長和我去府內商討李總統訪美事。吳祕書長轉達李總統的意願，這次既然出去，希望多去些地方，多待一些日子，回程還要在日本停留。我立即表示美方恐不能同意，而且日本早已表示不願李總統赴日，我也說明美方於十九日告知魯代表，雖然美方同意李總統赴母校參加校友聚會，但此行純屬私人訪問，除在康乃爾大學發表演講外，不能有任何公開活動，對於新聞媒體接觸亦僅限於康大的活動，李總統此行不能與任何美國官員會晤。基於此一情勢，我作為外交部長不宜隨行，同時隨行人員中應有些康大的校友。

三位與會者對我的意見都不表同意，認為總統出國，外交部長應該隨行。我說如因公務出國，外長責無旁貸，必須隨行，但此次美方界定為私人訪問，外長同行將授美方以我不守約定的口實。我說此節我曾考慮再三，如迫我同行，我必即日起辭職。他們終於同意了我的看法。

同一天美國政府正式宣布，同意李總統赴美做私人訪問，第二天中共外交部發表長篇聲明，對此事表示「極大憤慨，並向美國提出強烈抗議」。聲明中指出：「美國政府曾多次聲稱允許李登輝訪美不符合美台非官方性質。……（現在）出爾反爾，自食其言，還有什麼國際信譽可言？美國這樣做，損害了自己的國際信譽，損害了中美關係，實質上也損害了美國的根本利益。」聲明也要求美國政府立即取消此一「錯誤的決定」。

## 李總統康乃爾行與中共試射飛彈

接下來，外交部由房金炎次長和陳錫蕃次長主持李總統訪美專案小組，安排行程。可是此行最重要的「奧林講座」講稿並未交外交部草擬，先聽說是由總統府第一局擬稿，以後聽說是由一位黨部主管並為知名教授所撰寫。五月二十九日上午我收到一份以單行打字，長達十一頁，題為「台灣經驗與美國」（Taiwan Experience and US）的講稿，要我核改並於中午以前送回總統辦公室。我約略看了一下，全文一開始，就以譏諷的語調形容這次重返母校，而且一再提到過去的威權統治，由他改為民主。文中完全不用中華民國，都以台灣自稱。我認為甚為不妥，所以盡量刪節和更改，在中午以前送回。由於時間所限，我連再看一遍的時間都沒有。這篇演講以後題目改為「民之所欲，常在我心」（Always in My Heart）。雖然內容主要是討論他由美國留學回國後，將在美所學，學以致用，導致台灣的民主和繁榮；然而美國政府和中共方面對這篇演講甚為不滿，認為超出了他應該講的。我看這篇講稿一定用了很長時間撰寫，如果能早一點交給本部，也許不會引起那麼多爭議。次日下午，李總統接見來台北參加世界國際法學會亞太地區會議的與會外賓，講話約一小時二十分，內容大致和這篇講稿相似，大概他是做預演準備。

六月五日上午，我去總統府為李總統做他赴康乃爾大學演講旅程的簡報，說明先遣人員已於五月二十六日至六月二日先赴擬訪各地勘察，駐美各單位以及美國國務院對於安全與禮遇事務均給予充分配合。總統一行預定七日中午乘專機離台北赴洛杉磯，停留一天。次日晨乘專機赴紐約州雪拉克斯市機場，再乘車赴康大，傍晚抵達有歡迎儀式，晚間由康大教務長主持晚宴。因同一時間學校尚有其他校友返校活動，校方對此亦需照顧以求均衡。

九日上午，與美中經濟協會重要會員會晤，稍後可能有參、眾議員來訪，下午三時為奧林講座演講，結束後羅茲校長主持記者會、酒會及晚宴。

十日上午，康大農學院長以傑出校友獎頒贈李總統。中午舉辦答謝酒會，晚間參加校友之夜，羅茲校長將頒贈「遠距獎」（來自最遠地點）予李總統，稍後即乘專機經安克拉治加油後，預定十二日下午四時半返國。

李總統對簡報並無指示，只是希望記者會改在十日舉行。

六月八日，《洛杉磯時報》刊登名記者孟捷慕（Jim Mann）所撰題為〈台北如何以機智改變美國政策〉（How Taipei Outwitted U. S. Policy）的專文，指出美國政策的改變，是植因於兩位曾訪問過台灣的前州長——阿肯色州的柯林頓總統和維琴尼亞州的羅布（Charles Robb）參議員。羅布對孟氏表示柯林頓夫婦和他夫婦（羅布夫人為詹森總統女公子）至少曾一度共同訪問台灣。根據孟氏的報導，這兩位是允許李總統訪美的主角，他們五月十八日在白宮集合討論，決定改變已實施十六年的政策；羅不認為那次討論使柯林頓總統克服美國外交機關的惰性。文中亦訪問了美國國務院的中國通傅立民大使，他說台灣有全世界最潤滑的外交機器，他們看到有潛力的美國政治人物，就先加以籠絡。

李總統訪美成行後，中共採取了一連串的動作，先是宣布原訂於七月二十日舉行的第二次辜汪會談將無限期延後，接著也將駐美大使李道豫召回。七月十六日新華社發表題為〈究竟誰在破壞兩岸關係〉的長篇述評，誣指我方花費一億多美元買通李總統訪美關節，強烈抨擊我務實外交和拓展國際關係做法。

李總統於七月四日下午在府內召開會議，有李元簇副總統、連院長、立法院劉院長、吳、丁、許三位祕書長，國防部蔣仲苓部長、羅本立總長、陸委會蕭萬長主委、國安局殷宗文局長和我參加。除由我報告訪美情形，羅總長就大陸方面可能做的軍事行動提出報告。與會者發言後，李總統結論透露丁祕書長前此曾與美方有所接觸，殷局長曾和日方聯繫，接著說現在美國日本都在我的口袋中，大家不要怕，並且指出，現在整個外交情勢都改變了，所有對美日歐國際組織的政策都要重新檢討，不能墨守成規。

七月中旬我因公赴中美洲，新華社於十八日傍晚宣布，將於二十一～二十八日在台灣東北約七十浬，半徑十浬圓形海域範圍內的公海，進行地對地導彈發射演習；次日台北股市大跌二五〇點。二十一日和二十二日我在巴拿馬訪問期間，中共施放了四枚東風十五（M-9）型飛彈，目標都在台灣北部約八十五浬處。行政連院長在前一天七月二十日發表談話，要求對岸「以理性排除情緒」、「以互利代替對立」、「要和平避免衝突」。根據國內提供我媒體的報導和評論看來，民眾大致鎮定。陳錫蕃次長在七月二十一日和二十八日，兩度和在台協會貝霖處長晤面，表達政府對於飛彈試射的關切，以及可能對亞太地區的安定所帶來的影響，促請美方注意。

中共於七月二十六日宣布中止試射，同年八月中共宣布將於十五～二十五日實施艦對艦、機對機飛彈試射，但並未進行，而於二十五日宣布因颱風原因結束。

## 進退兩難之間的煎熬

有趣的是，在這個時刻，一向受中共重視的季辛吉，於七月二十三日在《休士頓紀事報》發表一篇題為〈避免與中國發生衝突之道〉的文章，要求台灣應該三思而行，以免迫使美國步上最終可能孤立台灣，並迫使台灣自食其果之路；他也要求柯林頓總統應與中共對話。然而，主持美國和中共建交的卡特政府國安顧問布里辛斯基（Zbigniew Brzezinski），於一九九六年三月二十日《洛杉磯時報》撰文題為〈美國與中共在台灣問題上的對立〉，文中卻明白的指出：「我有資格證實美國與中共關係正常化時，美國並未承諾將排除任何階層的台灣人士訪美，更遑論中共有權決定何人能否訪美。」

在這段時間，華府的代表處多次設法與美政府負責官員會晤，透過在台協會理事主席白樂琦安排。白氏的答覆是：因為過去一段時間代表處推動總統訪美案出力太多，使國務院及國安會顏面盡失，同時中共也有激烈反應，高層接觸時間不宜，只能在工作階層晤談。總統府終於在七月二十五日指示本部，電告駐美代表處告知美方，李總統因國內政務繁忙，無法參加九月在安克拉治舉行的美中、中美經濟協會聯合年會，並向行政部門表達，為避免此時增加美方困擾並顧及兩岸情勢，所以決定婉謝協會的邀請。

我在回國途中看到這個電報時，實感啼笑皆非，早知今日何必當初。八月二十一日下午六時半，國安局殷宗文局長來看我，提到五月二十二日在府內開會，我所講的狀況現在一一實現，真是有遠見。

早自李總統堅持雇用卡西迪公司從事非正規的方式，意圖實現「具有象徵意義、沒有實質意義」的赴美計畫，我就確定會對國家利益造成重大傷害。經過一再勸阻無效，只有請求辭去所有公職，但是總統和院長不准，而且態度很堅決。由五月開始，我的血壓經常在一八〇至一〇〇之間，李宗義主任安排一位王榮桓醫師多次來部診治，他認為我的血壓主要是煩惱所致（hypertension）。這個診斷真是有理，我在辦公室就會頭昏腦脹，量的時候就會很高；假日在家或打球過後，再量就正常；因此我認為必須擺脫公職。當時也有幾所美國的大學邀我擔任教授，我認為這是最好的去處，同時立法院和各媒體也紛紛傳出我要辭職，只是一個公務員如長官不允許就掛冠而去，也不是一個妥善的做法，所以這段時間對我來說真是一段痛苦的日子。

然而，也有不少人發出一些持平之論。六月十三日的《自由時報》刊登費邊所撰的〈「感謝」中共〉一文，對李總統訪美之行寫道：「在這過程中，外交部長錢復似乎特別鬱卒，但如把這件事歸功於卡西迪公關公司，就如同把它歸之於剛上任的駐美代表魯肇忠一樣，完全忽視了由錢復主持下的對美遊說工作長期打下的基礎。不過……有的天生苦命，有的吉人天相……而錢復還得繼續做苦工。」

七月二十一日，駐美代表處轉來該處公關羅森布拉（Peter Rosenblatt）十九日與國安會主管亞洲資深主任陸士達的冗長談話紀錄，其中陸士達對我的辭意（Fred's apparent intention to resign）表示甚為關切，他說我「具有深遠的世界觀，而不僅注視當前的問題」。陸士達表示他和美政府的其他官員以往並沒有這樣的認識，而他們現在認為我是一個「真正的政治家」（he is a true statesman）。我感覺這是對我的不虞之譽，我也感覺這項旅行使國家付出太大的代價。

國內《聯合報》於六月三日刊登名報人彭歌所撰〈大臣之風〉，文中提到李總統將訪美，「在快要起駕的前夕，總統府副祕書長戴瑞明突然提出辭呈。……五月二十五日同一天，外交部長錢復會見記者，強調『國家認同很重要』，他雖然願意在艱困環境中努力工作，但在國家認同的問題上無法妥協。然後說，『這就是為什麼我希望早點離開公職。』斯人而有斯言，且在這樣一個敏感時刻，不能不引發關心國事者的聯想和喟嘆」。「錢復君是否會離開公職？戴瑞明請辭是否會如擬照准？寫此文時尚未可知。二君皆才智優良之士，半生致力公職，雖無赫赫之功，總有一片忠勤堪念的辛勞。」

就我們與美國的關係而言，雙方次長級經濟對話會議仍如期於一九九五年在華府舉行，由經濟部許柯生次長與美國財政部次長桑默斯（Lawrence Summers）主談。美國於上年因我方未遵守野生動物保護的「培利修正案」予我制裁，亦於六月三十日解除。但是對我政府首長赴美或過境則多加限制，如連院長擬赴紐約科技大學接受學位，以及徐立德副院長赴加拿大擬過境美國均未獲同意，顯見較過去更為嚴苛。另外，美方對於我駐美魯肇忠代表與國務院及國安會高層官員的接觸均不予同意。我方每年於國慶稍後舉辦[illegible]請行政部門高層參加，過去常有部長參加，一九九五年則最高階層為國務院亞太副助卿魏德曼（Kent Wiedeman），其他部會出席者僅是副助理部長層級，國安會則無人參加。九月份美中、中美經濟協會聯合年會在安克拉治舉行，以往均有閣員參加此次沒有。至於上年美國對我政策檢討報告中，表示將協助我參與不以國家為原則的國際組織，我方曾於二月提出盼美協助的清單，請求與美方磋商，到了十月美方與我舉行工作階層會議，明白告知我方在本年上半年確曾認真處理此事，但至下半年，則因未感受我方有與美行政部門誠意合作的態度，所以未再處理。

外交部陳錫蕃次長於九月中旬赴華府訪問，他和國安會陸士達主任會晤中促請美方重視台海安全。陸士達坦白答覆本年三月二十一日美方信息曾明白指出，倘李總統執意赴美，將嚴重損害兩岸關係，唯我方未予理會；我政府需省思美方對我的忠告，兩岸緊張情勢實因我方錯誤選擇所引起。台海安全繫於台灣本身，美方反應將十分審慎。

## 一九九六年台海危機與美方態度

第四項要敘述的是一九九六年三月的台海飛彈危機。一九九四年七月二十八日，第二屆國民大會第四次臨時會議通過《憲法增修條文》第二條，總統於八月一日明令修正公布，其文字是「總統、副總統由中華民國自由地區全體人民直接選舉之，自中華民國八十五年第九任總統、副總統選舉實施」。

一九九五年八月三十一日，李登輝總統經由全體黨員代表投票推舉為中國國民黨總統候選人，稍後並提名連戰院長為副總統候選人。比較有趣的是李在黨內是由一七六九位黨代表連署推薦，但投票結果只得了一六七〇票，少了九十九位黨代表。

就在我們積極進行第一次總統民選之際，對岸透過媒體不斷抨擊我們是在進行分裂。一九九六年一月二十四日，《紐約時報》在第三版以頭條刊登名記者泰勒（Patrick E. Tyler）所撰以〈當中國威脅台灣，要確使美國聽到〉為題的深度報導。報導指出，中共領導當局不斷送出明確的警訊給柯林頓政府，在李登輝當選後的數週，可能對台灣發動有限度的軍事攻擊。文中報導，華府國家安全會議顧問雷克曾於一月四日約集若干中國問題專家討論。前任國防部助理部長傅立民在會中聲稱，不久前曾訪問大陸，與中共高官會晤獲悉，解放軍計劃三月選後每天對台灣（未說明是附近海域或本島）發射一枚飛彈，持續三十天。另外史坦福大學政治系教授路易士（John W. Lewis）也說，由中共官員方面獲得類似訊息。傅立民並稱他與中共官員談話中，感到他們不擔心美國會對他們採取軍事行動有任何干預，因為美國領袖「對洛杉磯的擔心遠超過台灣」；這句話的涵義就是：倘若美國意圖干預，中共就會用核子武器來對付美國西岸。

這篇文章在美國引起震撼，《紐約時報》在第二天就刊登題為〈中國威脅台灣〉的社論，其中提到：「台灣不能被視為美國與中共關係中無關緊要的因素，因為台灣太大了，它是美國第七大的貿易夥伴、生氣蓬勃的民主社會，也是亞洲生活水準極高的一員。」《芝加哥論壇報》也在同一天以社論指出，對外傳中共擬以武力犯台，美國應予以嚴厲譴責，柯林頓總統應立即派航空母艦巡航台海，或派特遣隊赴台以示警告。

外交部也針對此一訊息，分別在台北和華府，向在台協會辦事處和國務院表達嚴重關切，要求美國政府對中共的計畫與行動做出反應，表達美方絕不會坐視。美國政府除就台海安全發表談話，希望能減少緊張情勢，也呼籲兩岸均要自我節制，以和平方式解決爭端。但對於美國究竟將如何處理可能發生的爭端，則保持「策略性的模糊」。

至於美國國會方面，參、眾兩院普遍對我們持同情和支持的態度，認為行政部門對此一情勢應予慎重注視，並且表示嚴重關切。若干議員建議美政府應依《台灣關係法》檢討我方防衛需求，並且重行評估美在台海安全的角色與義務。

美國的《華府郵報》於二月六日發表題為〈如果中共攻台〉的社論，指出倘中共攻台，美國只有協助台灣防禦中共的攻擊一途。雖然沒有條約迫使美國作此反應，但是基於正當性和戰略利益，美國有必要採取此一行動。這篇社論也提到，美國應鼓勵台灣及中共冷靜，並在華府與國會達成政策共識，使中共明瞭不能打壓台灣，亦使台灣瞭解，勿將美國拖下水與中共攤牌，這樣才能使海峽雙方回復不規律、但仍屬和平的關係。

## 各界的因應與對策

二月九日，自立報系由《自立晚報》總編輯林森鴻領軍來訪問我，談了一個半小時，次日《自立晚報》刊出訪談內容，我對他們表示自上月下旬《紐約時報》刊登一日一飛彈的消息以後，二月四日香港《星島日報》、《明報》又刊登中共在海峽對岸集結四十萬大軍，要從事實兵空降、登陸演習，使此間人心惶惶，其實這些消息有虛有實；基本上，如我們不搞台獨，就不會有任何嚴重危機。過了二天，二月十一日週一，行政院連院長在院內邀集相關首長，商談選舉期間中共可能採取軍事行動的問題，決定成立「臨時決策小組」隨時集會，因為他的競選活動很多，所以指定徐立德副院長在他出城時代為召集。那天上午，有國防部蔣仲苓部長和殷宗文局長報告對岸軍事動態，表示南京軍區在東南沿海地區自一月初起演訓頻繁；二月上旬起，閩北地區陸海空軍調度都較以往更為增加。我方研判中共為期影響選舉、遏止台獨，可能以武嚇方式擴大軍事演習、火砲飛彈試射、機漁船騷擾外島，甚至在島內製造武裝動亂。內政部黃昆輝部長和警政署顏世錫署長報告，社會治安狀況能確實掌握；徐副院長以經建會主委身分報告財經安定措施，主要是以二千億元作為股市安定基金。

二月十三日，立法院仍在休會期間，劉松藩院長邀相關部會首長，向各黨團負責委員做簡報，有陸委會高孔廉副主委、蔣仲苓部長、殷宗文局長和我依序報告，然後各立委紛紛提問，並表示意見，透過媒體的報導，也能發揮安定人心的作用。

二月十七日週六傍晚，行政院召開第二次檢討決策小組會議，由國防部副參謀總長執行官唐飛報告，提到過去五天並無任何行動，天候不佳可能是主要原因，預判在天候改善前，仍不致有重大變化。我發言指出：化解兩岸對立的癥結，在於我方應主動宣布絕不從事台獨，堅持國家統一；此外軍方對於情報研判一定要精確，切不可因誤判而起戰火。

二月十七日起是春節，過後我因被執政黨提名第三屆國民大會不分區代表第一名，黨部要我赴各地去為提名的區域候選人助選，十分忙碌。三月五日清晨，中共宣布自八日至十五日，每天要向基隆和高雄附近海域發射飛彈。當天上午，徐立德代院長在台北賓館召開臨時決策小組，討論因應措施，我在會上說明對方所為與去年七月相同屬於軍事演習，我方不宜過度反應，只宜就其影響空航及海運部分表示意見。交通部劉兆玄部長指出，在空運方面對台北到那霸的航線有影響，海運方面則對高雄到香港航道有影響，將要求機、船繞道而行，影響並不大。國防部蔣仲苓部長也研判，對方不像是大規模的軍事行動，應該是局部性的警告和干擾的軍事行動。

外交部基於當日的討論，立即通電駐各主要國家的館處，說明我政府一貫主張「國家統一」政策，為維持海峽和平以及國際間期盼兩岸自我約束的呼籲，一向自我約束。現在中共所採取的措施，乃意圖阻擾我民主進程，嚴重影響台灣海峽及鄰近海域的國際海空航道通行的自由和安全，全球各國不容坐視，理應予以譴責，並設法遏止。並要求各館處即洽駐在國政府，正視此一舉動的嚴重性，發表聲明表達嚴重關切，並呼籲中共自我節制。

連院長也發表聲明指出：追求統一、堅決反對台獨，乃中華民國一貫堅定立場；此次選舉係依據《中華民國憲法》規定，順應民意及世界潮流的民主作為，選舉結果不僅不會影響我們對兩岸關係的定位，更不會改變我政府追求國家統一的目標。

當天下午四時，行政院再度舉行臨時決策小組，對於國內的狀況充分交換意見，特別是財經方面如何應付緊張升高應採取的措施。同時我請陳錫蕃次長約晤在台協會貝霖處長，指出此種武力威脅行動，已嚴重影響我國社會安寧及經濟發展，對亞太地區的和平安定亦甚不利，請美國政府對中共表示異議，並要求中共自制。

事實上，自中共宣布試射飛彈後，柯林頓政府立即有所反應，嚴厲譴責中共此一不負責任並挑釁（reckless and provocative）的行為。美國國務院主管政治事務次卿塔諾夫（Peter Tarnoff）於五日下午召見中共駐美大使李道豫，對中共此次試射飛彈或將飛越台灣北部人口稠密區域，對台灣造成嚴重威脅表達強烈抗議，並警告中共倘持續對台灣進行武力恫嚇，將嚴重損害美中雙邊關係。國務院亦將此一談話要點，訓令駐北京大使賽瑟（Jim Sasser，原為田納西州資深參議員）向中共當局作平行交涉。

美國眾議院共和黨政策委員會主席考克斯（Christopher Cox）於七日向眾院提出協防我國安全的眾院一四八號決議案。參議院外交委員會亞太小組主席湯瑪士，於六日在參院提出關切台海安全的決議案，這兩案分別於三月十九日以三七一比十五票在眾院通過；二十一日以九十七比〇票在參院通過。

三月八日凌晨，中共施放三枚M-G型地對地飛彈，一枚落於高雄西方四十四海浬目標區，一枚落於基隆東方目標區，一枚落於高雄外海。當天下午三時立法院的「因應小組」邀行政院相關首長對談，歷時二小時半。我在報告中指出，前一天美國國安會顧問雷克在答詢時，強調中共如果對台灣進行軍事攻擊，「將會有嚴重後果，這項立場已非常清楚」。在此同時，中共國務院外事辦公室主任劉華秋正在華府訪問（三月七日至十二日）並主持全美領務會議，國務卿克里斯多福及雷克顧問均將與其會晤，表達美方堅定立場。在台北方面，謠傳在台協會正在進行撤僑準備工作，經本部查證並非事實。

## 美方的協防與不滿

立院會議後，我們又回行政院舉行「臨時決策小組會議」，決定發布一項連院長談話，告知民眾政府已做好萬全準備，三軍完成部署，確保漁民安全，維護海空運正常進行，加強治安維護，穩定金融及維持經濟活動運作。最重要的是，總統和國民大會競選活動依既定計畫進行。談話中也強調：歷次民意調查一再顯示，大陸方面對台灣施加壓力一分，台灣地區民眾對中共的排斥就增加一分；換言之，中共對我們的軍事恫嚇，於中華民族的和平統一實有百害而無一利。

三月九日，中共又於傍晚宣布，將於三月十二至二十日在台灣海峽中線以西進行海空實彈演習。此時美國航空母艦獨立號（USS Independence）作戰群，奉命由菲律賓海域向北航行，在台灣海峽東部海域觀察中共軍事動態；稍後又自中東調尼米茲號（USS Nimitz）航空母艦戰鬥群趕來台灣海域。我最初不懂為何要有二艘航空母艦；以後美方告知，航艦作戰必須有二艘相互支援，加調一艘來到此一地區，是表現美國有作戰的決心。

三月十一日，我邀駐華外交團來部，向他們就中共最近的軍事行動作簡報，我指出中華民國政府堅決反對台灣獨立，中共說他們的軍事行動是對付台灣獨立，實在不合邏輯，我預判中共的行動是威脅性，不致有攻擊性的軍事行動，請各使節安心，並盼各國政府能予我國道義支持。各使節發言，均認為簡報對彼等極為有益，將呈報各國政府。唯一例外是哥斯大黎加的女大使呂愛蓮（Elena Wachong de Storer），她表現得頗為恐慌。

次日上午，我約在台協會貝霖處長來部，告訴他我政府對美方最近明確的公開聲明以及派遣航艦的行動甚為感激；我們沒有由發言人對媒體表達，主要是顧慮中共可能以此為外力介入的藉口。我也說明，這段時間我政府是竭力自我約束，也期盼台海交往常態能早日恢復。我也指出，駐美魯肇忠代表自李總統訪美後，始終無法經常與國務院主管會面，在此情況下，美國宜考量每天與魯代表會晤，隨時就台海情勢交換意見。

在這段時間內，我並不知道貝霖處長曾奉國安顧問雷克轉達柯林頓總統的指示，去見李總統並請派遣親信赴美與國安會重要人員會晤。李總統請國安會丁懋時祕書長代表他於九日前往紐約，十一日和副國安會顧問柏格（Sandy Berger）及國務院政治事務次卿塔諾夫談了四個多小時。

三月十四日，我在花蓮為國大候選人助選，丁祕書長來電找我，盼及早會晤，約了次日下午；當晚在台東縣陳建年縣長家中，李總統告訴我，丁祕書長去了美國並與雷克顧問晤面。

次日下午，丁祕書長來台北賓館，談到他和柏格的談話，對方明白指出，美方對我們不滿的有三件事：一是李總統訪美，二是我們在美國國會推動支持我國進入聯國決議案，三是我方雇用卡西迪公關公司；除此以外雙方的關係應該是良好的。柏格希望我們的總統、副總統和行政院長在一九九六年勿到美國，至於過境則依個案決定。此外，柏格也提到，魯肇忠代表在華府為了推動國會支持我入聯案要舉辦「為民主而唱」的活動，美方認為可能造成不良後果，丁祕書長請本部去電予以制止。丁祕書長表示，美方各項顧慮，都是為了柯林頓總統尋求連任；美方也認為，兩岸間全盤情勢會逐漸好轉。

## 驚濤駭浪中完成首次民選總統

三月十八日上午，行政院又舉行臨時決策小組，大家認為情勢逐漸緩和，主要還是選舉時期國內的治安值得重視。這次會議前，中共於十五日宣布，將於三月十八日至二十五日在福建平潭島及附近海域實施陸海空聯合軍事演習。然而，實際上除了三月八日三枚飛彈的試射，另外兩項軍事演習都因為天候不佳未如期舉行。有人表示，美國的兩艘航艦群進入台灣附近海域，以及美國能偵破中共軍事訓令電報的密碼，是大陸自我節制的主要原因。

三月二十三日大選日，一切平靜，在四組候選人中，李連組獲得百分之五十四的選票，換言之，中共的飛彈以及其他演習，並沒有影響選民的抉擇。

綜觀美方在此次台海危機的表現甚為明確且堅定，整體而言，因應危機的政策要點有五：（一）、重申依《台灣關係法》對台灣的安全承諾，警告中共倘不是由於我方挑釁，而對台灣使用武力，美國絕不坐視，必將依據《台灣關係法》與國會洽商，採取因應行動。（二）、台灣問題必須以和平方式解決，但美不介入。（三）、促兩岸儘速恢復雙邊會談，以對話替代對抗。（四）、美恪遵「一個中國」政策。（五）、肯定我政府處理危機鎮定自制，對我國民主發展亦予肯定。這段時間由於飛彈危機和總統大選，所以國際媒體雲集台北，在三月五日至二十二日，一共有十八批外國記者來訪問我，有的是二、三十人的大團，也有單一採訪的。問題主要是飛彈危機和兩岸關係，也涉及務實外交和參與聯合國，也有一些問到大選。我都逐一答覆，以後外交部新聞文化司輯為一本「台灣情勢與務實外交」的冊子，分發駐外單位，提供同仁答詢的參考。

# 九〇年代與美方的往來

## ・中美斷交後首現任內閣首長訪華：貿易特使希爾絲

第五項要敘述的是我任外長期間，來訪的美國重要人士以及我幾次赴美的情形。在九〇年代，第一位以現任美國內閣閣員身分來華訪問的是貿易特使希爾絲（Carla Hills）她於一九九二年十一月三十日來訪。當時布希總統競選連任已失敗，所以顧忌較小。當她於三十日晚抵達台北時，看到在台協會為她準備的三天行程後，立刻就問：為何Fred不在行程上，接待人員告訴她是國安顧問史考克羅夫的意思，可以見總統，不要見外長。希爾絲馬上不高興的說，「我們夫婦和他們夫婦是二十多年的老友，到台北不和他們見面是不對的。」所以臨時安排十二月三日清晨在我家共進早餐。

前一天（二）日上午她去總統府與李總統會晤，我在陪見，她見到我立即表示在台協會安排不妥，使我不便，甚為抱歉。我說能夠會晤老友是極愉快的事。當天的談話主要是我們希望加入關貿總協定（GATT），她表示我國農產品市場開放幅度太慢，而且對農產品的保護太多，將在入協定談判時遭遇重大阻力。李總統也承諾，我們將對農業結構作巨大調整，以適應需求。

三日上午七時半她和助理代表凱西迪（Bob Cassidy）同來我家，我和北美司袁健生司長共同接待。因為門外有大批記者包圍，花了些時間才能進門。她先向我告知，智慧財產權的保護是美方最重視的課題，將接任的柯林頓總統競選時曾獲電影業和唱片業界大量捐款支持，這些業者將來必要求政府對我施壓。其次，他提到市場開放問題，指出美方對我國廣泛開放市場，使我國產品在北美順利銷售，因而獲致經濟繁榮，相形之下，我國市場對美國產品則多所限制，特別是農產品的高關稅，通用汽車及聯邦快遞（Federal Express）在台拓展業務均遭受阻礙。此外我國在四年前承諾的關稅降低，迄未實現。

我說，開放市場為政府既定政策，未來必朝此一方向努力。若干產品關稅尚未解除，實因業界對民意機構壓力甚大所致，事實上，政府已不斷機動調降關稅稅率，但只能在百分之五十以內，以後仍當持續處理。

希爾絲對我國《就業服務法》表示意見，認為其中規定使美籍專業人士無法來華工作；我盼能成為亞太金融、運輸、商業中心，又有此種嚴格限制，實在自相矛盾。我說明該法相關規定原係針對非法外勞，現在引起專業技術人員亦因而受限，目前擬以制定施行細則方法予以鬆綁，我也建議，美僑商會應向勞委會提出該會所遭遇的困擾。

希爾絲的來華訪問，開啟了中美斷交後第一位現任內閣首長來華訪問的先例，甚有意義。她在訪華期間也曾與郝柏村院長、財政部白培英部長、經濟部蕭萬長部長、交通部簡又新部長、農委會孫明賢主委、環保署張隆盛署長會晤，並向中美經濟協會年會發表演講，行程甚為緊湊。

## •美國「對華政策檢討」後首位來訪的首長：交通部長潘尼亞

一九九四年十二月初，第二位美國內閣首長交通部長潘尼亞（Frederico Peña）來華訪問，他是應邀來參加「中美—美中經濟合作協會」年會，並擔任主題演講者。十二月五日上午，由他的幕僚長波慕尼利（Ann Bormolini）女士等陪同來部拜會，有大批記者在場訪問，所以我就對他表示，最近國內對台灣省和北高兩市市長選舉十分重視，媒體焦點均集中於此一課題，但是他是美國政府依照九月份「對華政策檢討」後首位來訪的部會首長，自公布消息以來，備受媒體重視，今天的場面如此熱烈，可見國人對中美關係的重視。他對選舉順利以及投票率高達百分之七十八而且計票迅速，顯示我國民主政治的成熟，極為讚揚。

接著他提到早上的美僑商會餐敘，發現美商對我國公共工程至感興趣，特別是核四廠的競標，美國政府亦表關切。我說投標廠商中有二家美商，只要他們的競爭力好，當有機會得標。我也對他表示，深盼能早日加入關貿總協定，希望不要因為等候中共，而使我國延後加入。我也向他詳細介紹，我國為善盡國際責任，對第三世界積極援助。潘尼亞部長表示此行見聞甚多，具啟發性，他將於返國後向柯林頓總統詳細報告，他也重申，美國將持續加強與我國的友好關係，積極參與我國的國家建設。

次日上午他晉見李總統，說明中美間的航空協定在航運發展方面仍有很大空間，他在丹佛市長任內興建該市新國際機場，已成地區性的交通樞紐。潘尼亞部長特別向李總統介紹波音公司最近推出的B777長程航機，他參與其事，深知其性能優越，期盼我國能購買。

潘尼亞部長也表示，我國正發展亞太營運中心，與兩岸關係發展極為密切，一旦我方決定開放兩岸通航，美商盼亦能加入營運。李總統答以通航問題極複雜，並有政治考量，短期內不會解決。

稍後潘氏拜會連戰院長，又提出希望華航早日決定購買B777飛機，連院長稱可予考慮。同一問題潘氏也在中午與交通部劉兆玄部長午餐時提出，劉部長指出華航已是民間公司，他只能將潘氏所表達的意向轉達，請華航優予考慮。

為了採購B777案，李總統於一九九五年一月二十八日上午在府內邀了連院長、劉部長和我會商。連院長表示經分洽華航、長榮和遠東三家公司，它們的需求是二十一架左右，經討論後，決定先以十架答覆美方。二月三日上午，李總統約了在台協會貝霖處長來面告，去年潘尼亞部長訪華談到購機事，為表示對柯林頓總統的善意有所回報，經與各航空公司洽商，目前擬先訂十架B777型，所需價款政府已協調中央銀行及中國國際商業銀行承貸。貝霖表示對此訊息極為高興，相信柯林頓總統與潘尼亞部長亦有同感，特別是昨日波音公司宣布將大量裁員，此一訊息在時機上極為適宜，對美國經濟有益。華府希望知道此項採購何時可以公布？李總統要我答覆，我說在我方航空公司與波音公司簽署意向書時，應為最佳公布時機。

這次訪問能有具體結果，對雙方關係甚為有益。中美—美中經濟合作會議每二年在台北舉辦一次聯合年會，原來期盼一九九六年時仍可有美國內閣首長來作主題演講，可惜因為前一年康乃爾之旅，使這樣的訪問未能持續。

## • 赴美參加第十屆世界論壇並發表演講

我在一九九〇年六月接任外長，在此之前，外交部推薦我去美國愛達荷州太陽谷（Sun Valley, Idaho）舉辦的為敗血症募款的湯普遜紀念高球賽（Danny Thompson Memorial Golf Tournament）。因為我在駐美代表任內曾多次參加，美國內閣閣員及國會議員也有很多人與會，是私下接觸最好的機會。球賽是在八月下旬舉行，這次參加者包括運輸部長、能源副部長、前國防部長賴德（Melvin Laird）、前國安顧問艾倫以及包括政院外委會主席法賽爾（Dante Fascell）在內四十餘位參眾議員。

六月中旬，在台協會奉國務院令告知北美司，不反對我參加球賽，但視為私人訪問，不要有媒體報導，也不要赴其他城市演講或接受訪問。北美司同仁建議我仍宜前往，但是我考量剛到任不久，立即前往美國似有不妥，所以決定不參加。以後證明此一決定是正確的，因為八月二日伊拉克入侵科威特，外交部需積極處理撤僑事。

一九九一年二月我接到美國前總統福特來函，邀請我參加六月中旬在科羅拉多州海狸溪，由美國企業研究院主辦的第十屆世界論壇，並要我在二十一日上午全體會議討論世界經濟課題時發表演講。

這項論壇是由一九七〇年代美、英、法、德四國領導人福特、卡拉翰勳爵（Lord James

Callaghan）、季斯卡和史密特（Helmut Schmidt）共同主持，每次邀請一百人參加，其中二十五人為政界或學界領袖，無須負擔出席費，七十五人為工商界領袖，每位需付七千五百美元出席費。我認為這是很有意義的活動，所以報名參加，並請駐美代表處通知美方。

丁懋時代表於四月二日約晤國務院主管亞太事務助卿索樂文並當面告知，索氏表示樂見老朋友來訪，此當係私人性的訪問。談話中，國務院台灣協調官施藍旗（Barbara Schrage）插言：「聽說錢部長十一月間將應哈佛大學國際事務中心任傅高義（Ezra Vogel）教授邀請前往演講。」此事外交部也是四月二日電報駐美代表處，因為談話是清早，丁代表尚未看到，所以表示收到訊息後當再洽告。索助卿表示，這是私人性質訪問，但仍有其政治涵義，美方沒有同意或不同意的問題，不過將來如果美方認為此等訪問在政治上不利貴我兩方利益時，當將美方看法告知貴方。言外之意，就是希望不會有任何使美方困窘的言行。

我在六月十九日抵達會場，這次會議美方政界重要人士參加的很多，有副總統奎爾（Dan Qualye）、國防部長錢尼、商業部長莫斯巴克（Robert A. Mosbacher）、衛生福利部長蘇利萬、國家安全顧問史考克羅夫等人。十九日晚福特伉儷有晚宴款待與會人士，是在戶外帳篷內進行。一百多人分十桌就座，我和玲玲被安排在福特和夫人的一桌，在帳蓬中間。他們表示，甚盼能再來我國訪問，我即邀請他們在合適時間來訪。這次會議的主題是「世界經濟與國際政治及安全問題」，由於蘇聯解體和波灣戰爭剛發生不久，所以邀請的對象有若干俄羅斯新政府重要人士和中東國家駐美大使。他們中間有些和我是舊識，如沙烏地駐美大使班達親王（Prince Bandar bin

Sultan al Abdul Aziz），也有不少是新交，所以一場宴會認識了不少人。可惜的是美政府重要官員都由華府乘專機來，要次日上午才到。

二十日上午，全體會議就是開幕式，由四位主持人就世界未來走向分別發表談話。以後上、下午各有一場分組會議，由四個分組同時進行，我參加了「美國一九九二年大選是否已結束」及「中東之未來」小組。

二十一日上午，全體會議由季斯卡前總統和我，分別就世界經濟發表講話。我對亞太地區所面臨的經貿問題做扼要的介紹，特別強調自一九九〇年起，美國與太平洋邊緣國家的貿易量已超越與歐洲國家的總和，現在的問題是世界經濟已全球化，但是各國的貿易糾紛仍是由雙邊談判解決。一九八八年《美國貿易法案》內所訂的超級三〇一及特別三〇一，對亞洲國家具有殺傷力，希望美國政府在使用時特別審慎。我也將當時推動的六年國建加以介紹，希望各國能將優良設施銷往我國。

當天晚間，福特伉儷在其寓所以酒會招待所有與會人員，福特夫人親自導引我和玲玲參觀這座別墅的每間房間，一共三層樓，有將近六間寬大的臥室，兩位獨立的書房，她告訴我們，當所有子女及內外孫都來時，還是不能完全住得下。酒會中我曾和史密特前總理和季斯卡前總統伉儷交談，藉機邀他們訪華。他們在一九九二年先後來訪。

酒會結束後，大家分別乘車前往十個不同的地點，參加小型宴會。我們被分配到福特總統好友、前郵政總長布魯特（他是最後一位作為內閣閣員的郵政總長，一九九一年起不再是內閣成員）的家中。福特夫婦也是賓客，大家談得很愉快，吃到一半，奎爾副總統伉儷也抵達，他們和我與玲玲熱烈擁抱，並說布希總統也知道你們來參加世界論壇，特別表示歡迎。飯後主人請了一位魔術師表演，先是將紙幣由一元變為百元，再變回來，撕碎又變成整張；以後到我身邊和我談了幾句話，請我站起來，我無法起立，因為西裝右袖的一顆鈕釦被牢牢扣在沙發扶手上，大家紛紛拍手，這時他走過來拍拍我的肩膀，我就解套了。這一套魔術實在神奇。

二十二日的全會，主題是國際政治及安全問題，由奎爾副總統、錢尼部長、史考克羅夫國安顧問主講，我利用會前時間和史氏略談我國戰機需求，切盼美政府能以F-16售我，史氏表示他尚未接觸此一課題，聽了我的敘述後，瞭解我國確有迫切需求，他當盡量助我。

會議結束後，我取道洛杉磯返國，因為雷根總統退休後打算在西岸興建雷根圖書館，向各國募款，我政府捐助二百萬美元，命我面致雷根本人。所以，駐洛杉磯辦事處張慶衍處長安排在二十五日上午前往世紀城福斯廣場大廈（Fox Plaza, Century City）三十四樓他的辦公室拜候。此時，雷根罹患阿茲海默症（Alzheimer's disease）外界也都知道了，但是症狀不嚴重，每天總有一段時間是很清楚的，這就是他接見賓客的時間。我和玲玲很幸運，在見到雷根前總統時，發現他和當年在華府時並無差異。我先將捐款支票面陳，並告訴他這是代表我政府和民眾對他長時期對我國的友好和支持，他表示衷心的感謝。我說一九八二年他在英國國會的演說，預言了蘇聯的解體和東歐的自由化，真是有遠見的政治家。雷根表示，當時已是有這樣的期盼，但是並不真認為是會很快實現。雷根也說，現在蘇聯和東歐都已自由化，希望中國亦能早日自由化。我將政府目前的大陸政策是逐步推動國統綱領，加強兩岸經貿交流向他介紹，並說這樣也是會對大陸發生影響。

在以後四年，我每年都應邀參加世界論壇，在大會擔任講員，並在分組中擔任引言人，和第一次參加不同的是，由第二年起，我們在海狸溪山腳下的市鎮上，發現了一家很好的中國餐館，由來自基隆的牟先生伉儷經營，菜餚甚佳，所以每年我們夫婦也擔任福特總統酒會後晚宴主人之一，每次邀請八至十位與會人員，這中間包括卡拉翰勛爵、季斯卡伉儷、李潔明、寇派翠克大使（Amb. Jeanne Kirkpatrick）、柴契爾夫人的外交顧問包維爾勛爵（Sir Charles Powell）等。一九九六年我因工作調動未能參加；一九九七年至二〇〇六年我都參加，次年福特總統去世，論壇由錢尼副總統主持，由於他在美國政界頗有爭議，我就未再參加，但是每年都收到邀請函，自二〇〇九年開始，論壇已改到喬治亞州的海島（Sea Islands）。

## ●赴哈佛於「李國鼎講座」發表演講

我於一九九一年十一月下旬，應哈佛國際事務中心主任奈伊（Joseph Nye）邀請（如前所述，最初發邀請函時的主任是傅高義）去該校擔任「李國鼎講座」講者。我於十一月十九日離開台北，當晚抵達波士頓。二十日上午哈佛大學客座教授李潔明來旅社和我同進早餐，此時他已由布希總統提名擔任國防部主管國際安全的助理部長，但是尚待參議院的同意。

在早餐時，他對國內政局甚為關心，我向他詳細說明。接著我問他同意權何時行使，他說最快要明年初，美國的行政效率不如我國。我就將國內面臨戰鬥機的斷層問題向他詳細說明，希望能迅速購得F-16戰機。李說貴方可能認為購買戰機是美國國防部在阻撓，實則真正的問題是副國務卿伊戈伯格（Larry Eagleberger，是季辛吉在國務院的代言人），他在就任後會積極推動，但是他的力量有限。

稍後，波士頓大學席爾伯（John Silber）校長來旅館拜會，他對我國政府在該校設置「中華民國獎學金」表示感謝，並稱有意以榮譽博士學位頒予李總統。我對席氏對我國留學生照料表示感激，至於李總統由於憲政改革甚為忙碌，可能要稍待時日才能來美領取。

中午，麻薩諸塞州長威德（William F. Weld）伉儷在州政府款宴，威州長曾於八月訪華，其夫人為中國問題的學者。我們曾就亞洲情勢、南北韓關係以及我國與日本的經貿關係敘談甚久。

下午三時，在旅館有哥斯大黎加卡德隆總統的公子拉法葉（Rafael Angel Bejarano）來訪，四時我由奈伊主任陪同，在哈佛燕京圖書館講堂以「中華民國經濟成長、政治改革及全球角色」為題做一小時的演講，在座有哈佛大學師生二百多人，結束後有半小時的詢答，其中包括中美文化交流、兩岸關係、執政黨的黨內民主、立院及國大的議事秩序、香港問題、環保等問題，我都一一答覆。奈伊主任在結束時表示：「錢外長實在是一位優秀的學人，他的演講和答詢呈現出邏輯的嚴謹與對問題的深入。」聽眾中也有若干大陸的學生，他們在會後圍著我問問題並要求合影。

當晚，在哈佛教授俱樂部由奈伊主任設宴款待，在座有李潔明、丁大衛、白樂琦等老友，張文中處長以及哈佛教授、研究員等五十餘人，餐會結束後賓客又就大陸情勢、中共會否攻台、我與蘇聯關係、勞資關係等提出問題，我均予答覆，餐會長達三小時半。

二十一日上午，我先在哈佛教授俱樂部與國際事務中心的學生共進早餐，由會長萊德曼（Gordon Lederman）主持，仍是一輪的詢答，在此之前我在清早先和由華府專程前來的在台協會白樂琦理事主席晤談。早餐會後我去哈佛法學院和東亞法律研究中心師生座談，由主任安守廉（William Alford）教授主持，州長夫人羅鳳鳴（Susan Weld）也在場，又是一輪詢答；之後我去拜會法學院羅勃克拉克院長（Robert Clark）。

中午是費正清東亞研究中心主任馬若德（Roderick MacFarquher）設宴款待，在座有杭廷頓（Samuel Huntington）、白魯恂（Lucien Pye）、杜維明等教授，談話極為愉快。下午我先到辦事處拜會並向同仁講話，三時赴法拉葉旅館和大波士頓地區八十多位僑領茶敘，因為在座都是老僑所以我用粵語向他們報告國情，僑領們備感親切。當晚我款宴駐處同仁，同日《世界日報》，刊登由華府特派員施克敏所撰〈錢復美東之行與外交突破〉一文，其中指出：「事實是，自從一九七一年周書楷外長率團到紐約聯合國為中國代表權案做了最後一戰以來，已有二十年了，沒有過任何中華民國外長到過美東來訪問。……雖說這次錢復哈佛之行並不一定為未來華府之行投石問路，但誰能鐵口直斷不可能？十二年前國府外長哪能蒞足美東，此刻錢復不是來了嗎？」

十一月二十二日，我經由達拉斯飛往火奴魯魯，下午五時抵達隨即前往希爾頓飯店參加火市外交關係協會主辦的餐會，並以「變更與期望：國際發展的宏觀分析」為題發表演說，並答覆問題。以後兩天是週末我和當地友人和辦事處同仁歡敘。

二十五日上午，赴州政府拜會瓦希州長（John Waihee）談該州的經濟狀況，以及政府如何為中下收入民眾興建低價住宅。中午，夏州太平洋事務協會邀請午宴，我以「世界新秩序中的中華民國」為題發表演講，聆聽者有鄺友良前參議員、多位總領事、夏威夷大學校長、州最高法院院長林肇輝（Hermann Lum）等，有不少人提問。結束後，當地電視第九台CBS做現場訪問。稍後拜會東西中心與主任、各研究所長、研究員座談，他們提了許多問題，我逐一答覆。晚間，瓦希州長伉儷在官邸設宴款待，邀請當地政要及僑領多人作陪。次日清晨我飛返台北。

## ●多次受邀演講，增進友邦對我國的瞭解

次（一九九二）年初，我接到美國關島議長阿古斯丁（Joe T. San Agustin）來函，邀請我於十一月十六日在他主辦的美西州議員協會年會中做主題演說。我在駐美代表任內與美國「全國州議員聯合會」（NCSL）以及其下的各地區州議員協會均有良好關係，並曾應邀去它們的年會演講，所以這次我也同意前往，西部議員協會所包括的是西部十三州與關島、美屬薩摩亞及北馬利安那群島。這次年會的主題是「太平洋邊緣：機會與挑戰的新疆界」，所以我選擇以「現實對機會：中美關係對太平洋邊緣的意義」為題，準備講稿。

我於十一月十四日抵關島，十五日參加大會開幕酒會，參加者有二千餘人，冠蓋雲集。老友前韓駐美大使金瓊元、前美駐緬甸大使李文（Burton Levin）、密克羅尼西亞聯邦首任總統中山（Tosiwo Nakayama）等人。十六日中午，我在午餐會做主題演說，由關島議會阿古斯丁介紹後做三十分鐘講話，以後又有十五分鐘問答。次日關島《太平洋日報》以頭版予以報導。午餐會後有

記者會，結束後我去拜會中華總會和中華學校，當晚我款宴僑界人士和關島有關首長。

十七日上午，拜會關島總督艾達（Joseph Ada），他以關島榮譽巡迴大使證書見贈；稍後我去參觀我駐關島辦事處，由陳國璜處長陪同，向同仁逐一致意。中午應關島銀行理事長李昂－蓋萊洛父子（Jesus Leon Guerrero及Anthony Leon Guerrero）歡宴，大家都認為這是關島第一家庭，所以總督、副總督、議長、首席大法官都在場作陪。下午拜會《太平洋日報》發行人韋柏（Lee Webber）並與該報主要幹部作簡報（editorial briefing）使大家增進對我國的瞭解，晚間參加西部議會聯合會所辦的園遊會，午夜前搭機轉赴其他太平洋島國訪問。

之後，我於一九九三年五月應芝加哥外交關係協會、八月應夏威夷東西文化中心邀請；一九九四年一月底，應波士頓大學麻省理工學院政治系及哈佛大學商學院邀請；一九九五年六月應芝加哥大學及加州橘郡世界事務協會邀請；十一月應亞利桑納州立大學高華德講座邀請；一九九六年一月應鳳凰城及洛杉磯世界事務協會邀請，先後前往發表演講，限於篇幅，不再贅述。各次演講以及我於一九九一～九二年的《外交事務》冬季號所發表的〈台北的觀點〉（A View from Taipei）都輯入我的英文演講集《機會與挑戰》（*Opportunity and Challenge*）一書中。唯一值得敘述的是一九九三年五月和一九九四年一月兩次去美國演講，真正的目的是藉機路過紐約，和當時聯合國祕書長蓋里會晤。我將在下一章詳細敘述。

# 第十九章
# 參與聯合國問題

參與聯合國其實是一件難度極高的工作。台灣在九〇年代由於經濟發展蓬勃，民間普遍有「心想事成」的觀念，雖然這種心態與現實脫節，但外交部同仁還是想盡辦法努力推動。

我國於一九七一年下旬因「變相重要問題案」未在聯合國大會通過，預見阿爾巴尼亞提案將獲通過，先行退出聯合國[14]。當時的聯合國由於美蘇對峙、濫用否決權，使安理會功能無法發揮；同時祕書處職員眾多，薪酬優厚，會員國負擔沉重，大家對這個國際組織深感失望。

然而一九九〇年八月二日，伊拉克出兵占領科威特；八月六日，安理會通過對伊拉克實施制裁。次年初「沙漠風暴」（Desret Storm）行動開始，經過七週，戰事終於將伊拉克自科威特逐

14 請見《錢復回憶錄典藏版‧卷一：外交風雲動》一三六～一五八頁。台北：天下文化出版社，二〇二一年。

出，使科威特能復國，這是四十多年來聯合國的一大成就。一九九一年八月，蘇聯動亂導致解體，兩極對立的國際情勢發生劇變；同時許多跨國問題如環保、醫藥衛生、跨國犯罪、恐怖事件……等等都不是一個國家能處理，必須有超越國家的組織來協商，聯合國正是最理想的機構。因此由一九七一至一九九一年，這二十年間，聯合國在人們的目光中，從百無一用的廢物，變成凡事都可處理的組織。

## 朝野首次在電視上公開辯論公共議題

在國內，這二十年間也有重大的變化，由窮困變成富庶，由對國際事務冷漠變為高度關注。很多人認為當初退出聯合國是錯誤決定，不知如果我們不主動退出，下一步是被逐出；因此當年的退出，只是一個顧全顏面的做法。民眾由於富庶，誤以為只要有錢萬事可成，我國傳統的美德「忍耐」已被拋棄，一切都是「心想事成」。政府處在這個情勢下的確是進退兩難。退則會為多數民眾批判「坐以待斃」；進也會使很多大老級人士批評是在製造「兩個中國」，使甫現曙光的兩岸關係受到嚴重傷害。

一九九一年六月十一日，立法院集思會的負責人黃主文委員，在院會提議，要政府申請加入聯合國。如果這個議案通過，我們政府會被指出走「兩個中國」或「一中一台」路線。因為根據《聯合國憲章》向聯合國申請入會，我們既不能主張是創始會員國——中華民國，則將被視為一個新國家。因此我透過黨政關係，洽請黃委員將提案改為「建議政府積極拓展外交關係，爭取於適當時機以中華民國名義申請重返聯合國」；這個提案獲得八十五位委員連署，於六月十九日由立法院通過。

外交部將這項決議案送給各駐外單位，請大家提供意見。各單位所提的意見，以駐英國的戴瑞明代表所提的最為認真切實，他除了向英國外務部探詢英國的態度，得到否定的答覆外，並具體建議「申請重返聯合國」不應詮釋為「重新申請入會」，而應解釋為恢復我國在聯合國的合法地位，由友邦向聯合國大會聯署提案，雖無法獲得通過，但可達引起國際社會重視我國國際地位的目的。他也擬了一個「恢復中華民國在聯合國合法地位決議案」，對於外交部嗣後處理此案甚有助益。

同年九月八日，民進黨發動「以公民投票進入聯合國」的遊行，由蔡同榮君主導，當天大雨，但是參加者很多，過程亦不時有衝突。九月二十一日我在外交部邀了三位立法委員、三位學者和三位新聞界的主管，舉行「聯合國問題座談會」，不分朝野，大家都主張設法加入，然而當年的大會即將開始，必須留待明年進行。九月三十日晚，外交部章孝嚴次長應約與謝長廷委員在電視就聯合國問題舉行辯論，這是朝野首次就公共議題在電視上公開辯論，觀眾極多，兩位表現都很機敏穩健。

同年十月十七日和十一月二日，立法院外交委員會兩度邀請我前往，就「恢復我國在聯合國會籍有關問題」做報告，提出口頭質詢的委員甚多，以民進黨為主，主要希望用「台灣」名義以新會員方式申請加入聯合國。我說明依《憲章》第四條第一項申請新會員入會，需先經過安理會，中共必將使用否決權。而且同年五月我們剛結束動員戡亂時期，不再以叛亂團體看待中共；同時我們所制定的《國家統一綱領》，期盼兩岸能和平共處，逐步改進兩岸關係，如果以此方式必將刺激中共，認為我們改國號有獨立企圖，勢將對我們用武，未見其利，先蒙其害。

## 東京密會提前曝光

一九九二年三月二日，行政院舉行對外工作會報全體會議由郝院長主持。我曾報告，國內各方對重返聯合國問題甚為重視，本年大會我國似應有所舉動，可否請友邦代表發言，指出聯合國會員普遍化原則，對台、澎、金、馬地區二千一百萬民眾亦應適用，但是郝院長指示「不必」。然而在第四十七屆常會總辯論期間，仍有尼加拉瓜、哥斯大黎加等九個友邦代表，為我國仗義執言。

另一方面，聯合國祕書長蓋里於十月間透過共同友人告訴我，希望能在紐約或其他地點和我會晤。蓋里於一九七七至一九九一年任埃及外長長達十四年，一九八七年四月，新任埃及駐美大使履任之初要求和我會晤，就是他所指示[15]。蓋里是在一九九二年元月接任祕書長職務，不久就發表了〈和平的議程〉(Agenda for Peace)一文。可是十月間立法院總質詢期間，我無法離開。到了十二月，他表示明年二月中將去日本主持聯合國大學開幕典禮，盼我能去東京和他會晤。

我向總統和郝院長報告後，奉核可，所以我決定先去印尼訪問，再由雅加達飛往東京，以求保密。但是我在二月十一日早上飛往雅加達，當天的晚報就報導我去東南亞祕訪，次日早報有登出我是去印尼和日本。中共方面就大肆抗議，可是印尼政府仍妥善接待。十五日午夜我飛往東京，但是十六日下午的《中時晚報》用頭版頭條刊登我去日本，目的是和聯合國祕書長蓋里會晤。聽說中共駐日大使陳健在當天下午二時（台北時間下午一時）就根據這項報導，向日本外務省政務次官柿澤弘吉抗議（當時的外相渡邊美智雄因病住院）。奇怪的是，台北的晚報要到下午二時才能到讀者手中，不知中共方面如何能在未發行前就獲知內容？

我抵達東京後，許水德代表告訴我，日方十分緊張，蓋里住在迎賓館，日本禮賓司長中村儀典長親自查核每一位進出者，警衛十分森嚴。柿澤次官是我的朋友，特別打電話給我表示，他曾盡力設法協助，但是無法抵抗官僚體制所給他壓力。我表示是對方約我，並非我來求見，倘有困難不必勉強。和我同行赴日的國際組織司吳子丹司長曾派駐日本，日文流利，他在十八日上午進入迎賓館和蓋里見面，他對吳說：日方對他掌控甚嚴，今日中午他會去埃及駐日大使館，在那裡可以自由打電話給我，希望知道那時我在何處？吳告以我將應勞動大臣村上正邦在三浦料亭的午宴。

至時他果然來電，表示他明日將搭環球航空班機返紐約，希望我能和他同班走，如此在機上可以有十二小時的談話時間。我說此次由於國內媒體爆料，使他受到影響，甚感不安。我很感激他的建議，但是過於冒險，飛機上任何人都有可能，萬一有人發現他和我談話，對他的職位將有大傷害，我特別將古諺「君子愛人以德」譯成英文，向他解釋：承他視我為友人，我一定要盡量

15 請見《錢復回憶錄典藏版．卷二：華府路崎嶇》三三八～三四〇頁，台北：天下文化出版社，二〇二一年。

避免使他受到任何傷害，這是我做人的基本道理。他很感激我為他設想，並表示希望盡早和我會面，問我最早何時來美國。我說五月下旬將赴芝加哥，至外交關係協會演講。他說最好利用週末來紐約，可在他家中會面。接著，主動將他官舍專用電話和傳真號碼告訴我，我也同樣將家中號碼給他。

在國內，一九九二年底的立委選舉也很明白表現民意的走向：幾位民進黨的候選人，用台灣名義申請加入聯合國為唯一政見主張，都獲得選區內最高票當選；這意味著民眾對於國家不能積極參與國際事務，已經有不能忍受的感覺，而另一方面，我們必須面對中國大陸絕對不容許任何「兩個中國」、「一中一台」或「台灣獨立」的立場，任何「以台灣名義申請加入聯合國」的做法，必將導致中共激烈的反應，對於國家和民眾極為不利。

外交部研設會冷若水副主委在選舉結束後，給我寫了一份「由二屆立委選舉看我今後外交工作」的分析報告，長達十九頁，對於我們艱困的處境「做也不對、不做也不對」有很詳盡的剖析，他的結論是，我們只能在堅持「一個中國、兩個政府」的立場上，去進行拓展對外關係的努力，才是比較安全並符合國家利益的做法。

## 成立跨部會小組推動入聯

基於冷副主委的建議，我在一九九三年二月二十四日上午邀集房金炎次長、新任駐紐約辦事處吳子丹處長、國組司沈國雄司長等同仁，舉行探討參與聯合國的重點工作會議。我先說明部內和紐約聯工小組處理聯合國事務人力不足，必須加強。將建議行政院設立一個跨部會的決策小組，本部將設一個專案小組由房次長主持，各相關單位主均參加，研訂推動的計畫。國組司應盡速擬一各國文字的說帖，不要有意識形態或價值判斷，要根據事實說明，我國人口超過聯合國三分之二會員國的人口，現被排斥於聯合國外是不正常的，且是聯合國的損失。我方構想為聯合國應設立委員會研究此事，並以合理及正義的方式解決。今後各駐外單位應以推動參與聯合國為首要工作，能與當地政府直接來往者，應積極洽請支持，倘不能與政府接觸，可洽請國會、學術界、新聞界發動支助。今後國際事務活動費項下，應有「聯合國事務」專案經費。

行政院於二月二十七日由連戰院長接任，他對聯合國甚為重視，指示成立「聯合國有關問題專案小組」，由政務委員丘宏達和我擔任召集人，成員是法務部長馬英九、僑務委員會章孝嚴委員長、經建會蕭萬長主委、陸委會黃昆輝主委、總統府戴瑞明副祕書長和外交部房金炎次長。第一次會議在四月二日晚於我家中舉行，先就外交部所提聯合國洽助的說詞予以定稿，再就下半年推動工作的要點予以核定。關於是否於當年聯合國大會提案，決定視駐外館處洽助的結果再做決定。

四月十七日上午，房次長和我到總統府向李總統和連院長就推動參與聯合國工作近況提出報告。我在報告中指出，根據外交部研設會多次邀請學者專家及民意代表討論本案，學者專家們都忠告政府勿使民眾有過高的期待，他們都指出此事極為艱困，絕非在可預見的將來能期實現。另一方面，民意代表不分朝野都認為政府應積極推動，最好立刻提出入會申請。這種兩極觀點反應民意一貫「心想事成」的態度，然而事實則對我們極為不利，這是我們面對的困難。

其次，有關參與聯合國的策略以及用什麼名稱，是國人最為關切的，但是這些問題公開探討，必然對我不利，同時名稱的紛爭，使國內不同主張者尖銳對立，也極嚴重，因此本部只能背負罵名，以極密方式處理。

關於參與聯合國的方式，現在公開研究的有代表權方式、新入會方式及觀察員方式三種，但每項均有不妥之處；目前外交部積極致力者為比照一九六六年加拿大、比利時、義大利所提的研究委員會案。為使此一方式能在聯合國成案，我們需要取得（一）祕書長的支持、（二）若干安理會常任理事國的支持、（三）相當數額的會員國支持。除此一方式外，倘我能取得一項聯合國專門機構的會籍，則可設法取得聯合國觀察員的身分，不過這也仍需要前述三項支持。現在我們準備以取得國際貨幣基金的會籍為優先考慮。此外最近剛退休的聯合國環境署署長埃及籍的屠巴（Dr. Mostafa Kamal Tolba）曾告知，GATT 如能完成烏拉圭回合談判，則也能成為聯合國的專門機構，因此我們入關的努力應積極展開。

## 在紐約和聯合國祕書長蓋里交換意見

李總統聽完簡報後，指示仍應及早進行，希望我下月赴紐約時，與蓋里祕書長仔細研究。

我和內人於五月二十二日晚七時前往紐約東城蘇頓巷（Sutton Place）三號，聯合國祕書長官舍二樓寓所起居室，與蓋里及夫人談話一百一十分鐘，駐紐約辦事處吳子丹處長亦在座。這是我國退出聯合國後二十二年，政府首長初次與聯合國祕書長的會晤。

我先代表連院長向祕書長致意，因為四年前連院長為外交部長曾赴埃及訪問，蓋里時任總理兼外長，曾經晤談；我也說明蓋里的弟弟（Raouf Ghali）現任埃及觀光總署署長，二十四日起赴台北訪問，我將於訪美結束後回國會晤。蓋里表示感激。

他接著問我兩岸關係，我說我政府已於一九九一年宣布終止動員戡亂時期，不再以叛亂團體視中共，且視為對等的政治實體。我政府亦認為海峽兩岸終將統一，並已通過《國家統一綱領》；但是目前雙方客觀條件差距太大，所以尚需長久時間才有可能。

我繼續指出，由於我國政治經濟發展進步甚多，甚獲國際肯定，也積極對國際提供貢獻，民眾認為被排除於聯合國以外，實不合理；就聯合國而言，基於人道原則和會籍普遍化原則，亦宜從速研究解決方案。

蓋里表示，我國在經濟方面的力量實在不容忽視。他對當年何以使我國離開聯合國並不瞭解；但是今天中共在聯合國所居的地位，嚴重影響我方的希望。他問我是否能有辦法擺脫與中共的關連？

我說，多年來中共始終堅持在三種狀況下，不會放棄以武力攻台，第一就是倘台灣宣布獨立，中共必將攻台。因此任何脫離中國或宣布獨立的做法，必將對台灣帶來嚴重的後果，使二千萬同胞遭遇重大危害。

我也將本部研究的三種參與方式向他說明，並請他指教。他說三種方式都有賴大國，特別是中共的支持；他並問我是否有可能獲得中共的同意。

我說這是十分困難的，目前尚無可能。惟數日前，聯合國開發計畫署長德瑞波（William Draper, III）曾與吳子丹處長晤談，他建議我國捐款一億美元，以紓解聯合國開發計畫署的財政困難並參與聯合國活動，不知是否可行？蓋里說，身為祕書長他當然歡迎我們如此做，但坦白說，他認為這項捐款可能有幾天的新聞價值，不會有實效，並建議我國需要先促請國際正視，我國未在聯合國內對我國而言是不公義，對聯合國來說則是失去個有貢獻的成員；先設法造成對我有利的國際環境，再徐圖發展。

我又問他，有人建議我們先和國際貨幣基金建立關係，再設法進入聯合國，是否可行？他說無法確定這樣做就能使我們進入聯合國；他多年研究國際法，認為我們要加入聯合國恐怕不能避免主權問題，因為我們和中共的情況，與東西德或南北韓不同。

我說，主權國家的三要素，我們完全具備，這點毫無疑問。蓋里說，不能依賴一些小國承認就能解決問題，必須有如美國、歐洲共同體等重要國家的支持才行。總之，他認為我國不宜為進入聯合國而操之過急，或是採取斷然措施。由他這句話可以看到，他早先建議要我們擺脫與中共的關連，到此已大大改變了。

我向他分析國內現實政治，表示以目前狀況，政府倘若不採取行動，必將引起民眾的反感；而如動作太大，亦可能引起中共強烈反彈，甚甚至導致武力的威脅。所以我們不能不做，但也不能做得過火。

蓋里建議我們營造國際有利環境及氣氛，似可聘請公關公司為舉辦重要研討會，使國際人士有所認識。我對蓋里祕書長的建議表示感激，並將本部所擬參與聯合國問題英文說帖一份供他參考，也表示希望持續聯絡，他亦同意。

## 參與聯合國難度高

我於返國後分別向李總統和連院長報告，接著於六月四日邀集聯合國有關問題專案小組第二次會議，在會中報告了本部向相關國家洽助的反應。邦交國中願予我支助並執言者共十七國，可能支助但未承諾執言者二國、正在大選中態度未定者一國、態度不明者二國（賴索托、巴哈馬）。至於無邦交國家，均表示要視大國態度而定，特別是美國；此外不少國家也表示，我能否參與聯合國當視兩岸關係發展而定，須由兩岸協商解決。我並未報告與蓋里的談話，但是他在談話中也曾明確表示：「貴國參與聯合國最短的路程是經由北京。」

會中有重要的決定，就是原則上認為，本年應洽請友邦向本年聯合國大會第四十八屆常會提出研究委員案，涉及國名部分均使用「Republic of China on Taiwan」。此項結論於奉核定後，由外交部積極部署洽請友邦連署提案，並適時由高層管道知會美國。

五天後，六月十日下午，李總統在府內召開會議討論聯合國問題，我和房金炎次長前往參加，見到與會者有民意代表有文宣的負責人，所以我僅就本案做大體報告，並未涉及極機密部分。與會者發言甚久，時間約二小時，李似有不耐，因此未做結論或指示就結束。

如前所述，參與聯合國是一件極為困難的工作，外交部為順應民意密鑼緊鼓在推動，而台灣在當時經濟發展達到顛峰，為全球所欽羨，民間普遍有「心想事成」的觀念，這是和實際脫節的一種觀念。為了不使民眾期望過高，以後失望時難以承受，我特別請房金炎次長廣邀各政黨、社團及企業界領袖籌組「中華民國各界支援參與聯合國行動委員會」，一方面使民間人士能統合力量支援此一工作，另一方面亦可將困難的深度，向這些領袖詳細說明，以避免有不切實際的期待。

此一委員會於六月二十五日組成，由立法院劉松藩院長主持，國民黨及民進黨的立法委員、企業界及社團代表均參加。這個組織主要是整合民間力量，協助政府加強對外文宣。稍後並以各種文字撰寫「中華民國參與聯合國」小冊，供國人赴國外旅遊、訪問、開會或從事商務活動時，相機向外國友人表達我國民眾參與聯合國的願望，以爭取各國民間透過其政府設法對我支持。

同年七月二十八日，我在哥斯大黎加首都聖荷西參加第二屆中美洲與中華民國外長會議，洽請與會七國外長同意支持我國參與聯合國（請參閱本書第十七章〈強化與中南美邦交國關係〉）。七國駐聯合國代表於八月六日聯名致函聯合國祕書長，要求將「根據會籍普遍原則，並按照分裂國家在聯合國已建立的平行代表權模式，審議在台灣的中華民國在國際體系中的特殊情況」補充項目，列入聯合國大會第四十八屆常會的議程，七國代表並同時檢附解釋性備忘錄，以說明提案緣由，並提出決議草案，要求聯合國大會設立特別委員會，對我國所處特殊情況進行研究，提出適當建議。以後又有多明尼加共和國等六友邦加入聯署。此一提案經祕書處列入常會臨時議程補充項目第一項，並向各會員國分發。九月二十二日，常會總務委員會第一次會議審議本案，二十七個委員會成員國中，有中共等十一國代表發言反對，尼加拉瓜、格瑞那達、瓜地馬拉等三國代表發言支持；其餘美、英、法等十三國代表未發言。委員會主席於聆聽各方發言後，表示由於本案尚無共識，建議不列入本屆常會議程，並未付諸表決。

該年大會總辯論過程中，有十八國代表發言，述及我國或台灣地區民眾未能參與聯合國，宜予注意，其中包括與我無邦交之新加坡黃根成外長。另有五國代表於演說中提出會籍普遍化，包括與我無邦交之象牙海岸、烏拉圭代表。另外智利代表在討論聯合國五十週年紀念時，亦曾為我發言。

這次大會，部內鑒於駐紐約聯合國工作小組人力不足，特自外館及部內派遣若干同仁支援，並敦聘已退休的資深大使，如精通法語、熟諳歐洲與非洲事務的芮正皋大使前往協助。芮大使時已年逾七十，在當時已開風氣之先，隨身攜帶個人電腦，前往紐約助陣。這些支援同仁運用與過去或現在駐在國外交官員的公誼私情，使若干原來我們無法取得的支持，得到了轉機。

根據駐紐約聯合國工作小組稍後的檢討，本年以提案與發言策略推動聯合國案，確實全面喚起各會員國的注意，並著手研究我案。民進黨方面對於我案，亦在紐約做推動工作，聯工小組認為該黨所印製的宣傳品精美簡潔，頗具吸引力。

一九九四年一月底，我應波士頓大學和哈佛大學邀請前往演講，我於二十九日飛往紐約，在三十日晚再度赴蓋里祕書長官邸和他會晤。我先將國內民眾熱切期盼能參與國際事務的心情向他說明，特別指出聯合國在處理伊拉克入侵科威特事件上的成就，以及許多重大國際非政治性事務均需聯合國主導處理，如環境汙染、醫療衛生、國際性犯罪等，我為國際社會成員之一，且在經濟發展方面頗有成就，獨被排斥於國際間重要討論場合之外，國人咸感無法接受，此所以去年大會期間有中美洲七友邦提案，請求大會成立研究委員會，以探討中華民國參與聯合國的可能性。此一提案的性質客觀、溫和，既不挑釁大陸在聯合國的地位與權益，也未對探討結果預設任何立場。

我接著表示，以去年的做法來說，中共全力封殺，俄羅斯配合；其他主要國家均未表態，但私下瞭解，各國代表團在各種場合亦曾不斷交換意見，可見在聯合國內確已引起廣泛注意。我也將美國國會議員在國會中發言、提案支持我方提案，以及支持函件一大本、各國輿論反應剪報影本二大冊，提供蓋氏參考。

蓋里祕書長旋就各重要國家與中共的互動提出問題，我即一一作答，我並向蓋氏表示，我為民主國家，對民意的趨向，政府必須積極反應。去年年底國內的民意測驗中，在政府的各項施政事務裡，民眾對政府參與聯合國工作的各項措施滿意度最高，可見民意的趨向，以及對政府的殷切期盼。

蓋里表示，此案我無法與聯合國一八四個成員國一一磋商，但仍應爭取幾個關鍵性的重要國家支持，依其所見，美國與日本對我至關重要，此外中共在聯合國的影響力也不容忽視。蓋氏亦指出，我對於一些小國資助，不如直接資助中共，以爭取其勿堅決反對。具體而言，他無法預見我參與聯合國目前有任何解決辦法，也看不出有成為聯合國會員、觀察員或任何一個專門機構成員的可能。他再度強調我國應大力做好對美國的工作，爭取美國的支持。

此時，他的下一個節目時間已到，我即告辭，他表示仍盼我能常來和他交換意見。

## 謀事在人，成事在天

稍後，外交部於一九九四年四月間擬具參與聯合國說帖，指出在台澎金馬的二千一百萬中華民國的人民，無法正常參與國際社會各項活動，嚴重違背了聯合國的普遍性原則。目前國際環境與台灣兩岸關係，已與一九七一年第二十六屆聯合國大會通過二七五八號決議案時大不相同，東西陣營冷戰已告結束，國際間對話與經濟合作已蔚為主流。而中華民國政府已採取一系列措施以降低海峽兩岸敵對情勢，積極推動兩岸交流。我們認為中華民國參與聯合國是與蓋里祕書長倡導「預防外交」（Preventive Diplomacy）相符合，也就是「最理想、最有效之外交運用方式，是在緊張局勢變成衝突之前予以緩解」（The most desirable and efficient employment of diplomacy is to ease tensions before they result in conflict）。

同年五月二十七日，我主持「復華小組」第五次會議，通過上述說帖並譯成外文廣為運用，也通過本年第四十九屆聯合國大會，我方仍將洽請友邦提出「研究委員會案」。

我在一九九四年六月赴歐洲訪問，於二十一、二十四、二十七日及七月一日先後與義大利、捷克、瑞典和比利時的外交部長會晤，洽請他們能支持「研究委員會」案（詳見第十六章）。七月中旬，中華民國與中美洲外長混合委員會於台北舉行第三屆會議，於十三日發表聯合公報亦對我國參與聯合國表示支持。

那年七月間，美國國際法名學者宋恩教授（Louis B. Sohn）應邀來華訪問，我在二十日和他會晤，並共進晚餐，他是美國國際法大師赫德遜（Manuel O. Hudson）的學生和同僚，曾參加一九四五年舊金山的聯合國成立大會，也曾擔任美國國務院法律事務局顧問。他對我國企盼參與聯合國極表同情，認為我們比較務實的方式是改善兩岸關係，設法使中國大陸不至於反對我國成為聯合國的常設觀察員。因為要成為常設觀察員，只要外交部長致函聯合國祕書長表示意願；祕書長徵詢重要相關國家，如果沒有反對意見，就會覆函表示同意。他也將他所著的〈國際組織的常設觀察員〉（Permanent Observers to the International Organizations）一文見贈。

宋恩教授的建議也是我們曾時常探討的。外交部稍早已委託私立東吳大學法學院章孝慈院長（後為校長）、程家瑞教授（後為院長）進行「我參加國際組織之研究」。他們成立專案小組，很認真的在大陸各地舉辦國際法研討會。這時大陸改革開放不久，國際法人才短缺；他們的努力不久就受到大陸當局的注意，很多首長約見他們，詢問為何這樣熱心幫助他們培訓人才？經費由何而來？他們也很誠懇的說明在為外交部做一項專案研究。對方首長表示：台灣參加國際組織的事，可以在第二次辜汪會談提出討論。

程家瑞教授在一九九四年底將這項訊息祕密的告訴我（章孝慈校長於同年十一月中旬在北京罹患重症），我非常重視，除了分別向李總統、連院長面報外，並於新年後向辜振甫先生報告。

我記得那時台灣水泥公司的現址正在重建，辜老是在德惠街原統一飯店對面一幢大樓十樓的辦公室約見我。我由上午十時開始，向辜老報告聯合國案的由來，我們主要的思考，是避免兩岸關係的緊張，研究委員會是一個未預設立場的議案，未來如何是由研究委員會決定。我一口氣報告了三個小時，辜老細心的將我報告內容，用很小的字做筆記，寫了許多頁。其間曾短暫進食便當。辜老也提了一些問題，最後他很謙虛的表示，說明的很清楚，記錄也盡量詳細，但是問題實在複雜，他怕無法向對方做詳細說明，希望我能代他找一位顧問，一同於七月間去上海與汪道涵先生洽談。我即表示可請本部國際組織司沈國雄司長陪同前往。

然而，一九九五年五月間李登輝總統決定訪美，中共方面至為不滿，決定將第二次辜汪會談取消，因此，這次兩岸可以坐下來商討我方參與國際組織的難得機會，就此消失。古人常說「謀事在人，成事在天」，這次經驗使我深深體會古人的智慧。

1997年5月，李登輝總統至國民大會，向全體委員做國情報告。

# 第三篇

# 國民大會

· 國民大會議長

1996年7月8日～1999年1月13日

# 第二十章

# 參選議長及第三屆第一次大會

李登輝當選直選總統後，對於政治體制有其一套看法。
我獲得國民黨提名國民大會不分區代表第一名，
在朝野支持下，當選國民大會議長，在詭譎的政局中秉公主持議事。

一九九六年一月三十一日，中國國民黨中常會通過提名，我被列為第三屆國民大會不分區代表第一名，外界解讀我將成為中華民國首任國民大會議長。但是我認為黨對於議長、副議長尚未正式提名，我沒有立場從事競選活動。

## 到全國助講，獲各界幫助

加以此時，正值中共宣稱要針對我們首次總統、副總統直接民選採取行動，我必須全力處理與此相關的涉外事務，行政院也成立了應變小組，我是成員之一，隨時都要應召參加會議，或對各界——特別是蜂擁而來的外國媒體，說明我政府的立場，也沒有時間去拉票。

二月十日早晨，中央黨部許水德祕書長在黨部邀請不分區代表候選人同志集會，希望我們能分赴各地為本黨提名的總統、副總統候選人助選，我請同事盡量安排週末和晚間去擔任助講。一個月中也去了十多場，我主要是講半世紀以來本黨在台澎金馬的努力建設，使國家安定繁榮、人民安居樂業。我們的經濟建設為第三世界國家欽羨，我們的快速民主化受到先進國家稱讚。這次選舉對國家未來走向極為重要，希望大家以神聖的一票投給有經驗的領導者——中國國民黨提名的第二號候選人。我也利用去各縣市的機會，為黨提名的區域代表候選人助講或致意，大家的反應都不錯。

三月二十三日投票結果，總統、副總統的選舉，國民黨獲得百分之五十四的高票當選。國大代表方面，國民黨獲一八三席、民進黨九十九席、新黨四十六席、無黨籍（含綠黨）六席。

選舉結束後，對岸的軍事活動停下來，外交部的工作也逐漸進入常軌，此時黨部希望我能去各地拜訪本黨當選的代表。國大工作會謝隆盛主任為我安排了一系列的旅行，以一個月的時間走遍二十三縣市，國民大會陳金讓祕書長和謝主任都不辭辛勞全程陪我。這次行程使我走遍三一九鄉鎮市的絕大多數，也使我對於各地的民情風俗有相當的瞭解。

在此同時，也有一些令我感動的事。當時擔任行政院北美事務協調委員會主任委員的劉達人先生告訴我，有一位老同事陳安瀾先生知道我要去國民大會，表示非常擔心，怕我無法適應新的環境，自動要幫助我。陳君較我年長，在台大政治系低我三年，他是因為「關仔嶺事件」被捕入獄受難，所以耽誤了學業。考入外交部以後，外放菲律賓大使館與劉達人先生共事。劉先生出使賴索托王國為鞏固邦誼，請陳君邀集嘉義朴子鄉親遠赴賴國投資設廠。陳君稍後返國從事錄影帶業獲利甚豐，當時黨外及稍後民進黨都以他為金主，所以他雖非民進黨員，但與該黨關係良好，他向劉大使表示願意放棄事業，協助我在國大工作。這項建議使我深感意外也頗躊躇，主要是他的事業正在巔峰，我怎麼能讓他放棄。

稍後我約他來談，他的誠意令我深受感動，他表示錢已賺夠，趁現在健康還好，願意為國效力。以後的日子證明他的溝通能力真的給我很大的幫助，而且他幾乎是義務協助，有時還常常自己貼錢從事公務。

另外一位是第二屆國大代表林水吉先生，他曾自行拜訪許多第三屆當選的代表，包括三黨都有深入的討論，逐日都有電子郵件給我。

類似這樣默默為我助選的朋友，在國內和海外都有，我對這些朋友永遠心存感激。

## 提名參選議長

第三屆國民大會代表於五月二十日上午七時在中山堂舉行宣誓典禮，並決定由民進黨黨團召集人蔡仁堅和新黨黨團召集人許歷農兩位於稍後前往桃園巨蛋，向李登輝總統授璽。

國民黨中央於六月八日，在木柵青邨舉行國民大會黨政運作研討會，由許水德祕書長主持，先推選呂學樟代表為黨團書記長，在下午將結束前宣布由我參選議長，各代表同志均鼓掌支持；

至於副議長人選由於陳金讓代表和謝隆盛代表都有意參選，所以授權李登輝主席裁決。

接下來我密集拜會黨內大老：郝柏村資政、沈昌煥資政、朱撫松國策顧問、李元簇副主席、謝東閔資政、孫運璿資政、俞國華資政、李煥資政、蔣彥士資政。以後再拜會對主持議會有經驗的倪文亞資政，梁肅戎資政，劉松藩院長，朱士烈祕書長，何宜武祕書長，劉炳偉議長和陳健治議長。在這些拜會中，不少前輩很認真的教導我如何能使一個數百人的會議順利進行，我對他們熱心指導衷心感激。

關於副議長人選的問題，當時的黨部國大工作會謝隆盛主任於六月十三日傍晚來看我，並告訴我他已獲上級告知，要他配合我做低姿態的競選。他也說另一位有意參選的陳金讓祕書長將有妥善安排。

六月十六日是星期天，晚間李總統在官邸約了連副總統、吳伯雄祕書長、許水德祕書長、立法院劉松藩院長、政策會饒穎奇執行長和我，討論國民大會問題，李總統裁示副議長擬提名謝隆盛，陳金讓祕書長則安排出任考選部長。

六月十九日，中常會即正式提名我和謝參選國民大會正、副議長。會後我就先後去國民黨、民進黨和新黨的黨部拜會。民進黨由邱義仁祕書長、黃昭輝副祕書長接見，新黨由何振盛副祕書長接見，談話都頗愉快。

這段時間台北政壇非常動盪，立法院內在野黨對核四案、國營事業預算案等全面杯葛；執政黨則要立法院提早休會。因此在野黨準備將戰火帶到國民大會，以謝隆盛兄的學歷和生活作為攻擊目標。因此我們自二十一日起就分赴全省各地，密集拜會國民黨籍代表，希望能使基本票鞏固。我也在二十四日上午去拜會新黨總召集人許歷農將軍，我向他陳述對於國大工作的想法和願景。許老爹（多年來大家對許將軍的暱稱）對我說新黨是紀律嚴明的團體，他承諾四十六位新黨代表都會一致支持我。許老爹也提出一項建議，那就是國大祕書處副祕書長由新黨代表出任。我說《國民大會組織法》正在立法院修正中，倘新黨的立委能提案使副祕書長增為三人，則三黨可各提一人擔任。許老爹頗以為然，即囑郁慕明兄注意處理。

六月二十六日我去高雄市，民進黨顏明聖代表伉儷前來漢來飯店見面，他說一九七一年他任楊金虎市長的機要時曾和我晤面，一晃已四分之一個世紀。顏代表說他的票會投我，他知道不少民進黨的代表也會支持我。六月三十日，陳安瀾君安排我先後和民進黨新潮流系的大老吳乃仁、該黨國大黨團總召集人蔡仁堅代表晤面。我對吳說最近經濟衰退、社會不安，都是政治鬥爭所造成，現在民進黨內亦有重要幹部主張不計一切持續抗爭，使人相當憂心。我深切期盼國民大會能順利進行，發揮安定作用，我一定設法加強政黨協商。吳君表示，他們黨內不少同志亦有和我類似的看法，但是有人作風草莽，在第一次大會中一定會亂，希望我能忍耐。蔡代表則告以黨團內認為，倘民進黨和新黨同樣占有一席副祕書長，對黨團來說是沒有面子的，因此盼望能獲得副議長或祕書長席位。我很率直的表示，在當前政治生態下是不容易做到的。他說未來大會中，副議長的選舉會發生相當困難的狀況，議長選舉不會，他們是擔心黨內不少代表會投給我，使我的得票太高，現在正在研究如何處理。

七月二日，去國民大會辦理第三屆第一次大會報到手續，當天立法院對《國民大會組織法》的條文修正案予以否決，引起許多代表的不滿。七月三日國民黨中央舉辦黨籍代表的座談會，為第二天開始的大會預做準備。

四日第一天，開的是預備會議，要確定議程和推選第一次會議的主席，但是整天朝野政黨都未能照預先政黨協商的結論進行。到下午又因為執政黨堅持要在次日選舉正副議長，而在野黨認為應該先將相關的內規通過後才能選舉。顯然這是正確的做法，不過國民黨黨團沿襲第二屆高姿態的做法，非常堅持要先選，此時我只是一名代表無法表示意見，因此只能目睹下午大會演出全武行。一位南部來的代表早有準備，穿了球鞋來，在台上追逐對方代表，演出美式足球企圖絆倒對方的衝刺（tackle），居然引起一陣掌聲。

## 獲朝野支持，當選國大議長

關於我國民意機關經常演出全武行的劇目，依我的觀察，和此地媒體的做法有密切關係。西方國家召開國會時，在以往是允許文字記者採訪，不容攝影記者進入，尤其是沒有現場轉播。美國國會准許轉播只是這幾年的事，而且攝影機是固定的。攝影記者不能全場遊走，獵取鏡頭。我國則不然，攝影記者極具權威，經常指導民意代表做出他們所需要的動作；而民意代表也樂此不倦，充分配合，因為如此可以透過鏡頭讓選民看到自己。而選民評斷選出的民意代表是否盡職的標準則是：能否經常在電視機看到這位民意代表，而不是看他如何推動法案，如何做政策建見。

因此盡忠職守的民意代表，常不能當選連任，而愛作秀的，則幾乎可以保證能連選連任，這個惡性循環是我國民意機關在國際間被認為最愛打架的主要原因。

次日開會仍是爭吵不已，我不得已致電李登輝主席指示黨團不得堅持立即選舉。李主席同意我的建議，經過朝野協商，才能進入議程，在散會前通過國民大會代表互選議長副議長辦法，並確定下次大會的議事日程。

七日是週六，晚間民進黨團的總召蔡仁堅代表堅持要和我見面，他在夜間十一時半來，國民黨的莊隆昌主任亦來，談的是副議長選舉，指出我們的候選人有假學歷和緋聞等問題，如我們堅持要他參選，可能發生許多困難。我表示原先曾建議設三位副議長，每黨一位，依得票數做先後排列，可惜立法院沒有通過《國民大會組織法》修正案，所以只能有一位，現在已提名確定，只能進行投票，無法再更動人選。蔡也告訴我民進黨代表中很多人會投票支持我，黨團也決定開放投票，但是黨中央認為不妥，並為防止跑票，在選舉時要求該黨代表每人必須投自己一票，何人沒有得票就是跑票。我說這項辦法的確有效，想出此一方案的人一定有很高的智慧。

七月八日，第二次會議於下午開始，大家公推許歷農代表主席，進行很順利，六時三十五分到八時為議長投票時間，開票結果果然民進黨每位代表都有一票，蔡仁堅則獲三票，我得二百十七票。所欠的十七票大概是國民黨某一次級團體的核心份子，有的投廢票（八張）有的投給蔡，有的投給陳金讓代表。

接著投副議長選票，到十時十分知道謝隆盛代表未獲過半數票（一六七票），國民黨籍代表有一八三位，可見跑票情形嚴重。就票數較多的謝和蔡仁堅二位再投票，到十二時三刻確定謝當選，並由許歷農主席將當選證書頒給我們兩人。

九日下午二時半，我初次主持第三次會議，在開會之初我徵獲代表同意，宣讀了一項簡短發言，內容如下：

第三屆國民大會初設議長、副議長職務，本人以民意機關門外漢的背景，從未有參加選舉的經驗，承蒙各位代表同仁推選為議長，實在心中有說不出的感謝。特別需要向各位報告的是：目前我國正全力推動乾淨選舉和廉能政治，所以本人自參選的第一天即立定志願，一定要使這項中華民國有史以來第一次的國民大會議長選舉做的乾乾淨淨、清清白白。在過去幾個月的時間，我沒有為選舉花過錢，也沒有請過客，更沒有贈送一罐茶葉或一盒水果；在這樣寒酸的做法下，我卻獲得絕大多數代表同仁的垂愛，使我順利當選。我除了由衷的感謝每一位代表同仁的體諒與愛護，也深信這次互選已為我國民主政治奠定端正選風的良好開始……。

## 秉公主持議事，獲民眾認同

在以後數日的會議中，七月十日第四次大會討論《國民大會同意權行使辦法》修正草案和《國民大會行使同意權投票及開票辦法》修正草案。當天上午處理時，新黨的代表提出對於司法、考試和監察三院院長、副院長的同意應以總額二分之一以上出席，出席代表三分之二以上之同意決定之（針對《國民大會同意權行使辦法》的第十八條修正，由二分之一以上改為三分之二）。

在處理修正部分時，已逾中午多時，國民黨籍代表要求休息，俟下午再繼續處理，而民、新兩黨基於現場人數優勢，希望能將修正案通過，不同意休息。經過漫長的程序和權宜發言，在下午一時進行表決，在場僅一八五位代表已達過半數，有一二九位支持獲得通過。

修正案通過後，國民黨張榮顯代表發言表示，各項內規、修正案都經事先政黨協商確定，所以他未發言，現在政黨協商決定的版本被推翻，顯然某些政黨未依協商處理，他認為大家都應該遵照政黨協商結果處理，否則國民大會很難順利進行。這次會議到一時四十分才休息用餐。

到下午繼續開會時，國民黨籍代表提出復議案，民、新兩黨表示復議案需由表決時在場而未發言反對原決議案者提出，人數需總額五分之一，表決時未支持原決議案的人數只有五十六位，不夠五分之一（六十七位）。我請教會議的議事顧問，他表示可以處理，此時民進黨提散會動議被否決，國民黨提停止討論獲通過。最後就復議案進行表決，在場三〇四人，贊成復議案者一五八人通過；再進行反表決，反對復議案者一四一人未通過。

這次會議由上午九時許開始，到晚上八時十五分結束，長達十一小時，作為議長的我成為朝野兩黨攻擊的對象，上午在野黨的修正案通過，執政黨批評我不提早結束會議；下午執政黨提復議案，在野黨又批評我不公正，不應該將復議案交付表決。這一天的討論紀錄長達八十二頁，不過這只是災難的開始。

接下來兩次大會，是李登輝總統的國情報告和國是建言，尚能順利進行，到了七月十五日第七次大會，要確定第四次大會的議事錄，引起軒然大波，民、新兩黨代表不斷對我抨擊，國民黨籍代表則認為抨擊不當。不過也有一位民進黨籍的劉貞祥代表指出，全球各國憲法對於人事同意權的行使都是二分之一的議決，沒有三分之二的。他更指出：「本席在擔任第二屆國大代表時，看到國民黨用多數暴力威脅少數的民進黨，感到很怨恨，但是本席並不想報復。本席希望多數尊重少數，讓少數多多發言，也希望少數能服從多數。」可見我依照議事規則，讓各代表充分發言，還是有人認同。那天對議事錄的確定一共花了三個小時，對我來說，時間似乎過的很慢。

檢討這次事件，首先是國民黨在代表席次占百分之五十五的多數，但是在處理重大案件時，往往無法動員，形式上的多數，反而成了實質上的少數。

其次，第三屆國大鑒於上屆國大期間經常演出全武行，帶給社會不良影響，所以對於議事進行都採用先期政黨協商，有了結論，再提交大會處理，此次同意權行使內規經過協商，而在處理的大會中，臨時由新黨和民進黨提出修正建議，國民黨動員不力，表決失利，因此一連幾個修正建議都順利通過。國民黨遂以復議案處理。

一般而言，議案經大會通過後，要提復議是很少有的。所以復議案的提出程序是很嚴謹的。依國民大會議事規則第七章第三十九條規定有以下的條件：一、原決議案尚未執行者；二、證明動議人確為原案議決時之出席代表而未曾發言反對者；三、具有與原決議案相反之理由；四、於原案表決後下次會未散會前，有代表總額五分之一以上之附議者，該附議者不限於原案議決時之出席代表。所以如此嚴謹，是因為如果上次會議通過，下次會議輕易復議，對議事進行的順暢至為不利。呂學樟代表等提出復議時，我瞭解問題的嚴重，請教了議事組吳萬得組長，他認為符合各項要件，因此我提請大會處理。

不過民、新兩黨認為呂代表的復議案不能成立。他們指出，當劉銘龍代表所提對第十八條的修正案（二分之一多數改為三分之二多數）表決時，呂代表不在會場無提案資格。其次連署者有一一一位，比原表決時在場未支持修正案者超出很多，應將不在場者刪除，則不能達到總額五分之一（六十七位）的規定。再次立法院目前的議事規則規定，復議案提出者應為原案表決時得勝的一方，呂代表明顯不符此一規定。

這三項意見中，後二項都和國民大會議事規則規定不同，而第一項呂代表當天已簽到，他也發言明白表示投票時在現場，因此我才會依議事規則處理復議案。

這一議事衝突，明白表現國民大會硬體設施的嚴重缺陷：（一）、全場四通八達，無論代表、記者、助理或任何人都可以隨意走動，而非代表經常會坐在代表席位，在表決前需清點人數，極易發生錯誤；（二）、表決沒有電子表決裝置，只能用舉手或起立，無法做記名投票；（三）、全場雖有閉路電視，但其攝影範圍僅限於全場正中，對於各角落無法照顧，所以某代表如坐於照攝範圍之外就無法照到；（四）、在立法院會場，媒體記者包括電視攝影都在二樓不能進入議場；國大會場則媒體可在議場四處遊走，或在代表席上交談，無法限制，因此會場秩序經

會促成各政黨之間以修憲問題為主題，進行協調與合作，「在國民大會的修憲工作中，具體呈現政黨合作新時代的來臨」。他在國是建言後的答覆中，也表示要重組國內政治生態，希望由政黨合作以調整政治生態。他希望以修憲工作作為政黨合作的第一步，這項工作做好了，政治生態就改變了，政局也就安定了。

在最後一天，八月十四日的第十八次大會中，李總統聽取了二九八位代表建言，然後做總結答覆，其中有一段話頗具意義：「民進黨有好多位代表女士、先生反對統一，事實上我們要主導國家的統一，中華民國在台灣可以主導國家的統一，這有什麼不好呢？……我們發展民主改革，成為自由民主的社會，帶到大陸去，由我們來主導，這有什麼不好呢？」

國民大會通過多次政黨協商，於八月二十七日第二十四次大會，處理李炳南代表所提出的「國民大會憲政改革委員會組織章程草案」。由於草案經過多次長時間的討論，各政黨的黨團都持肯定的態度，因此是以無異議方式確定，於第一次會議結束後組成運作。

## 竊聽器事件

第一次會議於八月三十日第二十七次大會完畢後結束。這次會議將近兩個月，期間發生一件使我十分驚訝的事。七月十八日第十次大會進行期間，下午二時三十分，民進黨的總召蔡仁堅代表做權宜問題發言，說下午二時許，在民進黨黨團發現一個竊聽器（俗稱「小老鼠」），要我做一交代。實際上，他在下午開會前拿了竊聽器來看我，當時我極為憤慨，對蔡總召表示要徹查，並譴責任何竊聽行為。我要陳川副祕書長交代警衛組謹慎偵查，也問蔡總召在哪裡發現，他說是在茶几的下方發現，我立即請他轉告同仁，切勿再碰觸，以便蒐集指紋。他告訴我這種竊聽器不是有線，而是無線的，是使用電池的。蔡總召發言後，有許多代表以此事做權宜問題發言，有一位代表表示，他的電話也被干擾無法使用，之後查明是陽明山山仔后中繼站發生斷電。稍後，台北市警察局刑警大隊外勤隊和鑑識小組上山調查，另外大會警衛處也在各黨團辦公室加派駐衛警巡邏。有代表建議我成立調查委員會，將於十九日主席團會議時決定。

十九日主席團會議時，決定由三黨各推一位代表組成小組，隨時與祕書處聯繫，並聽取本案調查進度。同日台北市警察局也將初步調查結果函告本會，說是在辦公室及竊聽器上均未採集到指紋，竊聽器是用電池，電池早已未能發生作用，推斷裝置時間已久。這個案子之後的調查也沒有更多發現，只是確定竊聽器的裝置是很久以前，而本次會議開會時，電池已不能發生作用了，所以全案也就不了了之。

## 李登輝總統的談話

第一次會議結束的那天，八月三十日上午十時，李總統在府內約見三黨的領袖談話，先由大家發言，以後他做了四十五分鐘的結論，我曾將他的談話要點予以記錄，大致如下：

——我國為求生存發展，必須要民主化，此次總統直選的意義是中華民國在台灣推行民主化，第一階段現已落實，問題是如何持續推動。主權在民、是國父理想的落實，我們對於中國人傳統的觀念和價值均需檢討。社會已進入民主化，文明國家必須有新觀念，司法、教育、行政革新是要將國家資源重新調整，文化上也要檢討，因為這是一個新開始，要建立符合主權在民的制度，政局必然安定，不要彼此抗爭，政黨必須合作，雖然有競爭，仍要合作協調。

——二居國大修憲時，未考慮到總統民選以後會發生哪些事。民主發展的第二階段必須使政局安定，包括內部及外部的安定，使中共無法直接對付我。最重要的是政黨要合作。合作不是為了個別的政黨，而是為了國家、人民。剛才我和薩爾瓦多的喀德隆總統（Armando Calderon Sol）談到我們必須公私分明。國父提出「天下為公」，而我們卻是公私不分的社會；其次要認清「余即權力」的想法是不對的，法律賦予執政者權力，是要讓他能做事。這兩點能認識清楚，民意機關內就不會打架，也不會衝突。大家要以長遠的眼光去看，目前可能吃些虧，長久仍是有益的。我們不應肯定個人，要肯定社會和民眾。

——司法改革的目的是肅清貪瀆，但必須尊重人權。教育上，有人批評我沒有民族觀念。事實上日本人自以為大和民族最優秀，但這並不符合事實，因為日本是多民族融合。這是為什麼我說我們不宜有文化上的優越感，這樣才能與他國融洽相處。中共原強調社會主義，現在亦一再提出中華民族。

——總統直選以後具有人民的付託（mandate），今後與各機構間的關係要如何釐清，國民大會對憲政責任最大，請盡量去做，本人必予協助，請議長予以指導。國民黨會研究一個案提到國大憲政改革委員會，我將會從旁協助，但絕不會有預設立場。最重要的是如何使中華民國在台灣能站起來，國家建設是最重要的目標。

——政黨合作早已提出，我是有誠意及善意。第三屆立法院在二月開議時有關院長、副院長的選舉事件（所謂「二月政改」）實在是不必要的。這次國民大會第一次會議，前一段時間曾引起若干問題，但是後來則很平靜。政黨協商是有貢獻的，也建立了良好的溝通模式。高層商談有時可能無效，但是在國大、立院溝通的好，則有效。我對政黨合作的模式項目均已有準備，今年四月又有修改。但目前講政黨合作不能只談經費，政黨合作也不是聯合政府，而是為了國家建設，如何取得共識。這次國大的政黨協商方法，可說是一個良好的模式，證明各方面的領導者都有廓然大公的胸襟。

——憲政改革委員會的成立是很重要。同意權的行使可能要改變做法，避免人格的誣衊。提名和同意的做法，都可以再加研究改進。

——總統已民選了，仍有政權機關，是否有些奇怪？將來可否就單一國會，上、下院的方面予以研究？

——關於總統提名司法、考試、監察三院的人選府內有提名小組，有無黨籍人士參加，蕭新煌君即是，將來提名時對不同政黨，以及不同適用條款的人士均應妥為考量。

——本次國大召開較過去有進步是一事實，希望能予維持。談到五權憲法倘予變更，政局及政治上的安定能否維持？必須予以考慮，政局的安定最為重要。

李總統的談話一氣呵成，沒有講稿，在座沒有媒體也沒有紀錄，因此我將要點詳細記錄下來。從他的談話可以看出，他自當選直選總統後，對於整個政治體制有一套看法。他的談話中提到「二月政改」是指一九九五年十二月第三屆立委選舉，國民黨遭到挫敗。民進黨、新黨加上無黨籍的立委總數，已逼近國民黨。選舉結束後，民、新兩黨就提出要全面性的政治改革，並號召「三黨不過半，組織聯合政府」，國民黨不為所動。於是民、新兩黨策動國民黨原住民所選出的二位立委：蔡中涵和瓦歷斯．貝林，為原住民權益與民、新結合。在一九九六年二月一日立法院院長副院長選舉時，推出施明德、蔡中涵為候選人，對抗國民黨提名的劉松藩、王金平。在院長選舉投票時，第一輪投票施、劉兩位同票，在第二輪投票時，劉才以一票之差勝選。這段日子，政局風雲詭譎，這也是李總統談話的背景。

整體來說，他認為總統直選後，不應再有國民大會，但是他又無法要國民大會修憲廢除國民大會，所以提出「單一國會兩院制」，希望國大在憲政改革委員會中凝聚共識，進行修憲。所以，他一再提到朝野協商溝通意見的重要性，而且也提到要社會菁英參與，因此在一九九六年底召開了國家發展會議，企盼獲致共識，交由國民大會第二次會議據以修憲。

# 第二十一章 國家發展會議

在動員戡亂時期結束，民選總統產生之後，為開創新局，必須廣邀朝野先行討論以取得共識，因而召開了國家發展會議，共分為憲政規劃與政黨政治、經濟發展和兩岸關係等三組，展開了激烈的討論。

一九九六年五月二十日，李登輝先生就任中華民國第九任總統，在就職演說中，李總統指出：「將盡快責成政府，針對國家未來發展的重要課題，廣邀各界意見領袖與代表，共商大計，建立共識，開創國家新局。」

## 籌備會議，展開協商

由於總統就職後，立法院對於連副總統是否可能繼續擔任行政院長職務發生嚴重歧見，府院方面設法化解，費時甚久。李總統於九月十八日下午三時始在總統府邀請連副總統、劉松藩院長、蔣彥士資政、吳伯雄祕書長、黃昆輝祕書長、丁懋時祕書長、徐立德副院長、宋楚瑜省長和我等，聽取國家發展會議籌備簡報，會中由黃昆輝祕書長提出籌備報告後、李總統逐一邀請與會者表示意見。

我在發言中指出，憲政改革方面國民大會已在著手，將來雙方的工作可以密切配合，我亦將第三屆國民大會所設憲政改革委員會的分組逐一介紹；另外我亦表示，對外政策不可能有變化，不宜作為討論課題。連副總統強調六年前的國是會議，因為資深民代未退職，動員戡亂時期未結束，所以是體制外的會議。此次國家發展會議應是體制內的會議。李總統做結論時，同意刪除議題中務實外交及文化兩項，並指定由連副總統擔任籌備委員會召集人。

此次會議以後，黃昆輝祕書長即分訪民進黨及新黨，說明會議的任務，並表示邀請兩黨積極參加會議籌備及全程工作的意向。兩黨初步反應頗為積極，惟亦表示會議應為政黨間的協商會議，與六年前所舉行的國是會議不同。因該次會議被兩黨視為「體制外」的活動。九月二十五日黃祕書長約我談國發會（此處的國發會是「國家發展會議」的簡稱，而非日後的「國家發展委員會」）第一組，也就是憲政規劃組的討論題綱應該如何擬訂。正好國民大會的憲政改革委員會也需要有分組討論題綱，所以我一個案分成兩處用。

事實上，國發會任何具體的共識，必須由憲政改革委員會草擬成修憲提案，再由國民大會來處理，國發會的籌備委會的召集人於九月十八日會議決定由連副總統擔任，執行長是黃昆輝祕書長，副召集人由三黨推薦，以後增加學者專家及社會人士各一人，共五位。代表國民黨的副召集人原先是蔣彥士資政，以後由於兩在野黨推出的人選都比較年輕——民進黨是張俊宏委員，新黨是李慶華委員，所以國民黨也改由蕭萬長委員擔任。學者專家聘請田弘茂教授，社會人士聘請賴浩敏律師擔任副召集人，他們都是無黨籍。籌備委員由各政黨各民意機關推出人選，代表國民大會參加的是謝隆盛副議長。籌備委員會訂定三項重要議題是憲政規劃與政黨政治、經濟發展和兩岸關係。三組分別由內政部、經建會及陸委會擔任幕僚工作，並且於十一月間在全國各地分別舉行預備會議，讓不能參加國發會、但有意見的人士，也能提供建言。此外籌備單位亦設有信箱、電子信箱和專線接受其他國人的建言。國發會參加人員為一七〇位，除籌備委員會成員二十七位外，還有機關首長、政黨推薦、學者專家、社會人士及總統指定五類。我是總統指定的二十位之一。

在野兩黨自決定參加國發會以後，即積極準備，不僅對議題做深入研究，準備對案以及未來協商的各項可退讓的底線外，對於參加會議的人士亦提供大量資料，分配任務，對於各項主張都備有充分的理論基礎來支持。至於國民黨為了展示廓然大公、無預設立場的態度，對參加會議的同仁並未做任何提示或安排。十二月六日至十日，所有參加國發會的一七〇位代表，分三組做會前的議題研討，國民黨政策委員會邀請全體出席的黨籍代表研商，會中蘇南成代表很明白的指出，其他政黨的代表都有備而來，但是執政黨代表對於自己黨的立場一無所知，如何在會中發表意見？對於這點，主持會議的吳伯雄祕書長和饒穎奇執行長仍堅持沒有預設立場，只是將出席國發會的黨籍代表分組以為聯絡，至於如何分組，則沒有提到，一直到會議結束，多數人士都不知道自己是屬於哪一個小組，組長是何人。

## 在野黨有備而來

十二月六日，憲政體制和政黨政治議題組的分組會議在內政部舉行，一共六十九位代表屬於這一組，但是出席率並不高。會議開始前，謝瑞智代表很神祕地給了我一個信封，裡面裝的是國民黨對若干子題的立場。其中比較重要的，是有關中央政府體制要採類似法國第五共和的混合制，或者叫做雙首長制；關於省是要虛級化；但是整個資料中最長的部分是防衛性的，針對兩個反對黨主張要廢除政黨經營事業以及要訂定政黨法，政策會提供了詳盡的資料，反對制定政黨法，而認為政黨應可經營事業。

事實上，民進黨在會議前已明確的表示，其立場是要採取總統制，廢除台灣省、國民大會；新黨則主張採取內閣制，地方應採一省三直轄市制；此外，兩黨均主張制定政黨法及禁止政黨經營事業。

議題研討會一開始，就可以看到二個在野黨是有備而來，政黨代表配合本黨推薦的學者，相互呼應；反觀國民黨代表出席率既不高，而發言亦沒有火力的集中。比如說，新黨的李炳南代表提出軍政、軍令一元化的主張，獲得同黨及民進黨的充分呼應，但是國民黨方面沒有人能表達意見，唯一能發言的國防部長蔣仲苓先前在場，但在討論此一子題時，由於監察委員巡視而趕回部內接待，所以無法表示意見，依照籌備會的協議，凡意見相同，無反對意見者，就視為「共同意見」。這也是之後新黨退出國發會所列原因之一。

十二月四日上午，民進黨國大黨團要求和我會面，建議我邀請出席國發會的三黨國大代表二十位，先行集會交換意見，他們亦向我表達了他們充分的準備，有堅定的主張，亦有可以退讓的地方；蔡仁堅代表還把一本相當有份量的專輯交給我，裡面是該黨內部有關各議題的主張，我曾轉給吳伯雄祕書長請他預做準備。過了十二天，他並未還給我，但是洪玉欽副祕書長很欣喜的對我說：「我們已經充分掌握了民進黨的立場。」我問他有無準備對案，他說還在研議，順手由皮包中取出一本專輯，我問他這本冊子第三頁是否註有「KMT」字樣？他很驚訝的說：「你怎麼知道？」我說：「這本冊子是我的，十二天前交給祕書長，要他影印一份運用，原件要還我，因為我尚未仔細研究呢。」這是一個有趣的小故事。

我在十二月十六日邀請三黨預定出席國發會的二十位代表，外加各黨三位不參加會議的國代，大家一同會談，出席率很高，只有三位缺席。出席的民進黨、新黨代表紛紛向我表示，他們都已準備好協商的步驟和底線，但是對於執政黨尚無任何具體主張，感到不解和困惑。民進黨更明白的指出，雖然該黨要求總統制，但倘立法院權限能大幅增加，他們並不反對混合制；此外雖然主張廢國大，但仍可接受國大由比例代表產生；至於廢省，亦可接受省的虛級化。新黨亦表示內閣制的主張亦有相當的彈性。

## 省虛級化提案引爭執

當天晚上七時十五分，國民黨在台北賓館邀請參加國發會憲政體制組的代表集會，蕭萬長副召集人宣布了黨在該組的兩項提案：中央體制採用改良的混合制，包括總統可任命行政院長（不需立法院同意），總統可召開國務會議，總統可經由行政院長咨請解散立法院，立法院可對行政院長提出不信任案；另外在地方自治方面，省要虛級化，鄉鎮市長選舉取消改官派。

蕭在報告完畢後即離席，以後知道他是與宋楚瑜省長電話聯絡，初次將省虛級化的決定告知宋，兩人間發生相當程度的爭執，這通電話講了四十五分鐘。會中我是第一個發言者，除了將上午國大聚會要點扼要說明外，另指出：（一）、改良的混合制中包括了解散立院權和對行政院長不信任權，實在是內閣制的精粹；（二）、廢省或省虛級化近來已涉及統獨意識形態爭執，必須審慎處理；（三）、選舉改採小選區兩票制，本黨所擬議的是日本模式，對本黨較有利，但在野黨一致主張用德國的補償制，對本黨極為不利，去年立院選區如依此方式，本黨將只有七十五至七十七席，而非八十五席；（四）、鄉鎮市長由民選改官派，依目前情況，台北、高雄、台南、新竹四縣均非本黨同志執政，其鄉鎮市長將由民進黨縣長派任，其所占選民比例，約為全體選民總數三分之一至四分之一，對三年半以後總統選舉必將造成負面影響。

在我發言以後，出席人士紛紛發言，對蕭委員的提案表示不妥，許水德、劉松藩兩院長、張福興省議員等都有很尖銳的批評，會議只得草草結束。為了凝聚黨內的共識，李登輝主席又在十八日（週三）晚間八時，邀請了少數資深同志會商，事先並派蕭萬長委員於當日下午分訪許、劉及我預先研商。

蕭於下午四時來訪，談了五十分鐘，對此次國發會的經過大嘆苦經，主要表示由於上面指定他負責協調，引起黨部不快，吳祕書長、饒執行長幾乎不問不聞，甚至有掣肘情形，言下至為沮喪。我亦指出他處理國發會確有疏失之處，例如省虛級化主張已傳了幾個星期，為何不早與宋省長協調，蕭答稱首次告知宋是前天晚上，宋對他大為不滿，嚴詞指責，他花了很多時間說明；事實上他曾向李、連二位建議，應告知宋，但均未獲准。二位均擔心任何本黨擬案外洩必將導致不良後果，所以少數參與者都承擔了非常大的壓力。我又指出鄉鎮市長改官派以及德國式小選區兩票制可能對本黨造成傷害。此時蕭變色指出，鄉鎮市長與黑道掛勾已為全民所唾棄，國民黨就傷在這裡，他認為這種國民黨不如毀了還好。我正容告以自一九五二年入黨以來，始終忠貞不渝，對他這種論點實難接受。蕭立刻語調轉變，表示因與我交情深厚，所以才敢直言相告。這個小插曲，也許可以為嗣後國發會的發展加上一個小註解，是否多少代表主其事者的心態？

當晚的會議由八時開始，到午夜以後才結束，宋省長也初次參加，先由兩項草案執筆人田弘茂教授及蔡政文委員，分別就擬案經過及立案基礎，做詳細說明約一小時。李主席即提出詢問：外界指在改良混合制下，總統有權無責，是否會被人指為獨裁？兩執筆人均表示，總統任期僅四年只得連任一次，是向人民負責，與法國總統七年任期，連任不受限制，實大相逕庭。嗣由宋省長發言，說明此次擬案過程省方一無所知，而各界均以簡化行政層級是提高競爭力的重要需求，使省府深感無奈，事實上省府已全力做好改進行政效率，未經詳細研究，即斷言取消省府，即可改進國家經濟發展，實非公平，以後幾位首長發言多主慎重。我曾發言表示，遷台之初，蔣公曾設「行政革新委員會」聘王雲五先生主持，頗著績效，現在做任何結論，似亦宜先行研究。此外，我亦詢問若解散立法院，再改選的委員是重新算任期，還是以未做完的任期為準，獲告知為重新計算。我即表示既然如此，且立院對行政院院長不再行使同意權，則立委任期是三年或四年並不重要。

劉松藩院長則表示對鄉鎮市長改官派甚不以為然，並舉當年他在中部大選區參選的經驗說明這樣對本黨極為不利。此時李主席不耐的表示：你知道民眾對鄉鎮市與黑道勾結的深惡痛絕嗎？國民黨要改革就必須有些犧牲。在午夜前，連副主席發言表示省府多數工作與中央重疊，他曾任省主席，當時的行政院長天天向他索取水利局、鐵路局、公路局歸回中央，今天所談的問題純粹是考量國家發展，並非針對任何個人。

最後李主席結論，中央體制仍採改良混合制，至於省不再談虛級化，宜先自功能及簡化工作流程入手研究改進方案。兩天後二十日晚，政策會又開了一次全體黨員代表的會議，確定了以上各點。那次會議，參加的同志幾乎未曾發言。

二十一日上午舉行主席團第一次會議，也是唯一的一次會議，議程上原是籌備委員會已決定的項目，所以安排了一個半小時。但是主席團中朱高正、沈富雄不斷有意見，彼此唱反調，拖了三小時到下午一時才結束。原定中午李總統午餐也因而延緩，草草結束，因為李、連兩位下午二時要在總統府招待兒童訪問。

## 核心小組成員最後知道

國發會於二十三日正式開幕，宋省長原先表示因省議會總質詢不能參加，但是臨時出現會場，引起媒體的騷動，他說了一句話是：「四百年來第一仗，為什麼到四百零二年就要結束了？」之後民進黨的代表不斷引述，並加以批評。開幕典禮和預備會議大致上是形式化，下午二點半分組會議，我與吳伯雄分別主持上、下半場會議。我們的做法是盡量讓出席代表發言，自己少說話，會議中蔣仲苓部長以及多位機關首長代表，均對軍政軍令一元化發言，表示目前不宜施行。最後總結時，由於有反對意見，所以不能列入「共同意見」，引起在野黨不滿。二十四日分組會議，省的問題成為重心，省議員張福興明白表示，省如廢掉，則將來不再有台灣的名字出現在官文書上，而台獨份子就真的可以主張「台灣」就是國家了。

國發會最重要的是全體會議。二十六日下午第一次全體會議討論經濟發展，在此以前已傳說新黨將退出會議，中午黨部少數代表在世貿大樓會商如何因應，蕭萬長委員在二十二日晚上曾通知我，說要組成一個核心小組討論突發事件，參加者是他、黃昆輝祕書長、吳伯雄祕書長、許水德院長和我。這項會議在二十四日晨初次聚會，第三次在二十七日中午，但是都是臨時通知，匆促一聚，沒有研討就散會了。這次會議只決定下午要密集協商，依序是民進黨、新黨和社會人士，有趣的是，每次核心小組開會或者政黨間協商，媒體都是不請自來。

二十六日下午及傍晚的政黨協商並不理想，當晚李總統在家中邀了連副總統、蕭、黃、吳四位會商談判底線，其結果是對新黨的要求無法接受，對民進黨的要求幾乎完全接受。二十七日上午全體會議討論兩岸關係，會場傳出新黨將於九時宣布退會，可是黨內又有兩種聲音；陳癸淼召集人是主張立即退出，朱高正委員則認為，要等到他做完兩岸關係結論報告後再退出。蕭萬長委員與李慶華副召集人在九時五十分做最後協商，但是為時不久即結束，新黨於十時二十分宣布退出國發會，其他兩黨亦發言表示遺憾。當天中午核心小組十二時三十分開會，參加的人不多，蕭、吳兩位主持，但他們似乎心不在焉，只是強調下午一時要與民進黨協商，並透露二十六日晚與李總統討論決定立法院將有彈劾總統之權，以及總統將不主持國務會議；但是有關省虛級化以及國代停止選舉改用不分區產生則絕口未提。兩人看起來都是心事重重、行色匆匆，不到十五分鐘就散會了。許水德院長晚到了幾分鐘就變成白跑一趟。

下午我於二時二十五分到達會場，車一停，大批攝影記者就衝上來，原來他們以為是宋省長到了。宋在稍後到達，因為我是下午全體會議第一位主持人，所以他與我談到，希望能給他發言的機會，我建議他可以和抽中籤的人互換，結果他能換到的只是第十三位。下午四時全體會議休息茶敘，我一下主席台就被記者團團圍住，先是說國、民兩黨已協議將廢國大，問我反應如何？我說毫無所悉，應不是事實。以後他們才獲得正確訊息是：兩黨協議將國大代表的產生，不用選舉，而是採比例代表制。他們以此問我，並說國大將提前於明年三月開會修憲，我答以有關國代如何產生，國發會的共同意見尚未產生，不便表示意見，至於提前集會，只是個別的代表有此意見，必須三黨協商才能確定。這個半小時的休息，使我不斷的受到媒體詢問，但是我只知道國民黨將同意民進黨的要求：（一）、總統不召開國務會議；（二）、立法院將取得總統彈劾權。至於國大產生辦法更動及省虛級化，則未獲任何人告知，雖然我是國民黨參加國發會的核心小組成員。

會議進行到五時十分，先後由社會人士及新黨推薦的學者發言二十分鐘；到五時三十分，邱義仁代表民進黨做總結，提出該黨的企盼，而饒穎奇代表國民黨做總結，對民進黨的企盼，逐項給予積極的反應。會議於六時結束，此時蕭萬長匆促向我說了一句話：「對不起，有關國大的部分，事先未向您報告。」又匆匆的離去，當晚李總統款宴與會代表，講話中指出，國發會的成功是中華民國有史以來最成功的會議，顯然是十分滿意，並且與民進黨主席許信良一連乾了三杯酒。

## 新黨退出令人費解

二十八日的會議相較於前一天，可以說是反高潮（anti-climax）。上午九時開會，李總統一早就到了，但是參加者姍姍來遲。主席宣布開始議事時，到會者還不及三分之一，到九時半勉強湊了一半。三個分組做了報告，並沒有再做討論，不到一小時即告休息。將近一個半小時的休息，媒體大肆採訪，我被電子媒體抓去做現場訪問，一個接一個，有些疲於奔命，以後索性找了《中時》的李建榮和《自立早報》的瞿德忻到無人的地方聊天。他們對於突如其來的共同意見均感茫然。十一時復會，閉幕式很簡單，李總統的講話，充分表現出對未來國家的安定及發展的信心。結束後，饒穎奇執行長告知報載明年三月即將由國大集會修憲是不正確的，因為此時正值桃園縣長的補選，大家均忙；他亦表示李總統於休息時，指示後天（三十日）晚上將邀請全體國代、立委、省議員等，以宣達國發會的共識。我即表示，因明晨即將赴國外，故不克參加。

綜觀此次會議引起爭議最多的，就是有關省的決定，此外，關於立院取得審計、調閱、彈劾權，以及國大改為政黨比例產生等，均引起不少反彈，尤其以退出會議的新黨最為強烈。但是令人不解的是，國發會籌備期間，整個遊戲規則是由新黨推舉的副召集人李慶華委員所建議，也就是說任何一方面有異議，就不能算是共同意見；也就是說新黨掌握了否決權，可以對任何不同意的意見排斥在共同結論之外。在新黨取得了如此重大的結果以後，卻在會議結束前一天宣布退出，使會議通過若干該黨嚴厲批評的共同意見，的確是令人費解的。

# 第二十二章
# 為修憲做準備

國民大會的重要任務之一，就是憲政改革，由於牽涉層面廣泛，影響深遠，特別組成了憲政改革委員會，在這段時期，除了廢省引發爭議，李宋之間的關係也開始產生了變化。

國民大會第一次會議在結束會期前，於一九九六年八月二十七日通過「國民大會憲政改革委員會組織規程」。這個委員會由全體代表組成，設常務委員六十人，由國民黨二十九人，民進黨十九人，新黨十一人，無黨籍一人組成。

## 主持首次憲政常務委員會

委員會最主要的任務，就是在兩次大會休會期間（約九個月）研究憲政改革的方向、程序和進度並試擬修憲提案。委員會設憲政顧問，由各黨推薦學者專家擔任，稍後共聘十九位。

我在九月三日就邀約各黨代表舉行第一次籌備小組會，決定常委會每月一次，在第四週的星期四舉行，全天集會，憲政顧問由三黨依國民黨九位、民進黨六位、新黨四位比例延聘。

稍後又於九月十一日舉行第二次籌備小組會，決定憲政研究分為四組進行，依次為第一組研究總統職權、行政與立法關係；第二組研究國民大會定位、立監兩院職權問題；第三組研究政黨規範、選舉制度、地方自治；第四組研究憲法總綱、人民權利義務、司法院、考試院、基本國策與修憲程序。常委會的運作分為二階段，第一階段就各組議題做充分討論，並可舉辦民意調查及公聽會，廣泛徵詢社會各方面的意見。第二階段則試擬修憲提案。

常務委員會第一次會議於九月二十六日舉行。這次會議由我主持，以後每月的常委會，則由各黨推薦的召集人蘇南成（國）、張富美（民）、許歷農（新）輪流主持。在一九九六年共舉行常委會四次，主要由各研究組開會討論及委託學術界所提研究報告，向常委提出報告並進行討論；各位常委的發言大致都與所屬政黨的立場相若。

那年年底，李總統召開國家發展會議（請見前一章）。國發會對於憲政體制部分通過若干共同意見，理論上這應該是國民大會修憲的指針。因為李總統在當年八月三十日約見國大各黨黨團負責人時，曾表示他本人對總統直選後憲法應如何修改沒有預設立場，而希望透過政黨協商與合作的方式來推動憲政改革。國發會是三黨和社會人士共同組成，其所做的結論應該對修憲有相當的影響力。

根據國發會「憲政體制與政黨政治」議題組廖健男教授（無黨籍社會人士）於十二月二十七

日向大會提出的報告，共同意見中重要的部分有：

——總統任命行政院長，不需經立法院同意。

——總統於必要時得解散立法院，而行政院長亦得咨請總統解散立法院，但須有必要之規範或限制。

——立法院得對行政院長提出不信任案。

——審計權改隸立法院。

——對總統、副總統之彈劾權需符合憲法嚴格程序，並改由立法院行使。

——立法院各委員會建立聽證制度及調閱權之法制化。

——凍結國民大會之創制、複決權，人民得就全國性事務行使創制複決權。

——調整精簡省府之功能業務與組織，並成立委員會完成規劃及執行，同時自下屆起凍結省自治選舉。

——取消鄉鎮市級之自治選舉，鄉鎮市長改為依法派任。

——主張國民大會代表的總額適度減少，改由政黨比例代表產生，並自下屆起停止選舉，任期維持四年。

——立法委員之總額要視國民大會與省議員名額的調整情形，於必要時得增加二〇〇～二五〇名為原則，任期應改為四年。

## 李宋關係遽變與「凍省」

國發會結束後，各方反應不佳，新黨因軍政軍令一元化在正式會議中未列入共同意見，憤而退出，表示必將全力杯葛修憲，使全部共同意見無法付諸實施。國民黨方面，也對會議中黨中央對民進黨讓步太多而有所不滿。國大內國民黨的次級團體祥和會就放話表示，將在修憲時不予支持（主要是不滿凍省），一九九七年一月十五日中常會後，黨部吳伯雄祕書長約我研究，他說李主席希望國大能及早集會修憲，對於反對者，希望我設法化解。我說若提早開會，在現在群情激昂的狀況下，修憲案被否決的可能頗高，不如仍依上年第一次會議結束時的決定，到五月召開第二次會議。另外國大也有憲政改革委員會，仍將按預定計畫進行。

國民黨中央於一月二十九日成立修憲策劃小組，由副主席連戰擔任召集人，成員二十一位，另各聘請國代、立委、黨政首長、學者專家五十九人為諮詢顧問。第一次會議於二月十三日舉行，決定小組討論政策及修憲部署，諮詢顧問負責草擬修憲案，每週集會一次，至七月底第二次會議結束為止。

李總統為使全體國大代表都能支持修憲案，於二月十八日至三月二十一日間，分十四批約見國民黨、民進黨、僑選及無黨籍代表，新黨則拒絕參加。在這許多次的談話中，李總統充分顯示他對修憲的信心，也對代表們展現他的個人魅力。就我個人而言，在這些談話中作陪，最重要的收穫是三月四日那次，代表們的發言中許多位都表示對「省的虛級化」表示不能認同。在代表們離開後，李總統將我留下，對我說：「你知道我為什麼對宋楚瑜失去信心？」我表示一無所知。李說：「去年八月賀伯颱風南部災情慘重，我在第二天就南下去嘉義、台南巡視，所見災情實在令人痛心；我當時表示，要省府全力修復重建，在一個月內恢復原狀。回台北後，就交代行政院連院長立即撥款省府。哪知過了一個月去看，完全沒有重建。我找連戰，問他為什麼還沒有動，是不是沒撥款？他說款項在奉指示後立即撥給省府，並且叫主計長韋端拿了帳冊來給我看。我就找宋，問他為何不動？他說中央沒有撥款，我說看到撥款的文件，他說那是選省長和選總統時，省為中央墊款的歸墊。」李總統的結論是：「這個人不把民眾的疾苦放在心上，我不能再信任他。」以後李總統又說，自去年五月以後，立法院多次對於連戰副總統繼續兼任行政院長表示異議，宋曾向李表示願意接任行政院長，李都未予置理，原因也是因為宋在賀伯颱風時的表現。

這次談話使我對李宋間關係遽變的原因有一瞭解；但是因為兩人關係變化，使李起了「凍省」念頭，並作為修憲時的重點，則是讓我感到有些詭異。因為民進黨一直主張「廢省」，因為他們認為，長久以來，政府始終以台灣為中華民國的一省，提到台灣，大家都認為是台灣省。如果將台灣省廢了，不僅行政層級可以減少，效率提高，國際間提到台灣，就是獨立國家，對於民進黨的台獨主張是有助益的。李總統的「凍省」主張與民進黨是非常雷同的，也獲得民進黨大力支持。

## 與宋楚瑜談「砲打中央」

另一方面，我在三月十五日遇到宋省長，那是在一位友人家中，有一小時的談話。我先簡單敘述李總統三月四日和我的談話，我說賀伯風災民眾受害事大，中央和省經費劃分事小，行政院撥款未用於救災，我也不能認同，宋表示同意。我又說明當前國內情勢，國發會的種種怪異現象，認為現在高層意見紛歧不是好的現象，大家應該一心為國。宋說，李的確從去年秋天以後和他日益疏遠。關於國發會問題，他說去年十二月十八日晚間台北賓館的會議時，他曾說明省不能廢，也不宜虛級化，但是可以討論調整功能。他在十二月二十二日曾和李長談，主題是外交方面，李認為兩岸間發生衝突，美國和日本一定會支持我們；宋則認為這點不能確定，李則堅持美、日必全力助我，雙方立場相左，談話並不愉快。宋省長表示國安當局誤導李總統，報喜不報憂是不對的。我勸他為了整個國家，仍應與總統和睦相處。因為談話時間不夠，所以約定再覓時晤談。

宋省長稍後在四月三日下午來我家敘談。我先提到媒體指他最近在省議會和省發會的發言是「砲打中央」，不很妥當，我也提到可能是他周邊的人這樣建議他（這是連副總統一日晚對我說的），請他慎思，他表示同意。接著他提到：「國民黨在國發會後設立修憲策劃小組（本章稍後將會敘述），其下設置的諮詢顧問小組邀學者專家、民意代表組成，研討有關憲政改革議題，提出具體方案，並擬訂修憲條文。該諮顧小組實際由老蕭（指蕭萬長）負責，其作風惡劣，對於省府任何意見均不予理會，一意孤行。」我說：「萬長兄是你我多年老友，記得一九九〇年初，萬長兄還在經建會擔任首席副主委，你一定要他去黨部任組工會主任，那時每年春節，你們兩家都去關丹（Kuantan）一起過年，關係如此密切，不能因為這件事就將友情完全拋棄，我希望你們兩位坐下來懇切的談，這樣對國家最好。」

對此宋未做反應，接著就對我提的「砲打中央」一點做了很詳細的解釋。他說，在前年元月，就有人指他砲打中央，但是前年十二月到本年三月總統直選，他的努力是有目共睹的，事實上當前年李總統提名連戰為副總統候選人時，曾對他說過，這並不表示連就是接班人，要他更加努力，並且說要提名他擔任黨的副主席，但是並未說要他接替誰。宋並表示去年六月李要連續任行政院長，他也表示支持，但是李對張榮發總裁說，宋支持連是要阻擋蕭擔任院長，他對李這種說法很不諒解。

我對宋說客觀環境的險惡，在今天一如經國先生早年所面對的，經國先生是以背負十字架的精神，面對各種誣衊打擊，我們身受經國先生的教誨，也要以相同的態度來面對險惡的環境。宋表示完全同意，他又問我和李總統會面應如何開口。我說：「李長我十三歲長你二十歲，你要以『敬長』的心情和他談話，一開始應該對自己處理賀伯颱風案的失誤表示歉意，並承諾將全力復建。」他聽了很開心，就說這件事困擾他很久，今天知道該如何做了，隨即告辭，在走向大門時對我說：「李總統的用人實在使人擔憂，例如他重用劉泰英實在不妥。」

## 參與國民黨修憲策劃小組

前面提到國民黨的修憲策劃小組，國發會後中央政策委員會在一九九七年一月七日簽奉李主席核定成立，原先準備請李元簇副主席召集，李堅辭，以後改由連戰副主席召集並由二十一位常務委員參加。第一次會議於二月十三日舉行，連召集人表示此次修憲宜由本黨主導，要堅持五權憲法，使我國憲政內涵與民主政治同步發展。本黨必須與他黨合作，以國家發展為重，全民福祉為先。

這次會議確定了為落實國發會共識，《憲法》需要修改的三大重點：（一）、有關國民大會的制度改革問題；（二）、總統、五院間之關係；（三）、地方自治問題。前兩項都是與總統直選有關，也就是李總統提過的「總統都直選了，哪裡還有政權機關？」。關於國民大會部分要改變產生辦法，同時創制、複決權由人民行使。監察院提出的彈劾總統、副總統的議決權，也將改由立法院行使。我在會中對於議決彈劾權的轉移，表示不宜由立法院行使。連召集人贊同，所以刪除。

這個策劃小組擬訂了國民黨版的修憲案，因為國民大會第二次會議已訂五月五日集會，因此於四月二十八日舉行第十四屆中央委員會第二次臨時會議正式提出。那天全日在陽明山中山樓集會，由策劃小組諮詢顧問組召集人蕭萬長和政策會執行長饒穎奇分別提出報告後，中央委員發言相當熱烈，有十五位提出各種意見，以後交由分組召集人聯席會議審查，但是政策會負責整理工作，卻將與會發言者的意見均不予理會。因此下午中央委員紛紛表示不滿。魏鏞委員並表示，應提請十五屆全國代表大會再行通過，但是時間緩不濟急，因此決議政治任務案修正通過，其中文字尚待斟酌者，請修憲策劃小組整理後，提報中常會鑒核。

修憲策劃小組於五月一日舉行第十二次會議，討論總統選舉制度、立委任期四年由何屆開始實施、國大代表婦女保障名額及中央民代原住民名額等四問題。結果是總統選舉究竟依多數決或過半數由中常會決定。立委任期四年決定由本屆（第三屆）開始。國代婦女保障名額以每滿四人應有保障名額一人。而中央民代之原住民名額，在國代立委均改為平地原住民與山地原住民各四人。

同日，國民大會的國民黨黨團就向國民大會第二次大會，提出國民黨版的「中華民國憲法增修條文修正案」。

## 休會期間訪問海內外

在國民大會第一、二次會議間，我也曾陪同代表同仁分別前往各縣市訪問。每次訪問中除了副議長、祕書長和三黨黨團負責人參加外，主要是當地的代表陪同。主要的活動是拜會當地的縣市政府及議會，舉行座談探訪民隱、溝通觀念。我發現是很有意義的活動。特別值得一提的是，我們在一九九六年九月十二日前往馬祖訪問，因為機會難得許多代表都參加，國防部蔣仲苓部長也親自陪同。我們於晚間九時乘武岡軍艦（AP525）自基隆啟程，次日清晨六時許抵東引的中柱碼頭，在東引由林日福鄉長陪同參觀，並由蔣部長帶領參觀軍事設施。到十時再乘武岡艦，航行二小時三十分後抵達馬祖福沃碼頭，即往勝利山莊安頓，午餐後搭漣江一號小艇赴北竿，由王詩乾鄉長接待參觀社區、水庫、陣地和機場。當地希望將跑道加長拓寬，因土地狹隘，工程相當困難；而且縣府也希望在南竿興建機場，恐過於密集。四時返回南竿，拜會曹常順縣長並參觀茶園和社區，非常整潔。晚間聚餐，喝的是八八坑道的高粱，而且當地是以大啤酒杯喝，十分驚人；但是我們的代表酒量極佳，特別是謝隆盛副議長，來者不拒。我一再勸他不要多喝，但是他十分

「阿沙利」不肯示弱，結果大醉。

同年十月，僑委會又邀我去美國，為各地僑胞慶祝國慶時做主題演講。十月三日先去德州的達拉斯，四日分別接受當地電子、平面媒體的訪問，晚間參加全僑慶祝酒會及餐會發表演說，因參加的美國友人甚多，所以用英文講。

次日晨，轉往霍斯敦，參加當地在僑教中心舉行的升旗典禮及全僑國慶慶祝大會，我以國語做半小時的演講，並接受記者訪問。中午參加僑界歡宴後飛往洛杉磯。六日上午到華埠參加升旗典禮，參加的人很多，我講話較短，因為當天秋老虎豔陽高照，大家都汗如雨下，不宜作冗長發言。晚間在金龍酒家參加全僑歡宴有一百多桌，我又發表演說。

七日晨，飛往紐約，傍晚抵達。次日接受媒體訪問，傍晚參加吳子丹處長舉行的國慶酒會，到的人非常多，我講完話後，就被參加酒會的賓客拉住照相，前後一個多小時，辦事處的同仁想為我解圍，我說到了動物園總要和猴子照相，我是那個猴子，應該滿足大家的願望，所以到九時才能結束用餐。

十日，飛往舊金山，當晚僑界分兩處舉行國慶餐會，我先到美麗華酒家，有六十多桌，我以國語和粵語演講，再趕到新亞洲仍是同樣以國語、粵語演說。兩處都逐桌敬酒。當晚即搭機返國。七天中橫渡東西兩岸兩次，確實非常辛苦。

## 赴美各大學府演講

過了一個月，我在十一月五日又前往舊金山，這次玲玲同行，我們於六日下午前往史坦福大學，拜訪校長凱斯柏（Gerhard Casper），他是憲法學的權威，所以談話以憲政改革為主。稍後再去拜會前任白宮經濟顧問委員會主席博斯金（Michael Beskin）教授，談我國的經濟走向。五時去胡佛研究所會見前國務卿舒茲，談了不少往事，以後再拜會雷依森所長（John Raisian）。晚間該所舉辦酒會，稍後晚宴，我是主講人，舒茲是主持人，他介紹我，獎飾之詞使我感動。我以「中華民國面對二十一世紀」為題做四十分鐘的演講，以後有不少人提問，我逐一答覆，到十時半才結束。

次日飛往波士頓。八日早上赴波士頓大學拜會席爾伯總校長，他曾任校長二十年，談話發人深省，他說教育和開刀手術一樣，不能用民主方式，而應由專家主導。他說該校已定明年三月以榮譽博士學位頒贈。因此我於一九九七年三月二十四日專程前往波士頓。二十六日該校備禮車接我去該校演藝中心（Tsai Center for Performing Arts），這是該校華裔校友名金融家蔡至勇（Gerald Tsai, Jr.）所捐贈的一幢大建築物。席爾伯總校長與韋斯林校長（Jon Westling）陪同登上禮台接受證書，嗣後我發表了二十分鐘的演說。

再回到十一月八日，我稍後前往哈佛大學費正清中心接受《哈佛國際評論》（*Harvard International Review*）訪問，該評論是季刊，討論國際事務也訪談國際名人。稍後拜會費正清亞洲研究中心主任傅高義。在該中心以「中華民國的務實外交」為題演講半小時並答問一小時。下午去麻薩諸薩斯州政府拜會州長威德，他和夫人都是我國的好友，稍後就登機返國。

一九九七年一月二十六日，我和三位代表和三位立法委員前往東京，參加亞太議員聯合會第三十一屆大會和第六十屆理事會。亞太議聯是我國、日本、韓國、泰國和菲律賓於一九六五年創辦，當時叫亞洲議員聯合會，到一九八〇年因有若干南太平洋的島國紛紛參加，因此當年在台北舉行的第十七屆大會改名為亞太議聯。我國是由國大和立院合組代表團參加，而由國大負責祕書業務。

抵東京當晚，莊銘耀代表在八芳園壺中庵設宴接風，這是當年國父在東京被日警搜捕時藏身之處。

二十七日上午，大會開幕式僅半小時就結束。下午舉行理事會，介紹各國代表團長。晚間日本代表團長關谷勝嗣舉行歡迎酒會，客人推我致謝詞。二十八日上午大會，每位團長做五分鐘主旨演講，稍後我去拜會前通產大臣中尾榮一。下午先後訪問齋藤十朗參議院議長、前勞動大臣村上正邦參議員及椎名素夫參議員。晚間應日華議員懇談會會長山中貞則宴，有舊友多人參加。二十九日上午舉行理事會，下午大會通過決議案多項和聯合公報，我在最後代表下屆大會地主國表示歡迎。當晚有惜別晚會，我又被要求代表各國參加者致謝詞。三十日返國。

# 第二十三章

# 第三屆國大第二次會議

第三屆國民大會第二次會議於一九九七年五月一日開始報到，五月五日正式開議。此次會議主要是為國發會的決議進行修憲。這是個高難度的任務。因為國民黨的代表席位只占百分之五十五，不能獨力修憲；而新黨又在國發會開會期間退出，誓言要阻止修憲。

## 意見眾多，爭議不斷

依照我國《憲法》第一七四條規定，《憲法》之修正需有國民大會代表五分之一（六十七位）的提案，全體代表三分之二（二二三位）以上的出席，出席代表四分之三的決議，才能完成。例如修憲表決時全體三三四位代表均在場，議長不參加投票，需要二五〇位代表贊成才能通過。國民黨和民進黨全部代表（不含議長）是二八四位，所以只要有三十五位跑票就無法通過。

對國發會的決議，兩黨內部其實都有不滿的意見。一月二十日上午，國民黨的國大工作會曾於國大會後不久召開憲政研究分組會議，參加者有五十位代表，所有發言者都表示對於國民大會太不尊重，強烈反彈。參與國發會作業的謝瑞智代表在分組會中做報告，他說：「所謂共識，是不得已的情形下的共識，實在是四不像。」至於民進黨方面，強烈反對國發會共識者約十分之一，至於有異議者人數更多，主要是福利國連線的成員，也包括部分正義連線的代表。但是主導黨團的新潮流派則信心滿滿，希望盡早召開第二次會議，完成國發會的共識修憲。他們在黨團內以下述說法，使黨團同仁同意及早集會：「我們雖然對外說一定要賓士汽車，心裡只想要一輛腳踏車就可接受。沒想到他們真的送了賓士汽車，不趕快牽來，怕他們想通了會後悔，可能只送autobike（機車）。」這個比喻相當貼切，使我想到同年一月八日下午，總統府國統會研究委員曾永賢來會看我時的一段談話，他說，自從黃昆輝來擔任總統府祕書長後，作風十分奇特，最近舉行的國發會完全是他一人主控，不讓任何其他人參與。

在第二次會議開議前，三黨的代表也曾在四月十五、二十一、二十六日舉行三次政黨協商會，由謝副議長隆盛主持，商討議程，決定由五月二十日開始大會，改開修憲審查會，審查修憲提案，六月十六日起進行修憲二讀會，六月二十六日舉行修憲三讀會。六月三十日起總統做國情報告，代表進行國是建言，至七月三日結束。

五月五日，二次大會開議以後爭議不斷。第一天預備會議就有新黨黨團總召集人李炳南等連署動議，以國內治安嚴重惡化（劉邦友案及白曉燕案相繼發生），民心不安，且修憲幅度過大，政局動盪不安，建議國大暫時休會，俟治安改善後再行開議修憲。此一動議表決以支持票數不足；相同的提案另有三件，要求李登輝總統向國人道歉，連戰行政院長辭職，均以贊成者不足未成立。

## 修憲程序嚴謹複雜

五月十三日第四次大會原為總統國情報告與國是建言，但是會議開始，新黨代表就不斷做程序和權宜發言，我就請三黨代表協商，但是沒有共識，有代表提出散會動議，立即獲得大多數代表的支持。李總統只能回去。再到會場時，新黨代表帶了記者向我質問為何散會，我說議長為代表同仁服務，同仁表決要散會，議長只能依照宣告。到了午餐時，民進黨的總召張川田代表和邱奕彬代表又來質問我，說我偏袒新黨，讓他們獨占講壇。我說議長席高高在上，請哪位代表發言，完全根據議事組同仁給我的發言登記表，不能稍有差錯，所以不能怪我獨厚新黨。張代表說，這樣我們都沒有舞台了，我說請你們早早做發言登記，我一定提供舞台。

到了當天下午，新黨黨團發表聲明，譴責李總統藐視民意，並指責我違反議事規則，應向大會道歉。事實上，新黨在會場張貼抗議譴責標語，並身穿蔴衣，會場相當亂。朝野協商據說是十時三十分有結論，但是沒有送到主席台，我也不知道，有人提散會動議，我必須處理。

稍後我和副議長、祕書長研究，認為協商結論是十時三十分，提散會動議是十時四十八分，何以未送給我，總是有疏失。因此十四日第六次大會開始時，我先表示，由於傳送失誤，我草率做散會的決定，應向大會道歉，化解了不必要的爭執。所以這次大會終於能進入修憲提案第一讀會。

這次大會共有一二八件修憲提案。其中最重要的是國民黨團依國發會共同意見所擬的，由荊知仁代表等一三三位代表所提的第一號修憲提案；以及由民進黨團所提第一〇七號及一〇八號修憲提案。為何民進黨要提二個案，因為他們黨內對政府體制有不同的意見，有人主張雙首長制，有人主張總統制，在黨團內以至中央黨部都意見分歧，無法協調。所以第一〇七號是雙首長制，第一〇八號是總統制，兩案提案人都是該黨一百位代表。

修憲是國民大會的重要工作，其程序規定極為嚴謹。首先所有修憲案要在大會中經過一讀會，對每一修憲案依序朗讀，由該一修憲案的提案人做提案要旨說明後，僅能就疑義提出詢問，之後由議長宣告交付審查委員會審查。

審查委員會的組成和大會相同，就是全體國大代表；但是委員會不是由議長主持，而是由代表互推召集人輪流主持審查會；委員會下設五個審查小組，分別審查相關之修憲案。審查的程序是先由委員會做大體討論，以後交小組做分組審查，結束後再送回委員會做綜合審查。

審查委員會經綜合審查後提出審查報告，再送回大會進行二讀會，先由審查委員會說明審查的經過和結果，再做廣泛討論，然後依審查報告逐條提付討論表決。二讀會與一讀會不同，後者仍依國民大會議事規則以三分之一代表出席為開議人數，而前者需依《憲法》一七四條第一款規定以三分之二為開議人數，表決以在場人數（需逾三分之二）的四分之三同意議決之。但是二讀會時有關報告事項、程序性問題以及附屬動議之處理，則以出席人數二分之一以上同意為之。

第二讀會結束後，可立即舉行三讀會，也可在下次會議舉行。三讀會的主要任務，是將修憲案的條文經過整理，在大會中宣讀一遍。三讀會的出席代表，只能做文字或標點符號的修正，不能變更二讀會通過條文的原意。三讀完畢，倘代表並無異議，而在場代表超過總額三分之二時，主席即可將整個修憲案提付表決，如有出席代表四分之三以上贊成時，修憲案即獲通過。所以我手邊有一張對照表，如出席人數為三三三人，通過需要二五〇票。如出席二二二人（剛過三分之二），通過需要一六七票。

由以上敘述可知，修憲是一項十分複雜艱難的程序，所以如此是因為修憲乃是國之大事，必須慎重處理。

## 新黨辱罵，遞交辭呈

前面提到五月十四日下午開始一百二十八件修憲案的一讀，但是次日上午第六次大會宣讀上次大會議事錄時，新黨代表輪番上台指責我議事不公，言詞犀利，幾近人身攻擊。我無法容忍，乃將早經備妥的辭呈交給祕書長後，宣告休息五分鐘，請副議長主持，即返回辦公室清理物件。然而謝副議長並不宣讀，且通知新黨總召集人李炳南代表。李總召即來我辦公室，代表黨團致歉，說新黨明瞭我主持議事，一秉大公；但新黨對此次修憲以及稍早的國發會，確有嚴重不同意見。我說，同仁發言宜就事論事，如我處理大會程序或發言有所失誤，儘可批評指正，我一定會道歉變更宣告。但是此次無中生有的辱罵，涉及個人名節是無法容忍的，因此必須辭職。李總召稍後又帶了發言代表，來辦公室向我致歉，表示發言時激動，所以有口不擇言之處。我看他們態度誠懇，就表示，企盼所有代表今後發言對事不對人，這是國會順利運作的基礎。稍後，許歷農代表亦由台北趕來向我致歉，我又重行說明請新黨同仁能留口德。

下午我仍繼續主持大會。但是不知怎樣媒體知道了，紛紛來問。次日各報都以頭版頭條處理，並表示如果我辭職了，修憲將無法進行。上山後，謝副議長先來，對我說，千萬不可再提辭職，否則將衍生政潮，非吾人所願見。我說，我離開後你可接任；謝說，倘議長辭職，他亦無法留任，必須離任，這是現實問題。他這句話的涵義我瞭解，而且也相信他是真心的。稍後民進黨的總召張川田代表來，他說昨日雖在會場，但不知我宣告休息是交出辭呈，看了早報十分驚訝，希望我切不可動辭職之念；民進黨代表私下談話，對我都有肯定的表示，認為主持會議完全中立，而個人的聲譽，也有助於國民大會整體形象。當天大會開始後，三黨的總召和黨鞭，都發言慰留我。

五月二十日第八次大會，尚未開議前三黨的女性代表向我表示，今天是第三屆國大就職一週年，要向我獻花，並唱歌希望我能繼續擔任議長，不要再有辭職的念頭，十分使我感動。但是開議後陳婉真代表又提到本期《新新聞》及十九日「台灣之聲」電台主持人許榮祺均報導稱，國民黨某高級幹部為修憲順利，以無息貸款五百萬元貸予某民進黨高級幹部，倘修憲順利完成，則不必歸還等語，要求大會組成超黨派專案小組徹查，若確有其事，應即移送法辦，並提出臨時動議。陳代表在發言時，並指出兩黨高級幹部分別是謝隆盛副議長和李文忠代表。李代表當即發言，表示自己雖窮，但一向清白，聲淚俱下。這時，新黨的李慶元代表發言說，窮不一定沒問題。李代表無法忍耐，即上去爭議，不久發生衝突，我立即宣告休息。衝突即終止，但互毆雙方，均表示有人受傷。休息結束，我先對會場發生衝突表示道歉，並宣告由於動議涉及本會同仁，本會不能置身事外，請由三黨代表中對法律、檢察有經驗的同仁，包括國民黨沈銀和代表、民進黨邱太三代表、新黨楊敏華代表，組成專案調查小組，深入瞭解調查後，向大會提出報告。

媒體以我在一次會議時曾表示「會場倘有打架，我將辭職」，何以不辭職提出質疑。實際上，當天清晨國民大會陳安瀾顧問曾告訴我：「現在正有某方面陰謀製造會場衝突，以迫我辭職。」要我明瞭，千萬不要中計。而一開始打架，國民黨書記長陳子欽、新黨總召李炳南和民進黨協商代表黃文和一起上主席台，要我切不可拿出辭呈。我說，此事是新黨代表引起，新黨方面需有表示。因此在繼續開會後，新黨由羅怡德代表上台致歉，使議事能順利進行。當天下午六時四十分，所有修憲提案均逐一處理完畢，我宣告：「本次會議自五月十四日第五次大會起，至今日第九次大會止，已完成第一讀會所有程序，爰依議事規則規定，將修憲提案一二八件交付審查。」

## 堅守中立

審查是由大會的修憲審查委員會負責，其成員是全體代表，但是審查會不由議長主持，而由代表互推六位總召集人主持，分別是國民黨的林鴻池、廖婉汝、徐守志；民進黨的蔡啟芳、傅淑貞和新黨的湯阿根擔任，每次會議分上、下午輪流主持。審查委員會下分設五個小組，分別處理人民權利義務、中央政府體制、中央與地方權限及地方制度、基本國策以及不屬於各審查小組的修憲提案。每位代表可以自行認定參加一、二個小組，我參加了第三小組。我在每次審查委員會和第三小組的會議都全程參加，聆聽代表發言辯論，但從不發言；每次委員會或小組要投票表決，我都會到二樓辦公室透過閉路電視觀看表決，一俟表決結束就重回會場。我之所以這樣做，因為議長必須絕對中立，不能對任何實質問題表示意見，更不能參加投票，否則就失去中立立場。

審查委員會於五月二十一日至二十六日舉行四次全體會議，就大會交付審議的一二八件修憲提案如何分別交付五個審查小組審查進行討論，然後就各小組有關的修憲提案做大體討論。

審查小組於五月二十六日下午起開會，由於執政黨代表對於「凍省」條文均有意見，所以幾乎無人發言，會場全由民進黨和新黨做針鋒相對的辯論。在第二審查組中較受重視的是民進黨提了兩個版本，一是中央政府體制採取雙首長制，一是採總統制；而總統制又有兩個版本，一是廢除國民大會，一是保留國民大會。最後該小組將廢除國民大會版本建議不予通過。至於「凍省」問題，宋楚瑜省長於五月二十九日上午來陽明山拜會，面告由於省議會有決議：省長不得赴其他民意機關報告，所以今天特來「致敬」，並擬請民政廳陳進興廳長來向第三審查小組報告省府立場。當天第三小組開會，對於是否同意陳廳長報告又爭吵不已，結果該組在下午就結束討論，撰成報告書送呈審查委員會。

審查委員會根據各小組的報告書，於六月二日再行開會，就各審查小組所提報告書進行審查，先就第一、四、五小組的報告書進行討論，嗣後再逐項表決。當日上午，時任立法委員協助李總統推動修憲的蕭萬長兄來陽明山看我，我將國大開會以來修憲所遭遇的種種困難，向他詳細敘述。他說李總統希望能通過的，是行政院長的任命無須立法院同意及凍省二項；至於解散立法院，則是連戰兼任院長所主張的，他個人認為此次修憲，倒閣、解散和彈劾權的變更都不宜進行。我說變動愈小，修憲愈易進行。此次代表所以有如此強烈的反彈，主要的原因是「凍省」，因為許多本黨的代表都擔心，取消台灣省，將來台灣會被視為「國」，使台獨的氣燄高漲，對民進黨有利。他說此次國民黨所擬的修憲版本，實在是蔡政文政務委員秉承連兼院長的意旨所擬。

次日晚，連兼院長在國賓款宴各縣市長及正副議長，李總統亦在場，我將昨日與萬長兄的談話問李，他說確係如此。

## 祥和會從反對轉為支持

修憲審查委員會自六月二日開始，每天舉行全體會議，到六日結束，依政黨協商決定各審查小組處理的修憲案討論時間，共計一千五百分鐘，依政黨人數分配發言時間，倘某一政黨未用完時間，可由其他政黨使用，但總時間不能減少。討論完畢即做表決，分為（一）通過，提報大會進行二讀；或（二）不通過，提報大會決定。審查委員會表決結果一二八件修憲提案，經表決後依（一）方式處理的有四十七案。依（二）方式處理的有八十四案。這二項相加多於一二八件，原因是有幾案有一部分條文表決通過，其他條文表決結果不通過。六月六日的審查委員會處理提案表決，過程十分艱困，一直延到六月七日零時八分才完全結束。

修憲審查委員會結束後，三黨協商代表於六月八日（週日）下午四時，開始協商大會如何處理提案審查。這次協商歷時十四個小時又四十分，到九日晨六時四十分才結束。雖然沒有能對修憲獲致協議，不過仍同意於十六日舉行大會，對修憲審查委員會所提之報告書予以處理。

十六日舉行第十次大會，將報告書的審查結果逐案提出，凡無異議者均列入二讀，所有四十七案均獲進入二讀。而十七～十九日三天的大會，則確認了審查報告書所有不予通過的修憲案。

二十日的第十四次大會正式進入二讀程序，當天凌晨謝副議長電話告知，連日來政黨協商情況欠佳，而國民黨內部亦有強烈「反精省」的主張，特別是有約五十位代表組成，由台北縣陳治男代表領導的「祥和會」；不過十九日晚李總統在家中接見該會成員，交換意見到深夜，祥和會決定支持修憲，也願通過凍省條款。

然而，在國民與民進兩黨間，雖經多次協商，仍有許多歧見，重要的是民進黨堅持凍省，此點無任何交換條件可談，修憲公投條款必須入憲，停止鄉鎮市長選舉，但不以修憲為之，而應由立法院處理，對國民黨堅持的取消閣揆同意權，民進黨認為應有配套措施，就是和倒閣、解散與彈劾權同時處理。

至於新黨則基本上反對修憲，倘國大仍擬修憲則建議分兩階段，本次會議只處理有關「基本國策」和「人民權利義務」部分的條款；至於有關「中央政府體制」和「地方制度」部分則以後再議。這項立場和國發會決議及國、民兩黨的黨版修憲提案明顯不同。

## 層峰突然丟出修憲新版本

大會於六月二十～二十七日舉行了六次大會，就修憲審查委員會審查通過，建請大會進行的修憲提案及其修正案進行廣泛討論，這是二讀會的第二步程序。然而代表同仁出席不踴躍，由於修憲案要有代表總額三分之二的出席才能開會，因此，每天上午都由於人數不足，只能改開談話會，常常要到下午二時半才能湊足人數。媒體對這種情形不斷冷諷熱嘲，我只能請祕書處每天公布上午九時就來簽到的名單，以資激勵。

二十五日上午開會前謝副議長來告，層峰對修憲又有新主張，當天是中常會，可能會有決定，我說此事現已進入二讀階段，不能再做更改，所以請副議長和國大工作會莊隆昌主任下山去參加中常會，並表示本會的立場。中午二位返回會場向我說明：常會並未對修憲版本有所討論，但是確實是有新的版本，要他們下午二時以後去總統府內聽取指示。下午四時許，國民黨黨團書記長陳子欽由總統府回來拿了新的版本，洋洋灑灑許多頁，而且若干新的修改和審查委員會通過、並已提交二讀的條文全然不同。

如此重大的改變，我身為國大議長、執政黨的中常委和修憲策劃小組的成員，事先一無所知，而且也很難向大會提出，完全是層峰自己憑個人喜好，不考慮實際運作情形，也不在中常會和修憲策劃小組內討論，已嚴重偏離民主政治和政黨政治的運作規則。因此我請了副議長、莊主任和陳書記長來，告以在此情形下，只有辭職一途。稍後會議結束，我返回家中，不久謝副議長來家中看我，說奉修憲策劃小組召集人連副總統之託，要我切勿言退，否則修憲即將失敗。我說新版本未經討論即逕自交下要我們執行，這是不可能的任務。

二十六日上午我到會場，新黨的總召許歷農先生來看我，他們已知道昨日下午或晚間的情形，同時當天各報亦刊載了層峰所提的新版本。許老爹很懇切的勸我切勿言退。他特別舉出，稍早馬英九辭政務委員職務，大家都認為有益於政壇風氣的改善，但是經過一個多月的觀察，實非如此，因此他竭力主張我不該輕言求去。許老爹語重心長，我只能敬謹受教。

## 歸納六大困難點

到三十日，第二十次大會進入修憲案逐條二讀，此時執政黨方面希望將第一號修憲案，依層峰所交下的條文「重付審查」，但是民進黨和新黨都堅決反對，所以全體會議始終未提「重付審查」，當晚連副總統致電我家表示慰問，並盼切勿言辭，我將新版的提出實在於情於理都極不妥當向他陳述，他亦表示同意，也說將相機向層峰表達。

七月六日是週日，李總統約我晚間七時會晤。我是先將要表達的意見歸納成以下數點：（一）國大開會迄今，民進黨在投票時多配合國民黨，新黨則極力反抗並不時訴諸行動；但在發言時民進黨代表時常對國民黨同仁譏諷，使不少同仁對黨版產生不滿，如國大將不再民選以及精省。（二）國大停止選舉是絕大多數同志所不滿。（三）精省使省的法人地位發生變化，由各縣市產生的同志普遍不滿。（四）修憲審查委員會此次通過四十七案修憲案可進入二讀，未能進入二讀者極多，下週起處理，很多代表都在審查會中保留大會的發言權，處理上一定費時，因此原定本月二十六日完成三讀，恐將甚為困難。（五）國、民兩黨黨團內都有強烈的使修憲破局的呼聲，如兩股力量合流，如何善後要先預籌。（六）國大先天條件不佳，開會地點在陽明山，中南部同仁來會交通至少需時兩小時，因此往往不能按時開會，媒體其實瞭解，但是故意在國大開會時每每不能按時開議常有延至二、三小時才開議，並指責為浪費公帑，對不起納稅人，使代表極為不滿，修憲二、三讀要三分之二總額人數出席，更為困難，而表決時要四分之三多數才能通過是高難度的工作。我將以上各節逐一報告，李聆聽後表示，過去的認識是過於樂觀，現在需要大家共同努力，設法完成。

## 設法化解宋省長和中央的緊張關係

我又談到國大已設憲政改革委員會，現在總統府又設置憲政諮詢會，實在是架床疊屋。李表示府內的可不設置。最後，我為宋楚瑜省長的處境進言，李說宋目中無人，不出席行政院會，經常對中央施政予以指責，種種舉措都是不當。我說黨不久要舉行十五全代會，希望能利用此一機會，設法改善，李並無反應。過了一週，七月十三日李約我在淡水球場打球，我又提到楚瑜，問李可否讓宋去美國擔任代表，他說胡志強代表才去一年，目前不宜調回，但是他願與宋和解。

七月二十日又是週日，我約宋來家，由下午三時談到五時二十分，我先表示知道他的委曲，「但是現在國事為重，經國先生常說打落牙齒和血吞。今天經國先生身邊的幹部只有你我二人尚在政府工作，在此國民黨面臨存亡之際，我們有責任做些對黨有貢獻的事，所以最重要的是使黨團結、而非分裂。」我希望他能參與精省的決策工作，並積極參加十五全大會。宋說他是有情有義的人，沒有任何個人企圖，也沒有為個人權位謀，但是這次實在受傷太重，如果稍給他些時間，當可參與精省的工作，至於十五全大會則很困難，因為全會要選中央委員，他擔心當選的票數又會引起另一項問題。我知道他是擔心十三全大會時，李煥和他的選票遠高於俞國華院長的往事重演。所以我只能說請他再做思考，他也答應。七月二十五日我去行政院看連兼院長談楚瑜的事，我將二十日約宋的談話轉告，要點是：（一）宋不會和連爭做老二，（二）宋未主導「反精省」、「反凍省」的活動，（三）宋對院方若干舉措予以抨擊，是由於不瞭解其背後的原因，同意他有錯失，（四）瞭解黨內團結的重要，自己承認有騾子脾氣。我也指出黨內代表同志不斷向我表示，應全力促成二〇〇〇年的連宋配。連說宋一再對中央批評，他內心自有不快，但是他認同我的說明，並表示只要宋以後勿再隨意「砲打中央」，他們的關係仍可改善。這是我在修憲緊鑼密鼓中，設法化解省長與中央關係的努力。

## 「再付審查」引發衝突

再回到修憲工作。七月一日大會在將近結束時，國、民兩黨黨團負責人張川田、莊隆昌、鍾佳濱、陳子欽等四十六位代表聯署提案，對於國民黨版修憲第一號案的若干條文提請大會「再付審查」，這就是依照前文所提，層峰於六月二十六日所交下的新版本。當天由於在場人數不足無法處理，只能送程序委員會。到次日大會時，一開始我就感到會場氣壓甚低，因為議事日程依程序委員會建議，將「再付審查」案列為討論事項第一案。在處理當日議事日程時，代表們發言不止，特別對於「再付審查」一節質疑甚多，我請程序委員會召集人蘇南成做說明，但是仍無法使代表們釋疑，也無法使會議進行。時近中午，我乃宣布請三黨推派代表，最好包括修憲審查委員會召集人和我商談。

這次協商在圓廳舉行，新黨代表表示再付審查不符程序正義絕不可行，而民進黨堅持可以，相持不下，民進黨的總召集人張川田並一怒而退席。所以進行了一個半小時，無法獲得結論，不過大家都同意我的建議，下午迅速進入議程，代表們不宜有過激的行動。

下午集會將議事日程、上次會議議事錄確定後，就進入「再付審查」案的處理。數位代表發言後，有代表提停止討論，獲得幾乎一致的贊成，接著表決「再付審查」案，有二三七位代表參加投票，二一二位贊成，我正要宣告表決結果時，不少新黨代表上主席台要阻止我宣告，而國、民兩黨代表亦一起上台制止，雙方發生衝突。我宣告休息數分鐘，即回到二樓辦公室，許多代表同仁明瞭我將取辭呈後再下樓宣讀，都來到辦公室懇切希望我忍耐。很多媒體人士亦來，要求訪問。

因為衝突時，有代表受傷，祕書處就緊急送醫，而謝副議長則代理主席，直到散會。晚間許多人打電話到家中安慰我，李總統也打電話來致意。次日改開修憲審查委員會，我去榮總思源樓探視受傷的湯紹成和高寶華二位代表，二位中高代表的傷勢較重，稍後新黨的女代表紀欣來，陪我去中正樓探視受傷的女代表汪志冰。回到會場，許歷農代表已在等我，他表示對昨日的場面十分煩心，他也要求我，在大會處理精省案時，不要主持會議而在會場投反對票；我表示身為議長不能表達個人的政治立場，否則中立的立場會被質疑，然而他既然提出，我會認真的思考此一問題。

他走後，我提筆寫了一個文件給陳川祕書長，內容是：「二日下午四時許，在大會主席台附近發生代表嚴重衝突事件，對本會形象傷害至巨，請祕書長洽請紀律委員會及早集會調查本案，並對應負責任者研議如何處理方式，提請大會公決。又當時本會所攝之錄影帶及各電子媒體如攝有當時現況之錄影帶，均請蒐集提供紀律委員會參考。」五日，祕書處簽以紀律委員會不能自行集會，必須大會決議交付審議，然而大會並未收到請紀律委員會審議的議案。稍後議事進行也略順暢。十六日中午，新黨羅怡德代表來我辦公室，重提三日許歷農代表相同的建議，就是要我在涉及精省議案時，在會場參與投票並予反對。這次我率直答覆不可能如此做，「新黨在連日會議中的發言和小動作，以及對媒體一再向我做人身攻擊，令我非常失望，我不可能隨你們起舞。」

當日晚間約九時許，處理修憲提案第一號的第九條二、三兩項，表決結果第二項在場代表二七三位，贊成者二五九人，第三項在場代表同為二七三位，贊成者二五六人，均已超過四分之三多數宣告通過。新黨此時全體退席，並召開記者會對我譴責。當日會議到晚間十時三十七分結束，新黨代表在我辦公室外叢集，破口大罵，彷彿通過的責任應由我一人負責。記者也包圍我要求發言，我說，身為主席一切依議事規則處理會議進行，新黨有充分發言機會，但是議會政治表決是決定問題的方式，表決通過主席只能宣告，不能做其他的決定。因為新黨代表包圍辦公室辱罵不休，國民黨黨團發動由女代表保護我離開返家。

## 三讀通過《憲法增修條文》修正案

十七日的大會和前一天晚上相較是平靜的多，原來以為二讀會可能結束，但是到了八時以後，代表在場的人數不能表決，所以只能散會。十八日的大會順利進行到四時十分，所有應處理的、進入二讀的修憲都已表決完畢，所以由「文句整理小組」到圓廳進行整理工作。五時三十五分繼續開會，由民進黨周威佑代表等提出繼續三讀的動議，經無異議通過，此時新黨總召集人李炳南代表發表聲明退出三讀會，稍後由文句整理小組召集人蘇南成報告條文條項整理情形，此時已六時三十分，當晚我早已答應台塑楊兆麟副總經理為他長公子證婚，已逾開始時間，我一方面請祕書電告國賓飯店請轉告主婚人，我將於七時三十分以前到達，一方面請謝隆盛副議長代理主持會議，最後《憲法增修條文》的修正案，在二六九位代表出席，二六一位贊成順利通過。

對我未在修憲案通過時敲下議事槌，媒體事後有很多臆測。實際上，議長中立是各國通例，對於任何議案均不應表示意見或立場。而依國大早先預定的日程，七月十八日本來應該已經完成修憲，不料過程中許多阻礙。日程一再延誤，而證婚是很早就確定了，我不能變更。有人說敲下那支議事槌比證婚重要，我的做法是不分輕重，但我是一個重承諾的人，答應了就一定要做到，副議長是議長的分身，由他敲下議事槌並無不妥。換句話說，一件事是必須我自己去做，另外一件是有人可以代我做。

## 關鍵點就在「絕對多數」改為「相對多數」

這次修憲最後的版本和原先國民黨所提的版本——也就是修憲案第一號有以下的不同：（一）國民大會仍依過去方式由公民投票選舉，而非用總統、副總統選舉時，各政黨候選人所得票數比率，分配各政黨名額產生。（二）總統選舉以各組候選人得票最多者當選，而非採用絕對多數制。（三）總統解散立法院，需立法院先通過對行政院長不信任案之十日內，而非未受限制。（四）對解散立法院後如何改選予以規定，並明定新產生的立法院其任期重新起算。（五）原版在行政院提請立法院覆議的法案如未通過，行政院長應接受決議或辭職，新版將「或辭職」三字刪除。（六）原版規定「行政院提出於立法院之重大民生法案，未於一年內完成立法程序者，行政院得經總統之核可，以暫行條例公布施行。並於立法院完成該法案之審議及公布後失效……」這就是所謂立法院怠惰條款，在新版中則予刪除。（七）立委總額由二〇〇人增為二二五人，原版採單一選區，新版仍恢復為以縣市為單位的多席選區。（八）立法院發動對總統、副總統之彈劾案，原版為經立法委員總額五分之三的提議，新版改為二分之一的提議。（九）審計權原版畫歸立法院，新版仍保留於監察院。（十）新版增加對司法院任期的變更，由九年改為八年，並且不得連任。同時增列：由代表同仁自行提出的司法院所提年度概算，行政院不得刪減，但得加註意見的條款，亦即所謂「司法預算自主」。

由上所述，可知層峰為使任命行政院長不需立法院的同意，以及為了精省，做了不少讓步，其中最重要的是國民大會的代表，由比例代表制改為仍由選民直選，使絕大多數的代表都很滿意。此外對於立法院的「怠惰條款」予以刪除，使立委亦感到受尊重，因此修憲得以完成。但是新版中最不妥的，就是總統選舉原採「絕對多數」改為「相對多數」，這是民進黨所堅持的，也因為這個變更，使國民黨日後失去政權。層峰在六月下旬對新版如此神祕，不使國民大會的負責同志（議長、副議長和黨團幹部）知悉，也是深切瞭解這些同志對此一變更均堅決反對。

我在修憲結束後對媒體表示：「國民大會與立法院在《憲法》上各有權限，然而立法院長年集會，有院址也有委員辦公室和助理，經過五十多年的運作，已有良好模式；而國民大會因非經常集會，而且代表並無辦公場所，最近才增設助理，而且國大並無固定集會場所，借用中山樓開會並非理想會場，一則距離遙遠，代表往返極為不便，再則會場無現代議會應有之軟體設施。國大代表對立委本質上並無芥蒂，只是同為民選代議士，立委有相當數額的選民服務費，而國代則遠不如立委或縣市議員，這是制度上的問題。」

修憲結束後，國大工作會於七月三十日向中常會提出報告，我也利用機會將上述意見陳述，並說明此次修憲，外界雖有種種批評，但代表同志盡心盡力，黨部方面雖認定若干同志有違反黨紀之舉措，仍盼中央以寬容方式處理，勿做嚴厲處分。李主席在結論中亦表示同意我的意見。

# 第二十四章
# 兩次大會間的活動

第三屆國民大會第二次會議於一九九七年七月二十三日閉會，第三次會議則於次年七月二十一日開議，中間大約間隔一年的時間。理論上我並沒有什麼工作，然而實際上每天都很忙碌。

就在第二次會議結束不久，我和六位立委及代表前往斐濟參加亞太議會聯合會（Asia-Pacific Parliamentarians' Union）第六十一屆理事會。

## 赴斐濟參加亞太議聯

亞太議聯每年舉行大會一次，多在亞洲地區舉辦。舉行大會時，也同時有理事會，多是在年初辦理；而在年中時會在一個太平洋地區國家舉行較小型的理事會。一九九七年一月亞太議聯第三十一屆大會和第六十屆理事會是在日本東京舉行，我曾率團參加，並通過第三十二屆大會和第六十二屆理事會將在我國台北召開。

一九九七年三月十三日，斐濟國會議長庫理沙基拉（Dr. Apenisa Kurisagila）致函邀請我率團赴斐濟參加六十一屆理事會。我立即請國大祕書處分洽國大三黨團及立法院祕書處，請三黨團各推一位代表及立委參加我國代表團。最後立法院推出葛雨琴、洪奇昌和高惠宇三位委員；國代推出黃健庭、賴福興和湯紹成三位代表。我們在行前先對議程、提案一起研究，並分派任務。八月九日離開台北先飛往火奴魯魯，轉機經奧克蘭，再赴斐濟的南地，這是該國西南部最大都市。理事會於十三日舉行，我曾應邀講話，表示本年元月在東京舉行大會及理事會時，決定明年初將在台北舉行大會及理事會，此為本代表團及中華民國的榮幸，我們將盡最大努力妥為籌備辦理。當晚斐濟總理蘭布卡（Sitiveni L. Rabuka）舉行歡迎晚宴，要我坐首席並致謝詞。十四日理事會順利結束，事先老友馬拉總統（Ratu Kamisese Mara）邀請我多留二天作為他的客人。十五日在南地喜來登飯店附設高爾夫球場球敘，他說因健康關係已七、八個月未打球。果然看到他擊球已不如過去，他長我十五歲，當時已七十七歲，因為體重過高，所以行動也蹣跚。打了九洞，我勸他休息，但是他仍堅持打完。

第二天早上，我們搭他的直升機到南地西方約二十英里的小島武墨（Vomo）。這個島被喜來登旅館建成觀光區，主要是旅館，所有的居民都是旅館的工作同仁。我們抵達時受到他們以歌舞歡迎，以後就到島上的九洞三桿標準桿的球場打球。打完九洞一身大汗，淋浴後午餐，飯後他去休息，我在海邊散步二小時，以後又打九洞，他逐漸又恢復當年的雄風。當晚我們住在小島上十分安靜，可是半夜時雷雨大作，據說平時都是如此。我們十七日晨回到南地又打了一場球，傍晚就搭機返國。這位總統實在是非常友好，原來他準備退休前再來我國訪問，只可惜成行前中風，二〇〇四年逝世，享年八十四歲。

由斐濟返國四天後，中國國民黨第十五次全國代表大會召開，這是我以出席人身分參加的最後一次全會，因為十六全、十七全我均因任職監察院不能出席，以後由於應聘為評議委員會主席團只能列席全會。

## 國民黨第十五次全國代表大會

這次全會前我在國外約十天，回國後看到桌上大批請帖，都是和競選中央委員有關。我曾參加過一、二次，整個餐會幾乎沒有人坐在座位上用餐，大家紛紛敬酒、交換名片，請惠賜一票；還有幾個人到角落上開小組會議；而且不久客人就走了一大半去趕攤。有人看到我坐在桌上淡定，走過來問我為什麼不去拉票，同時也一再拜託我要將國大代表同志的票幫忙投給他們。

事實上，八月二十二日我去中常會，會議結束後吳伯雄祕書長好意走過來問我：大家都在拚命拉票，為什麼你都不動？我說黨部不是告訴我們要好好開好全會，不要送禮、應酬、拉票嗎？我是忠實的黨員，當然要遵守黨的指示。吳聽了苦笑起來，接著說，我們要想法使你的票不要太難看。

另外，我也聽說國民大會因為與會人員不少，也成立了一個「換票聯盟」由蘇南成代表操盤，不過他從未對我提起，黨團負責同志也未對我說過。有其他想選中委的代表來找我幫忙，我只能請他們去找蘇代表。

八月二十四日是星期日，下午黨部在國際會議中心舉行十五全的歡迎茶會。李登輝主席親臨並且講話，但是與會的代表三五成群的在拉票，聲音十分嘈雜，主席的講話幾乎無法聽見。我也注意到李元簇、俞國華副主席根本沒有參加，中常委參加的也比沒來的少。

二十五日上午，舉行開幕典禮，主席講話，接著是預備會議推選主席團，我也列名其間。第一次大會由吳伯雄祕書長報告黨務，他特別闡明，同志們應該要明瞭我們是為何而戰（因為稍早有同志質疑），並且明白指出政黨參選必須勝利，否則即成為在野黨。行政院連戰兼院長做政務報告，說明中國人要幫中國人。

中午主席團會議推定十一次大會的主席人選，我被指定擔任第五次大會的主席。下午審查會，我是第三審查組的召集人，但是準時抵達世貿中心的會場後，卻都沒有人來開會，原來都去拉票了，等了約一小時來了三分之一的代表，勉強開會，大家意興闌珊，會議不到一小時就結束了。

二十七日下午，會議由李元簇副主席主持，由於會場十分嘈雜，到處都在拉票，元簇先生嚴詞令會場肅靜各人就位，旋即開始投票。傍晚開票，二百三十位中央委員，宋楚瑜得票最高，可見省府團隊對選票的掌握較黨部為深入；但是也有不少代表說，省府的換票聯盟是「只進不出」。無論如何，這也顯示黨內對宋因凍省所受的委曲，給予溫暖。

二十八日續開大會，下午為評議委員會，到三時半即舉行十五屆第一次中央委員全體會議，由主席提名一半，中委互選一半。因為有颱風來襲，原訂次日舉行的中常會提早在當晚舉行，由李主席提名蕭萬長繼任行政院院長，因為修憲後，總統提名行政院院長無須立法院行使同意權，因此蕭院長隨即提名各部會首長人選，均經常會予以同意。由於外交部部長將由駐美代表胡志強接任，所以蕭院長就詢問我，由何人接任為宜？我提到兩位曾任副代表的程建人次長和陳錫蕃副祕書長。蕭院長表示新任部長甚需建人兄輔佐，所以由錫蕃兄前往較為妥當。

## 應邀赴菲談憲改並會晤羅慕斯總統

十一月七日，菲律賓的中山學會邀我前往演講，九日晚間在馬尼拉大飯店舉行，參加者都是僑界的領導者，我以「宏觀前瞻、開創國家前途」為題做五十分鐘的講話，先是談到四個月前的修憲，有人批評是「毀憲」，事實上是隨國家的發展的需要而做的。另外我也對兩岸關係分析，說明大陸的經濟改革確有成效，但是大陸仍有（一）中央與地方的矛盾、（二）沿海與內陸差距的擴大、（三）國營企業的營運問題、（四）國防預算的不斷增加。我在結論時指出，民主自由以後，人人均可表示意見，各人堅持己見，沒有包容心，所以外界看台灣認為台灣十分混亂。希望今後社會各界多有包容心，才能切實促進海峽兩岸在民有、民治、民享的前提下完成統一。

十日下午我前往總統府與羅慕斯總統會晤，談話一小時餘，他對我們的修憲、兩岸關係極感興趣，提出許多問題，我逐一答覆。當晚旅菲中華協會在南苑餐廳舉行第十七屆及第十八屆會長交接及理監事宣誓就職典禮，邀我擔任監交人和監誓人。這個協會是由台灣前往菲律賓投資經商的新僑組成，會員有千餘人，團體會員有三百家廠商，主要是保障國人在菲的權益。

十一日上午我和旅菲台灣大學校友共進早餐，以後拜會艾斯屈達（Joseph Estrada）副總統，他確定將參選下屆總統，但是健康看起來並不很好，他與我們的「宏國集團」關係極佳，不斷提起，我也告訴他，國大謝隆盛副議長是集團負責人林謝罕見女士的介弟。稍後我就搭機返國。

## 維繫友邦邦誼

一九九七年三月，塞內加爾國會議長施碩國（Cheikh Abdul Khadre Cissokko）率團來華訪問，曾來國民大會拜會我，當時同意盡速在兩國的國會成立「中塞友好小組」，以促進兩國國會交流與兩國友好關係。他也邀請我率團赴塞國訪問。稍後國民大會在第三次會議的第三十四次大會通過正式成立「中塞國會友好小組」，同時也決議組成友好訪問團擇時訪問塞國。

同年六月二十八日是週六，布吉納法索外交部長魏陶哥伉儷來我家中拜訪。我們是多年老友，敘談甚歡，他提到布國龔保雷總統對我促成兩國建交時時提及，聽說我已改任國大議長，特別要他向我提出邀請，希望國大能組團去布國訪問。

兩次談話均由外交部非洲司同仁擔任傳譯，也將兩項邀請報告部次長，他們認為可以由國民大會組團前往兩國訪問。我即和三黨黨團負責同仁研究，決定依四／四／三的比例組成代表團。稍後三黨提出名單，國民黨是蔡定邦（及夫人）、陳建銘、李繼生、王智；民進黨是蔡啟芳、周衡、蕭秋德、黃永煌；新黨是潘懷宗、謝明輝、湯紹成。外交部並指派非洲司副司長陶文隆全程陪同，並為我傳譯。

全團於十一月三十日晚飛往巴黎，次日晨到達，在機場換機後，直飛布國首都瓦加杜古。抵達時布國國會議長陶赫（M. M. Traore）伉儷及國會重要議員均在機場歡迎，這位議長曾任布國駐美代辦，時間與我重疊，但是當時因未建交，故沒有交往。我在國賓接待室與媒體交談後，就前往旅館，當晚由龔政定大使在官舍款宴全團同仁。當時獲悉由於十一月二十九日各縣市長選舉，國民黨以八／十二席輸民進黨，而重要縣市多由民進黨當選，因此十二月一日股市開盤大跌，最後暴跌四百點。

二日晨，赴使館聽取簡報，稍後赴國會拜會陶赫議長及二位副議長，談話以加強兩國國會合作為主。布方提出盼發表共同聲明及簽訂合作協定，我建議由雙方各推三位代表，對合作協定內容詳細討論，我並請三黨蔡定邦、蕭秋德和湯紹成三位和布方代表磋商。下午全團前往外交部拜會代理外長的教育部長達比雷（Christophe Dabire），再赴國會與外交委員會全體委員座談，其他各委員會主席，各黨團主席也都參加，雙方發言都是以增進兩國友好合作為主。當晚陶赫議長伉儷在三軍軍官俱樂部設宴款待，賓主共二百餘人。我在宴席上以法語致答詞以節省時間，我對布國被稱為「君子國」特別稱頌，尤其是布國待客之道名聞遐邇，頗受賓客讚賞。

三日適逢本團王智代表七十七歲華誕，我特以法國領帶一條奉贈，全團同仁亦於晚間設壽宴為其慶生。王代表原籍高雄，早年赴日經商頗有成就，在僑界樂善好施，所以當選第三屆國民大會僑選代表。他雖然年事已高，仍在本團各項活動從不缺席遲到，而且和團內每位同仁都和睦相處，是一位可敬的長者。當晚壽宴，我因陶赫議長邀宴未能參加。當天中午午餐時，蔡定邦代表提到當地教育不夠普及，文盲達百分之八十，而設立一所小學只需一萬七千美元，似可設法促請國內有財力者資助，多設學校對邦交必有裨益。三日下午四時半，我們全團去布國元首龔保雷官邸晉見龔氏伉儷，兩位是多年老友，早些年中布建交，就是龔氏請其夫人來台北和我商談成功的。所以談話極為親切，龔氏表示自建交以來，雙方各項合作計畫都使他十分滿意。我們談話一小時後，他們伉儷又送我們到庭院中，召來他們極寵愛的幾隻大鳥（約有大孔雀大，但不會開屏）和我們一起照相，全團同仁都很興奮。

四日清晨，我們由國會第一副議長卡波爾（Christian Kabore，原任總理）陪同，由首都向東南行駛約二小時半，抵達布國第一大湖巴格雷，參觀我國農技團在該地區開發的一千公頃稻作區。因為在大湖附近供水較易，所以持續開發灌溉渠道。但是當地地質欠佳，甚多岩盤，開墾時經常需用炸藥。我國農技團墾區旁是加拿大和瑞典的墾區，他們進行多不順利，而我團則以苦幹精神（經常在攝氏五十度豔陽下工作）能使計畫超前，甚獲布國朝野推崇。我們抵達墾區，當地民眾熱烈歡迎，兒童歡唱甚為動人。我的老友水利部長狄亞羅（也是中布建交功臣）在現場接待，並且設午宴款待，回程走了三個半小時。晚間龔大使在官舍舉行酒會，到場賓客甚多。

五日上午又去國會舉行工作會談，對聯合聲明及合作協訂做最後核定，結束後，陶赫議長告以他明日奉命陪同龔保雷總統赴西南部巡視，無法為我們送行，特請第一副議長卡布爾代表送行。我對他的周到表示謝意。下午又回到國會，於四時向全體會議發表演說，仍是用法文以免翻譯節省時間。講話中我除了盛讚布國的政治經濟發展成就，以及布國在地區的貢獻，並將我國以往半世紀的建設及發展做一介紹，甚受歡迎，多次為掌聲打斷。接著上樓簽署聯合聲明及合作協定，之後舉行記者會。晚間議長舉行餞別酒會，會後又送我回旅館，並敘談半小時話別。

六日上午，卡布爾第一副議長來旅館，陪同前往機場搭機赴塞內加爾首都達卡。中午時刻抵達，由該國施碩國議長接機。下午施碩國議長又來陪同前往國家劇院，因為本週為塞國軍人節，一週的慶典，今天是軍樂隊演奏。狄伍夫總統、第亞姆總理（Habib Thiam），國防部長、參謀總長均在總統包廂內，我們夫婦也被安排和他們同坐，節目甚長，也很精彩。七時結束，我和全團同仁赴總統官邸晉謁狄伍夫總統，因為我們曾在台北晤面，談話極親切友好。他向我們表示兩國建交近兩年，我國對塞的技術合作計畫，對塞國都很有貢獻。中共對塞國仍未忘情，不時接觸，但塞國絕不考慮。塞外長尼阿西原計劃競選聯合國祕書長，已部署甚久，因為中共要以復交為代價，才能不在安理會投否決票，現已決定放棄競選。狄氏亦表示，我國杜筑生大使抵任後工作積極，獻替良多，塞政府亦決定於明年初，在台北設大使館派專使駐華。我對狄伍夫總統的善意表示誠摯謝忱，並說明擔任外長六年餘，最感愉快的事，就是去年初與西非大國塞內加爾建交，今後一定盡力促進雙方邦誼。

次日是星期假日，塞方安排我們去參觀傳統市場，手工藝中心，魚市場和奴隸島（Goree Island），塞國會塞中友好小組主席倪安（Abdoulaya Niang，原任塞國人權委員會主席）伉儷陪同，我們是由海軍總部碼頭登小艇航行二十分鐘到達，由當地市長接待參觀奴隸營博物館，看到當年法、荷、葡等國販賣奴隸以及虐待的種種劣行，實在令人髮指；以後再參觀海洋博物館，使同仁心情逐漸平靜，又參觀了西非歷史博物館，有不少史前遺物。

八日上午，先拜訪我國大使館聽取簡報。稍後赴塞國會拜會施碩國議長，並參觀國會設施。十一時，與國會主要成員舉行工作會談，第二副議長迪雅洛夫人（Mme. Diallo）做長篇發言，盛讚我國女權受到尊重，值得塞國效法。中午議長在國會餐廳以便餐款待。下午三時半，拜會第亞姆總理，他甫於十月下旬訪問我國，對於此行十分滿意。我也就以往在經建會工作經驗，提出國家發展對土地運用、交通建設、能源與水資源的充分供應，以及建設以不破壞環境為重要考量向總理報告。八時施碩國議長伉儷舉行正式晚宴招待全團，我在席間以法語致詞，盛讚塞國國會議事運作良好且有效率，可供我們借鏡，稱讚塞國為西非國家之民主典範，也對塞國會全力支持我國參與聯合國組織，表示謝意。

九日晨，由議長和陸上運輸部長希尼（Landing Sane）陪同，乘飛機赴塞國東部談巴孔達省（Tambacondа）巴卡爾市（Bakel），抵達後發現歡迎者人山人海，因為此地為議長故鄉，為塞國最東鄰近茅利塔尼亞，交通極不便，常有嚴重病患需送談省省會治療卻半途病故之案例，故我與塞國建交時承諾，部分支持由巴卡爾至與馬利交界之克底拉（Kidira）間之塞東公路全長二百五十公里，一九九六年末動工，約三年完工。我們下機後向歡迎群眾致意，議長並要我向群眾致詞。我以法語簡單說明，在外長任內瞭解此條公路對塞國東西部平衡發展極有助益，因此同意支助，希望大家不久可享受到此一公路帶來的繁榮便利。然後大家乘車走上這條未來的公路，途中黃沙千里都是遊牧人家，來回行車四小時，甚為顛險。約晚間八時才回到達卡。

十日上午議長、杜大使陪我們去達卡南郊路斯戈（Ruhsque）農技分團參觀（團本部在塞國西南端己甘秀（Ziguinchor）），由花卉技師顏炳崑及園藝專家李比得接待，該處我團設有示範花園，供當地花農參觀我栽培技術，提高品質與產量，以增加他們的收入。我請兩位技師代向其他分駐各地的十三位專家傳達我的敬意，並代表全團同仁致慰勉之意，稍後繼續拜會塞國政要。下午三時半，在國會議事堂簽署兩國國會合作協定，我們原本是當晚午夜搭機飛往巴黎返國，此時獲得通知，達卡國際機場工作人員集體罷工，所有班機都不能起降。我們返回旅館後會商，有的同仁趕著回台北，要設法去甘比亞首都班竹（Banjul）覓班機返國，但是塞方認為去班竹路途遙遠，勸我們仍留在達卡，他們認為罷工時間不會太久，而且表示在塞期間仍由塞方負責照料。

## 謝隆盛副議長不幸中風

這次罷工只有二天，我們在十二日午夜飛赴巴黎。然而在達卡多停留的二天中，十一日上午十時許，杜大使告知謝隆盛副議長中風在台大醫院急診。我在國大任職一年多期間，他對我十分照顧，突然聽到這個消息，我極為著急，又在萬里之外，無法為他做任何事。我立即致電陳川祕書長和隆盛夫人，才知道當天下午二時許（非洲時間為早上七時許），他準備去淡水，調解淡水鎮長的人選，坐車到北門附近，祕書發現他整個身子向下縮，立即通知司機轉到台大醫院急診處，診斷是蜘蛛網膜破裂，所幸由病發到就診未超過一小時，否則情況將極嚴重。此外，在十二日晨接到國維電話，知道美端在昨晚九時半在紐約生產是男孩，以後我取名為孫聖連。我也和台北聯絡，知道隆盛兄並無變化。

次日清早抵達巴黎，原先安排和法方晤談餐敘節目，因為下午即將搭機返台北，無法進行。十四日下午抵達台北，即到台大醫院的加護病房探視隆盛兄，見其膚色與前不同，皮膚亦有水腫現象，主治醫師告訴我有肺炎及水腫症候，腦壓高達四十，非常危險。所幸謝府全家不辭辛勞，細心照料，特別是隆盛嫂和他的大姊林謝罕見女士，在他臥床九年間，到處尋覓名醫或有特異功能的人士為他看診。期間曾在台大、榮總和振興三家醫院受到很好的照護，但是他始終未能恢復神智，在二〇〇六年十二月五日，因為敗血性休克逝世。

## 監察院長王作榮提案彈劾風波

回到台北大約三週後，又發生一件很重要的事。一九九八年一月六日上午，司法院施啟揚院長緊急來會看我，他說監察院認為許多彈劾案送到司法院公務人員懲戒委員會，或拖延很久未做處理，或僅做不痛不癢的處分，所以對司法院和公懲會極為不滿，王作榮院長準備提案彈劾他和朱石炎委員長。他認為我和王院長關係不錯，所以要我設法化解這件爭議。我說我國《憲法》第四十四條規定：「總統對於院與院間之爭執，除本《憲法》有規定者外，得召集各院院長會商解決之。」本案原應報告李總統請依此規定處理；惟行憲迄今半世紀多以來，歷任總統似未曾引用此一條文，所以李總統大概也不會引用。兩院間的爭議是大事，可能導致憲政危機，我準備設法聯絡王院長，設法瞭解他的態度，有無接受調解的可能。啟揚兄認為妥當，我立即致電作榮兄，說明啟揚兄正在旁邊，可否容我作東，請兩位午餐敘談。作榮兄立即表示可以，就約定在九日中午。

那天兩位院長會面都頗尷尬，我盡量使氣氛輕鬆，王院長表示此事冰凍三尺，多年來監察院認真調查行政部門官員的違失，證據確鑿才提出彈劾案。然而，很多彈劾案送到公懲會後一拖就是幾年，而最後的懲戒也是高高舉起，輕輕放下。外界對於這種狀況從不批評公懲會，箭頭總是對準監察院，認為監察院無能，不做事，無效率，使監委們忍無可忍，所以準備提彈劾案。他也表示另一解決辦法，是將公懲會改隸於監察院。

施院長則說明，不少彈劾案的對象，同時也受到檢察官的起訴，在法院未完成刑案的處理前，公懲會不宜先對該行政官員加以懲戒，以免被指是意圖影響審判結果。通常訴訟程序很冗長，的確是有耽誤的情形。至於彈劾案懲戒太輕，由於公懲會委員都是很資深的法官，他們獨立辦案的習慣，不易接受任何方面的建議，院長和委員長都無法影響。

我聽了兩位院長的敘述後，說我認為今天的爭議，是因為過去兩院全無溝通，各自為政，到了要箭拔弩張的情形，實在不幸。不知兩位院長可否允許我提一個處理意見？他們都說可以。我就建議兩院的祕書長每月會晤一次，將彈劾案的問題充分交換意見，必要時亦可請監委及公懲委員參加。兩位都表示同意，不過王院長認為，兩院祕書長不如由兩院副院長會晤，大家也都同意。最後我對王院長說，請貴院務必打消彈劾施院長和朱委員長的擬議。王院長欣然接受，表示一定可以讓擬議的委員瞭解今天的討論，應該不會再進行。我也提到公懲會隸屬司法院乃《憲法》規定，非經修憲程序不能改隸，同時監察院如同時行使彈劾及懲戒，有如球員兼裁判，早年我國法院及檢察署均屬於行政院司法行政部，以後推動審檢分離，法院乃歸屬司法院，就是要避免這種情況的持續。

這次餐敘十分圓滿，兩位院長都向我致謝，但是我卻深深感謝兩位院長的政治家風範，使國家避免發生一次憲政危機。這件事我並未報告李總統，也沒有告知任何人；因為我瞭解此事如有多人知道一定會洩漏，媒體必將大肆炒作。我當然不希望這件事又成為政壇上的話題。

## 籌辦亞太議聯大型會議

一月中旬，國民大會主辦亞太議聯第三十二屆大會及第六十二屆理事會。國民大會很少有機會辦這麼大型的國際會議，我們在四個月前就成立了籌備委員會，由立法院劉松藩院長和我共同主持。外交部也全力支應，會議的議事組和接待組都由外交部同仁參加。

這次大會共有亞太議聯十八個會員國和二個附設組織參加。由國外來的代表及眷屬共七十三位，大家都下榻君悅飯店，會議則在台北國際會議中心舉行。一月十四日上午十時，舉行大會開幕式，由上屆會長日本眾議員關谷勝嗣宣布會議開始，接著我以地主國代表團長身分致歡迎詞，都很簡短。接著由李登輝總統做主題演講，他提到亞洲金融危機剛結束，各國均將恢復元氣，其時亞太地區的密切合作更為重要，希望經由會議的召開，集思廣議，使各會員國的金融經濟走上復甦之途。演講不長，言簡意賅。結束後全體人員合影留念。大家恭送李總統離開。

接下來舉行指導委員會，由上屆主席斐濟國會議長庫里沙基拉主持，會中一致推選我為第三十二屆亞太議聯會長，也通過了本屆大會及理事會的議程。接著舉行理事會，也推選我為六十二屆理事會主席，並將各項提案付委。當晚劉松藩院長和我舉辦盛大酒會招待各國代表。十五日上午舉行第一次大會我主持，致詞中提到上個月《聯合國氣候變遷綱要公約》（UNFCCC）在日本京都舉行締約國大會，通過京都議定書要求先進國家大量減少二氧化碳的排放量，這對於人類未來影響甚大，呼籲各國國會切實監督行政部門遵照執行。接著各國首席代表發表主題演講。下午是各委員會會議。晚間行政院蕭萬長院長在希爾頓大飯店款宴。

十六日上午第二次大會，順利通過各委員會的提案和本屆大會的聯合宣言。稍後閉幕式，各代表團依次在十八份文件上簽字，並由下屆理事會主辦國東加王國及大會主辦國菲律賓團長分別致詞。會議結束後仍有觀光參訪行程，我因另有要事未能作陪。

原先李總統於十四日參加大會開幕典禮時告訴我，宏都拉斯共和國新任總統在農曆除夕就職，政府準備派我做慶賀特使，不知是否方便。我說服公職不能考慮個人，自當遵命。因此大會結束，我就積極準備。事實上現任總統當年就職大典我也曾參加，不過這次由於不少友邦都由元首參加，外交部為我分別安排各位元首的個別談話，我必須閱讀大批資料，妥善準備。特使團的成員包括外交部次長歐鴻鍊、駐宏國大使張慶衍、禮賓司長黃瀧元等，也包括了二位在宏國投資的企業家楊家祥董事長和邢治平主任。外交部也派了精通西班牙語的俞大澐祕書為我擔任傳譯。

## 擔任宏都拉斯總統就職慶賀特使

特使團於一月二十四日由台北啟程，經過舊金山、邁阿密，於二十五日抵宏京。到達機場後立即乘車赴軍用機場，由羅培茲副總統（Walter Lopez Reyes）伉儷接待並陪同我檢閱三軍儀隊。

我們抵達旅館後，宏國外長我的老友烏必索（Delmer Urbizo Panting）立即來旅館拜會，表達熱烈歡迎之意。我們略事寒暄，就更衣前往宏國國會拜會皮瑞達議長（他是新任議長，因新任總統原任議長），就兩國民主政治、經濟發展及國會運作交換意見。稍後赴羅培斯副總統家拜會，感謝他撥冗主持軍禮，他剛訪華歸來，對我國各項發展表示欽佩；羅氏伉儷當晚款宴本團同仁。

二十六日上午，我和全團同仁赴總統府晉謁雷伊納（Carlos Roberto Reina）伉儷，兩位副總統亦在座，雷氏表示一九九七年九月李副總統訪宏，為該國政府及人民留下深刻印象。我亦表示六年前來宏京參加中美洲元首會議，當時中美洲六國外長與我簽署協定，成立外長會議每年舉行，奠定我與中美洲國家合作的良好基礎。中午宏京全僑在趙家樓款宴，主席是宏國三軍總司令馮伯雄將軍（Mario Hung Pacheco）。下午四時，我們再度赴國會拜會新任總統佛洛雷斯（Carlos Roberto Flores Facussé），他是美國路易斯安那州立大學畢業，夫人為美國籍，所以可以用英語交談，新任外交部長馬丁內斯（Martinez）亦在座。佛氏表示三年前訪華，對我國留有深刻印象，當時我任外長亦曾長時間敘談，他記憶猶新。佛氏希望兩國加強合作，尤盼我國業者能與宏國業者合作投資公共工程建設。我答以我方業者已有在宏國經營者，彼等投資之主要顧慮是安全，包括治安和投資保證。佛氏表示上任後當設法消除此等疑慮。稍後各國元首來慶賀者均已抵達，有的等候會晤佛氏，有的與我有約，我乃告辭返回旅舍，先後拜會哥斯大黎加總統費蓋雷斯及多明尼加總統費南德斯（Lionel Fernandez），兩位均為舊識，談話甚為親切。晚間雷伊納總統在歷史博物館設國宴款待各國元首共七位，另包括西班牙王儲等四位副元首以及我和內人，因為各位賓客均為熟人，談話甚為融洽。其中無邦交的哥倫比亞副總統雷莫斯（Carlos Lemos Simmonds）兼任駐英大使，我特別向他介紹駐英鄭文華代表。西班牙王儲菲力比（Felipe de Borbon）經常代表西國出席拉丁美洲元首就職，曾和我多次見面，所以晤面後立刻叫出名字。

次日為農曆除夕，也是新總統的就職日，我們很早起床，在旅館大廳等候禮賓人員陪往典禮舉行地點國家體育館。因為我們座位較前所以等到九時才動身，各特使團依序唱名出場。司儀介紹我時，特別提到我任外長時協助雷伊納總統推行社會住宅的興建，將宏京山坡地的居民遷往新居。觀禮民眾喝采鼓掌聲特別洪亮，大概僅次於西班牙菲力比王儲。典禮約二小時，佛洛雷斯總統演說闡述其施政理念及目標，強調依法行政，自立自強，肅清貪汙以迎接二十一世紀的挑戰。以後宏京大主教主持宗教祈福儀式後結束。中午新任總統在官邸舉席午宴，參加者與昨晚相同。

回到旅館我立即和委內瑞拉總統卡德拉（Rafael Caldera）會晤，中委雖無邦交，此項談話是委方要求，因為卡氏於一九九三年曾以前總統身分訪華，由我接待，他表示次年將再參選，並順利當選。此次談話他主要是表達願在台北設處，但因房租價昂，盼我方能予協助。接著我去拜會薩爾瓦多總統喀德隆，喀氏亦盼我國加強在該國投資。稍後巴拿馬外長阿里亞斯來拜會，說明中巴邦誼穩固，盼我能強化投資以增進雙邊關係。接著我去拜會尼加拉瓜阿雷曼總統（Arnoldo Aleman）他提到尼、薩、宏三國共有馮世甲灣（Gulf of Fonseca），已畫完界線，但因無浮標，漁民時有越界捕撈蝦苗，引起糾紛，盼我支助建立浮標。我建議可在七國外長會中提出。晚七時我拜會巴拉圭瓦斯莫西總統，他盼望我國能以巴拉圭為基地以進入南方共同市場（Mercosur），也希望我國能支持巴國以打擊東方市的犯罪集團（其中有若干為華人）。晚間八時，赴宏國外交部參加新總統為各國慶賀團所辦的盛大酒會。這一年的除夕就在忙碌中度過。

二十八日是農曆新正，我在下午時二時離開宏京經紐約返國。啟程前宏國仍以軍禮歡送，由新任副總統卡本妮羅（Gladys Cabenillo）女士主禮，完滿的結束了宏都拉斯之行。

## 應智庫邀請，赴美談亞洲金融

美國華府著名智庫傳統基金會（Heritage Foundation）會長傅訥（Ed Feulner）致函，邀我參加四月中旬在加州幻象牧場（Rancho Mirage）舉行的該會年度理事會及公共政策討論會，並做主題演說。我於四月十六日啟程，經舊金山前往，並於十八日上午以「亞洲的觀點」（A View from Asia）為題做半小時的演講，主要是由一九九七年七月亞洲金融危機講起，說明金融危機的起源是全球資金充裕，大約為二十三兆美元，由於美國倡導各國金融管制都大幅放鬆，因此大批游動資金湧入亞洲國家，總額達一千億美元，多投資於股市和房地產，形成亞洲國家的泡沫經濟。而亞洲國家期盼經濟建設和發展，所需要的是長期投資。但是這些外來資金都是短期套利，由於市場變動，外資大批湧入或退出。金融機構的自由化是美國一直積極推動的，但是自由化的同時，必須配合對於金融機構的謹慎監督和管理，我國在這方面的做法或許可供參考。

我的講話獲得與會人士讚賞，並紛紛提出不少問題，我都逐一詳細答覆。會後傅訥會長一再表示謝意，並說此一演講為「會議的精彩時刻」（highlight of the seminar）。此次會議參加者有若干參、眾議員都紛紛來敘舊。

## 赴美參加高華德追思會

一九九八年五月二十五日，全球國際法學會（International Law Society）年會在台北舉行。這是二年前我國分會理事長丘宏達教授在我擔任外交部長時，和我商議確定的。許多國際法的名學者都專程前來參加，一連五天盛況空前，其中日本國際法院法官小田滋（Oda Shigeru）、美國的宋恩教授和總會會長史琳勛爵（Lord Slymn of Hadley）都曾來和我談如何增進我國的國際地位。可惜的是前國際法院院長阿根廷籍的魯達（Jose Maria Luda）因為前年在西班牙因心臟病逝世不能前來。魯達教授認為傳統國際法對於「國家」和「主權」的觀念，過於陳舊，乃提出「政治實體」（political entity）觀念以作補充，此一觀念倘能為國際法學界普遍接受，對我國參與國際組織甚有裨益。當初我就向丘教授建議，務必請他參加，並就他的主張發表演講，並有小組專題討論，無奈人算不如天算，此一計畫未能實現。

這次會議中一項重要決議，就是推選丘宏達教授擔任國際法學會世界總會的會長，任期是一九九八至二〇〇〇年，這是他個人和中華民國無上的光榮，也是他個人多年來辛勤努力的成果，實至名歸。可惜的是，他因為籌備年會，過度操勞在二十九日因心肌梗塞，在榮總急救，未能參加三十日最後一天的會議，由副理事長馬英九代為主持，而馬先生當天不斷有各界敦促他參選台北市長的團體要求見他，不得已只能由我以我國分會常務監事的身分接替。而我國友人高華德參議員於前一天逝世，三十日下午李總統要外交部胡志強部長到會場找我，要我立即赴美參加六月三日舉行的喪禮。我於六月一日中午搭機赴洛杉磯，次日晨續飛鳳凰城（Phoenix, Arizona）。

六月三日，駐美代表陳錫蕃和國防採勤團梁萍生團長由華府飛來。美方有雷根前總統夫人、副總統奎爾（Dan Quayle）夫婦、眾院議長金瑞奇（Newt Gingrich）以及資深參議員多人。美政府特派專機載這些要員由華府飛來。我們提早午餐，於十一時五十分乘車前往亞利桑那州立大學大禮堂參加追思會。他的靈柩由教堂移往會場，沿途民眾自動列隊目送，抵達會場時有簡單儀式，並有戰鬥機編隊低飛致敬。隨後會眾進入禮堂，雷根夫人、奎爾伉儷坐在第二排中央，我坐在他們後面一排的中央，所以先招呼這些貴賓。以後參議員們紛紛到來，都向我致意。追思會有五位致悼詞，其中高氏原辦公室主任克勞福（Ron Crawford）特別提到，高華德參議員生前熱愛中華民國，一九七八年底及次年初，對制定《台灣關係法》獻替良多，此所以今日在座唯一外國貴賓，遠從萬里外專程參加者，就是中華民國政府代表——錢復議長，全場遂響起熱烈掌聲。高華德遺孀及男女公子在儀式結束後，也特別前來致意，並邀往高府參加家庭式的小型聚會。稍後我就搭機返國。

不久，李登輝總統於六月二十日發布召集令，第三屆國民大會第三次會議，將於七月二十一日開議。當天我在辦公室邀集各黨黨團協商。國民黨團認為，本次會議將對第三屆監察院提名人行使同意權。第三屆監察院將於一九九九年二月一日就職，總統可望於本年年底以前提名，因此本次會議宜分兩階段進行。而民進黨團和新黨則主張以一次會方式進行。雙方無法獲得共識，決定稍後再做協商。

國民黨團於七月初分別在高雄市、台北市、台中市邀集黨籍代表，會商討論第三次會議的相關事宜。同仁均認為此次會議任務簡單，無修憲議程，因此宜分兩階段進行。第一階段由李總統做國情報告，並聽取代表國事建言；第二階段於年底舉行，對監察院人事行使同意權。

# 第二十五章

# 第三屆國大第三次會議

國民大會再度開議，會中對修憲案進行了激烈的討論。

另一方面，在擔任國大議長近九百天後，

李總統突然希望我接任監察院院長，打亂了我返校教書的規劃。

第三次會議是一九九八年七月二十一日開議，十七日上午李總統在總統府約見，聽取我對會議進行擬議的報告，他表示同意。接著，我又向他提起宋楚瑜省長的事，建議他約宋好好的談談。

## 各界抨擊與國代的苦衷

李總統表示，以前曾向我談過宋在賀伯颱風時處置欠當的事（請見第二十二章），去年為修憲事，宋多方阻撓，曾使他二週未能安眠，體重輕了七磅；最近宋又廣召人馬要成立派系，這是很不妥的，「你應該警告他。」我對李總統說，問題是經國先生在世時對黨內派系非常討厭，所以沒人敢做，現在總統兼任黨主席，一定要讓黨內團結和諧，切勿使黨分裂。李總統說確是如此，但是要勸宋以大局為重，不要把自己看得太大。

七月二十日辦理報到事宜，下午黨部在木柵青邨辦理黨政運作會，黨籍代表藉機宣洩不滿情緒，其中以對立法院權力過大，而國大則缺乏資源。李主席登輝於三時半來參加，我將代表的意見簡要反應，他直覺的對我表示，將來可走向兩院制，但是國大名稱恐無法保留；不過在會議結束時，他並未公開表示，只是說在國是建言時，他會有具體回應。

次日，第三次會議正式開議舉行預備會議，確定本次會議分兩階段進行，第一階段由七月二十一日至八月十日；第二階段由十二月七日至次年一月二十五日。就在開議當天，各報都對國民大會有很尖銳的批評。《中國時報》還撰寫社論，認為應該撤銷國民大會。稍後八月二十五日《聯合報》也刊登社論，建議要廢國大。我不知道兩家由國民黨中常委主持的大報，為何要呼應民進黨一向主張的「廢國大」？民進黨的主張我能理解，他們是基於意識形態要切除和中國有牽連的事物，所謂「去中國化」。國民大會是中華民國國父孫中山先生「五權憲法」、「權能區分」中的重要機構，何以會受到黨內同志主持的媒體如此痛恨？我深懍古人所說的「止謗莫若自修」，國民大會此時淪為過街老鼠人人喊打的地步，的確有其原因。

在第一屆國民大會時，老國代每逢開會時，總要向政府有所需索。自第二屆以後，國民黨籍代表居多數，少數的反對黨代表為彰顯本黨政治主張，時常有比較誇張的言詞和行動，國民黨代表無法忍受，不斷上演全武行的場面，騰笑國際。至於國民大會硬體設備的不足，我在第二十一章已做陳述，在此我想稍微敘述國代在心理上的苦衷。國代和立委大多數都是由地方上直接選舉產生，他們都需建立與選民間良好的關係，然而立委有月俸、選區服務費、多名助理；國代則沒有，選區內的婚喪喜慶都要自掏腰包，親自前往（沒有助理可代勞），因此國代在心理上自己感覺是低立委一等。這是為什麼國大集會時，代表們常以立法院或立委做文章，甚至有「互審預算」的主張。此外，國代每次開會都需清早自選區出發搭機或火車到台北，再轉車上陽明山會場，想要趕在上午九時前簽到是不可能的。立委在台北市有會館，外地立委均可居住，有專車送往立院，因此立委在會期很少因人數不足，必須延長正式開會時間；而國大則延長開會時間是常事。

以上所述，都是批評國民大會的人士們未必都能深刻瞭解的。所以我在議長任內，經常利用各種機會在公開場合為代表們申訴，但是媒體對於這種資訊並無興趣，也從不刊登。

## 第十二號修憲提案備受重視

這時候我的副議長謝隆盛已臥病八個月，醫院告知我，他不可能恢復意識，當然也無法擔任副議長的工作。這對我是一個很大的損失，因為我們在第三屆國民大會開始的近一年半時間裡，合作無間，他對我有充分的互補作用，例如作為議長，晚間需招待外地來台北的同仁，我是早睡的人，這些需求都由隆盛兄負責照料，又如代表們有時周轉不便，議長需代為設法安排，隆盛兄自己主持金融機構，也可以應付裕如。倘若他不能恢復工作，我的議長職務將很難順利執行。這裡所敘述的，一般人可能以為是天方夜譚，但是在台灣，各地方議會的議長都要負起這些「責任」。

第三次大會第一階段的會議，主要工作是聽取總統國情報告並聽取代表建言，以及本會有關法規之修訂，修憲案及一般提案之審議。李總統於七月二十七日做國情報告，聽取四十九位代表的建言，其餘的建言部分列第二階段再進行。八月四日，進行修憲提案的審查，共十四件修憲提案，其中最受重視的是第十二號，由顏明聖和李炳南等七十八位代表所提的建議修訂《憲法增修條文》第一條第一款為「國民大會與立法院之預算互審決定之」，不適用《憲法》第六十三條之規定，國民大會審議立法院預算時，立法院院長得列席陳述意見。此項修憲案於八月四日的修憲審查委員會處理時，經委員會表決多數通過，立即引起各方的重視。國民、民進兩黨的高層，均對兩黨的國大黨團下達命令，要求在下次大會處理時不得支持。因此八月十日大會時，通過第十二號修憲案「予以擱置」。當天國大第三次會議第一階段結束，宣告休會，將於四個月後進行第二階段的會議。

## 新書《連戰風雲》令李登輝不愉快

在休會的四個月期間，我還是很忙碌，這段時間有幾件事值得敘述。一是八月二十一日下午，《中國時報》資深記者李建榮拿了他的新書《連戰風雲》來送給我，並要我在新書發表會時講話推薦。我們正在談話時，連夫人方瑀女士來電話告訴我：這本書已有人送給李登輝總統看，李看了以後很不高興；建榮兄在旁邊聽到電話內容，反應很激動，表示該書是他寫的，文責當自負。到了二十六日上午，連副總統給我電話，表示這本書引起了不必要的困擾，所以明日的新書發表會他將不去出席，原先邀我講話，請我也毋庸前去講話，新書會將僅由連夫人講話。我即答應遵辦。稍後遇到《中時》余建新先生，他對我說，書的內容實際上並無問題，但是將書拿去給李總統看的人，將書的內容畫出若干部分，並表示書上將李所做的事變成了連所做的，所以引起李的憤怒；但是兩位，一位是總統，一位是行政院長，政府的施政，兩人均應負責，書以連為主角，當然是對連比較著筆多些。這件事據說引起李對繼任者重行考量，而且有些企業界大老也推波助瀾，使次年連的被提名幾乎發生變化，這是後話，將在下一章中敘述。

另外，台北市長的選舉在這段時間也密鑼緊鼓的進行。八月二十六日有人來辦公室對我說李總統對馬英九參選並不滿意，他屬意陳水扁市長連任。我在十月九日參加李總統宴布吉納法索龔保雷總統，席設圓山飯店，我恰好坐在李總統旁，當晚他的情緒很好，不斷談他最近高球球技的進步，我趁機向他提到英九的選情未盡樂觀，請他交代黃大洲和賴國洲全力協助，他沒有答覆，卻談起謝隆盛副議長的病情。稍後我又提到《自由時報》全力挺扁批馬，可否請他向林榮三董事長進言，做較平衡的處理，他笑而不答。

## 替馬英九約晤王永慶

過了二天，英九在晚間來看我，神情很疲憊，我並未將前晚的談話對他說。他說企業界對他不很支持，特別提到台塑的王永慶董事長，多次請見都未能安排。我和王先生並無深交，七〇年代時，他每年會約我們夫婦去他在南京東路寓所餐敘，每次均由王夫人親自主炊。八〇年代我在美國工作，一九八八年五月八日，王先生夫婦由紐澤西來華府，約我們全家登上他所租用的遊艇，在華府的波多馬克河航行，往返三小時。艇啟航不久，他就邀我到艙房內密談。他告訴我在二月間曾在香港與大陸人大副委員長榮毅仁會晤，榮請他去大陸投資，他婉拒了；三月間榮的長子榮智健來台見他，轉達大陸當局邀他去北京訪問，他遂於四月前往，曾見到鄧小平、趙紫陽、李鵬、楊尚昆及萬里等，各人均邀他赴大陸投資，他想問我意見。我說以王先生在台灣的地位，率先去大陸投資，恐將引起甚大衝擊，目前大陸尚未能容許外人投資之獲利匯回本國，王先生似可用此一理由婉卻。這次談話很長，個人感覺王先生對我尚有信任，因此我即代英九向王先生請求約晤，稍後即獲首肯約見。

此後我因赴歐洲訪問，就未再介入英九的選舉。然而他在當選後於十二月二十五日就職時，特別邀我在交接典禮上做貴賓致詞。那天有多人講話，輪到我時典禮已進行二小時，所以我很簡短的以八個字：「惜福、積德、兼聽、慎斷」送給他，這也是我服公職多年所獲的心得。

## 出訪教廷、英國和丹麥

接下來我想敘述一九九八年十一月間赴教廷、英國和丹麥三國的訪問。此事源起於上一年丹麥外交政策協會及英國皇家國際事務研究所，先後函邀我前往演講，因對岸先行獲悉，並向皇家國際研究所施壓，改由國際戰略研究所出面邀請；此外駐教廷戴瑞明大使亦表示，我上次赴教廷訪問已五年，舊友教廷外交部長陶然總主教曾多次向其表示，盼我能赴教廷與他晤談。因此外交部遂要我赴三國一行。我於十一月七日晚啟程赴義大利，八日晨抵羅馬，當日是週末，由駐義洪健昭代表和戴大使分別接待。九日上午赴教廷會晤陶然外長，主要討論兩岸關係，他對辜汪會談再行舉辦，甚表同意，指出對話有助於和平及和解。我亦將教廷關切的菲籍勞工在我國工作權益問題，向陶然外長做詳細說明，他說我國尊重宗教自由，對天主教會在我國受到尊重表示讚揚。

接著我去拜訪教廷負責與大陸交往的教宗財產管理局祕書長齊利總主教（Archbishop Claudio Maria Celli）。他對去年亞洲金融危機甚為關心，詳細詢問兩岸是否受到影響？我說我國在亞洲國家中受損較小，股市及匯率稍受影響，但今年經濟成長率仍可維持五點二，失業率在百分之三以內；至於中共則貿易出超受亞洲金融危機影響減少，而人民幣因四年前已貶值百分之四十，目前應能維持穩定，齊氏表示大陸如能持續經濟自由化，則人民可有較大自由。我說明台灣對大陸投資已達四百億美元，經貿關係密切，自然盼望大陸自由化並實施民主政治。

當晚戴大使在官舍設宴款待，並邀陶然外長、教廷新聞部長佛利總主教、美國駐教廷大使包格斯夫人（Lindy Boggs 曾擔任眾議員十八年，與我們夫婦熟稔）、韓國大使鄭泰翼夫婦、狄剛總主教等。因大家都是舊識所以談話極為融洽。

次日戴大使又在羅馬晶華餐廳款宴，約了邦交國的使節暨夫人大約二十餘人，其中巴拉圭駐教廷大使賴彌萊原為該國外長，我於一九九四年訪巴，就是他任部長親切接待，此次得在羅馬重逢極為愉快。晚宴後，戴大使要我就兩岸關係新情勢以及我國參與聯合國問題，做一簡單報告，各使節也提出若干問題，我均逐一答覆。

十一日我們飛往倫敦，次日上午先接受柴契爾夫人及梅傑首相（John Major）的外交顧問包維爾勛爵邀請同進早餐，席間曾談到英國是否可能採用歐元（Euro），包氏表示要採用歐元，必須先做公民複決（referendum），由於首相布萊爾（Tony Blair）會很謹慎，最快也要到二〇〇三年，包氏對布萊爾評價甚高，認為他擺脫工黨過去左傾做法，走中間路線，有人性化的措施。他也詢問我國內的政經發展情形、兩岸關係、大陸與香港情況，我均詳細說明。下午赴大英博物館參觀，由該館安德森館長（Robert Anderson）親自招待，陪同參觀重要展品。我國嶺南派名畫家歐豪年兄曾託我詢問，願贈送畫作數幅予該館，是否可接受。我一經提出，該館中國部同仁即表歡迎。當晚鄭文華代表伉儷設宴邀僑學界代表八十餘人與我餐敘，席間我曾就年底三合一選舉、辜汪會晤、國大近年修憲等問題做報告並答覆問題。

十三日上午赴國際戰略研究所，由恰普曼所長（John Chipman）及研究部主任西格爾（Gerald Segal）接待，稍後有數位參加演講會的重要來賓和我們同進午餐，其中包括英外交部政策設計局局長古柏（Robert Cooper）。午餐後下樓在大廳舉行演講，來的人包括英國外交及國防部的官員，各國使館政務官員，及資深學者，我以「亞洲新貌：特別著重在台灣的中華民國」為題，講了半小時，以後又有半小時的問答。主要分析亞洲金融危機發生的原因，後果及應記取的教訓，我接著將我國民主化的過程做扼要敘述，特別強調我國繼續推動民主化與自由化的決心，最後談到兩岸關係，說明最近逐漸邁向對話的接觸。

十四日是週六，二哥的長女美儀和她全家來旅館看我們，並一起參觀倫敦塔。當晚旅英國際法權威鄭斌教授（其父為一九四九年以前我國駐英大使鄭天錫，其岳父為同一時間我駐蘇聯大使傅秉常）伉儷設宴款待我們夫婦，就國際法問題交換意見甚久。

十五日為週日，我們由鄭文華代表伉儷陪同赴溫莎堡，假日遊客甚多，交通極為擁塞，我們在遊覽時見到幾個國內來的旅行團，大家輕鬆聊天並照相，當晚我答宴駐英同仁，感謝各位同仁的細心照料。

## 拜會柴契爾夫人，參訪各國國會運作

十六日晨，英國廣播公司來旅舍做電視專訪，稍後赴柴契爾夫人辦公室拜會，她左手剛動完手術，原應休息，但她說舊友前來一定要見面，問了許多問題，主要是兩岸關係和大陸內部的變化，她對朱鎔基要將國營事業民營化，甚感興趣，認為國營事業拖累大陸的經濟，應該積極推動民營化。下午赴英國廣播公司，接受「今日世界」節目主持人馬克斯女士（Ms. Nici Marx）做現場播出的訪問。四時去英國上議院應史琳勛爵（Lord Slynn of Hadley）的茶敘，並由他陪同參觀上議院議場。

十七日晨，與英國七〇年代總理卡拉翰勛爵通電話，我們過去每年六月在福特前總統主持的世界論壇會面，近年他因健康關係無法前往，由柴契爾夫人替代，他則長住在威爾斯，無法來倫敦，所以和他約好在電話中談了十多分鐘，聽到他的聲音很弱，講話時也會喘氣，想到他和藹可親的臉貌無法見面，實在很傷感。他說子、女都很成器，兒子邁克（Michael）是福特汽車公司英國負責人，女兒杰伊勛爵（Lady Jay of Paddington）是上院工黨發言人。他也告訴我稍後我要去拜會的下院議長波朔羅德女士（Rt. Hon. Boothroyd），是他過去三十餘年並肩作戰的同僚，請我代為致候。十一時許我去下院拜會中英議員友好小組主席考克斯（Tom Cox），他和我就英國國會運作情形稍稍交換意見，就陪我去下院參觀議事情況，並且給了我一份由三十七位議員聯署，編號為二三一號的下院動議，其內容是：「下院歡迎中華民國國民大會議長錢復博士來訪，並深信其訪問將對聯合王國與台灣間，現有在經濟投資與貿易活動之優良關係暨教育交流及觀光發展更為強化。」

同日中午，我和內人由考克斯主席及鄭代表伉儷陪同，至議長波朔羅德女士辦公室拜會。波議長認為我此次訪問對於加強中英睦誼至為重要，同時對我表示熱烈歡迎，我藉機向波議長請教，英國下院對內閣之質詢是如何進行。議長告以，議員倘有需要質詢總理或部長時，應先將擬質詢的內容，以書面提送議長，由議長轉送相關首長。議長通常於二週後安排此位議員在議會中正式口頭提出，並由首長即席答覆。其他議員倘對同一問題有意見，可在首長答覆後提出補充質詢（supplementary question），請首長再做答覆。有時議員有緊急事項，可不依上述程序，而於下院集會之上午以「個人通知問題」（private notice question）方式以書面送予議長，議長會考量其內容，或逕予擱置，或請議員於下午會議中口頭提出。議長也談到，議員們在會議時發言均甚有禮貌，很少有相互指責，用詞欠當或人身攻擊的發言。倘若有此等不妥的言詞，議長會立即制止，方法是說「守秩序」（Order）；如果議員不接受議長的裁示，議長可請該議員離席，假使此位議員仍不服從，則議長可起立點名該議員，此時全體議員將表決是否對該議員限制五次不得出席下院會議（再犯者可限制二十次不得出席下院會議）。如果該議員仍拒絕離席，議長可命警衛長（Serjeant at Arms，美國國會叫 Sergeant at Arms）將該議員架離議場。我聽了她的說明，才瞭解何以英國國會能如此順利運作。

談話結束後，我在下院餐廳應中英議員友好小組宴，到有馬丁副議長（Michael Martin）、外交委員會主席安德遜（Donald Anderson）、貿工委員會主席奧奈爾（Martin O'Neill）、交通委員會主席鄧伍迪（Gwyneth Dunwoody）、國際議會聯盟主席馬歇爾（David Marshall）等，及上院議員十餘位。當日傍晚，我們離開倫敦前往丹麥首都哥本哈根。

十八日，我由陳毓駒代表陪同去拜訪丹麥國會韓森議長（Ivar Hansen），我向他說明國民大會的淵源和功能，並邀他適時訪華。他提出我國是否有公民複決權、兩岸關係、我國選舉制度以及亞洲金融危機對我國的影響等問題，我均一一說明。接著與丹麥國會外交政策和外交事務兩委員會的議員座談，由外交政策委員會主席戴格女士（Ms. Welle Dagn）主持，戴議員曾於二年半前率團訪華，和我會晤過，此次特別安排此一座談，讓關心亞洲問題的議員們能和我會晤。大家提了許多問題，也不限於我國和兩岸關係，我均一一答覆，座談超過一小時。

傍晚我去以前上院議事廳，應丹麥外交政策委員會邀請以「亞洲新貌」為題發表演講，到會者除若干國會議員，政府官員外，尚有哥本哈根市長、印度駐丹大使等人，講完並答覆問題一小時。當晚該協會主席艾爾曼－詹森（Uffe Ellemann-Jensen）設宴款待。

十九日上午，赴丹麥自由黨拜會黨魁拉慕森（Anders Rasmussen），他曾於一九九四年以國會議員身分訪華，半年前接任黨魁，此時為丹麥最大黨（稍後於二〇〇一年大選勝利擔任總理八年，以後又擔任北大西洋公約祕書長四年）。拉氏對我國參與聯合國事甚感關心，我曾詳細說明我未能參與所受的傷害以及參與的困難，他甚表同情。中午由哥本哈根韓森市長（Hans Thustrup Hansen）款宴，結束後參觀市政府。當晚搭機返回台北。

## 李總統提出接任監察院院長之請

回到台北，就為第三次會議第二階段議事邀請三黨黨團會商，並約定於十二月二日晉見李總統報告會議的安排。但是前一天我去基隆，為立委和市長選舉與地方耆老會晤，到六時半返家，內人告知李宗義主任曾來電告知府內蘇志誠主任告訴他，明天李總統與我會面時，將請我接任監察院院長。這對我而言是始料所未及。我原準備於一年多後國大任期屆滿時，可脫離公職，轉任教職，卻未料到會有如此的安排。當晚我對整個問題思考甚久。

次日下午三時，我去府內晉見李總統，向他報告第二階段會議的預定議程，他旋即提出要我接任監察院院長，並說，對於此一安排是他幾個月來慎重思考的決定，要我千萬不可推辭。我問他：「我的任期還有一年多，代表們選我出來為他們服務，現在半途離任，很難向代表同仁說明。」他說：「你可以告訴大家，因為總統需要你去監察院。」我說：「總統如此安排，是否有意廢除國民大會？」他說絕對不會，接著又說，國大議長出缺，理應由副議長繼任，但是現在謝副議長臥病在床，無康復的徵兆；所以此次要重新提名議長和副議長，他會晤見謝副議長之姊林謝罕見女士，請副議長家人代為提出辭職函。另外他要我提出可以接任正、副議長的人選。我提了幾個名字，他沒有表示意見。

我正要辭出時，他突然說：這次還要換司法院院長，施啟揚要離開，由翁岳生接任。這使我十分訝異，因為司法院的任期是九年，而啟揚於一九九四年九月才到任，還未滿四年。我在告辭前向李總統提出，最近台獨的聲浪很強，我們仍在奉行《國家統一綱領》，請他重申政府反對台獨的立場，他笑著答覆，會找合適的場合重申反對台獨的立場。當天晚上，家中電話響不停，都是媒體獲悉，要求我證實，我因總統府並未公布，都答覆並無所悉。

三日上午到辦公室，李宗義主任來告，說各報都已刊登，記者希望我能證實，我告訴他應尊重體制，府方尚未公布，我不便有任何表示。稍後陳川祕書長來辦公室，表示不捨我離開國大；郎裕憲代表也來說他看到報導，很擔心國大會被廢除，我將昨日與李總統的對話告訴他，請他釋念。

五日是立法院和縣市長選舉投票，當天下午三時，李總統在府內舉行記者會，介紹第三屆監察委員被提名人，以及補提名的司法院正副院長、大法官及考試委員。我被指定代表所有被提名人講話，說明各人於獲同意後，必盡全力推動跨世紀的政府改造，發揮廉潔、效率、親民的精神。四時返回國民大會，主持公布總統府咨文的記者會，我表示李總統要求我轉換跑道，使我無法再在國民大會服務，對於代表同仁衷心表示歉疚，過去幾天由於府方尚未正式公布，所以媒體朋友訪問都無法如命，必須表示歉意。我也將接受提名的心路歷程稍作說明。

由於國大正副議長要補選，三黨團曾於六日協商，討論我宜於何時辭去議長職務，並決定我可於十一日辭職，但是李總統認為國大不可一日無議長，我不應提早辭職，我向他一再說明國大三黨協商宜予尊重。稍後政黨協商，同意於十五日辭。

七日，第二階段的大會重行開會，在憲政論壇時，各黨同仁紛紛發言，對我表示惜別。八日起，繼續進行代表對總統的國是建言，一連四天到十一日結束。

十二月十五日舉行大會，在中午休息時，民進黨的總召蔡啟芳和幹事長湯火聖來看我，他們表示由於正副議長要改選，他們原已與國、新兩黨若干代表密議，將推選國民黨代表為議長、民進黨籍代表為副議長，新黨籍代表為祕書長，預訂於當日下午公開召集記者會宣布，但是考量如此做會對我有傷害，現在決定取消；並且說這是給我的面子。我聽了十分訝異，只能對兩位代表表示感激。

## 卸下議長職務

當天下午，大會確定十四日晚上的政黨協商結論後，就有不少代表要求發言，對我表示不捨之意。發言結束後，我宣讀書面辭職文件，並做口頭感言，要點如下：

自民國八十五（一九九六）年七月八日承各位代表推選為我國首任的國大議長，實在是個人無上的光榮。在過去八百九十一天中，我從對民意機關的運作一無所知的新兵，到今天能勉強學習到一些國會運作的方法，主要是有賴於各位代表的愛心教導，祕書處各位同仁全力支持，這是我要衷心感謝的。……快樂的筵席終要告一段落，在這近九百天的日子裡，各位代表對我的支持愛護和友誼是我永生難忘的……。

兩項文件宣讀不逾五分鐘，結束後全體代表一擁上台，握手、擁抱、贈花、照相持續很長的時間。稍後我離開主席台回到二樓辦公室，看到許老爹（歷農）帶了新黨的主要幹部，在門外向我惜別，盛情可感。我也藉機將午餐時民進黨總召蔡啟芳代表向我所說的，三黨間代表的串連情形向他們說明，汪志冰代表坦承確有此事，我說，為國大好，免受外界訾議還是不要做的好。他們也表示同意。我遂即下山，結束了議長的職務。

次日（十六日）國民大會行使同意權審查委員會舉行第一次會議，我率先自我介紹；二十九位被提名人在第二次會議完成所有的自我介紹。接下來是各分組聯席會議，舉行三天對我和陳孟鈴副院長提名人做資格審查。有關我的部分在二十二日已完畢，但我仍需列席各分組的審查。另外我還要利用週末假日去秀山街的辦公室，整理文件書籍等並裝箱暫存，以備稍後搬往監察院。同時我也將座車交還國大祕書處，備新任議長使用，幸而我的連襟邱創壽君將他的車子借給我用，讓我可以便捷的赴陽明山參加審查會。

一九九九年一月六日，行使同意權審查委員會提出報告書，再於一月七日起，由全體會議審查共四日，至十二日結束（九、十兩日為週末無會議）。

國民大會於一月十三日舉行第十七次大會，先行補選正、副議長，分別由蘇南成、陳金讓當選。稍後即對監察委員提名人二十九名，進行同意權的行使，結果院長、副院長及二十六名被提名人，均獲過半數出席代表的同意，唯有張晉城君未獲通過，國民大會並於十五日將同意權行使結果咨覆總統府，李登輝總統於十八日明令任命。我在國民大會的服務於此正式結束。

# 第二十六章 國民大會的停止運作

雖然我國大議長的任務已經結束，但還是一直很關心國大的運作，在第四次會期中，發生「延任案」爭議，令社會大眾觀感不佳。最後終於遭到凍結，使國民大會進入「停止運作」的狀態。

一九九九年二月我去監察院工作，對國民大會的運作就不太注意，但是代表們仍常來看我，談到將依《憲法增修條文》第一條第四項的規定，依代表連署方式建議總統提早召開第四次會議。

## 第四次會議

由於第三屆的代表任期將於二〇〇〇年五月二十日結束改選，而代表們研究新任代表如何產生，民進黨堅持不單獨舉行國大代表的選舉，而要依附在立法委員選舉時，依參選政黨得票比例產生，也就是說，某一政黨在某縣市參選的立法委員候選人得到多少百分比的選票，該黨在該縣市國民大會代表也將有同樣的百分比的當選人。為了要適用此一選舉方式，必須提早修憲以便有充裕的作業時間。四月三十日有一七一位代表連署請求總統召開會議。國民大會遂即咨請總統府。李總統於六月五日發布召集令，而國大即於六月七日要求代表報到，並於八日集會，這樣的速度是前所未有的。

以後又有代表來告，新任議長蘇南成正在積極推動代表的延任案。表面上的理由是當時第四屆的立法院是於一九九九年二月就職，要到二〇〇一年十二月才改選，國大代表既然依附立法委員產生，也應將任期延長十九個月，到二〇〇一年十二月再改選。這項擬議多數代表都贊成，因為台灣的選舉是很昂貴的，選上任期四年，結果可作五年七個月的確是很誘人的。在此同時又有人提出既然國大和立院同時選舉，為了簡化選舉，何不將總統任期（與國大代表相同）也延長十九個月與立委選舉同時舉行。這項擬議在當時已廣為流傳，但是反對的聲浪也很強烈。

第四次會議於六月八日開會後，「延任案」就在議場不斷發酵：陽明山上意興奮發而山下則一片撻伐之聲。第四次會依程序委員會安排分二階段，第一階段自六月八日至六月二十九日處理內規修訂，總統國情報告及代表國是建言，以及修憲提案的一讀。由於政黨間對修憲實質內容尚無共識，因此休會。第二階段自七月二十九日至九月九日（以後至九月四日即結束）。

## 「兩國論」與延任案

在國大第四次會第一階段結束休會期間，李登輝總統於七月九日下午接見德國之聲總裁魏雷區（Dieter Weirich）等三人做錄影訪問。在答詢時李總統指出，兩岸的關係是「特殊的國與國關係」，這就是有名的「兩國論」[1]。這項訪問行政院新聞局於十日整理後，到十一日才見報，立即引起各方強烈反應，不僅在台灣，在國際上也被大幅報導。民進黨方面認為，此一宣告與該黨一九九九年五月八日的「台灣前途決議文」若干部分完全符合，所以在國大第四次會議修憲時，就要做具體的配合，也就是將《憲法》第四條和增修條文的前言加以修改，以徹底貫徹「兩國論」。

七月十四日晚，李成家代表在犇鐵板燒宴蘇南成議長和我，我向蘇議長鄭重表示，國大多年來修憲都是以《臨時條款》和《增修條文》方式，對《憲法》本文絕不更動，因為《中華民國憲法》乃一九四六年由全體國民委託制憲國民大會代表所制定，如今政府播遷來台，自然不能將全民所訂的《憲法》予以更動。蘇議長表示，確實有代表有此擬議，他同意我的看法，將妥善處置。

再回到延任案，七月十日，國大代表的高球隊在八里國際球場打球，李登輝總統也來參加。球賽結束後，有些不打球的代表也來參加餐敘。球場二樓有四間套房可供貴賓沐浴之用，四間外面有一個小客廳。我沐浴後出來，看到李總統在小客廳與蘇南成議長、陳金讓副議長、許勝發、劉裕猷、謝瑞智代表以日語交談。我出來後他們仍用日語在談，我能略微辨識是在談延任案，李總統似乎是說總統延任案不宜推動，代表延任他無意見。我聆聽的談話時間不長，以後大家去餐廳午餐。

國民大會第四次會議第二階段於七月二十九日召開，第二天就將修憲提案四十九件完成大體討論交付審查。這四十九項提案中最重要的是第六號，陳進發、陳婉真等六十六位代表所提修改《憲法》第四條，修正文為：「中華民國領土，依主權獨立、治權行使可及為疆域，經國民大會之決議可變更之。」以及第四十七號江文如等八十九位代表所提增列《憲法增修條文》兩項：「國民大會第三屆國民大會代表、第九任總統、副總統及立法院第四屆立法委員之任期均延至中華民國九十二年六月三十日止，第四屆國民大會代表、第十屆總統、副總統及第五屆立法委員均應於中華民國九十二年五月三十一日前同時選出，其任期均自中華民國九十二年七月一日起算」及「立法院立法委員之任期自第五屆起為四年，不適用《憲法》第六十五條之規定。」

依照第四十六號修憲提案，第四屆國大代表及第九屆總統、副總統將延任三年一個月，而第四屆立法委員也延任一年五個月，真是雨露均霑。

這二號修憲案分別由修憲審查小組第三和第一小組審查，都決定提請修憲審查委員會決定。修憲審查委員會由八月六日起，逐項進行審查。第六號提案經審查委員會決議，不予通過。至於江文如代表所提的延任案，則經楊榮明等七十一位代表提出修正動議，將總統、副總統部分的延任取消，僅限於第三屆國大代表和第四屆立法委員。這項修正動議於八月十三日在修憲審查委員會表決通過。我在電視中看到蘇南成議長在議場內舉手贊成，大為訝異。因為議長對任何議題都

1　關於此事的先期作業以及事後發展，請參閱蘇起的《兩岸波濤二十年紀實》第三章〈驚爆兩國論〉。台北：天下文化出版社，二〇一四年。

必須嚴守中立，不能表示任何立場。過去我在國民大會處理修憲案時，所有審查委員會的會議我都全程參加，端坐會議；但是當審查委員會的召集人宣布要表決時，我就會悄悄離開會場，到辦公室看閉路電視，到表決結束，立即返回會場。所以我就和當時在監察院負責公關、而又被國民大會借調擔任第四次會議顧問的陳安瀾兄表示關切。他立即報告蘇議長，蘇即於十八日晚間來我家中，談了二個半小時。

## 國大自肥令輿論譁然

蘇議長說，關於延任案是在六月間獲得李總統的同意，所以他和三黨進行磋商，由無黨籍的江文如代表領銜提案。他說七月十日在八里國際球場談話時，李總統仍是支持延任案（我自忖日文程度太差，竟錯以為李反對總統延任）。在那天以後，很久都未見到李總統，直到八月初，李總統邀他到府內談話，對他表示總統延任案不可推動，至於代表延任案，要他去和黨部章孝嚴祕書長商量。我對蘇說：「李總統在府內約見你，自然不便對國民大會的問題有所指示，要你去和章祕書長商量，你去了嗎？」他說沒有。我說，你早該去談，我想他一定會要你停止推動延任案。至於總統部分，自「兩國論」公開後，各方反應不佳，尤其是美國多次認為李在製造問題，這段時間不斷有人，包括在台協會主席卜睿哲（Richard Bush）來台向李進言，想必對延任案亦施壓力，所以李會請你到府內，直接表示不可推動總統延任，而對代表延任，他在府內沒有立場講話，所以要你去看章祕書長，請你盡快去看他，請教他如何處理這個棘手問題。國民黨在國大占絕大多數，只要黨部明確表示，這項延任案可以在二讀會時被打消。

蘇對我的講話沒有反應，立刻轉到另一個題目。他說，宋楚瑜一定會出來選總統（事實上此時宋並未宣布，至十一月十一日才宣布），而且勝選公算很大。原來黨籍國民大會代表會成為本黨總統提名人的自然樁腳，但是現在看來，恐未必如此，黨部必須在連、宋二人中有所抉擇，我說，自從到監察院工作後，完全脫離政黨活動，對於選舉我不表示任何意見。

很顯然，那晚的談話，對蘇沒有任何影響。國民大會於八月三十一日開始二讀，先大體討論，再逐條討論並議決，正式的投票是在九月三日進行，先有江文如代表等，提議以無記名方式進行投票，同時國民黨國大工作會主任陳鏡仁代表等提議，依國大議事規則三十八條規定以記名方式進行投票。兩案表決，前案有一五〇票支持過半數通過，後案八十七票支持，未過半數不通過。而後一案連署人數為一二九人，由此可見國民黨代表陣營鬆動。

原來經楊榮明代表所提出有關延任案的修正動議，經整理後成為修正案第九號、第十號，二者均由劉一德代表提出。第九號是修正原增修條文第一條第一、二項為第一至四項，其中一、二、四項為代表名額及婦女保障，第三項為選舉方式，內容是「國民大會代表於立法委員改選時同時改選，連選得連任，第三屆國民大會代表任期至第四屆立法委員任滿之日止，不適用《憲法》第二十八條第一項及第二項之規定。」第九號是將第四屆立委任期，延至九十一年六月三十日止。換言之，國大代表延任二年一個月，立委延任五個月。

九月三日下午就第九號一、二、三項合併舉行無記名投票，出席二六一人，表決結果不通過。此時蘇議長應宣布不通過，但他卻詢問大會是否有人建議重行投票，此時陳宗仁代表即提議重行投票；再次投票居然獲得四分之三支持，議長立即宣布通過。整個修憲案經表決完畢，再做文字整理，於九月四日凌晨進行三讀，均無異議，就完成了修憲程序。

修憲案通過以後，社會輿論群情大譁。「廢國大」的呼聲甚囂塵上。

## 蘇南成被開除黨籍

九月六日，民進黨籍國大代表劉一德、陳金德舉行記者會表示，此次國大修憲，蘇南成議長完全是配合該黨的國會改革計畫，也就是廢除國民大會。那天上班後，許多代表來看我，都是對於這次修憲表示不滿，認為修憲使民眾對國民大會嚴重不滿，使國大的未來面對困境。他（她）們認為蘇議長和國民黨黨團應負最大的責任。關於蘇，前面已提到，他主持會議不能客觀中立，代表們認為他堅持要使修憲案通過。黨團方面，代表們認為修憲案進行表決時，出席代表人數最高時為二七〇位，要使修憲案不通過，國民黨黨團只要有六十八位投反對票，就無法通過。此時國民黨籍代表有一八〇位，只要有百分之三十七支持黨的立場投票反對即可；而結果支持票超過百分之七十五。到底那些同志未執行黨交代的任務，由於這次修憲案表決前，先通過了使用不記名投票法，也無從查對。國民黨在大會中占有百分之五十四的席次，竟讓此一不符合修憲慣例的投票辦法通過，黨團實難辭其咎。這些代表相當氣憤，認為中央決策不明也是重要原因。我因為沒有立場表示任何意見，只能勸慰他（她）們以健康為重。

當天在歡送幾位中美洲元首的軍禮時，蘇議長也曾和我稍談，他對連日各方反應十分沮喪，也問我是否應該辭職，我說作為議長不應介入個案，他既然已介入，且引起各方的嚴重不滿，也使國大陷入困境，辭職以示負責可能是最好的選項。很可惜他並沒有如此做。

九月八日是星期三，原先國民黨中常會在上午舉行，因為是日上午有歡送國賓的軍禮，所以改在下午召開，會中通過開除蘇南成的黨籍，他是以不分區代表身分當選議長，由於開除黨籍，不分區代表隨即被撤銷，所以他議長身分也就自動解除。議長職務由副議長陳金讓代理。

## 釋憲推翻修正條文

十月二十八日，立法委員郝龍斌等一百一十二位委員連署釋憲申請書，針對上月初的修憲，請求司法院大法官會議釋憲。同日另有鄭寶清委員等七十九位提出聲請釋憲，十一月十八日又有洪昭男委員等一〇二位委員提出聲請釋憲。各該聲請均針對修憲表決採不記名投票，修憲結果使國大代表之選舉依附於立法委員之選舉是否適宜？以及用修憲方式延長代表及立委任期，違憲之疑等項。

大法官會議經審慎研議，於二〇〇〇年三月二十四日議決第四九九號解釋文。解釋文認為，國大代表依立委選舉結果比例分配，此等代表本身未經選舉程序，與《憲法》第二十五條國民大會代表全國國民行使政權之意志，兩不相容，明顯構成規範衝突。至於延任問題，代議民主之正當性，在於民意代表行使選民賦予之職權須與選民約定，任期屆滿，除有不能改選之正當理由外，應即改選；國民大會代表之自行延長任期，於利益迴避原則亦屬有違，與自由民主憲政秩序不合。

由於大法官會議之解釋文，一九九九年九月四日所通過之各項增修條文全部失效。解釋文公布後不久，有蔡正元、謝明輝、陳金德、江文如等一八四位代表連署，於二〇〇〇年四月一日由國民大會咨請總統召集會議。總統於同日發布召集令，定於四月八日起，舉行第三屆第五次會議。由於第三屆代表之任期於同年五月十九日結束，必須改選，因此集會之首日即通過議案，請行政院轉請中央選舉委員會在第三屆第五次會議期間，延緩辦理第四屆國民大會代表選舉事宜，以維憲政運作。

第五次會議於舉行前，先由國民黨、民進黨舉行政黨協商，並決定尊重各方意見，第三屆代表於二〇〇〇年五月十九日任期屆滿不再延任，今後國民大會仍保留機關名稱，走向虛級化、非常設化，僅於立法院提出總統或副總統彈劾案、或《憲法》修正案時，三個月內依政黨比例制選舉產生，每次集會一個月，會議結束即解除職務，過去由國民大會行使的職權，大多移轉由立法院行使，至於《憲法》的修改權及總統國情報告、國是建言則不再行使。

## 為正派的國大代表說句公道話

全體代表以很認真、迅速的做法，於四月二十四日完成第六次修憲的工作。並且為了表現不浪費公帑的精神，於修憲工作結束即行休會，至五月十九日舉行閉幕典禮，那天上午我應邀去陽明山中山樓參加，一到會場，許多代表紛紛要照相。典禮於十一時舉行，陳金讓議長致詞，對於國民大會自一九九一年第一次修憲以來的成就，做了詳細說明，特別對於第五次會議體察民意，經過朝野協商以國家利益及人民福祉為優先考量，在極短時間完成憲政改革，代表們是對得起國家，對得起社會。

接著指定我講話，我說，陳議長的發言都是我想說的，無須再予重複。但是社會上對國民大會許多根深柢固的誤解，也需要澄清。如很多人仍以為國大代表還是一群老朽昏庸、行將就木的人。事實上，我們代表的平均年齡比大多數的政府機關同仁要低，而且有近三分之一有博、碩士學位或是大學教授，很少公私機構工作人員有如此高的學歷。其次，媒體總想營造一種印象，好像國大開會就是打架。事實上，自第三屆開始，政黨協商運作相當順利，打架的情況極少發生。再有就是外界經常批評國大預算龐大，實在是浪費。事實上行政院所屬的三十幾個部會局處署，絕大多數的預算都遠超過國大很多，只有三個很小的機關預算少於國大。

我最後提到過去的八年，國大代表曾多次對司法院、考試院和監察院的被提名人行使同意權，國大代表在行使同意權時乾乾淨淨、清清白白，社會應該對於這種正派做法予以肯定。

閉幕典禮於中午結束，然後大合照、會餐，第三屆國民大會就結束了，有人說國民大會走入歷史，有人說國民大會自我了斷。我對國民大會有特別感情，因為這是國父特別為中華民國所制定的一個政權機構，所以本章的標題是用「停止運作」，因為在《憲法》本文第三章當中，「國民大會」仍然存在，我希望未來還有重行運作的可能。

2000年4月18日，與總統當選人陳水扁合影。不意後來在2004年發生三一九槍擊事件，陳總統堅持要我擔任特調會主席。

# 第四篇

# 監察院

・監察院院長

1999年2月1日～2005年2月1日

# 第二十七章 監察院的設置和演變

監察院是我國特有的機關。國父孫中山先生在奔走革命時，就考量歐美國家的制度，思考推翻滿清後，我們應該有什麼樣的政府組織？由於行政部門受到太多的牽制，政府推動政策過於緩慢，必須急起直追。

國父認為，唯有一個大有為的政府，才能迎頭趕上，造福全民。因此他提出了「三民主義」和「五權憲法」作為我國的政府架構。簡單的說。他認為人民要有權，政府要有能，將權和能加以區分。因為中國的疆域甚廣，人民無法行使他們的政治權利，也就是選舉、罷免、創制、複決四權。所以他主張由人民選舉產生國民大會代表，組成國民大會代表人民行使政權。

## 考試和監察制度為我國歷史特有

另一方面，治權是屬於政府，由國民大會選舉總統指揮五院——行政、立法、司法、考試和監察行使治權。這五權要彼此配合、而非互相牽制，如此才能成為一個大有為的政府，戮力為民服務。國父在西方國家的行政、立法和司法三權之外，又增加了我國歷史上特有的考試和監察制度，成為五權憲法。考試任官是隋唐時就開始實施；至於對政府官員行使糾彈的御史在秦漢時就開始。國父認為考試與監察是極好的制度，特別歸納於五權之中。

一九二七年十月三日，國民黨中央執行委員會通過「訓政綱領」，其第四條規定「治權之行政、立法、司法、考試、監察五項，付託於國民政府總攬而執行之，以立憲政時期民選政府之基礎。」五天後國民黨中常會選任蔡元培為監察院院長。然而當時北伐仍在進行中，監察院並未正式成立。直到完成統一後，一九二九年七月，國民政府命令監察院於三個月內成立，而蔡元培院長因健康關係多次請辭，中常會照准，並選任趙戴文接任。但趙並未就職，由副院長陳果夫代理，並籌設監察院。一九三〇年，國民黨第三屆四中全會選出于右任為監察院院長，並於次年二月二日組成監察院開始運作。

監察院成立之初，原設委員十九至二十九人；稍後增加為二十九至四十九人。除院本部設於首都外，並可在各省（或數省）設置監察使行署；監察使由監察委員兼任。訓政時期的監察院院長極具權威，監察院之各位監察委員、監察使以及審計部的審計長，均由其提名，經國民政府派任，因此院長為監察院具有實權之首長。

至於訓政時期監察院之職權包括彈劾、收受人民書狀、向各官署查詢及調查、巡迴監察及視察、糾舉、向各官署建議、監試、及審計等。各項職權中最重要的自然是彈劾權，彈劾的發動或由監察委員主動提出，亦可能由人民投訴書狀經調查由監委提出，此外各院部會首長及地方最高行政首長亦可提請彈劾。彈劾案可由一位或數位委員提出，然後由彈劾案審查會審查，審查時由全體委員除提案委員外，依序輪流由三位委員處理，可請當事人到院詢問，亦可蒐集證據或實地調查。審查結束後，應提出報告書決定是否彈劾。如被彈劾者為選任政務官，則應送國民黨中央監察委員會審理；如為選任以外之政務官，則送國民政府政務官懲戒委員會審理；至於被彈劾者為事務官，則送往司法院公務員懲戒委員會審理。

此處需說明的是，我國在一九四七年十二月二十五日正式行憲以前是處於訓政時期，以中國國民黨代表全體國民行使政權，此所以監察院的設立、院長的派任以及彈劾案中選任官員的審理，都由中國國民黨的中常會或中央監察委員會決定。

## 從訓政進入憲政時期

一九四五年八月十五日，日本正式向盟國投降，對日抗戰結束。蔣中正先生於勝利後就邀請中國共產黨毛澤東主席來重慶，洽商勝利後的復員工作，特別是如何早日召開制憲國民大會，制定《中華民國憲法》。國共兩黨及社會賢達人士（包括少數黨）於次年一月十日至十六日在重慶舉行政治協商會議，研究如何召開制憲國大以及準備在制憲國大中討論的憲法草案。在政治協商會議中，對中國國民黨所提出的依國父所提「權能區分」及「五權憲法」，於一九三六年五月五日，由孫科院長主導的立法院所草擬的「中華民國憲法草案」（簡稱五五憲草）大事修改。同年四月，國民黨的代表王世杰和共產黨的代表周恩來，又推薦民主政團同盟（民盟）的張君勱整理出政協的草案，提請十一月十五日在南京舉行的制憲國民大會以三讀程序，於十二月二十五日通過《中華民國憲法》。國民政府於一九四七年一月一日正式公布，並且於同年十二月二十五日正式施行，我國就由訓政時期進入憲政時期。

依照《中華民國憲法》第九章規定，監察院為國家最高監察機關，行使同意、彈劾、糾舉及審計等權。監察委員的產生是以間接選舉方式產生，每省五人、每直轄市二人、蒙古各盟旗共八人、西藏八人、僑居國外之國民八人；由各省市議會、蒙古西藏議會及華僑團體選舉產生。這項規定與五五憲草的規定不同，五五憲草規定監察委員是由國民大會產生。事實上，制憲國大通過的《憲法》和五五憲草有許多重大的不同，如立法委員依五五憲草是由國民大會選舉產生，《憲法》則規定由公民直選；整個政治制度，五五憲草是傾向於總統制、《憲法》則傾向於內閣制；五五憲草中行政院不對立法院負責，《憲法》則行政院對立法院負責；五五憲草中監察院並無同意權，《憲法》則有同意權；五五憲草規定國民大會三年集會一次，《憲法》規定六年集會一次。

## 于右任為行憲後首任監察院院長

行憲以後，政府於一九四七年十一月二十一日先行辦理國民大會代表的選舉，接著於次年一月間舉辦立法委員的選舉和監察委員的間接選舉。依照《憲法》第九十一條的規定，監察委員的法定名額是二二三人，但是當時國共兩黨內戰方熾，真正能辦理選舉的地區一共選出了一八〇人。行憲後第一屆的監察院於同年六月五日正式集會，並於六月八、九兩日依《憲法》第九十一條規定，分別互選于右任和劉哲為院長和副院長。

第一屆監察院於南京行使職權不到一年，就因國軍戰事失利，大陸淪陷而輾轉播遷來台。抵達台灣而能參與院務的監委不過九十多位。這些委員來台之初，生活甚為艱困，亦無適當集會場所，直到一九五六年台灣省政府遷往中興新村，才將省教育廳的舊址交由監察院使用。

行憲後的監察院職權與訓政時期大致相同，但是增加了同意權，依《憲法》第九十四條規定，監察院對總統提名的司法院大法官及考試院考試委員需行使同意權。這是因為根據《憲法》，監察院是由間接選舉產生，類似一般民主國家的上院，與訓政時期監察院為純監察機關不同，多少具有一些國會的性質。的確，一九五六年五月三日司法院大法官會議，第七十六號釋憲案就明白指出：國民大會、立法院和監察院類似民主國家的國會。此後監察院也成為我國出席亞太國會議員聯合會會議的一部分。

政府遷台後，最初以反攻大陸為基本國策，因此第一屆監察委員到一九五四年一月任滿，但是由於大陸淪陷，無法舉行第二屆監委的選舉。司法院大法官會議於同年一月三十一日公布第三十一號釋憲案，指出在第二屆監察委員未能依法選出集會以前，自仍應由第一屆監察委員繼續行使其職權。但是第一屆監委初有九十餘人來台，到一九六六年只有八十二人，因此在那年國民大會第一屆第四次會議中，通過了修正的《動員戡亂時期臨時條款》，第四條授權總統設置動員戡亂機構，決定動員勘亂時期的大政方針。這個機構就是一九六七年成立的國家安全會議（即「國安會」）。國安會認為在自由地區（台、澎、金馬）選舉，產生代表民意的中央民意代表毫無問題，先於一九七一年元月在台灣省議員，依人口增加的比例，推選周百鍊與蔡章麟為第一屆監察委員，他們的任期與已任職的第一屆監委相同，也就是說六年後不必改選。正式的增補選於一九七三年三月選舉，分別由省、市議會推選，並由僑界遴選李存敬等十五位監察委員，他們的任期依《憲法》規定是六年，每六年改選一次，以後因為一九四八年選出的第一屆監委逐年凋謝，監委人數逐漸降低，所以在一九八一年初改選時，有林榮三等三十二人當選，一九八七年初改選時，有黃尊秋等三十二人當選。這三十二位中，十二位是省議會選出，北、高兩市各選五位，由僑民中遴選的是十位。

## 「萬年國會」與「野百合學運」

蔣經國總統於一九八八年一月十三日逝世，李登輝副總統繼任，到一九九〇年三月國民大會舉行第一屆第八次會議，以選舉第八任總統。會議進行時有代表建議，三年前選出的增補選代表應延長任職為九年，以便和新任總統同時改選，代表出席費應提高，國民大會應每年舉行會議一次。各界對於這些提議十分不滿，譏為「山中傳奇」。台大同學於三月中在中正紀念堂舉行靜坐抗議，一般稱為「野百合學運」。李總統和抗議學生代表會晤，承諾當選後將舉行國是會議，處理社會上普遍不滿的「萬年國會」問題，以及其他重大憲政議題（請參閱本書第九章）。

同時一九九〇年四月三日，陳水扁、余政憲、彭百顯等二十六位立法委員，在立法院提案請求大法官會議，就三十六年前大法官第三十一號釋憲案，已因情勢變遷以及違反國民主權原則，對三個國會的任期有再予解釋之必要。大法官會議乃於同年六月二十一日，做出第二六一號釋憲文，認為一九四七及一九四八年選出之三個民意機關的代表及委員，應於一九九一年十二月三十一日以前終止行使職權，並由中央政府適時辦理，含有全國不分區名額之次屆中央民意代表。

另外，李登輝總統對野百合學運學生所承諾的國是會議，則於一九九〇年六月二十八日舉行，有國民黨、民進黨和社會人士一百五十人參加，會議主要討論國會改革等五項議題，於七月四日結束達成終止動員戡亂時期，修憲將《動戡時期臨時條款》改為《憲法增修條文》。至於國會改革，則由國民大會以修憲方式予以處理。

## 多次修憲，確立監察院性質與職權

第一屆國民大會於一九九一年四月舉行第二次臨時大會時，通過《中華民國憲法增修條文》十條，以替代過去的《動員戡亂時期臨時條款》，主要內容是明文規定第二屆中央民意代表產生的法源、名額、選舉方式等。當時有關監察院的產生仍依過去由省、市議會選舉產生，另有全國不分區和僑選委員則由遴選產生，總額為四十九人。

第二屆國民大會代表於同年底選出，次年五月舉行第一次臨時會議，通過了《憲法增修條文》第十一至十八條，規定國民大會代表任期四年，總統由全體公民直選產生，任期四年，至於監察委員則改由總統提名，由國民大會行使同意權產生，此外監察院原有對司法院、考試院的同意權，也改由國民大會行使。

這次修憲對監察院的產生、性質和職權都發生極大的變化。首先，過去委員是由間接選舉產生，現在改由總統提名，國民大會同意，因此監察院不再是民意機關，有人認為修憲後的監察院是準司法機關，我認為，監察院仍宜依《憲法增修條文》第六條為國家最高監察機關。而以往《憲法》明文規定，委員在院內所為之言論及表決，對院外不負責任，即所謂「言論免責權」，在這次修憲後沒有了。

另外，過去《憲法》規定委員除現行犯外，非經監察院許可，不得逮捕或拘禁，在這次修憲後也被撤銷了。再者，增修條文增訂監察委員需超出黨派之外，依法行使職權。職權方面，修憲後將監察院對司法院大法官和考試院考試委員的同意權，畫歸國民大會行使，另外對於總統、副總統得提出彈劾，則轉由立法院行使。一九九三年六月，立法院通過《公職人員財產申報法》，規定有關申報以及查核處罰工作，則由監察院辦理，二〇〇〇年七月，立法院又通過《公職人員利益迴避法》，一九九四年三月立法院通過《政治獻金法》，亦均規定由監察院辦理相關事宜。監察院為處理此三項廉政法規，也設立了財產申報處。

# 第二十八章 監察院院長的功能

自從一九四八年六月選出首任監察院院長以來，一提到監察院，大家都會想到有「美髯公」之稱，擔任監察院院長長達三十四年的于右任先生。監察院其實是民眾保護自身權益的最後防線，只是我們很少對外宣揚績效。

于院長不僅是我國革命元勳、名報人、教育家、書法家、詩人，更是一位操守清廉的政府首長。上一章的敘述，多所引用法條，讀者可能感到有些艱澀，此處我想簡單介紹于右老，他一生簡樸，布袍、布掛、布褲、布襪、布鞋。飲食也極簡樸。

## 于右任的傳奇

有一位前輩告訴我，右老平日用餐多是青菜、豆腐，極少葷腥。偶然來客，必以家鄉的陝西泡饃招待，老人家吃的十分高興。有一次，一位女士看到右老喝湯吃肉，都沒有沾到他的美髯，忽然想起就問右老，您晚上睡覺時，鬍子是在被內還是被外？右老被這個突如其來的問題考倒了，就回答說，真不知道是在被內還是被外。當晚睡覺時將鬍子放在被內，覺得很不習慣，久久無法入睡，就將鬍子放在被外，仍是不習慣，還是睡不著；一個晚上被內被外不斷更動，結果一宵未眠。次日上班告訴這位前輩說，睡了一輩子覺，從未想過被內被外，現在有人一問，還真是不知道到底是內，還是外。右老久任高官，待遇應可過中等人家的日子，但是他去世後，大家打開辦公室保險箱一看，全無任何有價值的錢幣或股票，只有一堆欠條。原來老人家心地善良，有人過不下去向他借錢，有求必應。所以常常沒有到發薪的日子，家中已無錢買菜。他通常向祕書、侍衛借錢，發了薪水馬上歸還。右老的墨寶大家都什襲珍藏，有人勸他定潤格，他不願並說人家是看重他才請他寫字，怎麼可以向人要錢。

右老在監察院的前十七年是訓政時期，所有的監察委員都是他的部下，而且也都是他細心遴選後，請國民政府派任。因此右老在監院主政時，可以依照個人的意志來整肅吏治。可是行憲以後，監委是由省市議會選舉產生，而院長也是由委員互選產生。院長雖然是監院的首長，但是他和委員是平行的，僅僅是由委員推選成為監院的第一位（first among equals）。右老對於此一大的變更似乎不能完全接受。過去他對委員們提的彈劾案，如果覺得被彈劾的官員受了委曲，他會找委員來告知彈劾案不應通過；也有他認為某一官員有貪瀆的情形，委員們沒有動作，他會請委員來提醒應予彈劾。這種舉動在行憲前毫無問題，但是行憲後，委員自認和院長是平等的地位，不能接受院長的命令，因此在修訂《監察法》時第十二條明文規定：「監察院院長對於彈劾案，不得指使或干涉。」院內同仁常稱這條為「于右任條款」。有了這一條的規定，使得監察院院長雖是一院之長，但是實際的權責反而不如其他的委員，因為監察委員可以提出彈劾案，也可以在輪到參加彈劾案審議時，充分表示意見並參加表決。也由於這一條，使五院院長中，監察院院長是權責較輕的。

## 向王作榮院長請益

一九九二年五月的修憲案通過後，第二屆監察院由總統提名，國民大會同意，於次年二月一日就職。院長是陳履安先生，他因為要參選第八屆總統，於一九九五年九月二十三日提出辭呈，由副院長鄭水枝代理，到次年八月，李登輝總統提名王作榮先生擔任第二屆剩餘任期的院長。王院長於一九九六年九月一日接任，任期只有二年五個月。王院長在很短的任期中，對監察院做了極大的貢獻，因為監察委員重要的工作之一是調查，調查政府機關或公務員是否有違失。然而當時監察院內並無能襄助委員查案的專業同仁。在過去監察院內有一部分同仁會被委派，臨時擔任委員的協查祕書，但是這些同仁都有自己固定的工作，而且也不一定有調查專業。

王院長到任後瞭解此一事實，積極設法解決問題。當然最好的方法，是設立一個專事調查工作的監察調查處，網羅專業的調查人員來襄助委員擔任調查工作。但是這麼做必須要修改《監察院組織法》，增加新單位和工作人員。當時這幾乎是一項不可能的任務，因為自從一九九二年第二屆立法院成立後，立法的功能和績效逐年降低，委員熱中於質詢或作秀，行政部門送去的法案堆積如山。多數機關首長非為絕對必要，大都不敢將法案送去立法院。然而王院長基於現實的需要，積極推動組織法的修法，他鍥而不捨的精神，使立法委員們深深感動，特別是王院長就職後不久，就發現胃部有惡性腫瘤，入院動了大手術，拖著病軀，奔走於相關立委的辦公室或住宅，使委員們很積極的將「監察院組織法修正案」完成三讀，此時他的任期也即將屆滿。王院長對監察院的貢獻，可以說是極為重要。

我在一九九九年二月初到監察院，此前我去王院長的家中請益，他一開口就說，組織法修正案已通過，如何將監察調查處好好建立起來，就要老弟來做了。我也曾逐一拜會已卸任的各位前任院長，以及第一屆幾位德高望重的老委員。他們都告訴我，監察院的主體是委員，院長要做好對委員服務的工作，使委員們能充分發揮他們的功能，這是極寶貴的建議。元月二十一日我也邀請了全體新任委員和院內主管舉行談話會，交換對未來工作的意見。結束後，院副祕書長陳吉雄君告訴我：他知道我久任行政機關首長，對公文非常認真，核稿仔細，但是在監察院委員們的調查報告，委員會的討論或結論，即使內容或用字有誤，院長也不能改動。但是如果公文就這樣出去，責任仍是要我負的。所以我就職以後，看到公文上有錯誤或錯字，我總是用浮簽寫明，送回原承辦人予以改正。他也提到，監察院長最好盡量不要在公共場合出現。此時由於民主政治實施，民眾的婚喪喜慶、開幕剪綵都期盼能有很多政府首長參加，這實在不是一個好的做法，因為首長們最重要的任務是將本身的工作做好，而不是像走馬燈一樣，到處參加社交活動。所以我對吉雄兄的忠告非常認同，並且切實照辦。但是監察院長是五院院長，有許多重要慶典或國務活動必須參加，我就一定全程參加。

## 幫同仁解惑的「泥菩薩」

這裡想敘述一件有趣的往事，我國總統每年總有一次對三軍親校。二〇〇三年九月四日清晨，我隨陳水扁總統去宜蘭蘇澳的利津國軍後勤補給部，參加漢光十六號演習，我們坐火車前往，上車後發現五院中只有我一人參加。在湯曜明國防部長簡報後，我們先看國軍裝備展示，以後是三軍聯合攻擊演練一個多小時，進行非常緊湊，可是那天發生了二個意外，一是飛彈未能射中靶艦、一是潛艇發射魚雷未能引爆。陳總統相當不快，回到貴賓室，就向湯部長和參謀總長李傑質問魚雷為何未爆，並說外界一定會大事炒作。兩位將領均無言以對，場面極為尷尬。我看到這種情況，就向陳總統解釋：我國向荷蘭購買二艘潛艇，但是無法取得武器裝備，所以一九八一年蔣經國總統命我去印尼面晤蘇哈托總統，請他向西德購買魚雷時，代我們多購一些。由於這些魚雷價格高昂，海軍一向視為珍貴物資，什襲珍藏，過去從未使用，現在算來，恐怕庫存時間已將近二十年，不知是否儲存太久，發生故障[1]。由於我的說明，才讓整個場面緩和下來。

基於以上所述，我到監察院後，就認定自己的定位是「泥菩薩」，要少說話，少表示意見，每天端坐在辦公室，不要四處走動。我這樣做，很快就得到委員們的認同，他們遇到困難的問題，隨時可到我辦公室談話，因為我總在那裡。不過後來來談的人多，也要先約時間。委員們和我談的，主要是他們在調查過程所遭遇的困難，或者困於政府運作的機制。這些問題我大多可以給委員們滿意的解答，所以，「泥菩薩」事實上也不是什麼事都不管。

院內的行政事務是正副祕書長的責任，杜善良祕書長和陳吉雄副祕書長都是資深文官，他們行政經驗豐富、處事公允，品德操守都是無懈可擊，使我可以充分信任。不過我到任後正好遇到「精省」，省府的一些機構要併到中央，其中漁業局要併入農委會，而漁業局的辦公室是在監察院舊大樓的東側，事實上是院大樓的一部分，院內同仁都反應宜設法畫歸本院使用，使舊樓成一整體。

## 成立院史館，委請作家撰寫案例

我為此事多次與行政院蕭萬長院長研商，終獲同意，以後動工時，漁業局部分整建與本院部分完全一致，於二〇〇一年五月八日正式啟用。舊大樓部分為台北市政府核定為文化古蹟，於同年四月二十六日，由內政部張博雅部長、台北市馬英九市長和我，共同主持古蹟建築點燈典禮。舊大樓二樓的圓廊和旁邊的房間，則布置為院史館。

我之所以要成立院史館，是因為我國民主化和新聞自由化以後，監察院被視為一個保守、古老，對國家毫無貢獻，只是浪費納稅人寶貴稅金的機關，社會上不斷有廢除監察院的呼聲。而事

1　關於魚雷取得過程，請參閱《錢復回憶錄典藏版．卷二：華府路崎嶇》九一～九四頁。台北：天下文化出版社，二〇二一年。

實上監察院做了很多的事。就以民眾受到政府的委曲來監察院陳情申訴為例，每年總在一萬七、八千件左右，以一年二百六十個工作天計，平均每天六十五件。這些陳情申訴包括：來院向值日委員申訴、委員做地方巡查時向委員申訴、以書狀函遞本院申訴或以函件向個別委員申訴，近年來以電子郵件方式申訴的數字大有增加。申訴的內容以司法案件居首，內政案件（特別是地政、建築、警政為主）次之、財經案件又次。陳情案件很多是針對同一問題，院方會合併處理，也有案情重大舉證明確的，院方立即派查，也就是請一位或數位委員調查，如果發現機關有違失，可以糾正；官員有違失，可以彈劾或糾舉。

由於這段簡單敘述，可以知道監察院是民眾保護自身權益的最後防線。可惜多年來監察院很少將本身的工作績效對外宣揚；而國內政界要「去中國化」的呼聲很高，中國的政治制度是國父中山先生所創的五權憲法和權能分治。後者在二〇〇五年六月七日修憲時幾乎已實質廢除；而前者的考試、監察兩院則成為眾矢之的，必欲廢而後快。

所以我除了設立院史館供各界參觀外，亦請同仁找出本院調查案件，其結果能保障或增進民眾權益者，可將調查資料委請作家撰寫專書。這是張富美委員於二〇〇〇年轉任僑務委員會委員長前，在五月二日參加本院談話會時所提的建議。第一本《滿星疊悲歌》由《聯合晚報》記者江元睿撰寫，《新新聞》雜誌社於二〇〇一年十二月十四日正式出版，監察院辦了新書發表會由調查委員廖健男介紹。稍後於二〇〇二年十二月十二日發行李逸塵女士撰《我想有個家》與鮑代玉女士撰《重建我的家》，二〇〇四年八月十八日發行江元慶君撰《南陽艦魅影》等書，前後共十四冊，目的是使一般民眾能瞭解監察院為民申冤以及增進民眾福祉的工作。可惜當時還沒有網際網路，所以很多工作都無法經由網路媒介使民眾瞭解。

## 蔡慶祝事件傷害監察院形象

我自己也時常反省，為什麼政治人物和媒體對監察院如此厭惡，事實上監察院本身也有責任。首先監察委員必須無私無我，廓然大公，不畏權貴，秉公任事。然而自一九七三年起，監委於一九八一至一九八八年共有三次增選，是由台灣省、台北市、高雄市議會和僑選遴選選舉產生。這段時間「黑金」在台灣政治已很流行，因此在後二次的省市議會選舉中，媒體就有很多報導，說選監委五千萬元就可以如願，繪聲繪色。的確新任監委的言行，也多少讓這些報導使民眾信賴。一九九一年修憲使監委產生方式改變，但是問題並未解決。第二屆由菲律賓產生的蔡慶祝委員就職後，不斷利用職權，威脅政府機關依他的意見行事，否則就要自動調查那個機關，此外他也接受企業界的行賄，為此向政府機關施壓。此事最後在一九九七年二月二十七日經調查局查明，送往檢察機關羈押起訴。雖然監察院的紀律小組立即在當天集會，建議呈請總統予以免職，蔡某稍後被判有期徒刑十四年、褫奪公權十年，但經過多次上訴、再上訴，才於二〇一三年五月二十三日由最高法院確定原判決，定讞發監服刑。這個案件對監察院的傷害甚大。

## 李國鼎彈劾案引起不滿

監察院最受外界關注的是彈劾案，每次有彈劾案都廣受各方重視，按理監院的調查應該是不公開的，但是每次有涉及彈劾的案件，一開始就會被媒體大幅刊載。一方面現在媒體能力極強，無孔不入，另一方面則是有些委員喜歡向媒體透露自己調查的案件，為個人做公關。然後，彈劾案成立後必然有人贊成有人反對，反對者會對監察院大肆批評。

監察院受到傷害最大的一件彈劾案，是一九六六年九月十三日對經濟部長李國鼎的彈劾。當時是李對東亞紡織公司貸款，監院以違反《刑法》一三一條「圖利他人罪」予以彈劾，公務員懲戒委員會稍後決議以申誡處分。這項彈劾引起媒體和支持李先生的人極為不滿，認為李所做的是便民而非圖利，不應彈劾，過了四十二年，李先生的舊部擔任監察院院長，公開批評監察院是「陷害忠良院」。

外界對監察院還有一項批評，就是績效不彰，浪費公帑。關於監察院的績效，第三屆部分將在下章敘述，至於浪費公帑，我去監察院服務的第一年也就是二〇〇〇年，監察院的預算是十二億六千萬，在中央各機關中是最低的，同仁約四百三十人，平均每人約三百萬元，實在不能稱做浪費。

# 第二十九章
# 第三屆監察院職權的行使

自從一九九九年宣誓就任第三屆監察院院長後，在六年任期中，我和二十四位監察委員及全體同仁辦理了不少重大案件，包括國軍精實、孫立人、幻象戰機、總預算赤字擴大和劉冠軍等案。

第三屆監察院二十八位委員，於一九九九年二月一日由李登輝總統主持宣誓就職，之後返回監察院由俞國華資政主持王作榮前院長和我的交接典禮，第三屆監委開始了六年的任期。

二〇〇〇年五月二十日，陳水扁先生就任總統，派本院張富美委員出任僑務委員會委員長、康寧祥委員出任國防部副部長。同年十二月十五日江鵬堅委員病故、二〇〇三年四月三日尹士豪委員病故。監院只有二十四位委員，而其中二位正副院長又不能擔任委員的接受陳情、查案、參加彈劾案審查，以及參加委員會決定糾正案，人數確有不足。陳水扁總統有鑒於此，於二〇〇二年三月五日晚約我到官邸，表示有意補提名監委，使能足額，並詢問我監察院需要什麼樣的人才。我說首先是品德操守，這是基本條件，其次我們目前只有二位女性委員，明顯不足，至於專業背景，本院缺乏財務和會計專長的委員。稍後他於五月十八日約我去官邸面告，擬提名趙揚清、林筠、李進勇和郭吉仁四位，他說明前二位均是女性有財務、會計專業，後兩位是民進黨，因為當時缺額的四位，包括提名未通過同意的張晉城、逝世的江鵬堅、轉任的張富美、康寧祥都是民進黨員，他為應付民進黨，不得不提二位該黨黨員。過了三天，五月二十一日總統府就正式公布補提名人選。但是立法院在六月二十日對四位全部否決，所以整個第三屆只有二十四位監察委員。

第三屆監察院雖然只有二十二位全職委員（院長、副院長並不執行委員一般任務），然而大家都十分努力工作，很多是日以繼夜，連週末假日都盡忠職守，工作不懈，所以在六年任期內辦理了不少重大案件，在此無法全部敘述，只能選幾個受到社會重視的調查案做簡要的說明：

## 國軍精實案

這個案子是第三屆開始時，由委員黃煌雄提出和呂溪木委員共同自動調查。黃煌雄委員曾二度當選立法委員，並且一直參加國防委員會，所以對於國防問題深感關切，提出此案的原因是因為國家預算困難，國防經費占總預算的比例逐年下降，由一九八〇年代占百分之四十七，到一九九八年已降到百分之二十。而預算主要部分不是新的武器裝備取得，而是人員的維持。黃委員調查此案並非是國防部有違失，而是希望瞭解國防部推動「國軍十年兵力目標調整規劃」案（一九九三年訂定），和「國軍軍事組織及兵力調整規劃」案（一九九六年訂定簡稱「精實案」）過程遭遇什麼困難。黃、呂兩位委員為調查此案十分辛勞，於一九九九年五月密集約晤當時任國防部長的陳履安、孫震，蔣仲苓、唐飛四位先生，參謀總長劉和謙、羅本立、湯曜明三位上將，計畫參謀次長沈方枰、何兆彬、劉志遠三位中將，及當時擔任人事參謀次長的陳金生中將。

調查報告初稿於同年六月完成；因為陳前部長履安到八月十日才能約晤，所以又將初稿改寫為修正稿。報告全文七十三頁，還不包括附件。國軍未來十年兵力目標綱要計畫，主要目的是建立量少質精，武器裝備總體戰力堅強的國軍第二代兵力。建議至二〇〇三年將總兵力定為四十萬人，占我人口的百分之一點八。當時（一九九三年）國軍員額為五十萬人，但各部隊缺額情形嚴重，尤以陸軍為甚，同時高層組織龐大有頭重腳輕的問題，而且參謀本部及各軍種總司令部之聯參單位重複，如成立聯合作戰的國防軍則可將人事、情報、作戰、後勤、計畫、通訊等參謀人員大量減少，並可在戰時發揮三軍統合戰力。因為提到國防軍所以也連帶碰觸到國防部的組織，究竟要維持部長參謀總長兩元制或是參謀總長一元制的問題。這方面問題不大因為社會大眾都希望以文人領軍，也就是說文人國防部長，而參謀總長是國家元首（三軍統帥）的幕僚長，必須是職業軍人。

另一方面是國防部一直在介壽館（總統府）辦公，總統民選後國防部必須遷出，究竟遷往何處？當時有大直（原三軍大學舊址）和八德（與陸軍總司部毗鄰）兩案，被行政院郝柏村院長批示「緩議」。一九九六年十一月軍事會談，李登輝總統裁示將國防部、參謀本部及空軍總部遷建於大直，三軍大學遷建於八德。定名為「博愛專案」。

至於「十年兵力目標」案，由於「十年」一詞經實施數年，外界不明何所指易生誤會，且原案執行時發現若干困難加以調整，同時將遷建案併入，修訂為「國軍軍事組織及兵力調整規劃」案，簡稱「精實案」，由上層（高司，即高級司令部）組織精簡提高效率，基層單位充實其戰力，以建立現代化的專業部隊。全案預定總員額五萬二千餘人，以精簡高層充實基層做法，將級官員盡量減少，軍官精簡幅度須大於士官。

整體而言，「精實案」是要縮編國防部、各總部的單位，並且裁減各級的軍官、士官和士兵的員額，而代之以提高武器裝備的性能，使國軍能更機動，戰力能更強。兩位委員在深入研究「十年兵力規劃」和「精實案」，認為這是政府遷台半世紀中最重要的軍事措施，也就是變更國防部的編制和組織，但是只做到「精簡」，而沒有做到組織再造。國防部於一九九四年八月提出「中原專案」，建議國防部及三軍總部都遷往桃園八德，成為我國的五角大廈，但是未荷行政院批准，兩位委員建議這一構想宜由總統邀相關人士深入評估研討。國防部遭遇的另一困難，就是精實案實施後人員減少，但是國防預算減的更多，所以兩位委員建議，國家對於國防預算應設有最低底線，而國防部在有限預算前提下，對「軍事投資」、「作業維持」、「人員維持」三項預算的分配，做出優先順序的考量，以免人員維持費用不斷增加，排擠軍事投資和作業維持。

## 孫立人案

孫案於一九五〇年代為我國震驚中外的一件大案。孫立人將軍在第二次大戰時曾率遠征軍收復緬甸，政府遷台後任陸軍訓練司令，在鳳山訓練軍、士官，充實國軍中下級幹部，一九五〇年任陸軍總司令兼台灣防衛總司令。一時聲名大噪，然而，譽滿天下謗亦隨之，孫將軍與軍中其他部門的將領相處不洽，又因身受美國軍事養成訓練，對正規軍校出身者，言詞間偶有過於直率之處，因此同僚間時時向蔣中正總統指控其培養個人勢力。

一九五四年七月和九月，國防部參謀總長兩度出缺，大家都以為應該由孫接任，但是卻由桂永清、彭孟緝出任，而孫於一九五四年六月調任無實權的總統府參軍長。孫的舊部對此安排極為不滿，乃在南部各地聚晤商討。孫對此未加阻止，且有時資助。一九五五年五月五日，其親信幹部郭廷亮少校以匪諜罪被捕，同案牽連其舊部三百餘人。當孫氏閱讀彼等自白書後，即於八月三日簽請辭職，蔣中正總統於八月二十日下令免職，並請副總統陳誠為主任委員，組成九人委員會調查孫氏是否涉案。

與此同時，監察院（第一屆）於九月二十日院會決定交國防委員會調查，國防委員會於次日集會推定曹啟文、王枕華、蕭一山、陶百川、余俊賢五位委員組成調查小組，是為「五人小組」。九人委員會報告於十月八日簽報蔣中正總統，二十日正式公布。報告中根據郭廷亮的自白，指他為匪諜，為對岸在國軍中從事「兵運」。江雲錦等在南部軍中散布不滿謠言，計劃從事

「兵變」或「兵諫」。孫則知情不報，亦從未設法防止，惟念孫多年貢獻，建議層峰寬宥愛護。至於監察院五人小組則積極調查，曾約談孫將軍，惟在約談郭廷亮時，則為國防部軍法局以「偵查不公開之」為由，予以婉拒。五人小組之報告書由召集人曹啟文委員主稿，十一月二十一日定稿，其中指出郭廷亮、江雲錦、王善從等嫌犯在偵訊期間均曾遭嚴酷刑求，國防部對九人委員會報告認定彼等均觸犯《懲治叛亂條例》第二條，但彼等並未破壞國體或竊據國土，亦未以非法方式變更國憲或顛覆政府，至多只是聚眾圖以暴力脅迫。五人小組報告結論提到，認為本案非叛亂案件，並由五人連名於十一月六日函陳蔣中正總統指示軍法局應本事實以適用法條，將來擬定判決時，亦請核派態度公正、法律精通之文職人員協助覆核，期無枉縱。此外，召集人曹啟文委員又以中央政校學生身分於十一月二十一日上函蔣中正校長，提到孫立人將軍兵學造詣深邃，不可能指使部屬在西子灣或陽明山官邸進行「兵諫」；而郭廷亮一門忠貞，兩弟在台兒莊戰役殉國，郭本人負傷十餘次，曾獲美國頒勳，因其為孫親信舊部，受抑壓於少校階級十年之久，在步兵學校任教官，仍負責認真，外人到南部參觀多由其負責表演，如此忠貞愛國，何能成為共諜？

此一調查報告因九人委員會認為與該會報告出入甚大，要求監察院鎖於保險箱內，三十三年後國內改革開始，報禁政黨開放，各界紛紛要求將五人小組原報告公開，監察院乃於一九八八年三月三十一日公布，這是曹啟文委員執筆（黑色毛筆），而有紅色毛筆，紅色鋼筆及黑色鋼筆更動的報告。公布時，對刪去部分均以「XXX」表現。各報刊登報告書後，不少人因見刪去部分頗多，仍感不滿，因此由第一屆監察委員羅文富專案調查。羅委員曾親赴台中訪晤孫將軍，另赴綠島訪問郭廷亮少校。根據羅委員報告孫、郭兩人生活尚稱自由。孫將軍仍無法赴國外，健康狀況已進入衰老，行動需人服侍照料。郭廷亮在綠島主持養鹿站，收入敷用，只是不能常返島內家中。

孫將軍於一九九〇年十一月十九日在台中逝世，享年八十九歲。公祭時獲頒李登輝總統、郝柏村院長署名的褒揚令，肯定其忠於國家。郭廷亮於一九九一年十一月十八日在中壢火車站跳車逝世。第三屆監察院於就職後不久，在一九九一年八月三日委員談話會時，趙榮耀委員提出，三十六年前本院對孫立人案提出的調查報告雖已於三年前公布，但報告中有失落及修改的文字，似應請學者專家鑑定復原。經院祕書處與中央研究院近代史研究所研究員朱浤源博士訂研究合約。朱博士對孫立人將軍素有研究，曾訪問與孫案相關人士百餘人做口述歷史，亦有論文專著數種。他受委託後就積極展開研究，於二〇〇〇年十二月十八日完成鑑定研究報告。關於文字失落部分，事實上都是當年禁忌部分，如部隊番號、隊職官姓名、軍中士氣低迷、黨在軍中的活動，以及對於國防部以「偵查不公開之」拒絕委員訊問郭廷亮的反駁等，並沒有對案情有重大關係。但是朱博士的研究有一重要發現：就是五人小組報告為何塵封在本院保險箱內三十三年的原因。朱博士在國防部軍法局檔案中，找到一九五五年十一月二十四日時任行政院副院長、亦為九人委員會委員黃少谷致總統府張群祕書長函，檢附其對五人小組調查報告之不同意見。黃認為上述報告「極盡為孫辯護之能事，推翻九人調查委員會之報告」。他亦直指五人小組調查報告「如果公開發表，或者從口頭傳播，整個國家所蒙受之損失，將不堪設想」。黃氏又於同年十二月九日為陳誠副總統擬一與曹啟文等五位委員的談話稿，要求五人小組不向院會提出書面報告，僅提簡單的口頭報告，當天會議紀錄應僅「密存待查」，所有與會委員及職員都要「負保密之責」。這就是五人小組調查報告之所以密存保險箱的原因。

朱博士的研究報告，更進一步透露了郭廷亮為何自認匪諜。郭於被押後，雖經嚴刑拷打，但是沒有提供偵查人員任何可以使孫將軍入罪的口供，一九五五年六月二十日，保密局（以後的情報局）特勤室主任毛惕園和偵防組長谷正文研商，要郭自認為匪諜，如此始可使社會接受。七月十四日晚，毛、谷三人乘保密局毛人鳳局長（是時在美治療癌症）去北投時，帶郭去毛局長官舍會見一位偽裝的毛局長。假毛局長對郭說，這個案子現在輿論譁然，社會謠言四起，牽涉到孫將軍，現在唯一解決辦法是你和我們合作扮演「偽匪諜自首」，這樣政府對社會輿論有所交代，孫將軍所受的壓力也可減輕。假毛局長並告訴郭，他的自首只是手續，他的自首可使孫案被捕軍官和郭的家人全部釋放。於是，郭就照著毛惕園的劇本演出，他的匪諜自白書使孫將軍被指控為包庇匪諜，受了四十三年軟禁與世隔絕。朱博士的委託鑑定研究報告，經國防委員會委請趙榮耀、尹士豪兩位委員審查，於二〇〇〇年十二月十八日提出審查報告，其中指出朱博士於檔案訪談中多方查考，印證監察院五人調查小組，在當時威權時代下，仍保持監察御史一貫之不畏權勢，竭盡客觀明辨、公正不阿精神，對本案還原歷史真相，具有重大意義。本案發生於一九五五年，朱浤源博士鑑定研究報告完成於二〇〇〇年，前後四十五年，確認孫將軍未包庇匪諜，還他清白。朱博士也肯定四十五年前，監察院雖然在威權統治的氛圍中，仍能秉公調查本案，留下調查報告，由後人完整呈現給社會，就監察院而言，是一件值得欣慰的事。

## 幻象戰機案

二〇〇〇年十月三十一日，立法委員馮滬祥來院，陳訴略以李登輝前總統涉嫌介入法國售予我國幻象機高額佣金案，請求調查來龍去脈，依法糾舉及彈劾，以正官箴。馮委員根據前空軍研發中心主任華錫鈞所著《戰機的天空》一書的內容，和國內外報紙所刊載，指出幻象機的價格偏高，而且支付法、陸、台官員的佣金數額極大。監察院外交及國防委員會舉行聯席委員會，請國防部做專案報告，嗣後推請趙昌平、廖健男、馬以工、古登美四位委員做專案調查。因為我國過去重要武器軍品均由美國取得，但與美國斷交後，美又與中共簽署《八一七公報》使我國武器需求日趨困難。一九九一年八月空軍完成「近期內無法獲得F-16戰機空軍之因應措施」研析報告，建議向美國以外的自由世界國家購取先進戰機，其中包括法國的幻象戰機。正好此時生產該型戰機的達梭公司（Dassault Aviation SA）因無訂單，瀕臨倒閉，同意出售幻象2000-5戰機予我國。一九九一年十二月，國防部核准空軍進行洽購，次年八月一日與法方完成購機六十架備忘錄。惟過去一直不願售我F-16戰機的美國，由於要舉行總統大選，所以當時尋求連任的布希總統在德州發表競選演說時，突然宣布將售我F-16戰機一五〇架（德州為該型戰機生產公司所在地）。因此空軍對法、美兩案同時進行。

監察院專案小組於調查過程中，瞭解國防部訂有「國軍計畫預算制度——軍事戰略計畫」作為手冊，其中第七章第三節，規定投資個案需經申請、審查、審議、核定、執行、結案報告六個階段；有關幻象戰機的購買，完全未經上述六個階段，特別是本案未完成投資綱要計畫，未報奉國防部核定前，就先行墊付法商十二億法郎（當時匯率約為一點八法郎合一美元），有違預算法規定。

其次，本案訊息傳遞均為口頭，無紀錄亦無公文，而少數公文全由空軍總司令部武獲室主任丁滇濱簽辦，面呈總司令核批，未經過副參謀長、參謀長、副總司令，亦未曾會簽計畫署、作戰署等相關單位，行政程序紊亂，體制運作違常。另外，專案小組於調查中發現，最不合理的是議價，空軍總部曾委託美國武器成本分析專長的顧問公司SPC公司，以機體飛彈生產數量、研發攤費、合理利潤與政府管理及保險費用，估價為二二八點五六億法郎並呈報國防部，而法方於一九九二年八月七、八兩日分別對戰機及飛彈提出報價，總價款為三四六點五二二億法郎，然國防部對空軍指示將，法方報價統刪百分之十六（約為五五點四四億法郎），最後合約價為二九一點九四九億法郎，遠超過SPC公司的估價，也就是我方多付法方六十億法郎左右。空總經辦人員表示，百分之十六為國防部指示，必須遵守，而當時任參謀總長的劉和謙上將在約詢時，表示對空總由SPC公司所估價格毫無所悉。因此專案小組於二〇〇四年八月十八日向外交及國防聯席委員會提出調查報告，建議對國防部予以糾正，並獲通過。

國防部於同年十一月二十五日，函復說明糾正案所述各節，均因先進戰機不易獲得，一旦外洩可能破局，因此必須以極機密方式處理，現經糾正，「除虛心檢討外，已研擬具體改進作為，並要求所屬確實執行」。按監察院於處理幻象機案之同時，亦接受陳情調查國防部為海軍向法國購買拉法葉巡防艦案，當時媒體騰載有大額佣金流向法國、中共和台灣的高官。此案經長時間調查無法發現佣金流向，但是發現海軍內部有許多缺失，因此監察院於二〇〇〇年十月二十四日，通過彈劾葉昌桐總司令等三人。

## 總預算赤字擴大案

一九九九年初，林時機、黃守高、黃煌雄三委員以中央政府總預算赤字逐漸擴大，對政府財政結構提出自動調查。調查結果發現，我國於一九七〇年代每年總預算執行結果，常有歲計賸餘（即實際歲入超過實際支出），但是到了一九八〇年代，總預算歲入不及歲出，必須以發行公債方式來彌補差額。其所以發生如此尖銳的變化，三位委員在調查報告中指出有以下原因：

甲、政府因環境變遷不斷增加新機關，如原民會、健保局、消保會、公平交易委員會、公務人員保訓會等，又因特發事件撥款補救、賠償、防堵如登革熱事件、口蹄疫事件、腸病毒事件等。乙、九〇年代後經濟成長趨緩，由雙位數降為個位數，使稅收大幅減少。此外政府為討好民眾不斷採取減稅措施，對可以徵收的新稅考量民眾的反應，不予徵收。丙、歲出中社會福利的項目與金額大幅成長，成為政府支出最大項目。丁、一九八九年度政府為支付公共設施保留地動用三千億元，因未編列預算以發行公債方式處理；此外一九九〇年郝內閣提出六年國家建設案，支出龐大，以八兆八五七八億元推動七七五項計畫，並無財源，只能以舉債方式處理，使財政赤字推向高峰，一九九二及九三兩年所發行的公債，超過了以往四十年的發行量總額。

調查報告認為我國財政赤字與舉債情形雖較先進國家情況略佳，但財政平衡極為重要，政府應減少支出增加收入。改善赤字最好是加稅，但是在當前政治經濟環境下有其現實的困難，是以仍以政府樽節支出及增加非稅課財源兩途較為可行，前者應積極精簡政府組織，以小而美政府為目標；後者則應加速完成《地方稅法通則》與《規費法》之立法，並依《都市計畫法》第七十七條規定，制定都市建設捐徵收之相關法律，增加地方自主財源。

## 劉冠軍案

劉冠軍於二〇〇〇年為國家安全局總務室出納組長，該年初，媒體謄載劉有大筆資金出入股市，並匯往國外。監察委員郭石吉、詹益彰、尹士豪三位乃申請自動調查。最初國安局檢查內部帳目並無錯誤，因此多次對外否認。監委調查發現，此乃世華商業銀行（現為國泰世華銀行）士林分行於同年三月七日向調查局洗錢防治中心申報，有卓昶廷（國安局總務室出納組工作人員）持現金九百七十餘萬元，存入該銀行建成分行陳珮珏（國安局總務室出納組組員）之戶內，似有洗錢嫌疑。

該中心調查發現，劉、陳、卓三人在不同銀行相互匯款購買股票。調查局台北縣調查站及北市調查處乃分別傳訊三人，均稱為個人理財目的，其資金來源亦為個人理財或家庭財產所支應。

國安局政風處林四渝處長亦到該中心說明，國安局公庫帳戶未曾發現挪用，而劉冠軍投資股票純為個人投資行為。此時劉已報奉核准退休，並參加退前職訓。調查委員乃要求國安局緩准其退休之申請。國安局亦配合調查局對其內部由劉經管之公款，發現有高達約三十億元的「奉天專案」，其運用僅有局長、會計長及劉三人負責，劉將該款私存定期存款並匿報利息。此一專案是一九九四年國安局法制化時，其歷年經費之積餘（國安局以往經費列入國防部機密預算，無須通過立法院，法制化後預算需經立法院審查），由國安局簽報李登輝總統核定，作為情報、外交特殊用途所需時支用。劉則利用帳戶開戶調度機會，將應存於「甲存」款項私自投入「定存」，其私存款項自一九九五年至二〇〇〇年應有利息收入八億二千餘萬元，劉僅簽報六億八千餘萬元，短報利息收入一億四千餘萬元均侵吞為己有。調查局於二〇〇〇年十一月二十八日以劉涉嫌貪瀆、洗錢罪嫌，移送國防部高等軍事法院檢察署偵查。

唯劉則早於同年九月三日由新竹南寮偷渡潛逃，最後於加拿大定居。監察院調查報告認為國安局縱容劉冠軍長年負責「奉天專案」巨額經費，同時管錢兼管帳；局長、會計長又疏於監督審核，使其以機密為名，行不法侵占公款之實。本案案發後，該局數次對外聲明：「該局公款未短少，劉員應無侵占公款事實」，對劉之行蹤亦未嚴密管制，使其得於九月三日潛逃出境，決定要求國安局檢討改進，並議處相關失職人員（被彈劾人員除外）。調查委員同時對國安局前任局長殷宗文、丁渝洲、國安局前會計長徐炳強、現任會計長趙存國、國安局政風處長林四渝及劉冠軍等六人提案彈劾，於二〇〇〇年三月五日召開彈劾案審查會，並議決通過。

# 第三十章
# 三一九槍擊案

由於國內藍綠政治勢力相若，每逢選舉，民眾經常相峙不下，若是一有突發事件，均可能影響選舉結果——就像二〇〇四年的三一九槍擊事件，希望未來能透過制度的完善，讓這類選舉事件不要再發生。

二〇〇四年三月二十日是第十一屆總統選舉投票日，此次選舉民進黨推陳水扁連任，國民黨與親民黨推連戰、宋楚瑜參選。自二黨候選人推定後競選氣氛十分激烈，民進黨於二月二十八日發動「百萬人牽手救台灣」，由北而南當天有二百萬人參加。國、親兩黨則於三月十三日在各地辦「向總統府嗆聲大會」，統計有三百二十萬人參加。

## 投票前夕突傳槍擊

選前各種民調都顯示，國親兩黨聯手將小勝民進黨。但是在投票的前一天陳、呂在台南市掃街拜票，兩人同乘一輛由當地後援會所提供、無防彈裝備的吉普車，於下午一時四十五分行經金華街三段時，呂副總統發現膝蓋有劇痛，此時坐於前座的侍衛長陳再福要求駕駛轉向最近的醫院，也就是奇美醫院。到達時陳水扁總統自行走向救護中心，他被發現腹部有二個傷口，但均不嚴重，經包紮後，不久即可行動，傍晚已乘專機返台北官邸。事發後不久，台大老同學陳慶蘇就有電話來告訴我，我即打開電視看各新聞台的報導，大致是依慣例正副總統不可乘同一交通工具，而兩位都有具防彈功能的車輛，但並未乘坐，卻坐在後援會提供的車輛。二人均有防彈背心，但未穿著，同時車隊行進時鞭炮不斷，使歹徒有可乘之機，整個維安系統完全沒有發生作用。不久，國安會祕書長邱義仁來電，約我於五時二十分去府內。屆時他向司法院翁岳生院長和我簡報槍擊事件，我告訴他第一要務是緝兇，其次是競選方式要改進，掃街放鞭炮極不妥當。他說週二陳總統、呂副總統將邀五院院長會晤，當天國民黨宣布最後一晚的造勢晚會取消。

三月二十日投票，結果連宋以一萬七千餘票之差落選。國、親方面對十九日槍擊案提出許多疑點，並表示將要求法院驗票，也將向檢察當局提出當選無效之訴。自二十日晚間開始集合群眾向總統府嗆聲。

## 陳總統掀衣出示傷口

三月二十三日陳、呂兩位邀五院院長在總統府晤談。陳進來，我看他步履穩健，講話中氣很足，不像是剛受重傷，而呂則以輪椅進來，改用雙枴行走，看起來很委頓的樣子。陳請大家發言，王金平院長表示遭遇如此嚴重的槍擊案，總統應依《憲法增修條款》第二條第三款的規定發布緊急命令，對前天的投票進行「行政驗票」而非「司法驗票」，另外應仿美國之例，指派獨立檢察官調查槍擊案。考試院姚嘉文院長表示不同意見，他指出王院長建議的行政驗票、獨立檢察官，和國親正式提出的司法驗票是相互牴觸的，結果王、姚二位相互辯詰很久。呂副總統主張由五院院長合宴連、宋、陳、呂四位能當面把問題釐清。此時，陳總統將上衣拉起，揭開紗布給大家看他的傷口，是二處像擦傷的傷口，不像重擊的傷口，也就是說，傷痕很淺並不深。呂副總統接著也要除衫，讓我們看傷口，我說尊重女性，不宜如此。此時陳總統講話，提到在奇美醫院和夫人通電話，當時無法出聲，他曾二度哽咽，也細述受傷過程與媒體報導大致相若，他對總統府外聚集的群眾指他作弊，槍擊案乃「自導自演」甚不以為然，說如此指責的人是否敢以槍對自己腹部射？他也說，民調一直是他領先，他從無會輸的念頭，反倒是在二十日六時（未說是上午或下午）認為有輸的可能，開始想如何能使支持者接受選舉的結果，他以為當下應盡速驗票，雙方均應接受驗票的結果。這次談話在中午結束，沒有任何結論就散了。

過了一週，國親競選總部總幹事奇美醫院院長詹啟賢兄，於二十九日上午來看我，我們是二○○一年十一月代表政府去紐約慰問美國九一一慘劇的代表[2]，相處甚洽，返國後也常聚晤，無話不談。他說陳、呂會去奇美診治，完全是車輛駕駛主導，並非特勤安排。奇美醫師主治，隨行的醫師也參與。他所看到的槍傷（陳總統部分）是擦傷（scratch），並不嚴重。醫院消毒包紮後，就可以登機返回台北。詹認為此事幕後主使者是賭盤的負責人，他們想製造事端，對於被刺者是死、傷或不中都不在意。

## 擔任特調會主席的過程

四月一日，國民黨籍立委廖風德提案，要求組成超然獨立的「真相調查特別委員會」，由監察院擔任主管機關，監察院院長為委員會召集人。特別委員會比照一九六三年美國甘迺迪總統遇刺的「華倫委員會」（Warren Commission）整合檢查權、行政調查權獨立行使職權，委員會之調查應於三個月內完竣，向立法院及監察院提出報告，此時委員會及特別條例即結束、廢止。

與此同時，立法委員劉政鴻等向監察院陳訴，以台灣台南地檢署偵辦陳總統、呂副總統三月十九日遭槍擊事件，任意召開記者會對外發言涉有違失，經由陳進利、黃武次、趙榮耀三位委員進行調查。

同年六月，我奉派代表政府赴美參加雷根總統追思會，結束後轉往巴拿馬設法挽回新當選的杜瑞河（Martin Torrijos）總統要和我國斷交事[3]。我於六月二十七日返國，次日請府方安排晉見陳總統報告巴國之行的結果，他約我於二十九日上午九時往晤。我將巴國洽談要點報告後，他就提到關於三一九槍擊案要成立特別調查委員會，希望我擔任主席，全權主持調查工作。我說此事

2 請見本書第三十一章關於二〇〇一年的部分，第五六四～五七一頁。

3 請見本書第三十一章關於二〇〇四年的部分，第五七六～五八四頁。

無心理準備，而且院長任期僅剩七個月，我也多次公開表示無意擔任公職，任滿後就退休。他非常堅持，告訴我立法院國、親版的真相調查特別委員會特別條例草案，明定監察院院長是召集人、呂副總統主持總統府人權小組，就此問題討論時，大家都希望你來負責。他要我考慮二天再談。

七月一日三點半，我去見陳總統，將二天考慮的要點向他報告，我說總統擬下令成立「特別調查委員會」（以下簡稱特調會），在美國是可行的，但是在我國由於《憲法》規定的很細，如特調會的權責、組織、經費以及其他機關如何配合，必須另有法源，所以立法院的特別條例是需要的，若沒有法源，特調會是不能動的。其次特調會不能太大，但要包括立法院各黨代表，另外檢察總長、警政署長、調查局長也應包括在內，因為各種不同的調查，都要透過這三位首長進行。

我也說明自己不宜擔任特調會主席，除了前天所說的原因外，自己對於犯罪調查從未觸及，無法領導特調會，我也說，過去多年層峰有所差遣，我無不從命，盡力而為，但這項工作實在不能接受，我也很誠懇的建議請有法務經驗、處事認真有社會公信力的李元簇先生來主持。陳總統說法務部陳定南部長反對成立特調會，但是檢察總長盧仁發和刑事警察局長侯友宜都認為應該成立。他認為現在國內對立衝突如此嚴重，特調會的成立也許有助和解。他表示將盡速親自去敦請李元簇先生，希望他能同意，否則仍盼我接任。

七月四日是週日，陳總統約我下午四時去官邸會面，他告訴我昨天專程去頭份拜訪李元簇先生請他主持特調會，李先生說此事他義不容辭，但是因為健康關係，最近三個月曾數次急診住院，實在體力不勝。陳總統說他曾問李先生，何人可主持？李先生即表示可由我擔任，並且說監察院近年表現甚佳，與過去不同。接著陳總統拿出數頁他親筆手書有關特調會的意見，逐項宣讀，其內容與廖風德委員的提案相同，但是未提到制定特別條例。他也提到後天（六日）將邀五院院長茶敘，會後由總統府蘇貞昌祕書長向媒體宣布。我說委員人選他是否有意見，他說希望我提。我說，應提有專業知識聲譽卓著的公正人士。經過一番討論提出四位立法委員：國民黨高育仁、民進黨尤清、親民黨陳進興、台聯吳東昇、二位監察委員詹益彰、黃武次，檢察總長盧仁發、警政署長謝銀黨、調查局長葉盛茂、台大教授蔡墩銘、我也表示，後天蘇祕書長記者會後一定有記者來問，我準備做如下的答覆：（一）、特調會是為查明槍擊案真相，平息爭議安定政局而設立。（二）、特調會不隸屬總統府或行政院，獨立運作不受任何干涉，也不破壞憲政體制。（三）、特調會將接受民眾對本案任何期盼查明的事項，並有專設郵箱、電子郵箱和電話，對查詢事項，必認真調查。（四）、特調會的報告將向全國國民提出。（五）、特調會是個人最後一次為同胞服務的公職，明年二月一日起，個人將完全脫離公職。

陳總統說前四項無問題，最後一項可否不提。我說接任特調會對我已是十分勉強，完全脫離公職必須明確說明。陳花了很長時間說明基於省籍平衡，請我保持彈性，我說外省籍菁英很多，他可以借重。陳說當初民進黨提名他為總統候選人，黨內五派系的領袖都想做副總統候選人，他如提任何一位就會得罪其他四派系，所以他提大家都不看好的呂秀蓮，這樣一來各派系都全力支持他，這種政治上的平衡是十分重要的，仍希望我不要把話說絕。

我說我的友人都是泛藍，我在二〇〇〇年政權轉移，沒有辭去院長職務已有許多友人對我不滿。其實監察院長是有任期的，我在任期未滿之前辭職，好像是很忠貞，實際上是將此一職務拱手奉送民進黨，無論人家怎樣批評我戀棧，我仍要堅持到任期結束，但是要我續任則是民進黨總統提名，我如接受，泛藍每人對我吐一口口水，我就會被淹死，所以請陳總統另考慮別人。這天談了八十五分鐘才結束。

## 對於槍擊案的省思

七月六日上午九時，陳總統在總統府邀五院院長茶敘，媒體亦全程參加。陳總統先說明擬組「三一九槍擊事件特別調查委員會」的經過，也公開他同日給我的信函，內容是：

君復先生勛鑒：為查明本（九十三）年三月十九日槍擊事件，水扁於七月六日邀集五院院長茶敘，擬委請先生出任主席，成立「三一九槍擊事件特別調查委員會」（簡稱「三一九特調會」），以昭顯公信，平息爭議，安定社會，團結台灣。前開委員會依據下列原則成立與運作：一、「三一九特調會」由委員十一至十三人組成。委請先生出任主席，並全權遴聘委員，其中宜有一定比例之立法委員、監察委員。二、「三一九特調會」之運作應秉持超然、獨立、公正、透明之原則，不受任何干預。三、「三一九特調會」不歸屬總統府，亦不隸屬於行政部門。四、「三一九特調會」之運作應恪遵憲政體制，並尊重司法權及監察權。五、「三一九特調會」為查明事實，相關機關及所屬人員，不論單位是否敏感，人員職務有多高，都應全面配合，不得以任何理由拒絕。六、「三一九特調會」應向全體國人報告該委員會之發現及結果，並公布正式的調查報告。報告內容，應具體陳述事件之原因、經過、影響及建議。耑此順頌勛祺。

陳水扁敬啟

媒體次日對特調會的報導明顯，也是所謂「信者恆信，不信者恆不信」。批評的重點主要是特調會沒有法源，這主要原因是立法院國、親兩黨所提的版本因為民進黨不同意，經政黨協商先擱置三個月所致，此時已將屆滿。八月初，立法院就積極審議國親的新版特調會條例，並於二十四日晚完成逐條表決的三讀。稍後行政院於二十七日召開臨時院會，通過對該條例無法接受，向立法院提出覆議，立法院對覆議案表決維持原條例，陳總統遂於九月二十四日依法明令公布。立法院於是由各政黨提名真調會委員，該會於十月二日正式成立運作，並由委員互推前司法院院長施啟揚為召集委員，可惜政府不提供經費，該會由施召集委員及王清峰委員捐款進行運作，並於二〇〇五年一月十七日公布三一九槍擊案調查報告。

在二〇〇四年七月初，陳總統要我擔任特調會主席時，我內心深感惶恐，每日和陳孟鈴副院長、黃武次委員、杜善良祕書長研商，其中黃武次委員久任檢察官，深具調查經驗，我擬請他擔任特調會執行長。我也盼望各地民眾將內心的疑慮向會方提出，我們彙整後，分門別類請三位檢調警首長分別進行研究調查，俟有結果再提會討論，盡量設法在委員問形成共識再撰成報告。我自己以為特調會不可能像福爾摩斯一樣，能重新將案發實況完整呈現出來，因為現場被破壞得很厲害；但是此案說明了我國在民主化的過程中仍有值得改進的地方。

我在七月間利用公餘時間思考這一問題，試著寫了一份報告書的結論，在此我也不揣翦陋，將原文批露於下：

一、國內兩大政治團體勢力相若，民眾非藍即綠，相峙不下。選舉時任何突發事件均可能影響選舉結果。考全球各國其國內政情與我國甚為相似者有以色列，其國內且不時發生以阿居民衝突事件，但對該國選舉並未發生影響。政府主管機關允宜組團前往該國，考察並研究以國政府是否有特別教育民眾做法，使民眾在選舉時遇有突發事件不致受其影響。

二、我國選舉時其競選模式為各民主先進國家所少見，不僅造勢時參加人數眾多，掃街拜票時，民眾燃放大量鞭炮，不僅造成高度噪音，亦形成煙霧瀰漫，使歹徒易於下手。主管機關允宜就各種選舉之競選方式予以妥善規範，在規範內應明文規定嚴格禁鞭炮之燃放。

三、在野方面，於選後一再表示對三一九槍擊案發生後，政府隨即啟動「國安機制」多所質疑。事實上當國家元首遇刺，發動「國安機制」原屬應行採取之緊急應變措施，其所以引起質疑，主要由於「國安機制」啟動使若干國軍官兵無法投票。而投票權乃《憲法》第十七條所規定人民基本權利，其位階應高於法律或行政命令，不能有任何限制。而目前我國每次選舉時除若干國軍官兵無法投票外，多數警察同仁亦因執行勤務無法投票，大選時一萬三千餘投開票所絕大多數工作人員，以及因公或求學在海外的我國公民亦無法行使投票權。彼等的《憲法》權利因政府機關的不行為而遭受剝奪，實屬欠當。內政部應立即研議《不在籍通信投票法》使上述人員均能行使其投票權。「不在籍通信投票」制度在各民主先進國家均已普遍採行，內政部於草擬法律時應詳予考察。

四、我國《憲法》源自「五五憲草」，該憲草採總統制。一九四六年制憲時，由於張君勱的堅持加入若干內閣制的特質，因此《中華民國憲法》內有總統制特色的規定，也有內閣制特色的規定。一九九一年以後經過六次修憲，總統由人民直選產生，又類似法國的「雙首長制」；但行政院院長由總統任命無須國會同意，又傾向於總統制。目前總統大選四年一次，全國矚目，勝者囊括所有行政資源，競爭十分劇烈，馴致引起全國民眾嚴重對立對峙。而總統選出後，立法院倘由反對黨掌握多數，則行政部門擬推動的政務，無法獲得立法部門支持，政府行同空轉使人民權益受損，二〇〇〇年五月至二〇〇四年八月期間種種事實可為佐證。為今之計，總統制目前可能不適宜在我國採用，內閣制似較妥當，在選舉時不是個一對一的對決。民眾可先選立法委員，由獲得委員席位多數的政黨領袖擔任行政院長，任命閣員。內閣決定的政策在立法院較易通過。至於總統宜比照德國總統，代表國家，負責禮賓事務，無任何權力，其產生方式可由公民直選，亦可由立法院選舉。由於總統無任何實權，縱使直選亦不致造成人民間的對立，對社會的祥和有利。

# 第三十一章
# 為涉外事務出國訪問

任職監察院期間，除了職務上的相關業務外，我也必須代表政府奉派出國，參加慶賀、弔唁或處理外交事務，為國家維護邦交，盡我所能貢獻心力。

我在監察院六年任內曾多次出國，如每年六月第三週參加美國前總統福特主持的「世界論壇」，在前幾章已數度敘述，此外國外僑學團體邀請演講以及與家人於年假或休假時赴國外旅行均頗瑣碎，不擬一一敘述。本章僅就奉派代表政府出國參加慶賀、弔唁或處理外交事務的訪問依年度擇要記錄。

## 一九九九年

### 參加《台灣關係法》二十週年研討會

這年是美國制定《台灣關係法》的二十週年，華府兩個重要智庫美國企業研究院（American Enterprise Institute）和傳統基金會（Heritage Foundation）聯合舉辦《台灣關係法》二十週年研討會，邀請我擔任晚宴主講貴賓。我看了他們節目的安排甚為緊湊，而且參加演講和討論的貴賓都極有份量，如上午開幕式主講貴賓是參議院外交委員會主席赫姆斯參議員（Jesse Helms），午餐主講貴賓是穆考斯基參議員（Frank Murkowski），同時我自一九八八年八月在美任滿返國後，有八年九個月沒有去華府，所以回函表示接受，這次旅行機票及華府的食宿均由主辦單位負擔。

我於十三日由台北飛舊金山轉機華府，當晚午夜抵達。次日早起赴希爾頓大飯店（Washington Hilton Hotel）參加會議，遇到很多熟人，大家均很親切的歡迎。會議進行順利，我的講話指出《台灣關係法》是中美兩國沒有外交關係的基石，前所未有；雖然沒有任何安排可以替代正常的外交關係，《台灣關係法》對於兩國人民增進互信，產生具有建設性的夥伴關係，裨益甚大。我也提到中華民國的民主政治在過去十年有長足的進步，台灣人民目前所享受的自由、民主和人權是中國歷史上所未見的。

駐美代表處也為我安排了許多節目會見美國友人。十五日上午，陳錫蕃代表陪我去威爾遜中心（Woodrow Wilson Center）拜會漢彌頓主任（Lee Hamilton），他是來自印第安納州的資深眾議員，對大陸經濟社會變化甚有興趣，問了許多問題，我均一一答覆。稍後赴國會先拜會共和黨領袖勞德（Trent Lott）參議員，他在眾議員任內就和我熟識，常和家人來雙橡園餐敘，此次重逢十分愉快，我向他說明此次來華府是參加《台灣關係法》二十週年研討會。該法當年制定時他出力不少，現在兩院議員有三分之二是這二十年才當選的，不太瞭解當時的重大意義，實在需要有像他這樣的領導者，盡力教育及協助同僚瞭解該法，他甚同意。談到兩岸關係，我說，大陸方面盼我們能接受香港模式的一國兩制，但香港近百年來為殖民地，我乃主權國家，民眾均不接受香港模式。勞氏表示中共認為香港模式良好，惟據瞭解港人並不如此認為。稍後我們又去拜訪民主黨黨鞭李德參議員（Harry Reid），談我國監察院功能以及我國經濟現況。李氏表示早年我國會組同仁胡為真（現為國安會副祕書長），李大維（現為外交部次長）均請代為致意。最後拜會參院司法委員會主席海契（Orrin Hatch），他是二十年的老友，見面就問候家人，他已有十五位子、孫，十六、十七位也將出生。他也告訴我二年前去大陸與江澤民會晤，曾面告他是《台灣關係法》起草人之一，並以此為榮，當時引起江的一陣錯愕；海氏認為民主發展為我最大資產，是以國會內友我議員與日俱增。當日下午我先後去代表處辦公大樓，代表官舍和雙橡園參觀訪問，晚間陳錫蕃代表伉儷在雙橡園以盛宴款待，出席參眾議員十三位以及美國政、學、新聞界人士一百二十位。霍林斯（Ernest Hollings）參議員致詞表示美國在太平洋周邊及科索沃（Kosovo）等地區，面臨許多政治、軍事、經濟問題，然而在中美關係上由於《台灣關係法》的制定發揮積極促進和平與安定之效果。中華民國在自由、人權及民主方面的發展可為楷模。眾院國際關係委員會主席吉爾曼（Benjamin Gilman）致詞表示《台灣關係法》立法二十週年為中美安全友誼之里程碑，此法彰顯美國在亞太地區之責任，盼未來能繼續保持中美間堅強之關係及友誼。

十六日清晨，我去四季飯店，由在台協會主席卜睿哲，邀國務院亞太副助卿謝淑麗（Susan Shirk），情研局中國科長白瑞德（Scott Bellard）等與我共進早餐。謝女士表示我參加世界貿易組織甚有益處，美正積極助我盼能於本年內實現，最近美能源部長李察遜（Elliott Richardson）訪華，卡特（Jimmy Carter）前總統非正式訪華，美所做的是創造維持地區和平安定的環境。我對謝女士的說明表示感謝，並稱十餘年前在華府任代表，國務卿歐布萊特（Madeleine Albright）時任教喬治城大學，時相聚晤，請代向歐卿致意。針對謝氏所談，我說我國民主化與開放社會的結果，民眾不同的意見都能充分表達。過去十年中，每次選舉聽到候選人許多嚇人聽聞的意見，選前數日常因擔憂選舉結果而無法入眠，但開票後一切如常，民眾均能接受結果，如一九九八年十二月高雄市長選舉，勝負差距僅四千票，然而並無紛爭。謝氏又花了一些時間指出，由於台北方面的言詞和舉動，看起來兩岸關係似更形惡化，數十年內兩岸問題無法解決，在中共方面有時間壓力，在台灣方面則認為愈慢愈好，美國方面則盼望兩岸能有更具建設性及實質內容的對話。我說一週前國家統一委員會舉行第十四次會議，曾認真研究處理此一議題最佳方式。自兩岸分別成立海基會及海協會以來，前者希望建立基本規則，經由交流合作為兩岸對話做準備，而後者則盼進行政治對話，個人揣測，這可能是我們要求大陸先民主化再進行政治對話。我方另一困難為新聞充分自由後，任何談判不可能保密進行，而且媒體各有立場，任何公開資訊，媒體常斷章取義自做解釋。個人淺見對話較對抗為佳。謝表示江澤民與朱鎔基訪美均甚有益，美方期盼兩人能聯手在經濟、軍事及精簡政府方面的突破性做法能擴及兩岸關係，唯目前尚未見有此跡象。

## 赴馬拉威擔任慶賀特使

由華府返國不久，五月二日外交部請打球，行政院蕭萬長院長告知，六月中下旬馬拉威總統就職典禮擬請我代表政府前往慶賀，五月七日外交部非洲司陶文隆司長來簡報特使團的各項事務，其中有一項問題頗為嚴重，此即大選原定本月二十五日舉行，就職大典為六月二十一日；現在因為馬國幅員遼闊（為台灣之三十倍）而人口僅一千一百餘萬，選民登記甚為不便，《憲法》規定選民登記截止日與投票日至少需相隔二十一日，現在選舉委員會已將大選延至六月十五日舉行，特使團為能於大典前抵達需十七日啟程。我建議國書及李總統函均準備二份，至時看二位候選人，哪一位當選就用那份，另一份請使館立即銷毀。

特使團團員有內人、陳錫燦大使、遠東集團董事長兼馬拉威名譽領事徐旭東、監察院李宗義主任、外交部劉振崑副司長等。馬國大選結果於六月十八日揭曉，由執政黨聯合民主陣線（United Democratic Front）候選人現任總統莫魯士（Bakili Muluzi）當選連任。

特使團一行於六月十七日由台北乘新航經新加坡、南非約翰尼斯堡，於十九日下午抵達布蘭岱（Blantyre）。由馬國外交部代理部長梅迪（Z. K. Medi）接機。

六月二十日為週日，莫魯士總統在官邸接見我和陳大使，我面遞國書及李登輝總統信函略事寒暄，稍後再到內閣會議室接見全體團員。莫總統首先致詞，說明此次慶典僅邀馬國周邊友邦之元首及行政首長參加，非洲以外國家僅邀中華民國李登輝總統，李總統特派馬國友人錢院長為特使，遠道前來，最先抵達，今日雖為假日特撥冗接見，表示熱烈歡迎之意。我答詞首先代表李總統祝賀莫總統當選連任；李總統因國內諸事叢集未克前來，深表歉意。莫總統當選連任顯示過去五年執政深獲民眾支持，此次選舉過程平和順利，足證馬國民主制度日趨成熟。我亦提到莫總統一九九五年四月初度訪華，當時適任外長曾隨侍訪問全程，多次聆教，獲益良多。稍後辭出轉往奔貝（Bumbwe）種子試驗所，由蘇天來技師接待講解工作情形頗久，我在馬國農技團共有九人，團部在馬國北部首都里朗威（Lilongwe），奔貝為蔬菜種子繁殖中心，主要任務是技術訓練推廣及種子繁殖推廣，同時也援助小型水利設備。當晚馬國副總統馬賴維（Justin Malewezi）設宴款待，有多位部長在座，賓主敘談甚歡。我曾就請馬國來華設大使館事，請協助，因莫總統已表示開館時他將親來剪綵。

六月二十一日午後，全團赴布蘭岱體育場參加就職大典，馬國民眾參加者約十五萬人，場面壯觀，穿插表演馬國歌唱及傳統舞蹈。出席外賓有五鄰邦國家元首或政府首長。莫總統在就職演說中逐一介紹我等貴賓，並強調此次選舉順利完成及馬國經濟能持續發展應感謝我國及其他援助國。典禮歷時二小時結束。當晚有小規模國宴，首席十人，我坐在莫三鼻給（Mozambique）總統齊山諾（Joaquin Chissano）和納米比亞（Namibia）總理甘高柏（Hage Gaingob）鄰座，均可以英語直接交談。次日我們就飛往約堡換乘新航經新加坡返國。

二〇〇〇年：此年未有代表政府之國外旅行。

## 二〇〇一年

此年有不少困難，先是四月下旬內人由於參加公益活動過多，抵抗力降低，以致濾過性病毒侵入心臟，導致心臟衰竭，所幸是三級；家中好友謝炎堯醫師建議要靜養半年，到年底情況就改善了。其次九月二十一日有納莉颱風肆虐，風雨大作基隆河水位暴漲，當時正興建大直橋，由河邊有一便道通北安路。午夜時分，行政院長張俊雄電告北安路已淹水，要我們趕緊撤離，內子和我帶了一些簡單衣物、細軟、證件就去復興南路一個小公寓躲避。第二天水退，趕回家看到室內曾淹水三尺，很多衣服、文件信函照片、電器用品等都已損壞，房屋整修要三個月，所以我們只能暫住小公寓。

### 擔任查德總統就職慶賀特使

二〇〇一年六月中，我去美國參加福特總統主持的世界論壇，外交部長田弘茂也參加，他告訴我八月初我們在中部非洲唯一友邦查德（Chad）新任總統就職，陳水扁總統已核定由我擔任慶賀特使，我即表示自當前往，惟內人因健康關係無法同往。查德是非洲第五大國，面積較台灣大三十五倍，人口不到一千萬，平均國民所得為二三〇美元，十分貧苦，但石油蘊藏豐富，過去因無通海口，從未開發。上世紀末獲世界銀行支助，開始開發並興建通往西南鄰邦喀麥隆的輸油管。我國與查德於一九九七年八月復交並簽訂多項合作協定，查方成立管理委員會對合作計畫負責審核、執行及追蹤。特使團於八月五日由台北赴巴黎，次日抵達，七日晨乘非洲航空班機赴查國首都恩加美納（N'Djaména）。查方十分禮遇，由外交部長阿納狄夫（Mahamat Saleh Annadif）偕全體閣員在機場歡迎。因為本團為查國非洲友邦以外唯一遠道前來參加慶典的，德比總統（Idriss Deby）特別下令對我比照元首待遇派大禮車、侍衛官、警車及摩托車開道並下榻元首別墅村。我在機場與阿納狄夫外長略為交談就前往元首別墅村，大約有八幢獨立房屋，特點是大門內住有一排身穿法國軍禮服的儀隊，無論晨昏，我出門或返回，他們都要在門口致敬。我稍事安頓，就到我國大使館參觀，並聽取大使、技術團李比得團長、醫療團黃其麟團長的簡報。鄭欣大使原是旅法台商，精通法文任事負責，到任一個多月對查國政情已深入瞭解，館團之間相處融洽。稍後去大使官邸，房屋甚簡陋，室內牆角均有縫隙，地上螞蟻蠍子均可看到，鄭大使夫婦及女公子均跪在地上用膠片貼補空隙，我甚感動。晚宴由程懷正護理長及技術團鄭欽興夫人兩位負責烹飪，美味可口。八日上午九時，鄭大使和查駐華大使塔赫（Taha）陪同前往人民大會堂（又稱元月十五日宮），有亞馬舒總理（Naqumn Yamassoum）在場接待，所邀各國貴賓計十四國當中，有六國總統參加，我國及其他六國派遣特使，唯有布吉納法索總統龔保雷未來，亦未派代表。

大典於十一時開始，總統演說參加民眾反應熱烈，尤以談到國家須做司法改革，民眾歡聲雷動。結束後各國貴賓逐一向德比總統握手致賀。一時結束，本團同仁赴Novotel旅館便餐，甘比亞外長亦參加。晚間再度前往人民大會堂參加國宴，我坐在最高法院院長巴其瑞（Ahmed Bautahiret）和亞馬舒總理之間，後者可用英語交談，他說布吉納法索總統不來亦未派特使，主要是龔保雷與德比兩人長期以來都有心結。他也說當初（一九九七年）查國與我復交，其國內仍有不少反對者，但因我國援助查國積極，直接使民眾受益所以此次大選，反對黨從未以此事攻擊政府，而查國南部素為反對黨大本營，此次選舉德比總統獲得遠超過半數的支持票，可見我國援助計畫的成功。

九日上午先赴我國援助興建、橫跨夏鼇河（Le Chari）的台灣大橋參觀，預計二〇〇二年初可竣工，再赴連絡恩加美納東區與南區的台灣大道，全長六點五公里可直通台灣大橋，再去參觀我國資助興建的一貫作業Farcha煉油廠，預定明年三月可完工。中午我在Novotel旅館款宴全體館團同仁及眷屬，分贈禮物及加菜金。下午三時拜會亞馬舒總理，他對我國的援助直接嘉惠查德民眾一再稱謝，對鄭大使也極為稱讚，我表示我國在半世紀前也貧窮落後，但是經由教育和良好的計畫考核才能有今日的發展，很願意將經驗與友邦分享。下午四時德比總統接見，我面遞國書及陳總統信函後，說明陳總統因國內公務繁忙，不克遠道來賀，特囑我代為祝賀並致意，對兩年多來查國在各國際場合全力支持我國表示感謝。德比總統表示對兩國合作極為滿意，查德將持續支持中華民國參與聯合國及各項國際組織。我轉達陳總統邀其訪華，盼於本年十月三十日成行。晚間阿納狄夫外長在官邸以晚宴款待本團，飯後全團搭法航班機返國。

## 「九一一」事件滿月，赴美表達慰問

二〇〇一年九月十一日，位於阿富汗的恐怖組織蓋達（al Qaeda）的負責人賓拉登（Osama bin Laden）對紐約市世貿中心雙子星大樓發動以劫機方式撞擊兩高樓的恐怖事件，造成四千七百餘人死亡，事件發生後舉世震驚。我政府高層多次發表聲明嚴厲譴責恐怖主義，並表示對美國積極支持其反恐措施亦將全力配合。九月二十九日外交部田弘茂部長告訴我，政府擬於「九一一」事件滿月，也就是十月十一日組團訪美表達慰問之意，並對紐約市捐款世貿中心復建計畫，要我領隊，當時我即表示願配合政府安排。然而由於十月八日美英發動對阿富汗的空襲行動，我政府基於安全顧慮，同意美方建議稍後啟程。十月二十二日，外交部北美司高碩泰司長告知擬於十一月初啟程，又於二十九日來看我告知擬於十一月三日啟程，同行者包括無任所大使詹啟賢、中國國際商業銀行董事長李庸三、中華民國紅十字總會祕書長陳豐義、慈濟慈善事業基金會美國總會副執行長陳佳升、國際佛光會紐澤西協會魏建國會長（陳、魏二位在紐約加入）、李宗義參事、外交部薦任科員蕭伊芳。此一訪團訂名為「睦誼專案」。高司長也帶來非常詳細的談話資料供我參考。

此時因家中淹水，衣箱均損壞，內人立即去買了一個旅行箱備用。我們於三日下午六時四十分抵紐約入住洲際大飯店。次日是星期日沒有節目，由紐約辦事處夏立言處長在華埠喜運來大飯店設宴款待華埠僑胞，席開二十五桌。夏處長用心良苦，因為華埠鄰近災區，九一一以後經濟活動大受影響，以實際行動振興華埠經濟，同時亦向僑胞表示關懷之意。我當晚致詞以國、台、粵語表達，我指出事件後紐約中華公所及各僑團都踴躍捐款協助美國政府救災，金額龐大，令人感動。我也藉此機會向罹難或受傷的同胞及家屬表示哀悼及慰問之意。稍後我逐桌敬酒，僑胞們也拉住照相。五日上午到五十二街十一大道第九十四號碼頭，參觀事件後紐約市政府所設立的「家庭援助中心」，有法律、醫藥、心理、救助各部門，是慈濟基金會、紅十字會和救世軍三個民間團體的志工所組成，為罹難者家屬及因九一一事件失業民眾提供各項協助。我先聽取簡報，以後逐一參觀各攤位，特別是慈濟的攤位，我和志工們交談，大批媒體擁上要我發言，我說家庭援助中心日以繼夜為受難者提供服務，個人深感欽佩，如慈濟基金會已先後提供一百二十三萬美元，使兩千多位受難家屬受惠，實為極大成就。九一一事件是「人禍」，吾人需提高警覺，各國應通誠合作，徹底消滅恐怖主義。下午全團前往世貿中心遺址Ground Zero，斷垣殘壁四處可見，令人震撼。據告爆炸時現場燃燒溫度高達華氏一千八百度，可見救災之困難。

五時到Marriott Marquis Hotel會晤朱利安尼（Ruldolph "Rudy" Giuliani）市長，他剛由亞利桑納州回來，我告訴他此行是代表政府表達對九一一事件哀悼與關懷，紐約市雖受空前災難，但並不孤單，基於中美長久友誼，我國有義務表明反恐怖主義的立場，也會全力支持美國打擊恐怖主義之行動，紐約已成立「雙塔基金」撫卹照顧罹難的消防隊員、警察等公職人員，我政府特捐贈一百萬美元予此基金，遂將支票交予朱利安尼，他說中華民國崇尚民主自由尊重人權，與美國有相同價值觀，此次慷慨捐贈將直接用以協助罹難公職人員之家屬。他也告知此次事件罹難者包括八十國的國民，所以所有文明國家應團結一致共同打擊恐怖主義。

七日晨，全團乘火車前往華府，下午前往國會拜會眾院國際關係委員會主席海德（Henry Hyde），我先說明此次來美的任務，我也對海氏八月間訪華發表演說讚揚我國的民主制度，對我乃一大鼓舞。我旋即逐一介紹本團同仁。稍後去State Plaza Hotel會晤副國務卿阿米泰基，向他說明本團此行任務以及在紐約的活動。阿氏首稱美對我國支持打擊恐怖主義之行動甚為瞭解，小布希（George W. Bush）總統及鮑威爾（Colin Powell）國務卿均注意我國合作情形，並對陳總統回應美國打擊恐怖主義聲明表示感激。他說鮑卿此刻正與英國首相布萊爾會談，稍後他將此次與我談話報告鮑卿，並問我此行有何擬向美方傳達的訊息。我說因美打擊恐怖主義需與中共合作，我國內有人擔心是否可能犧牲台灣之利益，同時小布希總統與江澤民在上海亞太經合組織（APEC）的會晤，也受到我新聞界大幅渲染，有人擔心美是否背後做出不利於我之事。阿氏說，美未做任何對台不利之事；九一一事件發生後阿氏即親自電告程建人代表，重申美國政策並未改變，此後亞太助卿柯立金（Jim Kelly）亦隨時向程代表簡報，美與中共合作打擊恐怖主義並無任何交換條件。

當晚程建人代表在雙橡園款宴全團並邀前國安顧問布里辛斯基、國務院情報研究局助卿福特（Carl Ford, Jr.），多位國會議員及正在華府訪問的經建會陳博志主委、國安會江春男副祕書長、華府僑學界名流約六十人。程代表致詞說中美關係因九一一事件有些改變，亦有不變，如兩國長久友誼，本團來訪即係彰顯此一情誼。我致詞說多年來曾數度訪美，以此次心情最為沉重，此行旨在重申我政府及人民對美國遭受恐怖攻擊表達最深沉哀悼、同情及全力支持之意，此次恐怖攻擊為一泯滅人性之暴行終將為世人所唾棄。

八日晨，我和若干團員由程代表陪同去大都會俱樂部（Metropolitan Club），與美政府各部門工作階層官員共進早餐。我曾將九一一事件後政府在反恐方面的做法，以及政府、民間、僑社對於「雙塔基金」的捐助，特別是美在阿富汗進軍後，我擬提供人道援助如卡車、毛毯等。凱德磊（Don Keyser）副助卿表示美政府極為感激，本團訪美即是台灣貢獻的象徵。早餐會結束不久，國務院亞太助卿柯立金來旅館和程代表及本團會晤。他感謝我政府在九一一事件後所做的各項措施，事件中亦有台灣民眾在現場喪生，亦對我表示慰問；他知道我們關心APEC年會小布希與江澤民的會晤，他說當時江對台灣問題照本宣科，小布希亦依美一貫政策答覆。接著我們討論我方參與世衛組織（WHO）和世貿組織（WTO）的問題，柯氏表示美會積極支持但盼我方低調處理；我說目前台灣言論自由，政府愈盼低調處理，媒體愈大事渲染已經到了無法覆水重收（water over the dam）的地步。下午去國會拜會眾院多數黨領袖阿梅（Dick Armey），他和我國前國防部長孫震在研究所同學，談起往事，說台灣在他心目中有特殊地位，遇事必將全力支持。

下午三時在參院，由兩黨領袖民主黨戴謝爾（Tom Daschle）、共和黨勞德（Trent Lott）與程建人代表聯名舉辦歡迎酒會，到了兩院議員三十位，勞工部趙小蘭部長等近百位貴賓參加，氣氛和諧熱絡。

九日上午我與李庸三董事長赴財政部拜會丹姆（Kenneth Dam）副部長，我簡單說明自九一一事件後，陳總統曾召集四次國安會議，積極配合美國打擊恐怖組織的做法，特別加強對防制洗錢的措施，李董事長領導中國國際商業銀行海外分行最多，盼瞭解有何特定事項可與美方合作，丹姆表示賓拉登、蓋達組織、神學士政權多利用俗稱哈瓜拉（hawala）之非正式匯錢管道進行洗錢，美甫於二天前查封Al Barakaat及Al Taqwa兩家與蓋達組織關係密切之金融網路。我表示今後此類訊息可經由程代表轉報我政府。中午與美智庫學者午餐，下午與華文記者會晤，並拜會美衛生部湯姆遜部長（Tommy Thompson），詹啟賢大使及陳豐義祕書長同行，主要討論我參加世衛組織事，我對他出席會議為我仗義執言表示感激。晚間華府僑界舉行歡迎本團餐會，出席僑胞約三百人。十日仍搭火車赴紐約當晚搭機返國。

二〇〇二年：此年未有代表政府之國外旅行。

## 二〇〇三年

### 出訪多明尼加

這年五月二十九日，多明尼加共和國駐華大使古斯曼（Carlos J. Guzman）來看我，說奉梅希亞總統（Hipolito Mejia）指示要邀請我去多國訪問。梅希亞總統對我國友好，曾前後來華訪問二十餘次。但是我聽到大使的談話仍是半信半疑，因為多年來都是我們邀請來訪，外國邀訪我們是很稀有的。約一個月後，我收到外交部轉來多國外交部長蓋瑞樂（Frank Guerrero Prats）給我的函件，重申梅希亞總統邀訪之意。我當即覆函多國外長，表示擬於十月下旬往訪。

我和玲玲與李宗義主任於十月十八日飛舊金山轉邁阿密，二十日抵聖多明哥市下榻大使酒店，晚馮寄台大使在官舍宴，有館、團同仁及僑領作陪。二十一日上午先往總統府拜會總統府部長葛魯勇（Sergio Grullón Estrella），他是首席部長、梅希亞總統的妹夫、也是負責對我的接待者。他先表示誠摯歡迎我再次訪問多國，也在明日上午邀我去中央銀行大禮堂，就我國監察制度發表演講，將有該國文、武百官到場聽講；我對多國誠摯邀請以及盛情款待表示謝意。稍後即往總統辦公室晉見梅希亞總統，他先對我們遠道來訪表示熱烈歡迎，並稱大陸方面雖多次試圖蠱惑多國與我斷交，他都峻拒。我對他的堅定友誼稱謝，並稱多國對我擬參與聯合國及世衛組織均全力支持，我國同胞極為感激。梅總統詢及我國政治經濟情況，我均逐一答覆，梅氏並問候陳水扁總統，盼能於下月在巴拿馬參加建國百年紀念時能晤面，亦問候老友李登輝前總統。

稍後在總統府設宴款待，有參議院議長瓦斯蓋茲（Jesus Antonio Vasquez）及多位部長作陪席開六桌，在進餐時獲悉梅總統一位近親去世，六時要去北部聖地牙哥市（Santiago），所以主人和我均簡單致詞就散了，以後由葛魯榮祕書長陪同參觀總統府，到三時半結束。下午四時半我去拜會外交部長蓋瑞樂，我對他函邀表示謝意，他說午宴時看到不少他內閣同僚如工商部長、技術部長和我熱情擁抱，知道我在多國很多朋友。我說當年多國三大黨革命黨主席賓諾葛梅茲（José Francisso Peña Gómez）、解放黨（PLD）主席費南德斯，與基社改革黨（PRSD）主席巴拉格以及執政黨（革命黨）多位領導人布許（Juan Bosch）、戈斯曼（Antonio Guzman）均為多年好友，可惜彼等多數均已逝世，尤以賓諾葛梅茲英年早逝最為可惜。蓋部長稱其母親現與賓氏遺孀佩姬（Peggy Cabral）正致力使革命黨能維持團結，我們也就中多關係交換意見頗久。馮寄台大使陪我去，他說外長為人以驕傲聞名，今日見其暢談實不簡單。二十二日上午九時半，我前往中央銀行大禮堂，見到參加者很多，樓下都坐滿文武百官約六百五十人，先由葛魯榮部長致詞歡迎，並說明中南美洲已通過《反貪汙公約》（Convención Interamericana Contra la Corrupción）並介紹多政府各項反貪汙及透明化措施，繼由馮寄台大使介紹我，我於十時開始演講「介紹中華民國監察制度」，由黃慶良參事譯為西班牙語，我特別強調自瑞典於一八一〇年設監察法官開始，全球各國絡續設置監察使，並於一九七八年成立「國際監察使協會」（International Ombudsman Institute）。為達到政府透明化的目標，監察院設有財產申報處，各級政府高級官員和民意代表每年都要申報財產。演講結束續有問答時間約半小時。同日下午拜會最高法院蘇貝羅院長（Jorge Subero Isa），他曾於二〇〇〇年訪華參加司法院主辦的最高法院院長會議，再去拜會總監察長拉喇內（Federico Lalane José）就監察及審計工作交換意見，他盼能派員來本院學習，我表歡迎惟盼能通英語。晚間在麗晶餐廳應僑界宴。二十三日上午赴國會先拜會眾院議長巴契哥（Alfredo Pacheco）。巴氏不久將訪問大陸但態度甚佳，他瞭解我國對多國的各項援助，使多國民眾直接獲益，對馮大使亦推崇備至，說他抵任二個月已來訪他三次，使館同仁與眾院議員亦有密切交往。接著拜會參院瓦斯蓋茲議長，他昨天去聽我演講，他說該院有審計處，但功能遠不如我審計部，他將設法參考審計部的功能修改法律強化對政府的監督。二十四日晨獲悉蔣夫人於昨晚逝世，即擬一唁電致黃雄盛孔令儀伉儷。以後去多京東方約一小時車程的鼎達加工區，這是高齡八十餘歲僑領徐子言老先生所創辦，先去拜會徐董事長，以後他帶我去參觀一家雪茄工廠，其負責人告以雪茄的菸葉以最外層最為重要，必須選優良品質。以後又去參觀一位台中來的謝先生經營的壓克力工廠，生產玻璃鏡平板。

二十六日飛紐約轉往鳳凰城，因為亞利桑那州立大學要我為該校蔣經國講座發表演講，另外還要為他們的師生講另外的題目。十月二十九日上午在蔣經國講座以「蔣經國十年總統的遺澤」，稍後又在該校亞洲研究中心以「二十一世紀中華民國的經濟成長與務實外交」為題演講一小時並問答。一個上午二次演講在以往是稀有的，有一位美籍友人，前參議員高華德的幕僚長克勞福，告訴我說該校擬於我退休後聘我任教，所以克羅（Michael Crow）在款宴我時提到以該校為中心二十英里範圍內，有一百二十多座高爾夫球場，但是鳳凰城太大，我不開車，而且夏季長而熱，所以沒有考慮。三十日我經舊金山飛返台北，於十一月一日晨抵達。

## 赴紐約參加蔣夫人追思禮拜

過了二天，十一月三日凌晨一時四十分，我的警衛組長洪文端把我喚醒，說陳總統要和我通電話，過了十分鐘電話來了，他知道我剛由美國回來，但是由於後天是蔣夫人在紐約市的追思禮拜，希望我能代表他和政府去參加，我遂表示同意。到了辦公室就收到邱義仁祕書長同日來函告知，我立即請同仁辦理機票及出國手續。

四日下午五時，搭華航班機赴紐約，同日晚抵達，夏立言處長來接，即到山王餐廳參加國民黨連戰主席的晚宴，結束後到紐約皇宮旅館投宿，夏處長此時告知，明晨追思禮拜要我致二分鐘的悼詞，要用中文。此點我在離台北前多方打聽均不得要領，但是四日上午我為安全起見，在辦公室寫了二頁中文悼詞，並譯成英文。因此我回到房間，拿出原稿略為刪減，符合二分鐘的時限。次日清晨，李宗義主任告知教堂離旅館僅二條馬路，原擬步行，但婦聯會辜嚴倬雲主委囑其祕書葛保羅告知，要我務必和她同車前往，原來她的房間就在我的對面，我們八時半抵聖巴索羅謬教會（Saint Bartholomew Church），為時尚早，有一間小教堂供我們休息，以後陸續見到杜爾前參議員（Robert Dole）、賽門前參議員（Paul Simon）、單國璽樞機、紐約市朱利安尼前市長、教廷駐聯合國觀察員及小羅斯福遺孀（Mrs. Franklin D. Roosevelt, Jr.）等人分別寒暄。九時半進入大教堂，禮拜由周聯華牧師主禮，先由辜嚴主委講述生平，接著由我致悼詞，我先以英語說明因依照籌備單位規定，以下以中文講述，表示歉意。悼詞的內容是：「個人經中華民國陳水扁總統指派參加此一莊嚴肅穆的集會，內心至感哀戚。蔣夫人一生經歷三個不同的世紀，深受世人景仰。她手創我國的空軍，她對抗戰時失去家庭的孤兒給予母愛，她照顧了許多身心肢體障礙的青少年。政府來台之初，國軍生活相當艱困，她組織了中華婦女聯合會，對三軍官兵給予各種可能的協助。蔣夫人多年來全心全力襄贊先總統蔣公，民國二十五年西安事變，她多方策劃，終於使蔣公得以安全脫險。蔣夫人不僅是蔣公的良伴，更是蔣公最得力的顧問，特別是在對外關係方面，獻替良多。個人曾長時在外交界服務，深知我們許多同仁都公認蔣夫人是一位最傑出的外交家，蔣夫人的仙逝使中華民國失去了一位偉大公民。過去兩週，我們看到在全球各地有許多尊敬她的人因而悲傷，不過蔣夫人一生都是虔誠的基督徒，我深信她現在已和本堂所遵奉的耶穌十二門徒之一聖巴索羅謬一起在天國與主同在。我們所有景仰她的人們，都會永遠記憶這位集勇氣、決心、毅力、優雅、智慧和仁慈於一身的偉大女性。願蔣夫人永生。」接著連戰主席致悼詞，他用雙語，不看稿紙，直接講述。連夫人坐在我旁邊，說他因無法閱讀所以昨晚背了一整夜，實在不簡單，二年後他在北京大學的演講，不看稿一氣呵成，也是背的。接著二位前參議員簡單致詞，因為當天是週三，國會兩院都有許多會議，現任議員無法分身。周聯華牧師證道題目是「東西方之最高峰」，也是雙語。禮拜於十一時稍過結束，我和李主任散步回旅館。中午蔣府在萬壽宮餐廳以自助餐款待，很快結束，返旅館後將此行經過備函致邱義仁祕書長。晚間夏立言處長在山王餐廳款宴由台北來的賓客，結束後赴紐華克搭長榮班機返國。

## 二〇〇四年

前一年十一月二十六日我得到總統府通知，要我二〇〇四年一月十四日去瓜地馬拉參加貝傑（Óscar Berger）總統的就職大典。我心中頗感欣悅，因為一九九二年六月，我在瓜地馬拉市主持中南美及加勒比海地區協調會報，貝氏正任瓜市市長，以清廉幹練著稱，十二年後接任總統是瓜國人民的幸福，因為瓜國在中南美五國中人口最多，土地亦較廣，當年中美五國聯邦首都就在瓜市，但數十年來官員貪汙、經濟蕭條，無法吸引投資，失業率高達百分之四十六，社會安全失序，需要一位像貝傑的領袖來振興。這次旅行外交部定名為「馬雅專案」，除我和內人外，團員有歐鴻鍊大使伉儷、黃瀧元次長伉儷、李宗義主任、中南美司吳進木副司長，此外有四位工作同仁隨行。

## 「馬雅專案」

我們於十一日乘華航班機飛洛杉磯，休息一天於十二日午夜乘聯航班機飛瓜地馬拉市，途中約四個半小時，因有時差所以凌晨五時半到，去旅館稍事整理休息就到大使館聽取館、團、隊報告。中午赴大使官邸與新任總統、副總統史坦因（Eduardo Stein Barillas）、外長布里斯（Jorge Briz Abularach）、總統機要祕書畢拉（Alfredo Antonio Vila Girón）、能礦部長、政府計畫總協調人、投資事務協調人、執政黨競選顧問等十位貴賓餐敘。貝氏寒暄後即稱一九九八年他任瓜市市長曾來台北訪問，並與時任台北市長的陳水扁總統簽訂姊妹市聯合聲明，嗣一九九九年他競選總統失利，陳總統曾致函勉勵令他備受感動。我說陳總統原擬親自來賀，惟以政務繁忙且二個月後將大選，正擬競選連任，不克前來，特囑我向貝氏申致賀忱，並盼能邀貝氏伉儷再度訪華。貝氏亦提到我政府對瓜國現任總統波狄優（Alfonso Portillo Cabrera）政府所提造林、自來水及汙水處理計畫擬貸款四千萬美元，現尚未動用，他就職後將就該等計畫之需要與否研究，倘目前無迫切需要，盼我能同意改為其他改善民生的計畫。他亦提到瓜國亟需國外投資，希望我民間企業能組團來瓜參與各項建設計畫。我說我政府願鼓勵廠商來瓜投資，原擬邀業者參加本團，惜以組團時間緊湊，貴國政府忙於大典無暇接待，因此擬於近期另組考察團來瓜。我亦將監察院之功能介紹，說明看到瓜國市面不如過去繁榮，想必與公職人員貪瀆有關，如何使政府施政及公務人員財務透明化最為重要，本院歡迎瓜國派員來參加短期研習，午餐於三時結束。

下午四時，我和內人去總統府拜會副總統雷伊斯（Juan Francisco Reyes López），以後由他陪同晉見波狄優總統，我對他四年任內協助我參與國際社會，特別是聯合國和世衛組織的支持申致最誠摯的謝意。瓜國為我重要友邦，我亦積極在能力所及範圍內，協助瓜國改善人民生活及展經濟。我亦在台北設立中美洲經貿辦事處，協助介紹中美洲產品在我國銷售。以後我們在外長古蒂雷斯（Edgar Armando Gutiérrez Girón）辦公室稍事休息，到八時再上樓到總統接待室參加波狄優總統的國宴，但是真正開宴是在九時四十分，在等待時我和美國特使傑布布希（Jeb Bush）佛羅里達州長、義大利國會外委會主席席爾瓦（Gustavo Selva）、西班牙費利普王儲（Príncipe de Asturias）、貝里斯總理慕沙（Said Musa）交談甚久。賓主共十九人進餐迅速，十一時就結束了。

十四日上午八時原是哥斯大黎加巴欽哥（Abel Pacheco de la Espriella）總統約早餐，但是他搭波利維亞總統專機要十一時才到，所以由杜伐爾外長（Roberto Tovar Faja）代做主人，主要是為哥國前總統羅德里格斯進言，因為羅氏要競選美洲國家組織祕書長，盼我政府支持。我說美國極為關注這個職位，十餘年前尼加拉瓜外長雷依爾得到多數國家支持，但是美國反對，最後落選，因此哥國和羅氏必須全力尋求美國支持。早餐結束後羅氏又留我單獨談話，告以目前有一小問題，即若干小國代表因無力支付參加選舉會議之旅費需他幫助，他甚盼我能支助七～八萬美元以支付此等費用，我說當向政府報告，而我政府一向重視美洲國家組織盼能成為觀察員，如羅氏當選祕書長盼能玉成。以後羅氏於二〇〇四年六月底在厄瓜多舉行年會中順利當選，可惜不久在七月間，他在哥國國內被指控涉入法國公司在哥國設立手機寬頻設備系統收受回扣，在十月辭去祕書長職務並服刑五年。

下午我去國家劇院參加就職大典，在前廳等候開始時，貝傑總統當選人特別走過來向我致意，四時典禮開始，我坐在哥斯大黎加巴欽哥總統伉儷和貝里斯慕沙總理之間，典禮開始後卸任總統波狄優致詞長達四十分鐘，以後卸任新任總統交接，貝傑總統致詞簡短提到政府必須透明化。五時半結束，人車擁擠，我幸而有瓜國政府指派的隨扈官員，外交部領務局長拉娃齊諾女士（Patricia Lavagnin，曾任瓜駐華使館一等祕書）極為幹練，很快讓我們上車返回旅舍。晚間八時我們再去文化宮參加總統、副總統就職酒會，我對貝傑總統就職演說中提到政府必須透明化表示欽佩，深信在此理念下瓜國發展必將與日俱進。貝傑總統笑謂昨天與你午餐時聽你談到監察制度，曾提到政府施政必須有透明度。

十五日上午我和多明尼加特使總統府部長葛魯勇會晤，談到去年十月訪多的後續活動，建議其提高審計總署之位階、功能及硬體設備，並表示本院可提供多國二名相關官員來華做短期研習。當日下午，瓜國前總統、甫當選瓜京市長的阿爾蘇邀我打球，當晚我去瓜京華僑總會參加全僑歡宴，我們先向僑界先賢牌位上香，再上三樓參觀中華學校，宴會時有舞獅表演及僑校舞蹈表演，均甚精采，十時結束。我印象深刻的是，過去到華僑總會街道明亮路人很多，這次周圍一片黑暗，除少數「街友」外，看不到行人，可見國家的興衰。

次日中午我們仍搭聯航班機赴洛杉磯，當晚華航班機返國。

## 赴美參加雷根總統追思禮拜

同年六月五日晨，收聽廣播知道雷根總統逝世，我聽到後內心很悲痛，他是我國的好友，有人對他和中共簽《八一七公報》不滿。在他的自傳《一個美國人的生活：雷根自傳》（*An American Life, Ronald Reagan The Autobiography, 1990*）第三六一頁有這樣一段話：「他（國務卿海格，Alexander Haig）和我在台灣問題上亦有歧見，我認為台灣是一個忠實、民主長期的盟邦，我們對台灣應有無保留的支持。海格和其他國務院官員急於改善與中共的關係，他們壓迫我不能對台灣支持。我認為我們對台灣的民眾有義務，沒有人能阻止我們履行此項義務。」我特別將這段話記下來留在身邊。不料六月九日我接到美國在台協會台北辦事處處長包道格的電話，告訴我剛收到華府訓令，說雷根總統的追思禮拜在六月十一日於華府國家大教堂舉行，邀請我國二人參加，一個是我，一個是駐美代表程建人，他也已告知陳唐山部長。果然電話說完，總統府邱義仁祕書長來電話告知陳總統請我去代表參加，外交部政務次長高英茂也來電話告知同一訊息。六月我原將赴美參加「世界論壇」，隨後又需赴巴拿馬（稍後詳述），所以趕緊要調整行程。

十日下午搭華航班機赴洛杉磯，再轉聯航班機飛往華府，深夜抵達，當晚幾乎沒有睡，次晨起來著裝早餐，程建人代表八時半來接我，大教堂附近人山人海，要排隊進入，座位也更動多次，最後將我們放在參議員區，我的附近有民主黨的霍林斯（Ernest Hollings）、李伯曼（Joe

Lieberman），共和黨的魯格（Richard Lugar）、洛克斐勒（Jey Rockefeller）。雷根逝世後棺木放在國會的圓廳供民眾瞻仰。十一日上午由國會移靈到國家大教堂，以軍禮方式進入教堂，棺木的執紼有五位，我認識的三位，都是南西夫人的親信，領先的是前總統副幕僚長狄佛（Michael Deaver）、前第一夫人幕僚長瑞恩（Frederick J. Ryan, Jr.）和前新聞總署署長威克（Charles Z. Wick），並無雷根總統的友人和親信。以後聽說他們先都沒有請帖，經一再要求都被安排在教堂後半部。在典禮中首先致詞的是前英國首相柴契爾夫人，接著是加拿大總理瑪龍尼（Brian Malroney）、美國前總統布希和時任總統小布希，每位對雷根總統都推崇備至。典禮到下午一時半結束，我回到下榻的柴維卻斯俱樂部（Chevy Chase Country Club）賓館，知道內人和友人在午餐，我去餐廳看到幾位女士，包括著名的作家鄭念女士，她的《上海牛與死》（*Life and Death in Shanghai*）一書在美國也高居暢銷榜，她長我二十歲，此時已八十九歲，仍是優雅端莊。

大家照了些相，這是我們最後一次見到鄭女士，她於二〇〇九年十一月在華府病逝。

## 重訪故人，再度鞏固巴拿馬邦誼

我們在華府待到十五日，轉往丹佛去參加世界論壇，到二十日赴邁阿密，次日轉赴巴拿馬。這次去巴拿馬的原因是五月二十日陳水扁總統連任就職，巴國女總統莫絲柯索（Mireya Moscoso）來華慶賀，曾告知陳總統，巴國新當選之杜瑞河總統將於九月就職後與我斷交。

我想起來那年二月六日新當選的總統所屬的民革黨（PRD）有競選總幹事杜瑞和（Hugo

Torrijos）和二位助理來看我。杜瑞和是杜瑞河的堂兄，他說是第一副總統候選人賽謬爾（Samuel Lewis Navarro）要他們來看我。我說賽謬爾的父親前外長路易斯是我的好友，以後他因心臟病辭職，擔心總統巴雅達雷斯可能有意與中共建交，特地選派一位總統的親信來台北任大使，此人可隨時以手機與總統溝通，所以我們能維持邦交到今天（可參閱第十七章）。老外長不久去世，我感念他的用心，每次巴國有人來，或我們有人去巴國，我總備一件小禮物，寫一封短簡向他的遺孀妮塔（Doña Nita）致意。我也告訴杜瑞和，當年他叔叔杜里荷是軍事強人執掌政權，七〇年代中他的母親中風癱瘓在床不能動，他聽說我們中醫可用針灸治療，所以要當時駐巴的黃仁霖大使找醫生去幫太夫人治療，我在外交部任次長，對這件事非常擔心，因治好了當然好，如果針灸下去情況不佳，我們負不了責任，但強人很堅持，所以我只有去找有西醫訓練又通針灸的醫師，終於找到台中中醫學院的程毓斌教授，請他為國辛勞去巴國一次，我一再說以穩妥為要，切不可冒險。程教授到了杜府用了三針，老太太就可以在床上起來，過了一些時間可以下地走路。強人大悅立即抱了程教授親他的雙頰，我要杜瑞和回國問他堂弟知不知道此事？他們三位聽了都十分訝異。

後來，巴拿馬可能轉向中共的消息愈傳愈多，中共外交部副部長周文重也被傳說要去巴拿馬談改進關係（本來有貿易辦事處在巴京）。外交部奉示要我以答訪巴拿馬護民官為理由前往巴拿馬。

我遂於結束世界論壇年會後，由丹佛飛往邁阿密轉往巴拿馬市，於六月二十二日中午抵達。當天下午我去已故路易斯外長的舊宅，現成為路易斯紀念基金會（Gabriel Lewis Galindo Foundation），第一副總統當選人兼外長賽謬爾伉儷及老母妮塔均在，見面後熱情擁抱貼臉，前外長現為總統當選人杜瑞河的親信顧問瑞特（Jorge Ritter）亦在座，他先代杜氏表示歉意，說原應參加今日之會，因連日需與各政黨洽商憲政改革事無法分身，今日談話他將詳實向杜氏報告。我們稍事寒暄後，我即表示此次專程遠道前來，是因為上月獲悉新政府九月一日就職後即將與我國斷交，個人多年密切關心中巴關係，因此特遠道前來，盼能挽回情勢，路氏表示傳言未必正確，巴國目前一方面從事憲政改革，一方面要改善經濟，因失業率已達百分之十四，因此亟需引入外資，不致改變對我關係。稍後，賽謬爾示意我去另室談話，並邀瑞氏參加，明白道出杜氏對我國之不滿，由來甚久。五年前杜擬爭取民革黨總統提名，我方全力支助巴雅達雷斯，民調是杜氏大幅領先，但巴得我資助獲黨提名，最後在大選中落敗。此次杜氏與阿努佛黨（Arnulfista Party）提名的前總統恩達拉競選，民調杜氏以百分之二十五多數領先，而我政府仍全力支持恩達拉，甚至在投票前數日仍以二十萬美元支助恩，杜氏及民革黨已充分掌握資金之流動，他說：「所以你所聽到的九月一日要和貴國斷交，的確在民革黨內部曾談過，主要是不滿你們大使的做法，但是你的來訪使我們不得不重新考慮。」我說，「你所告訴我的，我全無所知，如果確是事實，我應道歉，並誠實報告政府檢討處理，可是我和貴國關係深遠，早年杜氏之叔對我國極好。」瑞氏立即打斷我說：「你請針灸醫生來治療杜氏之祖母，我當時也在場，所以完全瞭解並且深為感激，所以你來，我們要再做考慮。」我說請你代達杜氏，九月一日就職大典陳總統將親來致賀，並向杜氏致歉，中巴邦交不變。瑞氏說，請給我二天時間處理此事，我說二十五日將返國，請於二十四日晚告知結果。以後二天我除了拜會莫絲柯索總統、阿利亞斯外長（Harmondio Arias），也廣泛與新政府人員長談，包括總統部部長雷阿爾（Ulbandino Leal）、總統顧問杜瑞和以及民革黨要員。另外亦於二十三日晚，款宴中美洲護民官理事會成員。瑞特前外長於二十四日晚八時來訪，告知已與杜瑞河氏會晤，決定維持與我邦交，歡迎陳總統來參加就職大典。

二十五日晨，一行人赴紐約轉乘長榮班機回國，讓我為國家維護邦交的努力，畫下完美句點。

# 第三十二章
# 公務生涯的終結

二〇〇五年元月十一日，主持完第三屆最後一次院會，終於結束了我的公務生涯。任期最後一天，我分別去到蔣公與經國先生的陵寢獻花致敬，服務政府四十多年，退休時能獲頒紀念蔣公的中正勳章，至感榮幸。

第三屆監察委員的任期到二〇〇五年一月三十一日結束，在此前半年，陳水扁總統曾多次要我同意他提名我擔任第四屆院長，我均婉拒，他也託了一些好友勸我同意，我均表示已決定退休，不再服公職。

陳總統於二〇〇四年十二月十九日提名張建邦、蕭新煌為第四屆監察院正副院長以及二十七位委員咨請立法院行使同意權，但是立法院要求重提，並於次年元月十八日否決所有的人選。我們瞭解二月一日將無新任院長、委員來交接，監察院可能停擺，所以我請杜善良祕書長立即督促各單位，研擬若沒有委員本院將如何運作。稍後總統府蘇貞昌祕書長來電詢問此事，我立即將各單位所擬的因應措施送去，表示沒有委員無法行使糾彈等權，但其他工作仍可進行。二〇〇五年元月十一日我主持第三屆最後一次院會，我曾說要等到本屆院會圓滿結束，可惜等不到「圓滿結束」，因為一方面第四屆委員尚未產生，再則社會上一般對本院看法不佳，這是個人未能善盡職責所致。唯一稍堪告慰的，是去年七月四日陳總統承諾，不論憲政改革如何，本院在第四屆任滿前必將繼續存在。接著元月二十一日舉行年終檢討會，結束時講話頗久，先是對操勞過度逝世的江鵬堅、尹士豪兩位委員表示追思和敬意，也談到同仁雖然十分努力，但是社會各界，特別是媒體和民意機關則經常批評，然而被我們平反冤屈和還回公道的民眾卻沒有一位出來說明本院的貢獻，這是很令人沮喪的一種現象。

本屆中提出糾正案很多，超過上屆百分之四十，但是不受外界重視，彈劾案則較上屆減少三分之一，而且被彈劾的官員都是十二職等以下，沒有很多政務官或高級文官，所以不受外界重視，認為我們沒有做事。監察法第二十四條明定院長不得對彈劾案指使或干預，六年來我恪遵此一規定，從未表示意見，只有兩年前我們任滿四年，彈劾案的件數卻遠較第二屆為低，曾提出報告，但是並無任何反應，所以會議結束前特別呼籲可能連任的委員，要認真對政務官及高級文官有嚴重違失的要提彈劾案。一週後二十八日是週五，接下來是週末，我和陳孟鈴副院長於十時開始，由八樓調查處開始到每間辦公室向同仁話別，感謝大家六年來的支持，約一小時結束。三天後是最後一天的任期，清早我和副院長、杜祕書長、陳吉雄副祕書長、蔡展翼處長同車前往慈湖恭謁蔣公陵寢獻花致敬，以後再到頭寮向經國先生陵寢獻花致敬，回到辦公室，仍有不少賓客來談。下午五點二十分很多同仁聚在我辦公室門口，一起下樓，出了電梯就有大批同仁簇擁著我，慢慢的由走廊走向大門，這段路平時三分鐘可走到，那天走了二十分鐘，兩邊都是話別的同仁，我登上車，就結束了四十多年的公務生涯。但是我還沒有交出印信，一直到三年半後才完成正式的交卸。

## 獲頒中正勳章

二月一日，我在外交部的老同事房金炎和黃秀日兩位前次長和他們的大人，在凱撒飯店邀了六十多位老同事聚餐，為我卸任公職祝賀。二月中旬總統府三局來電告知，陳總統擬為我授勳，因為文職官員的最高勳章特種大綬卿雲和景星勳章我都已拿過，此次要頒中正勳章，因為過去只有副總統獲頒，此次頒給我的是第五號。我說初任公職不過三年，就被蔣公遴選任其英文祕書，服務十年，獲益良多，現值退休又獲頒中正勳章實為個人無比的榮幸。過了一天，二月十六日下午陳總統約見我，面贈琉璃桌飾一座以及親書的祝詞，表示要以中正勳章頒授，要我提出擬邀觀禮的賓客名單。他也提到有關兩岸和解，他很有信心，去年十一月國安會議，他指示應以香港航線模式規劃兩岸春節包機，結果本月初就順利完成。他又提到盼我接受資政聘書，因為目前資政中獨缺外交專長者。我感謝他的德意，但是現已退休就不再充任公職，實在很抱歉。贈勳典禮於三月九日上午舉行，我曾簡單講話表示服務政府四十多年，退休時能獲頒紀念蔣公的中正勳章，至感榮幸。我離職當日就交還公務車和駕駛，三月二十一日也搬離職務宿舍，我的公務生涯也如此結束。

# 後記

早年國維和美端跟著我和玲玲各地到處跑，差點耽誤了學業，
幸而最後他們分別完成學業，各自開創出自己的專業，
看到他們成家立業，是我人生中最感欣慰的事情。

一九八八年我由華府回國，當時國維剛由華府喬治城大學外交學院（School of Foreign Service, Georgetown University）畢業，美端則正要進入美利堅大學（American University）會計系最後一年，他們選擇繼續在華府求學。

## 國維不想承繼父業的原因

那時我曾問國維他是否有志獻身外交？他很直率的告訴我當初確有此意，現在由於兩個原因不想如此。第一個原因他認為我已擔任駐美代表，未來大概是外長，如果他做得不好，人人都會笑我；如果做得順利，則大家都會說，誰叫他的父親是錢復，當然一帆風順。第二個原因是他看過我的銀行存摺，做了這麼多年的高階外交官，戶頭內從未超過二萬美元。所以他想讀商業學院，不過一般需要有兩年的實務經驗。這一點我幫了他一個忙，我和喬治城大學校長希利神父

（Father Healy, S. J.）聯絡，他很快同意國維可以申請。國維順利在二年內取得企管碩士（MBA）學位，去紐約的私人銀行布朗兄弟哈里曼（Brown Brothers & Harriman）工作。我的老友趙寶熙兄的公子趙治平，在紐約為他介紹了剛由布朗大學（Brown University）政治系畢業的胡家琪女士，兩人開始交朋友。

一九九一年十一月下旬，哈佛大學邀我擔任該校商學院「李國鼎講座」主講人，我和玲玲於十九日晚抵達波士頓，國維和家琪由紐約來接機，並和我們同下榻哈佛廣場旅店（Harvard Square Inn），在以後的兩天我由清早到深夜，節目排得十分滿，沒有機會和家琪談話，但是覺得她儀容端莊，個性爽朗和國維很相配。玲玲則有時間和這位「準媳婦」長談。原來她的叔祖胡維達是我一九五五年參加青年訪問團去土耳其時擔任大使館的上校武官，任滿返國後晉升少將，擔任台大總教官和父親共事。一九五七年夏，我參加百人青訪團赴美參加「世界道德重整會議」，他也是同行的一位。胡將軍退伍後加入觀光局，曾任駐金山辦事處主任多年。

家琪的父親是胡成業先生，他成大畢業後赴史坦福大學深造專攻「特殊工程」，獲得學位後在美工作並結婚，家琪就在舊金山的郊區出生。七〇年代初香港準備興建過海隧道，禮聘成業兄設計興建，因此舉家遷往香港。家琪小學和初中都在香港極佳的學校就讀，到了高中轉往舊金山南郊蒙特瑞半島的聖卡達林納（Santa Catalina High School）高中，因為外祖母在那裡住。

## 赴舊金山參加國維、家琪婚禮

國維和家琪是一九九二年十月二十四日在聖馬太舉行婚禮。我因為台北工作忙碌，到當天中午才去機場搭機前往。玲玲則稍早帶了她精心為婚禮準備的「囍」字和贈送親友的筷子先去安排。我們在同日下午二時半去柏林干美以美聯合教會（United Methodist Church, Burlingame）舉行宗教儀式，有三百五十位來賓，婚禮簡單隆重。我們五時回到舊金山喜來登王宮飯店的餐廳舉行我國傳統的儀式，我事先請了美國前任國務卿舒茲做證婚人，並為他準備了印章。介紹人是我的連襟邱創壽。舒茲並依我國習俗做證婚人訓詞。使我驚訝的是李登輝總統、李元簇副總統、郝柏村院長都送了很大的花籃。我們因為女兒剛在年初結婚，驚動了很多長輩、長官、親友，所以此次國內都沒有發帖。我利用光復節（週日）補假去舊金山，也沒有耽誤公務，但是長官仍然垂注。

我在二十五日就由舊金山飛返台北，到二十七日恢復辦公。國維在當年年底就由他所服務的公司派往香港，擔任亞洲地區財富管理的工作。由於家琪當年在香港求學時的同學也都已結婚，且對象都是當地的名門，她的良好關係對國維的工作甚有助益。

由於國維工作表現優異，不斷被挖角，他先後轉往摩根史丹利投資銀行（Morgan Stanley）和高盛投資銀行（Goldman Sachs），業務也由財富管理轉為更具挑戰性的籌資和併購，直到二〇〇二年摩根大通集團（J.P. Morgan）聘他擔任台灣區總裁。

## 子女成家，升級當祖父

國維和家琪第一個小孩裕揚，是一九九五年十一月十七日傍晚在台大醫院出生，他是我第一個內孫，我深感對於祖先已有交代。裕揚一出生我就趕去台大醫院看，小嬰兒很漂亮，而媽媽說他真乖，很自然的就生出來了。我家數代均未按族譜世系命名。裕揚出生前我查了族譜知道自武肅王三十七世（即國維那一輩）起訂有「寬裕仁厚、中正廉明、翰墨弘揚、如茂迺昌」十六字。因此裕揚這輩開始就以裕字命名。裕揚以後，國維夫婦於一九九八、一九九九年又連續生了兩個男孩——裕亮、裕恆，他們都是在香港出生，也很順利。有趣的是家琪盼望有個女兒，當裕恆還在腹中，超音波顯示又是個小男生時，她給玲玲打電話，失望地哭了。玲玲勸她說，國維的祖父也是連生三個男孩，如果沒有那第三個男孩（指的是我），就不會有我們這一家。家琪聽了非常高興，裕恆出生後先有英文名叫 Frederick III，以後我再替他起了中文名字。

二〇〇六年底，我們知道家琪又有喜了，次年春天就知道是一個女生，大家十分歡喜。七月十一日我正好在西班牙馬德里訪問，國維以越洋電話告知裕恩已出生，他和大哥相差十二歲，和我差七十二歲，成為家中第三個屬豬的。她的出生帶給全家無比的歡欣，全家上下對她都極為喜愛。

國維一家在香港住了十六年，最後的六年他每週末都返回香港，週一再回台北，真正是空中飛人。二〇〇八年八月他們全家終於搬來台北，小裕恩常常在中午來家陪祖父母午餐，是玲玲和我一天中最愉快的時間。

## 美端與至德結識

美端是一九八九年夏季由美利堅大學畢業，因為她考慮未來成家不一定能和我們夫婦住在一起，所以畢業典禮一結束，她立即束裝返國，進入資誠會計師事務所工作，每天早出晚歸，是一個甚為盡職的上班族。有時她需要去比較偏僻的地方查帳，媽媽很不放心，常要去接她，但是她非常獨立，對於公車路線十分熟悉，都是獨來獨往，反而媽媽很擔心。

美端回國以後，不少的親友都很熱心的為她介紹對象。很多對象都是很優秀的青年。然而緣分未到，對她來說總是不來電。一直到一九八九年十月，玲玲的一位老同學黃荔韶女士由香港來台北，要約她午餐，並且說也想邀美端參加，原來是要介紹一位在美國生長的華裔青年孫至德。他們二人初次見面彼此印象都好，美端就對媽媽說，以後不要再替我介紹別人了。媽媽也很高興，因為以後到偏僻地方查帳，她不用再擔心了。

至德的祖父是孫連仲將軍，我們還在北平時就和他認識，到台北後雖不常會面，但是每次胡適先生返國，住在我們家，高大魁梧的孫將軍就會出現在我們家。孫將軍的長公子湘德兄當時僑居舊金山，和我的大哥大嫂常有交往。至德的父親鵬程先生在台灣受完高等教育後，到美國哥倫比亞大學和麻省理工學院攻讀建築設計，是貝聿銘先生的高足。至德的母親李式鸞女士在耶魯大學攻讀護理，一九五八年我由紐約乘火車到紐海文市，李女士受中國同學會之託，特別駕車到車站接我。因為耶魯的醫學院和護理學院在城西，和研究院有相當的距離，所以後來就沒有晤面的機會，因此我不知道她和孫鵬程先生結婚。至德的父親在波士頓有建築師事務所，因為他的設計優良，五十歲時獲得美國建築師協會院士榮譽。但是因為工作壓力大，英年早逝。至德追隨父親在哈佛大學畢業後，也進了建築設計學院，就在取得碩士學位前不久，父親病故，給他很大的打擊。家人建議他不如去台北，到大伯家所經營的麥當勞連鎖店擔任餐廳設計工作，來到台北不久，就和美端結識。至德設計的麥當勞分店不少，如淡水、林森南路、台中店等等。兩位年輕人交往一年後，終於決定廝守終身，婚期是一九九二年一月二日，這是我們家初次為子女辦喜事（因為哥哥國維的婚禮是九個半月以後）。

孫府是虔誠的天主教徒，主張婚禮在聖家堂，希望我去邀狄剛總主教親臨主禮。我也覺得在教堂舉行婚禮，並且以茶會招待賓客是符合節約的原則，極為贊成。新人的新房設在凱悅飯店的一間套房，而以後的住室就在龍江路宿舍後面一間房間，這是和其他臥室或客飯廳完全分隔，而且可以直通邊門便利出入。

## 在聖家堂舉行典禮

媒體很厲害，大概兩週前就報導了，很多親友原來不敢驚動，卻都送了喜禮來，我們只得補發喜帖。因為當天新娘要去專業化妝，所以在元旦晚間，美端就向我們夫婦循禮跪拜，感謝父母親養育之恩，玲玲淚流不止，這是做母親的不捨。二日上午，我一個人在家，母女兩人分別去理髮和化妝，我初次感到分身乏術，因為賓客、電話不斷，我已經無法逐一應付。好不容易到了中午兩位女士回家，孫府迎親的車子已到，至德接了美端去聖家堂，我和玲玲也立刻趕往，聖堂內已有許多賓客，我們夫婦在門口接待賓客，人潮洶湧，使我想起當年華府的國慶酒會。

狄總主教抵達後婚禮即在二時許開始，伴郎是新郎的哥哥至平，伴娘是蕭萬長兄的長女公子如婷小姐。我攙著新娘走過長長的紅毯，鄭重的將新娘交付給新郎。典禮進行非常順利，是我參加天主教婚禮最快的一次。我們在典禮結束又到門口請賓客去旁邊一幢房子二樓參加茶會。招待們告訴我賓客超過二千多位，有些怕旁邊的樓是否能撐得住。好在大家都是表現善意，稍作逗留就告辭。新人也在三時半前往凱悅飯店套房。我們夫婦到四時許看到賓客大多離去，所以就離開聖家堂。

晚間六時，我們在世貿大樓頂樓請了約一百位的至親好友餐敘，並邀父親的好友，考試院孔德成院長福證。德成先生是至聖先師的嫡系長孫，出生後就世襲至聖先師奉祀官，平時容貌端肅，可是那天晚上對新人致訓詞則是妙語如珠、幽默生動。所有參加的親友寂靜恭聆訓誨，只感覺趣味無窮。新人也受到證婚人的影響將緊張的心情鬆懈不少。

元月五日，我們在家中為新婚夫婦舉行回門宴，只有至親二桌客人，次日新人就去夏威夷的毛夷島（Maui）度蜜月。

同年六月十一日清晨，我和玲玲在巴拿馬訪問，住在巴拿馬市凱撒公園大飯店（Marriott Cesar Park Hotel）十四樓房間，接到美端由台北來的電話，告以昨天去台大醫院檢查，醫生說懷孕了，預產期是明年初。我和玲玲都無法再睡，打開窗簾，外面是太平洋的巴拿馬灣，十分美麗，我們非常高興在如此優美的環境得到將初獲孫輩的喜訊。

至德在年初婚後，就知道堂哥家的事業中心要逐漸移往中國大陸，而台灣和全球多數地區房地產事業都比較疲軟，因此有意回到母校在哈佛商學院攻讀企管碩士；美端同時也申請去波士頓大學念企管碩士，由於有了身孕，她只能放棄。當年暑假要結束時，他們就去波士頓至德的母親家，準備重新做研究生。

## 輾轉遷徙，終在台北大團圓

美端於一九九三年一月二十二日在波士頓生產，安安是我們夫婦第一個孫輩，當天是農曆除夕，而台北時間則是癸酉年元旦。玲玲原來準備立刻去為女兒坐月子，由於正逢感冒，所以等到一月三十日才動身。她會開車又能為女兒烹調補品，對美端的恢復幫助很大，她也帶回來很多小寶寶的照片，此時我已為她選了聖安做名字。聖安眼睛很大，作為剛出生的娃娃，她也有「奶胖」的現象，非常可愛。美端夫婦要我為她起名字，我因為至德兄弟都有「至」字，他們的證婚人是德成先生，所以建議這一輩用「聖」字，小孩出生時在醫院申報名字是Alexandra，所以建議以「聖安」為名，他們都欣然接受。

這年的六月四日，玲玲、美端帶了聖安由紐約飛回台北，我初次看到她，十分可愛。此時至德已獲哈佛的企管碩士，並順利在紐約摩根史坦利（Morgan Stanley）投資銀行找到工作，她們搬到紐約西五十八街《新聞週刊》（*Newsweek*）總部隔壁的「交響樂廳」（Symphony Hall）公寓居住。至德夫婦又於一九九六、一九九八年生了二女兒聖霖和兒子聖連。美端每年暑假都會帶三個小孩回國和我們小住兩個月；至德於暑假結束前再來台北接她們回美國。三個小孩都在紐約大都會美術館對面的瑪麗蒙女子學校（Marymount School of New York）讀書。

到二〇〇三年，美端決定帶小孩返國讀書。聖安已要進五年級，聖霖二年級，聖連幼稚園大班；他們都很幸運為私立復興中小學所接受。那年暑假玲玲特別聘請一位王老師教授注音符號，並為聖安、聖霖的中文予以補習。同年稍後至德也回國工作，全家在台北大團圓。

## 孫輩男女各有所長

到二〇二〇年春，我們七個內外孫男女都已經長大了，除了小孫女裕恩仍在讀小學六年級，和父母親住在一起。她是我們夫婦的寶貝，如果一星期沒見到她，就會惦念。其他六個都在美國工作或讀書。長孫裕揚喜愛表演，在中學時每學期學校都會有一次舞台劇演出，他總是擔任男主角，二〇一四年中學畢業後他獲得美國南加州大學演藝學院四年的全額獎學金，前年以優異成績畢業。去年十一月，他在洛杉磯帕薩迪納戲院連續四週演出「The Great Leap」舞台劇擔任男主角，他也在台北和美國拍攝多次廣告片。二孫裕亮喜愛攝影，在中學時擔任學校攝影師，二〇一六年去美國南加州大學攻讀會計，今夏將畢業，但是由於新冠肺炎肆虐，可能無法舉行畢業典禮。三孫裕恆對陶藝製作極有興趣，也參加學校的無伴奏合唱團，擔任獨唱，他也隨二位兄長於二〇一七年進入南加州大學攻讀企業管理。三月中旬，因為美國疫情嚴重，他們三兄弟都回到台北，經過十四天的居家隔離，同時在家透過電腦接受學校的遠距教學。

我們的長外孫女孫聖安是七個孫輩中最年長的，她在台北市復興國中畢業後，於二〇〇八年去波士頓的丹那豪爾住宿學校讀高中，三年後進入當地以化學系聞名的布蘭代斯大學讀書，成績優良，每年暑假都回台北，在台大化學系的陳竹亭教授的實驗室做研究；二〇一五年畢業後，她有志承襲太外祖父的衣缽，攻讀有機化學，進入密歇根大學研究院且每年獲得獎學金。今年三月，通過博士論文口試取得有機化學博士學位，但是也因為疫情關係，畢業典禮無法舉行，她已接受美國名藥廠默克公司的聘請，擔任資深研究員。

二外孫女聖霖在復興國中畢業後，於二〇一一年隨姊姊赴丹那豪爾住宿學校讀高中。她在二〇〇九年曾參加橫渡日月潭的泳賽，事先不讓我知道，怕我攔阻，到賽完返家，才由美端告訴我。二〇一四年，她進入波士頓的東北大學攻讀金融與政治。這個學校有建教合作，學生可到企業工作二個學期，所以要讀五年。三年級時選修國際政治，教授安排少數學生去日內瓦參觀聯合國的機構，許多同學都想去，聖霖因為成績優良被選中，在日內瓦待了四週。她在二〇一九年畢業，已在紐約的多朗多主權銀行開始工作。

外孫聖連自幼對軍事有興趣，他的房間裡的玩具都是飛機、大砲、坦克之類的，他喜歡的讀物都是軍史或戰爭相關。他在中學時常練越野賽跑、舉重等運動。二〇一七年，他進了波士頓大學資訊系統系，並且立刻對父母說他已加入預備軍官團（R.O.T.C.），但在台北時未提，是怕我不同意。我告訴他們這是最好的教育，能使學生自律守分，這二、三年來目睹他的生活有紀律，遇到困難的問題，都能很快找出解決方案。

我們全家若有機會拍全家福，就會挑選合適的照片做成聖誕節和新年賀卡分贈親友，順便記錄了孫子女的成長。在二〇一五年聖誕節拍攝的一張全家福，是我和玲玲很喜愛並一直掛在家中牆上的照片。看到國維、美端和他們的另一半都找到各自的人生方向和歸屬，而他們的子女們也都陸續長大成人，在不同領域貢獻一己之長給社會，帶給我們很大的快樂與欣慰。

1986年2月11日，與玲玲、國維、美端合影於雙橡園。

【附錄二】

# 各界迴響

## 李光耀來函

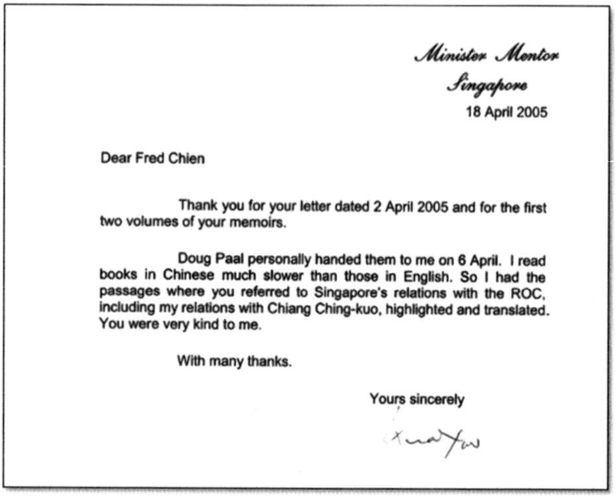

*Minister Mentor*
*Singapore*

18 April 2005

Dear Fred Chien

Thank you for your letter dated 2 April 2005 and for the first two volumes of your memoirs.

Doug Paal personally handed them to me on 6 April. I read books in Chinese much slower than those in English. So I had the passages where you referred to Singapore's relations with the ROC, including my relations with Chiang Ching-kuo, highlighted and translated. You were very kind to me.

With many thanks.

Yours sincerely

親愛的Fred

收到你署名四月二日的信和《錢復回憶錄》前二卷了，謝謝你。

包道格在四月六日親手將書交給我，我閱讀中文的速度比英文慢些，就先跳到和新加坡有關的段落，包括我和蔣經國的關係處，我畫了重點並做翻譯。你實在對我很好。

萬分感謝。

李光耀　謹啟

2005年4月18日

# 鄭念來函

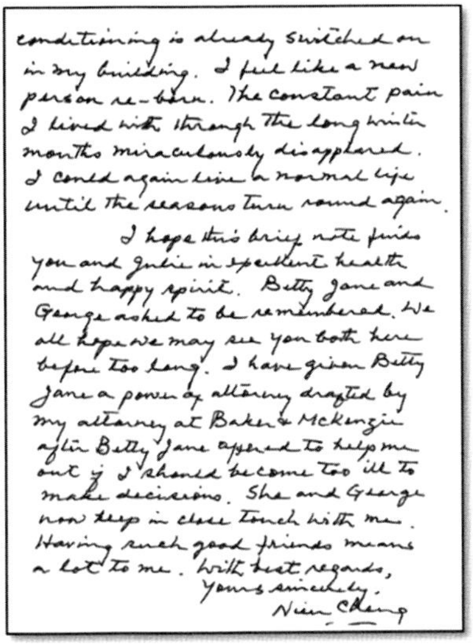
conditioning is already switched on in my building. I feel like a new person re-born. The constant pain I lived with through the long winter months miraculously disappeared. I could again live a normal life until the seasons turn round again.

I hope this brief note finds you and Julie in excellent health and happy spirit. Betty Jane and George asked to be remembered. We all hope we may see you both here before too long. I have given Betty Jane a power of attorney drafted by my attorney at Baker & McKenzie after Betty Jane agreed to help me out if I should become too ill to make decisions. She and George now keep in close touch with me. Having such good friends means a lot to me. With best regards,

Yours sincerely,

Nien Cheng

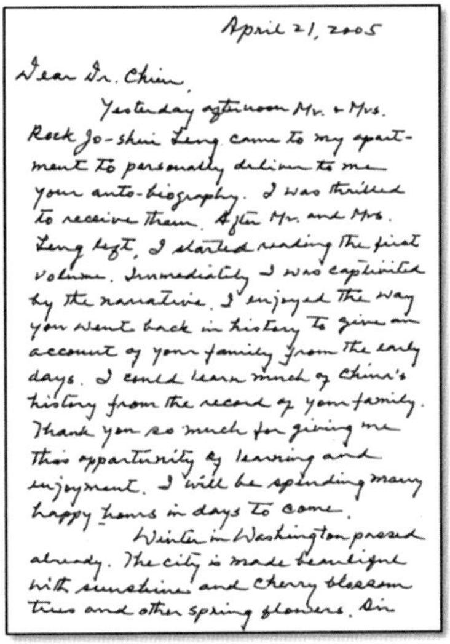
April 21, 2005

Dear Dr. Chien,

Yesterday afternoon Mr. & Mrs. Rock Jo-shui Leng came to my apartment to personally deliver to me your auto-biography. I was thrilled to receive them. After Mr. and Mrs. Leng left, I started reading the first volume. Immediately I was captivated by the narrative. I enjoyed the way you went back in history to give an account of your family from the early days. I could learn much of China's history from the record of your family. Thank you so much for giving me this opportunity of learning and enjoyment. I will be spending many happy hours in days to come.

Winter in Washington passed already. The city is made beautiful with sunshine and cherry blossom trees and other spring flowers. Air

親愛的錢博士

昨天下午冷若水夫婦到我公寓，帶來你的自傳，我很興奮的收下了。他們一離開，我就立刻讀起《錢復回憶錄　卷一：外交風雲動》，並立刻被書中的敘述迷住了。我很喜歡你回溯歷史，從早年家庭生活談起的方式，從中我可以學習到很多中國過往的歷史，並獲得很多樂趣。未來幾天我將會度過許多相當快樂的時光。……（後略）。

鄭念　謹啟

2005年4月21日

## 吳豐山來函

錢院長睿鑑

二〇〇五年「錢復回憶錄」面市時，我看了自序和目錄後就先擺回書房，一直到最近才能逐頁拜讀，這封信是要向院長報告我拜讀之後的一些感觸。

一、您對我國外交大業的貢獻，不必再贅言。我要強調的是，長時間以來，我對我國不鼓勵專業專精，迭有微詞。我看日本明治維新，認定其中最難得的是建立了日本崇敬專業專精的精神，日久發展成大和民族文化的精髓。二戰後日本能迅速復興，依我淺見，全拜專業專精文化所賜。因此，我認為，院長的外交專業與專精，是最難能可貴的典範，也是最值得國人學習效法的地方。

二、國家建設成果與乎人類文明進展，絕對是人群中的菁英份子所造成。理想上自應提倡人人平等，但菁英份子畢竟是菁英份子，他們是上帝的選民。由此推論，則目前台灣社會對「世家子弟」的敵視，實在可議。「世家子弟」如果遊手好閒甚或花天酒地，自必引人鄙視；如果品學兼優，又能自我期許，由於他們得到比別人更早更好的庭訓與磨練，所以得能在人生的起跑點超前，進而在有限的生命歲月做出更大的貢獻，其實正是國家社會寶貴的資產。可惜當前台灣，沒有「正論」，只有「歪論」！

三、回憶錄止於一九八八，可是一九八八之後，續有漫長的公職生涯，而且都至關緊要，我不知道院長是否已寫卷三，如果沒有，那我要很認真地說：一定要完整呈現您一生功業；不為自己，而是為國人同胞呈現一個完整的典範。

併問夫人安好。夫人樹立的典範，其淑世價值足可與您相互輝映。

吳豐山　敬筆

二〇一四年十月六日

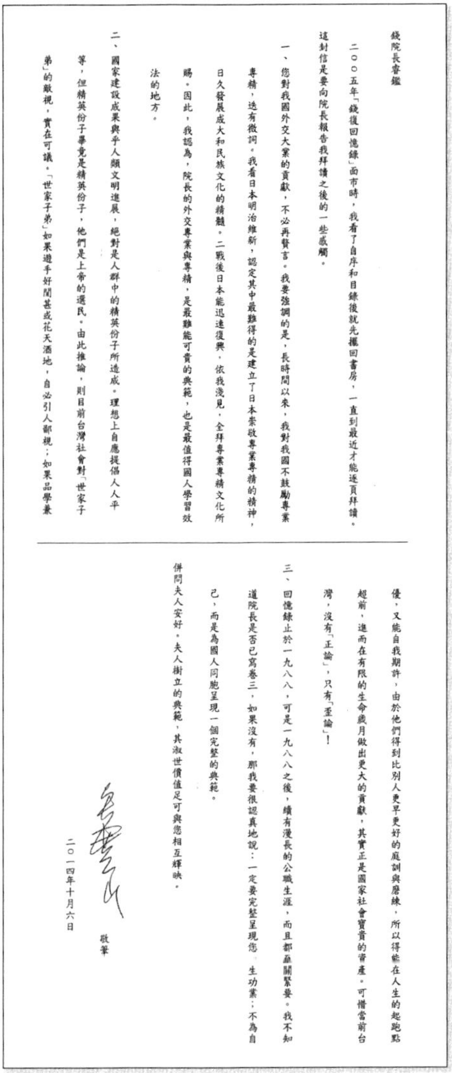

錢院長睿鑑

二〇〇五年「錢復回憶錄」面市時，我看了自序和目錄後就先擺回書房，一直到最近才能逐頁拜讀。這封信是要向院長報告我拜讀之後的一些感觸。

一、您對我國外交大業的貢獻，不必再贅言。我要強調的是，長時間以來，我對我國不鼓勵專業專精，迭有微詞。我看日本明治維新，認定其中最難得的是建立了日本崇敬專業專精的精神，日久發展成大和民族文化的精髓。二戰後日本能迅速復興，依我淺見，全拜專業專精文化所賜。因此，我認為，院長的外交專業與專精，是最難能可貴的典範，也是最值得國人學習效法的地方。

二、國家建設成果與乎人類文明進展，絕對是人群中的精英份子所造成。理想上自應提倡人人平等，但精英份子畢竟是精英份子，他們是上帝的選民。由此推論，則目前台灣社會對「世家子弟」的歧視，實在可議。「世家子弟」如果遊手好閒甚或花天酒地，自必引人鄙視；如果品學兼優，又能自我期許，由於他們得到比別人更早更好的庭訓與磨練，所以得能在人生的起跑點超前，進而在有限的生命歲月做出更大的貢獻，其實正是國家社會寶貴的資產。可惜當前台灣，沒有「正論」，只有「歪論」！

三、回憶錄止於一九八八，可是一九八八之後，續有漫長的公職生涯，而且都至關緊要。我不知道院長是否已寫卷三，如果沒有，那我要很認真地說：一定要完整呈現您一生功業；不為自己，而是為國人同胞呈現一個完整的典範。

併問夫人安好。夫人樹立的典範，其淑世價值足可與您相互輝映。

敬筆

二〇一四年十月六日

沈呂巡專文

# 《錢復回憶錄》讀後

## ——一些親歷的旁證及感想

一九九四年十月初，我國新任駐美代表魯肇忠剛剛抵任華府，就受邀參加參院民主黨領袖密契爾的退休歡送餐會，同黨的白宮主人——柯林頓總統也答應要來。

### 「錢復現在何處？」

我當時任駐美代表處國會組長，陪同魯代表出席。是日冠蓋雲集，總統桌邊更是永遠排著些政商名流，等候與柯林頓寒暄。由於我駐美代表無法向美總統呈遞國書，亦難請見，此時機不可失，我即央一位議員朋友先向總統方面打招呼，等了好一陣子，終於這位議員朋友來請我們過去。

柯林頓起身笑迎，魯代表及自我介紹，語音未了，柯氏即問：“Where is Fred Chien?”（錢復現在何處？）魯代表尚未及回答，柯氏又再問一句，“How is Fred Chien doing?”（錢復好嗎？）

事隔十年多，但至今我能清清楚楚記得柯氏講這兩句話的神情，以及他的確切用字，這樣一個小故事，已可相當說明錢先生在對美外交上的成就。

錢先生之前在二〇〇五年出版了兩冊回憶錄，內容精采豐富，以我一個曾有幸追隨他多年且親歷過許多有意義片斷的人來說，可提供補遺的事例甚多，應該可以幫助大家就另一個角度瞭解錢先生對我國外交的貢獻。雖然當年我們基層同仁不是每天都可以獲得代表親授教益，但每次跟他出去洽公、應酬，看他如何跟對方應對交涉，或聽他演講或開會訓示，或在車程中跟他閒談，都覺獲益良多，亦深覺得他涉獵之廣博，陳述之技巧，言語之便捷，境界之高闊，經驗之有趣。華府哪是等閒之地，全世界第一流政治家、外交官雲集，我們來自一個美國不承認而另一強權日日打壓的國家，自己要沒有兩把刷子，真是「誰理你們」。而錢先生的「刷子」何止兩把，我想這就是他成功的基礎之一。

例如一次我陪錢先生宴請大牌參議員、即後來任國防部長之柯恩（William Cohen）。席間多談華府政治人物以及他們的趣聞、人脈關係等等，柯恩雖久歷華府政壇，但自承若干方面所知不如錢先生，他甚至打趣地問錢先生：「華府政壇有你不認識的人嗎？」

錢先生面對滿座大牌參議員而辯才無礙的例子太多了，面對強勢對手亦往往令人折服。例如我曾陪錢先生在台美匯率問題最棘手之際，拜會當時參院財政委員主席、後出任財長及競選過副總統的班森（Lloyd Bentsen）參議員，親見錢先生以深入淺出的方式向班氏說明美國一再壓迫台幣升值的不合理。班氏非但極具專業且一向老氣橫秋，但那天似乎為錢先生的有力陳述而被迫採守勢。並表示願進一步瞭解我方的困難，不久後班氏有亞洲之行，卻特別安排一天訪台進行了重要的溝通。

## 十八般武藝，折服華府政壇

有多少大牌議員，只是一兩次拜會加上吃一頓飯，就變成對我們提供重要幫助的好朋友。如參議員凱斯頓（Bob Kasten），一九八〇年代中期他以撥款委員會負責美國對國際組織捐獻的小組委員會主席的地位，數次提出美國對亞銀捐款案（一年約一億四千萬美元）的修正案，規定若我國遭亞銀排除或權益受損，該筆捐款則不得動用，逼著行政部門改採全力支持我們的政策（美國於一九八三年最初的政策，只支持我們對亞銀做若干non-governmental association，即「非政府性的聯繫」，此一構想，還曾於該年元月間以類似「哀的美敦書」的方式要求我方二十四小時內作出反應）。後來的發展證明，亞銀是我們退出聯合國後，於國際組織一路敗戰中止跌回升的轉捩點，雖然Taipei,China的名稱我們仍不喜歡，但會籍無虞且可以對亞銀自用「中華民國」。如無亞銀的成功先例，恐怕更難有後來的GATT、WTO、或APEC，更不用說今天的WHO了。

而這一切，似乎以錢府的一場宴請凱參議員及其助理的晚宴開始。我至今深深記得當晚聚會之歡，而最有趣的，則是凱參議員一再讚美錢先生可以一隻手併持大叉及調羹，撕開一道扒鴨為賓客佈菜的技巧（平心而論，不輸熟練的空服員）。

《八一七公報》發表後，國會中助我最力又最有效的參議員不是高華德，而是一位坐著輪椅的伊斯特（Joni Ernst）。伊參議員以他司法委員會分權小組主席的地位，聲稱《八一七公報》只是行政公報，違反國會通過的台灣關係法，故產生憲法上的「分權」問題，因而連召開三次聽證會，會後伊氏並以三十八個尖銳的書面問題，逼國務院予以具體答覆，其中最重要且迄今仍極具意義的即是，美國對台灣主權問題究竟採何立場？國務院的答覆似為迄今唯一的一次明表「美國對台灣主權問題不採立場」（The United States takes no position on the question of Taiwan's Sovereignty.）。但伊氏第一次來錢府吃飯，由於宴會房間的門對輪椅太窄，我們硬是把他連人帶輪椅從窗戶抬進去的。

對錢先生青眼有加的美國總統亦不只柯林頓一人。一九九二年六月，我在駐堪薩斯辦事處處長任內，陪同錢先生夫婦赴福特前總統在科羅拉多州海狸溪主持的「世界論壇」大會。福特總統在當地自宅舉行酒會歡迎參加者，但眾多各國貴賓中，僅為錢先生夫婦導遊參觀全宅上下。錢先生在該會議休息時，與時任國防部長的美副總統錢尼一起憑欄遠眺山景，不久後即親草一重要電報囑我送發；又於午餐（自找座位）時與法國前總統季斯卡同坐歡談。不久後季氏即訪台，在立法院還秀了幾分鐘中文演講，法、我關係隨之似即有若干改善。

《錢復回憶錄．卷二：華府路崎嶇》書中提及一九八三年七月十八日錢先生在華府「被奴役國家週」晚宴與布希（時任副總統）同席一事，當晚我也在場，親見布希演講完離場之際，在全場掌聲中回身貴賓席，僅與錢先生一人握手而別。

## 一九九五康乃爾之旅幕後花絮

以下這則更具意義，即一九九五年六月李登輝總統返母校康乃爾之旅。當時我這個代表處國會組長奉命邀議員前去康大歡迎李總統。但訪期在國會會期之內，美國議員極難離開華府，我們逐想出透過錄影的方式，將美國議員的歡迎祝詞剪輯成帶在酒會上播放。

但是約一個大牌議員做此種錄影講話也不容易，即令對方同意，一般至少在兩個禮拜之前即須預約，可是我們可用的工作天只有三天。這就是真正的考驗了。所幸我們對國會熟，大概知道那些黨團禮拜幾在那裡一起午餐會報，我就帶一個攝影小組等在門外，出來一個即訪問一個，像電視記者一樣，請他們講兩句話歡迎李總統，大致都獲成功。有些議員我不是那麼熟，對方或有些遲疑，這時亮出錢先生的牌子就極有用（這時錢先生已返國多年，時任外交部長），我上去表明曾任錢先生之助理，以往在那裡見過或吃過飯，對方立刻展現笑容，欣然受訪。三天之內，我們一共訪問了三十六位兩黨領袖及或有特殊代表意義的議員，各主要委員會主席、少數黨之首席議員均不在話下。記得我們選做帶子開頭的是參院最資深、年齡最長的臨時議長塞蒙德議員，結尾的則是後來與高爾搭檔競選副總統的李柏曼參議員。李氏認為在走廊接受訪問太不正式，願自行前往參院專用的攝影棚錄製，且極快就將帶子給我們。

許多位議員於講話中都提到錢先生，他們謝謝李總統曾派遣如此傑出的人士使美，使雙方關係增進而共蒙其利等語，其中最特別的當屬後來競選過總統、也一度聲勢甚盛的亞利桑納州聯邦參議員馬侃（John McCain），這位與中華民國有兩代交情的越戰英雄接受我們攔路訪問、歡迎詞錄畢後，忽然問說，錢先生是否也可能看到這段訪問？我答說應該看得到的，馬參議員即說，那我能不能再跟錢先生說幾句話呢？我們就再打開機器，馬參議員即Fred長、Fred短話起舊來，又是好幾分鐘的詞懇情切，殷殷祝福。而其他也有幾位議員雖沒叫我們再開機錄製，但一提到Fred似就忘情得偏了重心。可是這個帶子是給李總統康大酒會用的，太多錢先生的部分不適合在酒會中播放，我只好剪成兩個帶子，一個專供酒會，一個包括錢先生部分的則送給錢先生作為紀念。

在康大酒會中，這個帶子放了二十分鐘，立刻引起相當的重視與好評，而我們在國會的人脈與支持，似讓現場觀眾驚羨。有趣的是，一位《華盛頓郵報》的大牌記者，於帶子放完後竟問旁邊一位我國記者，我們付給卡西迪公司多少錢才做成這個帶子？事實上，這個帶子完全是我們代表處國會組同仁的心血，只有攝製是花了數千美元雇了一個小組，連剪輯都是我們自己來，算是最省的開銷；跟卡西迪公司一點關係都沒有，而帶子成功的主因自是錢先生多年來帶領我們在美國國會的耕耘，這是無價的，也不是雇任何一個公司可以馬上辦到的。

幾個月後我曾把這個帶子給一位在美國會服務多年後加入某家公關公司的朋友看，問他這樣一個帶子他公司要收多少錢？要多少時間製作？他看了後說，至少要二十萬美元，三個月時間，還不能保證能找到這麼多大牌議員，他接著問我花了多少錢？多少時間？當我告訴他實情後，他立刻很認真的問我可否考慮加入他的公司。

## 未雨綢繆，超前布局

錢先生是一個出名的嚴格長官（但並不「嚴厲」），而他的嚴格也是出於他對工作的高標準要求，事實上這也是我們對美外交成功的原因之一。舉一個例，一九八四年一個夏日的午後，錢先生忽然集合我們國會組全組同仁講話，重點之一是：我們的對外聯絡表他看了幾個禮拜，由於德州眾議員格蘭姆（Phil Gramm）競選參議員，幾無對手而穩可當選，這種大州的參議員選上後就接觸不易，但他發覺最近我們竟無同仁去跟他的辦公室聯絡、邀宴。我們深覺汗顏，立刻補正。後來格參議員當選後，非但本人成為中華民國的好朋友，其夫人（曾任美國聯邦證管會主委）亦然。

錢先生這種「未雨綢繆」「滴水不漏」的功夫在他大作裡均有提及，尤其是對美國未來領導人的聯絡布局。我想很少有一位駐美使節可如此「超前布局」，先把美國所有有希望的總統候選人聯絡盡遍，錢先生不但可以，且交非泛泛。錢先生當年也許無法預測小布希後來會當上總統，而凱瑞參議員會跟小布希競選，但他卻早在十多年前就跟他們分別吃過飯而有相當的交往了。凱瑞夫人原是因撞機逝世的參議員海因茲的遺孀，錢先生首次拜會海參議員亦是我陪同前往，我們等了近一個小時而海氏仍因重要議事無法出見，只得放棄。但錢先生一回辦公室，海氏即親自打電話來道歉，後反成為好友。凱瑞前年若當選，我們就甚至可以說，連跟美國第一夫人的前夫都不乏交情。

下列這則更說明了錢先生布局著力之深。

正是一九八七年五月，離美國總統大選還有一年半，但兩黨一切可能的人選似以民主黨參議員哈特（Gray Hart）聲勢最強。錢先生除書中所述的聯絡外，一日忽然囑我陪同哈特夫人、競選經理、國安顧問、亞太助理等組團訪台。一切安排就緒後，臨行前兩天的一個晚上，該亞太助理打電話給我，說哈特夫人忽得急病無法成行。我當即疑另有原因，第二天打開報紙，才知道「萊斯事件」爆發（即一位Donna Rice女士於遊艇上坐在哈氏膝上的照片被登出，導致整個緋聞爆發）。但哈氏起先還堅持續選下去，故而我仍陪了國安顧問等幾位助理訪台。想想看若哈氏無此緋聞而獲提名、而當選，則我們所作的這種先期工作是多麼高妙而重要。

在錢著中，陳述了這幾十年來在外交及內政上遭遇的眾多重大事件，但在各重大事件的背後，沒有提到但意義深遠的小故事實在太多，我們提供旁證之外，期盼錢先生哪天也能將那些有趣的小故事做成口述歷史，必也是一本對外交後進極有幫助的寶典。

（作者為資深外交官、前駐美代表）

寫於二〇〇五年三月

二〇二〇年四月補正

【附錄二】

# 錢復紀事

**一九三五年**

・三月二十一日——生於北平。

**一九三七年**

・秋，全家人自北平移居上海。

**一九四〇年**

・就讀上海古柏小學。

・七月二十九日——祖父錢鴻業在上海遇刺身亡。

**一九四六年**

・九月——就讀上海大同大學附設中學初中部。

・九月——父親錢思亮返北大任化學系主任。

**一九四七年**

・九月——轉學北平育英中學。

**一九四八年**

- 十二月下旬——全家遷居上海。

**一九四九年**

- 二月下旬——全家隨國民政府遷台。
- 三月——登記就讀建國中學。

**一九五一年**

- 父親接任台灣大學校長。

**一九五二年**

- 九月——就讀台灣大學政治系。
- 十二月一日——中美簽訂「中美共同防禦條約」。

**一九五五年**

- 當選台大代聯會主席。
- 考入救國團青年友好團，赴土耳其、西班牙訪問。

**一九五六年**

- 七月——國立台灣大學政治系畢業。
- 通過全國性公務人員高等考試外交官領事官考試。

**一九五七年**

・五月——分發至國防部連絡局服預官役。

**一九五八年**

・九月十日——赴美留學。

**一九五九年**

・六月——獲美國耶魯大學國際關係碩士。

**一九六〇年**

・十月十七日——通過耶魯大學國際關係博士口試。

**一九六一年**

・九月十六日——與田玲玲在美訂婚。

・十月十八日——學成歸國。

**一九六二年**

・三月——任國立政治大學兼任副教授（至一九六四年）。

・三月十六日——任外交部北美司專員、科長。

・五月——任行政院祕書（至一九六三年）為兼行政院長陳誠「舌人」。

・六月——獲耶魯大學國際關係哲學博士。

**一九六三年**

・九月二十二日——與田玲玲結婚。

・十二月十五日——獲第一屆「十大傑出青年」。

**一九六四年**

・十二月二十日——長子錢國維出生。

**一九六五年**

・十二月八日——長女錢美端出生。

・成為總統蔣中正傳譯。

**一九六七年**

・三月——任外交部北美司副司長。

**一九六九年**

・七月——任外交部北美司司長。

・八月十八日——國防研究院第十期結業。

**一九七〇年**

・任國立台灣大學兼任教授（至一九七二年）。

・父親擔任中央研究院院長。

**一九七一年**

- 九月——出席聯合國第二十六屆大會，任我國代表團顧問。

**一九七二年**

- 六月——轉任行政院新聞局局長及政府發言人。
- 十一月一日——新聞局長任內第一次訪美。
- 十二月十二日——訪南韓觀察反共動向。
- 獲韓國成均館大學榮譽法學博士。

**一九七三年**

- 六月六日——訪美傳達工作任務。
- 八、九月——走訪歐洲七國。

**一九七四年**

- 四月一日——應邀赴美巡迴演講，為期一個月。
- 十一月——前往西德巡迴演講。

**一九七五年**

- 二月十七日——赴美統整駐美單位對美做法。
- 五月——任外交部常務次長。

**一九七六年**

- 一月四日——母親張婉度逝世。

**一九七九年**

・五月——任外交部政務次長。

**一九八〇年**

・四月二十七日——復海會報成立，任海外研委會召集人。

**一九八一年**

・十月——訪歐回程，順道訪泰，代表我方捐款二百萬協助泰國救援中南半島難民。

**一九八二年**

・六月二十三日——購回雙橡園，重新整修。

**一九八三年**

・十一月——任北美事務協調委員會駐美代表。

**一九八八年**

・九月十五日——父親錢思亮逝世。

・三月——獲加勒比海美國大學榮譽法學博士。

・七月——任行政院政務委員兼任經濟建設委員會主任委員。

・七月——獲選為中國國民黨中央常務委員（至一九九八年）。

**一九九〇年**

・六月一日——任外交部部長。

**一九九三年**

・獲美國威爾森學院榮譽文學博士。

**一九九四年**

・獲美國佛羅里達國際大學公共服務榮譽博士。

**一九九六年**

・任國民大會議長（至一九九九年一月）。

**一九九七年**

・獲美國波士頓大學榮譽法學博士。

・獲美國愛達荷州州立大學榮譽法學博士。

**一九九九年**

・二月一日——任監察院院長。

**二〇〇五年**

・一月三十一日——監察院院長卸任。

・二月二十一日——出版回憶錄二卷（天下文化出版）。

・二月二十二日——任國泰慈善基金會董事長。

・九月二十九日——赴美國Norfork出席Club of Rome年會，並赴耶魯大學作專題演講。

・十一月十五日——出席北京大學「北京論壇會」。

## 二〇〇六年

・八月二十四日——玲玲口述、張慧英女士撰《優雅的智慧》由天下文化出版。

・九月二日——赴新加坡出席Forbes Global CEO Conference並拜會李光耀資政，會晤Nathan總統、李顯龍總理、黃根成副總理和楊榮文外長等政要。

## 二〇〇七年

・四月二十五日——赴美國耶魯大學「台灣關係研討會」發表主題演講。

・七月三日——赴里斯本出席UBS Philanthropy Forum，會後轉赴馬德里出席Club of Rome年會。

## 二〇〇八年

・二月十九日——出席中央研究院「錢思亮院長百齡誕辰紀念會」。

・九月十一日——赴新加坡出席UBS Global Philanthropy Forum，並會晤吳作棟資政、楊榮文外長。

・十月十一日——外交部邀請赴捷克，出席Prague 2000「Prague Crosroads國際會議」。

・十月二十二日——率團赴韓國出席「台北首爾論壇」。

## 二〇〇九年

・四月十六日——率團赴海南島出席「博鰲亞洲論壇」。

・五月十五日——赴洛杉磯出席「南加州玉山科技協會年會」演講，並接受「終身成就服務獎」表揚。

- 九月二十七日——赴吉隆坡出席 Forbes Global CEO Conference。
- 十二月十九日——主持「第一屆兩岸國際法學論壇學術研討會」。

## 二〇一〇年

- 元月十九日——應沙烏地王國突奇親王邀請，赴利雅德「費瑟國王伊斯蘭研究中心」發表演説，並拜會國王長子 Abdullah 親王、王兄利雅德總督、Salman 親王（現任國王）等政要。
- 七月二十八日——拜會來華訪問之史瓦濟蘭（現改稱史瓦帝尼）國王恩史瓦第三世。
- 八月二十四日——赴新加坡，拜會李光耀國務資政、吳作棟資政、李顯龍總理和黃根成副總理。
- 十二月七日——赴北京出席「第一屆兩岸金融高峰論壇」。

## 二〇一一年

- 三月十六日——「太平洋文化基金會」推選為董事長。
- 四月十二日——率團赴海南島出席「博鰲亞洲論壇」。
- 十二月五日——赴美國華府出席「第四十屆台美當代中國研討會」。

## 二〇一二年

- 三月三十一日——率團赴海南島出席「博鰲亞洲論壇」。
- 五月二十八日——應約旦王國哈山親王邀請，赴安曼出席 WANA Forum 年會，作主題演講。
- 六月二十一日——赴北京出席「UBS 慈善論壇」並發表演講。
- 七月一日——應廈門大學邀請，在該校「國際法高等研究院開幕典禮」演講。並出席「海峽兩岸台灣涉外事務研討會」。

・九月十七日——赴南京出席「海峽兩岸企業家紫金山峰會」。

**二〇一三年**

・元月二十三日——率團赴韓國出席「台北首爾論壇」。

・六月八日——應約旦哈山親王邀請，赴安曼出席WANA Forum年會並演講。

・七月六日——赴新加坡出席「慧眼中國環球論壇年會」，並在開幕式演講。

・九月二十二日——結婚五十週年。

・十一月十九日——赴北京，在清華大學美國研究中心與師生座談，並在北京大學法學院張福運基金會演講。

**二〇一四年**

・四月十八日——赴河南主持「兩岸經濟文化論壇」。

・十月十三日——赴杭州主持「兩岸人文對話」。

・十二月八日——主持「第三十一屆華歐會議——『歐盟的新人新政』」。

**二〇一五年**

・元月五日——赴武漢出席「長江文化論壇」，並擔任中華文化人物頒獎人。

・二月三日——赴香港浸信大學演講。

・三月二十四日——陪同馬英九總統赴新加坡，弔唁李光耀國務資政。

- 四月五日——八十初度。
- 六月一日——赴長沙主持「兩岸人文對話」。
- 十一月二日——赴南京出席「紫金山峰會」。

**二〇一六年**

- 元月五日——赴西安擔任「中華文化人物頒獎人」。
- 二月二十二日——中央研究院「思學並濟　亮節高風——錢思亮先生特展」開幕。
- 二月二十三日——率「台灣論壇」訪問團赴北京與「中國國關研究院」「社科院台灣研究所」「清華大學台灣研究所」「現代國關研究院」等學術機構座談。
- 五月十八日——赴鄭州主持「兩岸經濟文化論壇」。
- 十月十五日——應約旦哈山親王邀請，赴安曼出席WANA Forum年會。
- 十一月五日——赴金門出席「兩岸企業家峰會」。

**二〇一七年**

- 元月十日——赴深圳擔任「中華文化人物頒獎人」。
- 四月二日——赴鄭州出席「程顥、程頤文化園」開幕儀式並揭幕。
- 六月四日——率「台北論壇訪問團」赴美國華府及紐約，拜會智庫及政要。
- 七月十日——應外交部邀請，赴華府參加「雙橡園八十風華專輯發表會」。
- 十一月十三日——赴梅州主持「兩岸人文對話」。

- 十一月十八日——赴上海，在「錢氏家教家風高峰論壇」以及同濟大學發表演講。

**二〇一八年**

- 元月十一日——出席「蔣故總統經國先生對台灣之貢獻暨逝世三十週年紀念座談會」。
- 四月十八日——赴鄭州主持「兩岸經濟文化論壇」。
- 五月一日——率「台北論壇訪問團」赴北京拜會「社會科學院台研所」「中國國際戰略研究基金會」「中國國際問題研究院」「中共中央黨校」「中國現代國際關係研究院」等機構。
- 六月五日——赴北京主持「兩岸人文對話」。
- 七月三十一日——中風顱內出血，入院手術。
- 九月十八日——出院開始復健。

**二〇一九年**

- 元月十四日——恢復上班。
- 六月一日——「蔣經國國際學術文化交流基金會」推選擔任董事長。

**二〇二〇年**

- 五月七日——出版回憶錄第三冊《錢復回憶錄・卷三：1988~2005台灣政經變革的關鍵現場》（天下文化出版）。

【附錄三】

# 錢復英文著作

1. *The Opening of Korea: A Study of Chinese Diplomacy 1876-1885*
（The Shoe-string Press, Hamden, Connecticut, U.S.A. 1967）

2. *Speaking As A Friend*
（Government Information Office, Taipei, R.O.C. 1975）

3. *More Views of A Friend*
（Government Information Office, Taipei, R.O.C.1976）

4. *Faith and Resilience: The Republic of China Forges Ahead*
（Kwang Hwa Publishing U.S.A. Inc. 1988）

5. *Opportunity and Challenge*
（Arizona Historical Foundation, Hayden Library Arizona University, Tempe, Arizona, U.S.A. 1995）

【附錄四】

# 錢復獲國內外授勳獎章

| COUNTRY | POSITION | MEDAL OF DECORATION | DATE |
| --- | --- | --- | --- |
| KOREA | Director-General, GIO | Order of Diplomatic Service Merit | 1972.12 |
| VIETNAM | Director-General, GIO | Order of Kim Khanh, Grade of Sac-Lenh | 1973.4.13 |
| REPUBLIC OF CHINA | Vice Minister, MOFA | Order of Brilliant Star with Grand Cordon 大綬景星勳章 | 1975.7.12 |
| PARAGUAY | Vice Minister, MOFA | Orden Nacional del Merito en el Grado del Gran Cruz | 1975.9.16 |
| DOMINICAN REPUBLIC | Vice Minister, MOFA | Orden del Merito de Duarte, Sanchezy Mella, Grado de Gran Oficial | 1975.11.5 |
| DOMINICAN REPUBLIC | Vice Minister, MOFA | Orden del Merito de Duarte en el Grado de Gran Cruz Placa de Plata | 1978.10.27 |
| HONDURAS | Vice Minister, MOFA | Orden de Jose Cecilio del Valle en el Grado de Gran Cruz de Plata | 1979.4 |
| EL SALVADOR | Vice Minister, MOFA | Orden Nacional "Jose Matias Delgado" en el Grado de Gran Cruz de Plata | 1979.6.13 |
| HAITI | Vice Minister, MOFA | L'Ordre Nacional Honneur et Merite Grand Officier | 1979.7.10 |

| COUNTRY | POSITION | MEDAL OF DECORATION | DATE |
|---|---|---|---|
| SOUTH AFRICA | Vice Minister, MOFA | Order of Good Hope in the Grand Cross Class | 1979.10.17 |
| PANAMA | Vice Minister, MOFA | Orden de Vasca Nunez de Balboa | 1980.8 |
| DOMINICAN REPUBLIC | Vice Minister, MOFA | Orden de Don Cristobal Colon en el Grado de Gran Cruz de Plata | 1982.2.11 |
| PARAGUAY | Minister, MOFA | Orden Merito en el Grado de Gran Cruz Extraordinario | 1990.6.19 |
| KINGDOM OF SWAZILAND | Minister, MOFA | Chief Counsellor of the Royal Order of Sobhuza II | 1991.1.16 |
| HONDURAS | Minister, MOFA | Orden de Morazan, Gran Cruz, Plata de Plata | 1991.10.9 |
| CENTRAL AFRICAN REPUBLIC | Minister, MOFA | Ordre du Merite Centrafricain, Grand Officier | 1992.5.15 |
| GUATEMALA | Minister, MOFA | Gran Cruz de la Orden Quetzal | 1992.6.6 |
| EL SALVADOR | Minister, MOFA | Orden "Jose Matias Delgado" en el grado de Gran Cruz, Placa de Plata | 1992.6.9 |
| GUATEMALA | Minister, MOFA | Orden de Antonio Jose De Irisari en el Grado de Gran Cruz | 1992.8.31 |
| NICARAGUA | Minister, MOFA | Orden Jose Dolores Estrada, Batalla de San Jacinto, en el grado de Gran Cruz | 1993.7.7 |

| COUNTRY | POSITION | MEDAL OF DECORATION | DATE |
|---|---|---|---|
| COSTA RICA | Minister, MOFA | Orden Nacional Juan Mora Fernandez en el Grado de Gran Cruz de Plata | 1993.7.29 |
| NIGER | Minister, MOFA | Grand Officier de l'Ordre National du Niger | 1994.6.2 |
| BUKINA FASO | Minister, MOFA | Officier de l'Ordre National | 1994.7.21 |
| PANAMA | Minister, MOFA | Orden Manuel Amador Guerrero en el Grado de Gran Cruz | 1994.11.18 |
| GUINEA BISSAU | Minister, MOFA | Ordem Nacional de Merito de Cooperacao e Desenvolvimento | 1995.4.11 |
| GUATEMALA | Minister, MOFA | Soberano Congreso Nacional en el Grado de Gran Curz | 1995.7.18 |
| REPUBLIC OF CHINA | President, Control Yuan | Oder of Propitious Cloud with Special Grand Cordon 特種大綬卿雲勳章 | 2000.5.17 |

【附錄五】

# 人名索引

## 中文人名（含部分非英文語系人士之中譯名）

【八劃】

【九劃】

【十劃】

**【十一劃】**

【十二劃】

【十五劃】

【十六劃】

【十七劃】

【十八劃】



【十九劃】



【二十劃】



【二十一劃】



【二十二劃】

## 英文人名

社會人文 BGB506

# 錢復回憶錄典藏版・卷三

## 1988-2005 政經變革的關鍵現場

作者 — 錢復

總編輯 — 吳佩穎
副主編 — 陳珮真
責任編輯 — 陳珮真；賴仕豪（特約）
封面設計 — 張議文
封面攝影 — 陳之俊
全書圖片 — 錢復、中央社提供
「復」字書法 — 歐豪年

出版者 — 遠見天下文化出版股份有限公司
創辦人 — 高希均、王力行
遠見・天下文化 事業群榮譽董事長 — 高希均
遠見・天下文化 事業群董事長 — 王力行
天下文化社長 — 林天來
國際事務開發部兼版權中心總監 — 潘欣
法律顧問 — 理律法律事務所陳長文律師
著作權顧問 — 魏啟翔律師
社址 — 臺北市 104 松江路 93 巷 1 號
讀者服務專線 — 02-2662-0012 ｜ 傳真 — 02-2662-0007；02-2662-0009
電子郵件信箱 — cwpc@cwgv.com.tw
直接郵撥帳號 — 1326703-6 號　遠見天下文化出版股份有限公司

電腦排版 — 極翔企業有限公司
製版廠 — 中原造像股份有限公司
印刷廠 — 中原造像股份有限公司
裝訂廠 — 精益裝訂股份有限公司
登記證 — 局版台業字第 2517 號
總經銷 — 大和書報圖書股份有限公司　電話／(02)8990-2588
出版日期 — 2021 年 4 月 1 日第二版第一次印行
2023 年 9 月 15 日第二版第三次印行

定價 — NT800 元
ISBN — 978-986-525-072-0
書號 — BGB506
天下文化官網 — bookzone.cwgv.com.tw

國家圖書館出版品預行編目(CIP)資料

錢復回憶錄典藏版. 卷三, 1988-2005政經變革的關鍵現場/錢復著. -- 第二版. -- 臺北市 : 遠見天下文化出版股份有限公司, 2021.03
面；　公分. -- (社會人文 ; BGB506)
ISBN 978-986-525-072-0(精裝)

1.錢復 2.回憶錄 3.臺灣政治

783.3886　　110003220

天下文化
BELIEVE IN READING